U0487197

本书受中国历史研究院学术出版经费资助

中国历史研究院
Chinese Academy of History
学 术 出 版 资 助

希腊罗马世界中的黑人研究

冯定雄 著

社会科学文献出版社
SOCIAL SCIENCES ACADEMIC PRESS (CHINA)

中国历史研究院学术出版
编委会

主　　任　高　翔
副 主 任　李国强
委　　员　（按姓氏笔画排列）
　　　　　　卜宪群　王建朗　王震中　邢广程　余新华
　　　　　　汪朝光　张　生　陈春声　陈星灿　武　力
　　　　　　夏春涛　晁福林　钱乘旦　黄一兵　黄兴涛

中国历史研究院学术出版资助项目
出版说明

为了贯彻落实习近平总书记致中国社会科学院中国历史研究院成立贺信精神，切实履行好统筹指导全国史学研究的职责，中国历史研究院设立"学术出版资助项目"，面向全国史学界，每年遴选资助出版坚持历史唯物主义立场、观点、方法，系统研究中国历史和文化，深刻把握人类发展历史规律的高质量史学类学术成果。入选成果经过了同行专家严格评审，能够展现当前我国史学相关领域最新研究进展，体现我国史学研究的学术水平。

中国历史研究院愿与全国史学工作者共同努力，把"中国历史研究院学术出版资助项目"打造成为中国史学学术成果出版的高端平台；在传承、弘扬中国优秀史学传统的基础上，加快构建具有中国特色的历史学学科体系、学术体系、话语体系，推动新时代中国史学繁荣发展，为实现"两个一百年"奋斗目标、实现中华民族伟大复兴的中国梦贡献史学智慧。

中国历史研究院
2020 年 3 月

目　　录

绪　论 ……………………………………………………（1）

第一章　希腊罗马世界及其"黑人" ……………………（51）
　第一节　古希腊罗马人的"世界" ………………………（51）
　第二节　希腊罗马世界中的"黑人" ……………………（58）

第二章　希腊世界中的埃塞俄比亚人 …………………（65）
　第一节　荷马传统：早期希腊人与埃塞俄比亚人 ……（66）
　第二节　古风时代：荷马式童话的继续与认识范围的
　　　　　拓展 ……………………………………………（69）
　第三节　波斯帝国对埃塞俄比亚的征服与统治 ………（81）
　第四节　古典时代希腊人对埃塞俄比亚人的认识 ……（87）
　第五节　希腊化时代希腊人对埃塞俄比亚人的认识 …（99）
　第六节　古希腊艺术中的黑人 …………………………（104）

第三章　罗马世界中的埃塞俄比亚人 …………………（123）
　第一节　共和国时代的罗马与埃塞俄比亚人 …………（124）

第二节　帝国前期的罗马与埃塞俄比亚人 …………（128）

　第三节　帝国后期的罗马与埃塞俄比亚关系 …………（142）

　第四节　罗马文学中的埃塞俄比亚人 …………………（157）

　第五节　罗马艺术中的黑人形象 ………………………（190）

第四章　基督教与埃塞俄比亚人 ……………………（202）

　第一节　基督教的兴起及早期发展 ……………………（202）

　第二节　希伯来传统中的"古实"（埃塞俄比亚）……（209）

　第三节　基督教在埃塞俄比亚的传播 …………………（232）

　第四节　《圣经》与埃塞俄比亚人 ……………………（248）

　第五节　《列王的荣耀》与埃塞俄比亚所罗门世系

　　　　　传统 …………………………………………（251）

　第六节　基督教父与埃塞俄比亚人 ……………………（255）

　第七节　基督教作家论黑人的黑性 ……………………（297）

第五章　希腊罗马传统中的"埃塞俄比亚瘟疫发源地"说

………………………………………………………………（330）

　第一节　"埃塞俄比亚瘟疫发源地"说的流传 ………（336）

　第二节　希腊宗教传统：埃塞俄比亚是瘟疫的发源地 …（342）

　第三节　希腊世俗传统：埃塞俄比亚是瘟疫发源的

　　　　　温床 …………………………………………（349）

　第四节　上帝代替诸神与世俗传统对希腊罗马的继承 …（354）

　第五节　希腊传统的变化 ………………………………（361）

结　语 ……………………………………………………（370）

附录一　原始种族主义：古代的发明还是现代的想象 ……（378）

附录二　非洲中心主义与非洲历史哲学的重塑 ……………（415）

参考文献 ……………………………………………………（442）

译名对照表 …………………………………………………（474）

后　记 ………………………………………………………（484）

绪 论

西方学术界对希腊罗马世界中的埃塞俄比亚人（黑人）[1]的研究兴起于18世纪末，至今已经取得了重大进展。该研究不仅是对西方古代史研究领域的拓展，而且对于与之相关的民族、种族问题的深入探讨也具有重要意义，特别是对于种族主义的渊源探究及与当前种族主义研究等现实问题密切相关的研究更具价值。但中国学术界至今仍对该领域鲜有介绍，更少有系统研究。[2] 这里拟就西方学术界对于希腊罗马世界中的埃塞俄比亚人（黑人）研究的阶段进行初步梳理，对已经取得的成就进行简要归纳和概括，对其争论的焦点问题进行分析，并观察其研究可能具有的趋势，以期对国内研究提供启示与借鉴。

---

[1] 在希腊罗马文献中，通常把埃塞俄比亚人（Aethiops）与黑人（Niger 或 melas）等同使用（尽管不能完全等同）。本书会根据内容及行文方便同时使用这两个术语。

[2] 根据笔者的调查，国内真正涉及该领域的研究主要有冯定雄等的相关论文：冯定雄《罗马中心主义抑或种族主义——罗马文学中的黑人形象研究》，《外国文学评论》2017年第2期；冯定雄《社会思潮与史学研究：近代以来西方学界对希腊罗马世界中的埃塞俄比亚人研究》，《世界历史》2018年第5期；冯定雄《古希腊作家笔下的埃塞俄比亚人》，《世界民族》2019年第1期；冯定雄、李志涛《古罗马艺术中的黑人形象》，《浙江师范大学学报》（社会科学版）2019年第4期。

一　研究阶段

古典作家对于希腊罗马世界中的埃塞俄比亚人（黑人）的文献记载虽然有，但它并不是古典文献的叙述主题，很不系统，基督教作家的叙述也同样如此。比较系统地涉及该领域的考古与研究是从18世纪末开始的。从18世纪末至今的200余年时间里，学术界对该领域的研究大致可以划分为三个阶段。

（一）种族主义思潮笼罩下的研究

自18世纪末以来，古代埃塞俄比亚人（黑人）问题逐渐被学界关注，而最初对该问题进行认真研究的主要是黑人学者。研究者的目的是为整个非洲文明及其历史正名，试图通过强调非洲黑色文明的独立性及其伟大，反击欧洲中心论和种族主义论调。因此，在早期的研究中，古代埃塞俄比亚人的历史只是作为整个非洲历史的一部分而被关注。1787年，康特·沃尔内完成了《帝国的废墟，或帝国革命的沉思，以及自然法》一书，该书的主要目的是阐述埃及和黑人在人类早期文明中的重要地位。作者以古代尼罗河文明遗迹为基础，对尼罗河文明发出了由衷的赞叹："精灵（Genius）继续向我列举并指着遗迹。他说，你在尼罗河河水通过的狭窄谷地所看到的那些废墟，是繁荣城市的遗迹，是古代埃塞俄比亚王国的自豪。请注视着尼罗河大都市的残迹，注视着底比斯成百上千的宫殿残迹，注视着诸城的先辈和其命运多舛的时刻。那里有一个现在已经被遗忘的民族，当其他民族还处于野蛮状态的时候，他们已经发现了艺术与科学的原理；那里有一个因其黑皮肤和卷头发而被现代人拒绝的人类种族，他们在对自然法的研究基础上确立了至今仍然统治宇宙的文明与宗教诸体系。接着往下看，那些昏暗的小点是金字塔，其数量之多足以让你瞠目结舌。在那之后，被海水和狭窄山脊包围的是腓尼基人……请注意何烈沙漠和西奈山，那里绝对超凡脱俗，颇具影响力且勇敢的精灵建立了在整个人类社会中都举足轻重的各种制度。……噢，这些永闪荣耀的名字！这些永具声誉的领域！这些永不从记忆中消失的国家！……（共 11 个连续感叹句——引者）"① 在古典文献方面，作者主要借助狄奥多罗斯、卢奇安等古典作家的叙述，认为狄奥多罗斯及其他古典作家在谈到底比斯的时候都反复地提到埃塞俄比亚人对于这一地区的认同的建立。比如狄奥多罗斯说："埃塞俄比亚人认为自己比任何其他民族都要古老，很可能他们是诞生在太阳运行的轨道下的，可能是阳光的照耀使他们比任何其他人都更早地成熟。他们还认为自己是神圣崇拜、节日、神圣集会、祭祀以及其他宗教仪式的发明者。以前是海的地区，在尼罗河对高地国家的冲刷下，大量泥沙沉积变成了陆地，形成了三角洲。他们和埃及人一样有两种文字，即象形文字和字母文字。在埃及人那里，第一种文字只被祭司所知，但是在埃塞俄比亚人那里，父子相传，两种文字都得到广泛应用。"② 卢奇安认为："埃塞俄比亚人是星象科学的第一发明人，他们对行星的命名既非随意的，也非毫无意义，而是对他们所认为的品质的描述，这种艺术也正是通过他们传递给埃及人的，尽管并不是以一种完美的形式传递的。"③ 最后，作者得出的主要结论是："尼罗河的居民痴迷于他们土地上的天然农业，痴迷于他们经常观察的天空的天文学，他们一定是最先从野蛮走向社会国家的人，因此也是最先获得对于文明生活十分必需的物质与道德科学的人。正是在上埃及，也正是在黑种人中形成了星象崇拜的复杂体系，这种复杂体系与农业的土地和劳动力的生产关系非常密切；人类的这种第一次星象崇拜是通过他们自己的形式和国家的属性所彰显的崇拜来展示其特征的，它是人类心智的单纯进化。"④ 作者所要论证的是古代尼罗河流域才是人类的文明之源，而该文明的创造者正好是以埃塞俄比亚

---

① C. F. Volney, *The Ruins or Meditations of Empires, and the Law of Nature*, translated by Peter Eckler, New York: Twentieth Century Pub. Co., 1890, pp. 28–29.
② C. F. Volney, *The Ruins or Meditations of Empires, and the Law of Nature*, p. 29.
③ C. F. Volney, *The Ruins or Meditations of Empires, and the Law of Nature*, p. 29.
④ C. F. Volney, *The Ruins or Meditations of Empires, and the Law of Nature*, p. 102.

人为代表的黑人。从字里行间和表达主题来看，作品带有强烈的种族和民族色彩，其目的显然是对欧洲中心论进行愤慨反击并为黑人文明正名。

此后，也有一些有良知的严肃的非黑人学者在研究古代非洲历史的时候涉及古代埃塞俄比亚人的历史。1825 年，德国哥廷根大学历史与政治学教授阿诺德·赫尔曼·黑伦（Arnold Hermann Heeren，1760－1842）出版了《政治学的历史研究：迦太基人、埃塞俄比亚人和埃及人的交往与贸易》（*Ideen Uber Die Politik. Den Verkehr Und Den Handel Der Vornehmsten Volker Der Alten Welt*），这是一部关于古代埃塞俄比亚人历史、文化与商业的著作。作者认为，正是在非洲和亚洲的这些古代黑人中，国际贸易得以最初发展，这种国际性接触的副产品是观念与文化仪式的交流，而这种交流奠定了古代世界最早诸文明的基础。1838 年，该书被译成英文出版。[①] 该著作本着严肃的科学态度，对古代埃塞俄比亚人的历史进行了比较客观公正的研究和评价。

不管是黑人学者带有较强的民族正名的研究，还是非黑人学者的严肃研究，他们的成果在学界并没有得到积极的回应，更没有产生重大影响，似乎完全淹没在了学术研究的历史长河中——在 100 多年后才得到学界的肯定。

到 19 世纪中后期，学界对古代埃塞俄比亚人的研究方向发生转变，主要转向对包括古代埃塞俄比亚人在内的古代黑人艺术品的收集和整理上。对这一问题的兴趣开始于美国内战之前废除黑人奴隶运动如火如荼展开的时期，而且基本上局限于对希腊罗马世界中的黑人艺术品的收集与目录整理，这项工作最先在德国展开。涉及这一主题最早的重要著作是德国艺术家勒文赫茨（J. Loewenherz）的《古典艺术中的埃塞俄比亚人》（*Die Aethiopen*

[①] A. H. L. Heeren, *Historical Researches into the Politics, Intercourse and Trade of the Carthaginians, Ethiopians and Egyptians*, University of Michigan Library, 1838.

Der Altclassischen Kunst），该著于1861年出版。该著专门收集以古代埃塞俄比亚人为主的黑人艺术品，不过，作者没有达到其题目所期望的目标，例如，艺术中的许多例子来自对门农神话的研究，来自对现实和神话中的埃塞俄比亚人土地的讨论。[①] 1885年，冯·施奈德（Von Schneider）发表了一篇论文，对他所知道的例子进行了编年分类，后来，他又补充了编年中中断时期的一些例子。[②] 关于这一主题最重要的研究是布绍尔的论文《索塔德斯的鳄鱼》，[③] 提供了很多关于公元前5世纪的花瓶上的黑人材料。关于这一问题的其他著作都局限于来自博物馆或私人收藏的单独出版物中。这种出版物能成为长篇论文的基础，比如施拉德尔（Schrader）在详细比较了大英博物馆的一个利比亚黑人的头颅和柏林的一个黑人头颅后，收集到了一些关于埃塞俄比亚人的材料。但这些论文基本上只是对与这种艺术类型毫不相关的例子的罗列，并加上一些不太准确的概述。这可能是由于只有为数不多的古代黑人肖像为人所知。韦斯（Wace）表达了在阅读宾科夫斯基（Bienkowski）的《蛮族人文集》（*Corpus Barbarorum*）时形成的部分愿望。冯·施奈德对这一主题非常感兴趣，宣称要通过更完整的研究来完善他的梳理工作，但他还没来得及实现自己的目标就过世了。[④] 虽然这些工作只是对古代黑人（特别是希腊罗马世界中的黑人）艺术品的收集和整理，但其背景颇耐人寻味，正如前文所述，勒文赫茨的工作正是在美国内战之前废除黑人奴隶运动如火如荼展开的时期开始的，不管这是刻意为之还是无心之举，但它是事实。

[①] G. H. Beardsley, *The Negro in Greek and Roman Civilization: A Study of the Ethiopian Type*, Baltimore: The Johns Hopkins Press, Preface, p. ix.

[②] G. H. Beardsley, *The Negro in Greek and Roman Civilization: A Study of the Ethiopian Type*, Preface, p. x.

[③] E. Buschor, *Das Krokodil des Sotades*, München. Jahr., 1919, pp. 1–43.

[④] G. H. Beardsley, *The Negro in Greek and Roman Civilization: A Study of the Ethiopian Type*, Preface, pp. ix–x.

除了德国，紧随其后的欧美其他国家在涉及这一主题时关注点同样集中在艺术方面，特别是关于希腊罗马世界的黑人肖像学的考古报告，如艺术作品（雕刻、绘画、各类装饰物、工艺品等）对埃塞俄比亚人（黑人）的描述。不过，这一时期的研究者有一种把黑人作为丑陋的肖像证据的倾向，认为这种丑陋的肖像明显地反映了古代艺术家的审美兴趣和那个时代的科学好奇。1897年，法国学者雷纳克在《希腊罗马雕塑汇编》一书中认为，"古代黑人和奴隶都是有色人，黑人被称作埃塞俄比亚人"。[①] 韦斯在罗列了欧洲各地（包括开罗）收藏的11件希腊罗马黑人青铜艺术品后，对它们进行了评论和"研究"，"巴黎铜像是生活的生动写照，而昔兰尼的头像则更像是种族类型的理想代表。……而且，珍藏在柏林的来自泰里亚替斯的大理石黑人头像符合希腊的'黑人模式'（negro models）也得到了研究的证实"。[②] 贝茨认为，"通常来说，黑人被非常荒诞地描绘在希腊花瓶上"。[③] 塞尔特曼则认为，"黑人的丑陋好像很能吸引雕塑家、刻画工和画家……这和拉弥亚（Lamia）神话的广泛流传一样，可以使人们期待古代人在艺术和手工制品中关于女黑人描述的丰富的类似材料"。[④] 不过，总体说来，19世纪后期以来的这些研究仍然只是对埃塞俄比亚人（黑人）的零星研究，局限于艺术鉴赏阶段，只是研究的起步。还可以发现，这些研究在很大程度上是在种族主义歧视的主导意识下进行的，如雷纳克、韦斯、贝茨、塞尔特曼等人并不是真正的古典学者，其研究的重心也不在古典历史，而是对古典艺术的鉴赏，但他

---

① S. Reinach, *Répertoire de la statuaire grecque et romaine*, Paris, 1897, III, 158.

② Alan J. B. Wace, "Grotesques and the Evil Eye", *The Annual of the British School at Athens*, Vol. 10 (1903/1904), p. 108. (pp. 103 – 114)

③ W. N. Bates, "Scene from the Aethiopis on a Black-figured Amphora", *Transactions of the Department of Archaeology*, University of Pennsylvania Free Museum of Science and Art, I, pts. I and II, 1904, p. 50.

④ C. T. Seltman, "Two Heads of Negresses", *American Journal of Archaeology*, XXIV, 1920, p. 14.

们都在没有充分研读古典文献的情况下得出黑人在古希腊罗马社会中地位低下的结论，这些结论与其说是科学研究结论，还不如说是对他们所处时代盛行的种族主义思潮的回应。

自20世纪初开始，对于希腊罗马世界中的埃塞俄比亚人（黑人）的研究专著开始出现。20世纪初最著名的考古成果包括对"要比所有文献和碑刻研究能让我们更可靠地估算第五世纪希腊城市的人口"[1]的奥林索斯发掘。从1928年开始，美国古典考古学家鲁滨逊带队，对奥林索斯进行了4期考古发掘（1928、1931、1934、1939），考古成果分14卷发表。[2]由于鲁滨逊本人对古代黑人艺术的喜爱，他委托比尔兹利博士研究古代的种族，并为她提供了大量资料。1929年，比尔兹利出版了《希腊罗马文明中的黑人：关于埃塞俄比亚类型的研究》（以下简称《希腊罗马文明中的黑人》），这是第一部系统研究古代希腊罗马世界中的埃塞俄比亚人的著作，也是鲁滨逊教授主持的"约翰斯－霍普金斯大学考古学研究"系列成果之一（系列之四）。虽然该著作的题目范围包括希腊罗马文明，但主要讨论的是希腊世界中的埃塞俄比亚人（黑人），涉及罗马的内容只有14页（第121—134页）。作者在前言中写道："没有任何一个野蛮种族会像埃塞俄比亚人那样持续地引起希腊罗马艺术家的兴趣。古典世界对其他已知种族的写实肖像几乎没有，即使有也通常属于希腊化和罗马时代。另一方面，在希腊艺术最具节制和理想化的时期，黑人是对种族类型最忠实的表达。阿提卡花瓶的制作者很满足于通过几乎没有任何种族区别标志的服饰来表现东方人，但他们在描绘埃塞俄比亚人的卷发和厚嘴唇的时候带有明显的现实主义特征。从这种表现形式最早出现时开始，这

---

[1] 戈登·柴尔德：《考古学导论》，安志敏等译，告别辞，上海三联书店2008年版，转引自陈淳《考古学史首先是思想观念的发展史——布鲁斯·特里格〈考古学思想史〉第二版读后感》，《南方文物》2009年第1期。

[2] David M. Robinson, *Excavations at Olynthus*, Part I - XIV, Baltimore: Johns Hopkins Press, 1933 - 1952.

种类型就没有在古典艺术的任何多产时期衰落过。由于埃塞俄比亚人在希腊的卑贱地位,也鉴于现实主义通常会局限在很小的主题上这一事实,伟大的雕刻家没有把埃塞俄比亚人作为一个足够高贵或足够重要的主题,因为与真人一样大小的头像或雕像几乎是没有的。但是,这种小主题的作品数量非常巨大,这可以从古典遗址出土的大量小雕像、花瓶、宝石制品、钱币、灯饰、量码、指环、耳环、项链及面具中看出。"[1] 从作者的前言可以看出,作者在看待古代埃塞俄比亚人时明显带有一种先入为主的现代种族主义思维,如把埃塞俄比亚人说成是众"蛮族"之一,特别强调他们的"卷发"和"厚嘴唇"等身体特征,说他们在希腊社会地位卑贱,没有成为"高贵"或"重要"的艺术表达主题等。

不仅如此,作者还特别表达了自己对希腊罗马社会中埃塞俄比亚人的判断和评价。她认为,黑人在古代社会几乎全是奴隶或者地位低下之人,这在所有的花瓶上都表现得很清楚。如在沐浴场景中,埃塞俄比亚人给主人涂油、送酒壶,作为奴隶手持鸟笼跟随侍候年轻女主人,为主人的来访者拿高脚凳等;而且,埃塞俄比亚人在地里打桩干活这种重体力活场景毫无疑问来自戏剧。作为黑人的埃塞俄比亚人在花瓶艺术中最主要的两个特征是他们的黑皮肤和卷曲的头发。[2] 最后,作者得出结论:"那时候的埃塞俄比亚人还很少,他们之所以被作为侍从,毫无疑问是因为他们的主人发现他们很有趣、很好玩。同样的,当他们出现在舞台上时,被认为具有滑稽性。很明显,他们在喜剧和讽刺剧中是舞台上主要的滑稽角色。在几乎所有涉及神话的花瓶绘画中,他们的

---

[1] G. H. Beardsley, *The Negro in Greek and Roman Civilization: A Study of the Ethiopian Type*, Baltimore, The Johns Hopkins Press, 1929, Preface, p. ix. (1967 年该书第二次印刷出版, G. H. Beardsley, *The Negro in Greek and Roman Civilization: A Study of the Ethiopian Type*, London: Russell & Russell, 1967)

[2] G. H. Beardsley, *The Negro in Greek and Roman Civilization: A Study of the Ethiopian Type*, pp. 64–66.

角色都是具有滑稽性的。在日常生活中，雅典人把他们当作角力士，他们在喜剧舞台上不断地扮演角色则被认为是理所当然之事。至公元前5世纪结束时，他们再也不会像最初出现在雅典街头时那样让人觉得神秘。"①

该书出版后受到了学术界的广泛关注，书评与介绍如潮，其中绝大部分是对它的推崇和赞美。② 换句话说，作者所持的观点受到了学术界几乎一致的好评。更有评论者认为："黑人类型总是希腊艺术中最伟大的现实主义，虽然它阻止了雕刻和更好艺术的发展，但它确实是制陶工、宝石雕刻者以及制铜工非常喜爱的主题。"③ 当然，也有人对该著作提出了一般性的批评意见，认为它对这一主题的研究"既不深刻，也缺乏启发性"。④ 对它最严厉的批评来自《黑人历史杂志》，认为"科学并不接受它的结论，它的结论明显源于一位偏见颇深的作者在对待与非洲血统相关的任何事情时都采用的一种不幸方式。种族偏见已经损害了这个国家的学术"。文章还批评了作者理所当然地运用一些并未被证实的结论，如埃塞俄比亚人在希腊社会处于一种卑微的地位，并要求"她在做出这一论断之前应该好好地阅读希腊罗马作家的著作"。文章指出，该作者颠倒是非，是带着偏见对古代艺术进行解释的，而且这种偏见在美国社会根深蒂固。文章最后还对该著作的出版提出了质

---

① G. H. Beardsley, *The Negro in Greek and Roman Civilization: A Study of the Ethiopian Type*, p. 66.

② 如《美国社会学杂志》《艺术通报》《赫尔墨斯与雅典娜》《美国考古学杂志》《古典语言学》等众多著名期刊都发表了表示推崇的书评，分别参见 *American Journal of Sociology*, Vol. 35, No. 4, Jan., 1930, p. 684; *The Art Bulletin*, Vol. 11, No. 4, Dec., 1929, pp. 426-427; *Hermathena*, Vol. 20, No. 45, 1930, pp. 455-456; *American Journal of Archaeology*, Vol. 34, No. 4, Oct.-Dec., 1930, p. 511; *Classical Philology*, Vol. 24, No. 4, Oct., 1929, p. 423。

③ G. E. Mylonas, "The Negro in Greek and Roman Civilization: A Study of the Ethiopian Type (Review)", *Classical Philology*, Vol. 24, No. 4, Oct., 1929, p. 423.

④ W. R. Halliday, "The Negro in Greek and Roman Civilization: A Study of the Ethiopian Type", *The Classical Review*, Vol. 43, No. 5, Nov., 1929, p. 205.

疑："当人们看到这样一本来自以科学调查而著名的颇具公信力的大学的著作时，一定想知道，这么低俗的一本书为什么会获得学校的认可！"与其说此书是一本学术著作，还不如说是政治演说。①

与此同时，也有学者对古希腊罗马黑人艺术进行了比较客观的评价，特别是一些严肃的人类学家和历史学家对希腊罗马世界中的埃塞俄比亚人（黑人）进行了相对公正的评价。如比兹利认为，黑人面相造型只是公元前4世纪希腊花瓶上的普通造型。② 布赖斯说："在古代世界，我们没有听到罗马帝国对黑皮肤非洲人有任何反感。"③ 巴林说："我找不到古代世界中任何关于肤色憎恶的确切记录。"④ 赛克斯认为，"由于政治、社会和人类学原因，古代人明显没有对有色人的歧视"。⑤ 齐默恩说："希腊人认为黑人的外表非常有趣，并且发现他们的卷发很有意思，不过他们并没有表现出'肤色偏见'的痕迹。"⑥ 韦斯特曼认为，希腊社会并没有肤色界限。⑦ 哈尔霍夫认为，在意大利（罗马）从未有过任何肤色偏见。⑧ 克卢克霍恩认为，希腊人并没有陷入生物种族主义的错误泥

---

① "The Negro in Greek and Roman Civilization by Grace Hadley Beardsley", *The Journal of Negro History*, Vol. 14, No. 4, Oct., 1929, pp. 531–534.

② J. D. Beazley, "Charinos, Attic Vases in the Form of Human Heads", *The Journal of Hellenic Studies*, Vol. 49, Part 1, 1929, p. 78.

③ J. Bryce, *The Relations of the Advanced and the Backward Race of Mankind*, Oxford: Clarendon Press, 1902, p. 18.

④ E. Baring, *Ancient and Modern Imperialism*, London: J. Murray, 1910, pp. 140–141.

⑤ E. E. Sikes, *The Anthropology of the Greeks*, London: D. Nutt, 1914, p. 88.

⑥ A. E. Zimmern, *The Greek Commonwealth, Politics and Economics in Fifth Centtury Athens*, 5th ed., Oxford: Oxford University Press, 1931, p. 323.（中译本见阿尔弗雷德·E. 齐默恩《希腊共和国：公元前5世纪雅典的政治和经济》，格致出版社、上海人民出版社2011年版，第270—271页）

⑦ W. L. Westermann, "Slavery and the Elements of Freedom", *Quarterly Bulletin of the Polish Institute of Arts and Sciences*, Vol. 1, No. 2 (1943), p. 346.

⑧ T. J. Haarhoff, *The Stranger at the Gate*, Oxford: Blackwell, 1948, p. 299.

潭，肤色不是耻辱，人们不是被划分为黑人和白人，而是被划分为自由人和奴隶。①鲍德里认为，希腊人没有现代的肤色偏见与诅咒。②尽管这些不同看法在今天看来要相对客观公正，但需要说明的是，这些研究既不是关于古代埃塞俄比亚人（黑人）的专门研究，也没有真正深入展开，只是在其他主题研究中"顺便提及"。在那个种族主义根深蒂固的时代，这些呼吁无异于不合"时代潮流"的小杂音，不可能改变学术界的主流看法，更不可能扭转民众的世俗偏见。尤其具有讽刺意味的是，比尔兹利明显歪曲历史事实的观点，在当时居然受到了学术界的广泛好评，这与其说是一种学术接受，不如说是对当时盛行的种族主义的呼应。正如有学者指出的那样：长期以来，在西方的黑色形象研究中，黑色是与以下特征相联系的——忧郁、悲哀、暗黑、恐惧、死亡、恐怖、惊悚、邪恶、丧事、污秽、覆灭；相反的，白色则具有以下特征——胜利、光明、圣洁、高兴、纯洁、再生、幸福、欢乐、和平、温柔、精美等。③但不管怎样，比尔兹利的研究被认为是对古代希腊罗马黑人的第一个权威研究，而且该研究奠定了一种研究模式，成为后来所有关于这一主题讨论的基础。④

（二）对种族主义思潮笼罩下研究的极度反动

第二次世界大战后，欧洲社会及全世界开始深刻地反思纳粹行径及种族主义。到20世纪60年代，英国、美国、联邦德国、法国等爆发了大规模的学生运动，这些学生运动的斗争范围十分广泛，

---

① C. Kluckhohn, *Anthropology and the Classics*, Providence: Brown University Press, 1961, pp. 34 – 42.

② H. C. Baldry, *The Unity of Mankind in Greek Thought*, Cambridge: Cambridge University Press, 1965, p. 4.

③ Kenneth J. Gergen, "The Significance of Skin Color in Human Relations", *Daedalus*, 96 (Spring 1967), p. 397.

④ Lloyd A. Thompson, *Romans and Blacks*, London and Oklahoma: Routledge & Oklahoma University Press, 1989, p. 22.

反对种族主义是其中的重要内容,如要求恋爱超越种族界限等。①特别是60年代的美国黑人"自由民权运动",不仅对美国社会产生了重要影响,而且给美国及西方学术界带来了深刻变化。

正是在这种背景之下,西方学术界对希腊罗马世界中的埃塞俄比亚人(黑人)的研究也朝着与此前相反的方向发展。早在20世纪20年代末,20岁出头的法国学者多米尼克·施伦贝格尔(Dominique Schlumberger)就开始收集黑人艺术品,二战期间,她与丈夫约翰·德·梅尼尔(John de Menil)移居美国。美国黑人"自由民权运动"期间,多米尼克希望通过对黑人艺术品的收集来作为反对"黑人种族主义"的武器和证据,但该项工作一直处于艺术品的收集阶段,直到1976年才由宾德曼等人主编出版。② 多米尼克试图通过她的工作"揭示美国和欧洲流行艺术中这样的事实:几个世纪以来(事实上是千年以来),权威的西方艺术家已经通过各种媒体,有时以积极的方式,有时是以现实主义的方式,通常是以欢乐的方式塑造过黑人形象了。通过这种揭示,她把自己的这项工作含蓄地当作反击关于黑人的众所周知的种族主义者和根深蒂固的黑人形象的一种方式。她在第1卷第1版的前言中还争论说,艺术大师的艺术作品能揭示超越传统的种族和社会臆想的所有民族的共同人性。她和她丈夫相信,这些艺术形象的美性与范畴对于美国人和非裔美国人都能成为自豪与自我尊重之源,同时还能促进人们对白种人中的黑人的宽容与理解。换句话说,无论是在美国还是欧洲,艺术都可以作为对抗黑人种族主义的另一种武器。……

---

① 沈汉、黄凤祝编著:《反叛的一代——20世纪60年代西方学生运动》,甘肃人民出版社2002年版,第30页。

② David Bindman, Henry Louis Gates, Jr., eds., *The Image of the Black in Western Art*, I-III, Houston: Menil Foundation, 1976. 1989年和2014年又出版了第4卷和第5卷(Hugh Honour, Ladislas Bugner, David Bindman, *The Image of the Black in Western Art*, IV: *From the American Revolution to World War I*, Cambridge, MA: Harvard University Press, 1989; David Bindman, Henry Louis Gates, Jr., *The Image of the Black in Western Art*, V: *The Twentieth Century*, Cambridge, MA: Harvard University Press, 2014)。

西方伟大艺术作品中的黑人形象可以为过去打开一扇窗户,当多米尼克·德·梅尼尔略带伤感地说欧洲人与非洲人之间的'兄弟友谊盛开的理想'时,她所指的是非洲黑人奴隶卖往欧洲和新大陆之前的事,指的是基于种族奴隶制度和《吉米·克劳法》(Jim Crow Laws)的种族隔离不再是他们之间占统治地位的社会经济关系的基石,或者是黑人在西方文化中不再'被认为'和'被代表'"。[1] 由此可以看出,尽管多米尼克·德·梅尼尔本人是出于对艺术的热爱而涉足对古代黑人艺术的研究,但她的工作明显是针对当时西方社会中盛行的种族主义思潮,深深地打上了那个时代反对种族主义思潮的学术烙印。

20世纪50年代,塞内加尔学者谢克·安塔·迪奥普出版了针对具有种族主义偏见的欧洲中心论的《黑人民族与文化》,他认为,人类历史与文明起源于非洲而非欧洲,古代埃及人的主体是黑种人,古埃及文明是黑人创造的,是他们使整个世界得到了文明。[2] 但遗憾的是,该著作出版后一直没有引起学术界的重视,美国出版商也没有人对它有兴趣,迪奥普除了在小范围内的黑人学者群体为人所知外,他的著作并没有给他带来应有的声誉。1967年,他又出版了《黑人文明的先前性:神话还是历史真实?》,[3] 该书与前著一起,改变了世界学术界对非洲人民历史地位的态度。在很大程度上正是由于这两本著作,他和另一位著名黑人学者杜波伊斯(W. E. B. DuBois)在1966年塞内加尔的达喀尔举办的世界黑人艺术节(the World Festival of Negro Arts)上荣获了"20世纪对非洲人民最具影响力的作家"称号。1974年,两书内容经过重新整合,

---

[1] David Bindman, Henry Louis Gates, Jr., eds., *The Image of the Black in Western Art*, Ⅰ: *From the Pharaohs to the Fall of the Roman Empire*, pp. vii – viii.
[2] Cheikh Anta Diop, *Nations Négres et Culture*, Paris: Présence Africaine, 1955.
[3] Cheikh Anta Diop, *Antériorté Des Civilisations Négres: Mythe ou Vérité Historique?*, Paris: Présence Africaine, 1967.

以《文明的非洲起源：神话还是事实》之名出版。[①] 该书通过历史学、考古学和人类学证据重新界定了古代埃及文明在非洲史和世界史中的地位，它特别强调，是非洲黑人创造和发展了早期埃及文明，"在非洲历史学家把非洲史与埃及史相联系之前，非洲的历史一直悬而未决，无法正确书写；特别是对语言、制度等的研究不可能得到正确对待。简言之，只要不给予古代埃及与黑人非洲的关系以合法地位，要构建非洲人文主义和非洲人文科学就不可能实现。逃避埃及问题的非洲历史学家既不合适，也不客观，亦不沉着镇定，只能是无知、胆小和神经质的"。[②] 很明显，作者所探讨的主题是黑皮肤的埃及人如何创造了埃及文明，而埃塞俄比亚人并不是其讨论的主要问题，因此，涉及埃塞俄比亚人的内容是分散在全书中的，其主要目的是论证埃及文明的"南来说"性质，[③] 特别是要认识到埃塞俄比亚人是黑人这一重要内容。作者强调，"希罗多德在记录这一民族（埃塞俄比亚人）的习俗时可能犯了错，但人们必须承认，至少他能确认他所访国家居民的（黑色）肤色"。[④] 迪奥普的观点虽然在学术界产生了重要的影响，他也成为与以种族主义为重要特征的欧洲中心论针锋相对的所谓非洲中心论者中的重要代表人物，其作品对埃塞俄比亚人也多有涉及，但它们并不是专门研究埃塞俄比亚人的著作，与其说它们是对埃塞俄比亚人的研究，还不如说是对种族主义思潮笼罩下的研究的极度反动。

真正使希腊罗马世界中的埃塞俄比亚人（黑人）研究产生根

[①] Cheikh Anta Diop, *The African Origin of Civilization: Myth or Reality*, edited and translated by Mercer Cook, New York: Lawrence Hill and Company, 1974.

[②] Cheikh Anta Diop, *The African Origin of Civilization: Myth or Reality*, p. xiv.

[③] 关于古埃及文明的起源问题及古埃及文明的"北来说""南来说"的讨论，参见金寿福《内生与杂糅视野下的古埃及文明起源》，《中国社会科学》2012 年第 12 期。

[④] Cheikh Anta Diop, *The African Origin of Civilization: Myth or Reality*, pp. 1–42, 230–235.

绪 论 15

本性转变的著名代表是终身致力于该问题研究的美国学者斯诺登。他对该主题的研究长达50年，代表作包括《古代的黑人：希腊罗马经历中的埃塞俄比亚人》（以下简称《古代的黑人》）、《肤色偏见之前：古代的黑人观点》（以下简称《肤色偏见之前》）、《古代希腊罗马黑人的图像学证据》，① 以及大量相关论文。在《古代的黑人》中，作者首先通过古代文献和考古材料探讨了埃塞俄比亚人的身体特征，接着考察了希腊罗马人对埃塞俄比亚人的认识过程，特别是希腊罗马人对埃塞俄比亚人武士的接触与认识，然后考察了古典神话与艺术中的埃塞俄比亚人，以及异教时代希腊罗马人对埃塞俄比亚人的态度，最终得出结论认为，"证据中并没有表明古代希腊人或罗马人设有阻止社会融为一体的肤色障碍"。② 在《肤色偏见之前》一书中，作者明确写道："本书的目标在于两个方面，通过图像史料和文字史料，一方面追溯从埃及到罗马时代白人所认为的黑人形象，另一方面阐述这一时期对黑人态度的一些基本根据。"③ 该书由相对独立又完全有机的四部分组成，主要考察了从埃及法老时代到公元6世纪整个埃及、西亚、希腊罗马世界对包括埃塞俄比亚人在内的非洲黑人的态度及其之间的关系；研究资料不仅包括埃及文献、希腊罗马文献、基督教文献，还包括大量的铭文、考古材料。在书中，作者反复地强调在古代社会中，根本不

---

① Frank M. Snowden, Jr., *Blacks in Antiquity: Ethiopians in the Greco-Roman Experience*, Cambridge, Massachusetts: Belknap Press, 1970; Frank M. Snowden, Jr., *Before Color Prejudice: The Ancient View of Blacks*, Cambridge, MA: Harvard University Press, 1983; Frank M. Snowden, Jr., "Iconographical Evidence on the Black Populations in Greco-Roman Antiquity", in Jean Vercoutter, Ladislas Bugner, Jean Devisse, eds., *The Image of the Black in Western Art*, I: *From the Pharaohs to the Fall of the Roman Empire*, pp. 141–250.

② Frank M. Snowden, Jr., *Blacks in Antiquity: Ethiopians in the Greco-Roman Experience*, pp. 217–218.

③ Frank M. Snowden, Jr., *Before Color Prejudice: The Ancient View of Blacks*, Preface.

存在任何现代意义上的种族偏见。① 在《古代希腊罗马黑人的图像学证据》中，作者在逐一考察了 197 幅与黑人有关的艺术品后，特别强调："没有理由得出结论认为，在喜剧和讽刺场景中描述黑人的古典艺术家是由于肤色偏见才这样做的。……正如在古典文献中一样，古代艺术中也没有证据能表明有关于黑人是丑陋的、驱邪的、滑稽的等模式化概念；相反，许多世纪以来，在广泛的艺术形式中，黑人都受到多样而经常性的同情化对待。这强烈地表明，古典艺术家不仅是出于同样的原因把黑人和其他各种族的人一起选为他们的艺术主题，而且表明他们做出这种选择通常是出于美学考虑。希腊罗马艺术家在对关于黑人的艺术作品进行创作时，很明显是本着古典作家的精神的，这些古典作家在评论国内外的埃塞俄比亚人时毫不在意人类皮肤的颜色。"②

这一时期另一影响重大的著作是三卷本、多达 1000 余页的《西方艺术中的黑人形象》。该著作的构思源于 20 世纪 20 年代末多米尼克·施伦贝格尔及其丈夫约翰·德·梅尼尔对艺术品的收集。多米尼克对黑人艺术品的兴趣产生于 60 年代美国的民权运动时期，她希望通过对黑人艺术品的收集来作为反对"黑人种族主义"的武器和证据。正如前所说，该项工作一直处于艺术品的收集阶段，直到 1976 年才由宾德曼等人主编出版。涉及希腊罗马世界中黑人的内容主要在第 1 卷《从法老到罗马帝国的灭亡》和第 2 卷《从早期基督教时代到"发现的时代"》。③

---

① Frank M. Snowden, Jr., *Before Color Prejudice: The Ancient View of Blacks*, pp. 16-17, p. 58, p. 108.

② Frank M. Snowden, Jr., "Iconographical Evidence on the Black Populations in Greco-Roman Antiquity", in Jean Vercoutter, Ladislas Bugner, Jean Devisse, eds., *The Image of the Black in Western Art*, I: *From the Pharaohs to the Fall of the Roman Empire*, pp. 249-250.

③ David Bindman, Henry Louis Gates, Jr., eds., *The Image of the Black in Western Art*, I-III.

1989 年，伊巴丹大学古典学教授汤普逊出版了《罗马人与黑人》，作者认为，以前的研究（包括斯诺登的研究）通常反映出当代种族主义心态，他们含蓄地把古代希腊罗马人的思维习惯与当时具有殖民主义和种族主义倾向的普遍制度相类比，把现代观念当作古代世界社会心理的一部分，因此得出的结论也是错误的。[①] 作者运用迈克尔·班顿（Michael Banton）等人的现代社会学理论对罗马的种族与种族关系进行考察，从罗马社会与文化的角度，打开了罗马人对黑人态度研究的新维度。

这一时期的研究对此前在种族主义思潮笼罩下的研究进行了比较系统的反思，在观点上是对此前研究的极度反动，即不仅严厉批判种族主义主导下为现代种族主义寻找"古代"依据的谬论，而且系统、客观地分析了希腊罗马世界中埃塞俄比亚人（黑人）的真实地位，其结论是希腊罗马社会中根本不存在现代意义上的种族主义，甚至还有溢美之嫌。这在斯诺登那里体现得尤其明显。

（三）再思考时期

到 20 世纪 90 年代，西方学术界对希腊罗马人与埃塞俄比亚人的关系的研究发生了重大变化，众多学者认为希腊罗马社会是存在对包括埃塞俄比亚人（黑人）在内的肤色偏见或种族偏见的，这些表现形式各异的种族偏见在基督教时代（特别是早期基督教时代）不但没有消除，反而通过基督教父对《圣经》的解释，在基督教逐渐取得统治地位的过程中不断地强化并成为西方文化的传统。

1992 年，温布什在对《圣经》中关于埃塞俄比亚太监腓利皈依基督教的研究后，认为早期基督教的普世主义形式接受了古代的歧视性逻辑学并能解释现代种族主义，这种负面文化遗产在基督教徒看待其内部差别，如肤色差别、相貌与文化差别等方面时，体现

---

① Lloyd A. Thompson, *Romans and Blacks*, pp. 21 – 22.

得最为明显。① 1994 年，胡德在《污秽与黑人：基督教关于黑人与黑性的传统》（以下简称《污秽与黑人》）中分析了基督教在阐述其带有普世主义的欧洲中心论时，具有明显的种族主义倾向，而这种倾向又成为西方文化的传统，并成为欧美现代种族主义的渊源，今天蔓延至欧洲和美国的黑人种族主义正是对基督教关于黑人与黑性解释的发展。他写道："早期基督教思想中的黑性（blackness）具有压倒性优势，传达出各种社会价值观和从属于白性（whiteness）的道德等级，这种态度成为西方文化观点的基石，并得到奴隶贸易、经济学、埃及学、物理学和社会科学以及后来的基督教世界的强化。"② 他收集了许多古代基督教文献（如伪经文献、教父文献、晚期古代著作等），并认为基督教文献存在对黑人（即埃塞俄比亚人）的意识形态偏见，这些偏见导致了把黑人描述成罪恶的、恶魔的和具有性威胁性的负面形象。③

2002 年，拜伦出版了《早期基督教文献中的象征性黑色与种族差异》，作者的目的是梳理希腊罗马（包括早期基督教）时期文献中关于种族政治的修辞学分类（taxonomy or classification），并阐明早期基督教作家在种族政治修辞学方面使用埃及人/埃及、埃塞俄比亚人/埃塞俄比亚、黑人/黑性这些术语的含义。古代作家通过对族群（ethnic group）、地理方位（geographical locations）以及肤色象征方面进行的积极的和贬损的描述，塑造

---

① Vincent L. Wimbush, "Ascetic Behavior and Colorful Language: Stories about Ethiopian Moses", *Semeia*, 58 (1992), pp. 81 – 92; Robert E. Hood, *Begrimed and Black: Christian Traditions on Blacks and Blackness*, Minneapolis: Fortress, 1994; Byron, *Symbolic Blackness and Ethnic Difference in Early Christian Literature*, London and New York: Routledge, 2002.

② Robert E. Hood, *Begrimed and Black: Christian Traditions on Blacks and Blackness*, p. 90.

③ Robert E. Hood, *Begrimed and Black: Christian Traditions on Blacks and Blackness*, pp. 73 – 90.

了更大的文化系统。① 作者把相关术语分为四大类：（1）地理政治认同类（geopolitical identification）；（2）道德－精神特征类（moral-spiritual characterization）；（3）描述性差别类（descriptive differentiation）；（4）基督教徒自我界定类（Christian selfdefinition）。前三类主要集中在希腊罗马古典作家文献中，第四类主要是早期基督教作家文献的论述。每一大类中又有很多小类，如地理政治认同类包括地理位置、神话的理想化、经济与军事统治、社会与政治地位等，道德－精神特征类包括特征描述、肤色象征、魔鬼与邪恶、美德模式、性威胁等。作者的目的仅仅是对基督教文献中涉及相关内容的叙述进行分类，并不是以此为基础对黑人地位、基督教世界对黑人的观点等进行探讨。在谈到自己著作的不足之处的时候，作者写道："这本书不是试图重建或回答关于古代埃及人、埃塞俄比亚人和黑人的实际经验或任何问题，它的目的只是识别、积累、组织和分析古代基督教文献中关于埃及人/埃及、埃塞俄比亚人/埃塞俄比亚和黑人/黑性的一些具有代表性的论述。在许多方面，不可能将关于这些群体的论述与他们的实际历史分开；然而，我的重点是阐述文献中的话语策略，因此，在这个项目中，我并不关心如何在所讨论的文本中确立对话、性接触、身体竞争和其他奇怪互动的历史性。"② 换句话说，作者只是分类罗列相关材料，不会对这些材料进行深入的讨论或得出某些结论。

2004年，以色列著名古典学者艾萨克出版了《古典时代种族主义的发明》，作者认为，种族主义并不是从无法追忆的远古时代就存在的，它是在希腊城邦背景下被"发明"的，只是这些发明在近代

---

① Gay L. Byron, *Symbolic Blackness and Ethnic Difference in Early Christian Literature*, p. 28.

② Gay L. Byron, *Symbolic Blackness and Ethnic Difference in Early Christian Literature*, p. 12.

被"科学化"、模式化、制度化,从而取得了"合法"地位。① 2009年,埃利亚夫－费尔顿、艾萨克等人又出版了《西方种族主义的起源》,该书是 2005 年 12 月在特拉维夫大学召开的"公元 1700 年前西方文明中的种族主义"国际学术讨论会的会议论文集。该会议在很大程度上是针对艾萨克的《古典时代种族主义的发明》所讨论的古代种族主义问题这一"学术热点"② 而召开的。该书收录会议论文共 15 篇(含前言),涉及从古代希腊罗马到近代早期与欧洲种族主义相关的广泛内容,专门讨论希腊罗马时期的主要有 4 篇论文(第 2—5 篇),其中专门论述埃塞俄比亚人(黑人)的有两篇,即《种族主义、肤色象征及肤色偏见》和《早期基督教的普世主义与现代种族主义》。前者认为希腊罗马社会没有所谓的种族主义或原始种族主义(Proto-racism),后者则认为早期基督教父们的解释是带有种族主义性质的,至少带有"种族推论"(ethnic reasoning)性质。③

2005 年,比尔出版了《为何是新种族:早期基督教的种族推论》(以下简称《为何是新种族》),认为早期基督教文献从文化上运用人类差别的有效理解,形成了我们所说的一种宗教传统,并把基督教性(Christianness)的各种独特形式描绘成具有普世性和权威性的形式;我们则根据诸如"族群性"(ethnicity)、"种族"(race)及宗教这些现代概念对这种有效理解进行分析。④ 作者虽然

---

① Benjamin Isaac, *The Invention of Racism in Classical Antiquity*, Princeton N. J. and Oxford: Oxford University Press, 2004.

② Naoise Mac Sweeney, "The Origins of Racism in the West", *Bryn Mawr Classical Review*, http://bmcr.brynmawr.edu/2010/2010 - 01 - 39.html.

③ David Goldenberg, "Racism, Color Symbolism, and Color Prejudice", Denise Kimber Buell, "Early Christian Universalism and Modern Forms of Racism", in Miriam Eliav-Feldon, Benjamin Isaac, Joseph Ziegler, eds., *The Origins of Racism in the West*, Cambridge: Cambridge University Press, 2009, pp. 88 - 108.

④ Denise K. Buell, *Why This New Race: Ethnic Reasoning in Early Christianity*, New York: Columbia University Press, 2005, p. 2.

并不否认这些主张在作为迎合基督教本质或稳定性的一种方式时的重要性,但她认为这并不能真正解释基督教对待包括埃塞俄比亚人(黑人)在内的其他民族的态度,因此,她从"固定性/变移性"(fixity/fluidity)标准,而非其他如宗教与公民权之类的文化标准对基督教的黑人种族偏见进行考察。①

20世纪90年代以来,学术界在围绕埃塞俄比亚人(黑人)的再思考中出现了两个明显的特点(或趋势):一是越来越多的学者把目光集中到了晚期古代,特别是基督教对埃塞俄比亚人(黑人)的态度上,这与此前把主要注意力放在希腊罗马古典时代的研究旨趣有很大的变化;二是其讨论的范围和主题在继续延伸,特别是古代社会与种族主义的关系问题引起了学界的强烈兴趣。

二 主要成就及特点

发端于19世纪末对希腊罗马世界中的埃塞俄比亚人(黑人)的研究,在二战前几乎完全笼罩在西方种族主义的阴霾之下,很难说是真正的学术探讨。从20世纪中后期至今,西方学术界在对希腊罗马世界中的埃塞俄比亚人(黑人)的研究这一领域取得了比较突出的成就,并呈现以下特征。

第一,对涉及希腊罗马世界中黑人的资料进行系统分析并客观解读。直到20世纪中后期,西方学术界对希腊罗马文献中涉及埃塞俄比亚人(黑人)的资料都没有进行过系统的整理,更谈不上真正的研究。在此之前的"研究",多数只是处于其他研究中的"顺便提及"的尴尬境地,就连真正的第一部专著,即比尔兹利的《希腊罗马文明中的黑人》也被批评者认为作者"没有好好地阅读希腊罗马作家的著作"。对希腊罗马世界中黑人的资料真正着手整理,也是真正全面系统研究这一问题的是美国学者斯诺登。1976

---

① Denise K. Buell, *Why This New Race: Ethnic Reasoning in Early Christianity*, pp. 9–10.

年，斯诺登首次对《圣经》及教父作家文献中涉及埃塞俄比亚人（黑人）问题的材料进行了梳理和介绍；[1] 1981 年，他又对希腊罗马世界中涉及埃塞俄比亚人（黑人）的艺术品进行了系统的整理和介绍。[2] 不仅如此，他还以历史学家的严谨态度对希腊罗马世界中的埃塞俄比亚人（黑人）进行了客观解读。1970 年，他的《古代的黑人》通过对古代文献和考古材料的系统分析和客观解读，得出了颠覆性的结论并几乎统治了 20 世纪后半期的研究。1983 年，他又出版了《肤色偏见之前》，该书尽管内容不多，但涵盖了长达 3000 余年的历史，在资料的系统使用上更有所补充，在研究体系上更加流畅。[3] 除此之外，他对希腊罗马世界的黑人研究还特别体现在他的许多论文中。通过这些论文，作者深入考察了希腊罗马世界中的黑人，在学术界产生了很大的影响。[4] 此后，以

---

[1] F. M. Snowden, Jr., "Blacks, Early Christianity", in V. Furnish, ed., *The Interpreter's Dictionary of the Bible: Supplementary Volume*, Nashville: Abingdon Press, 1976, pp. 111 – 114.

[2] F. M. Snowden, Jr., "Aethiopes", in *Lexicon Iconographicum Mythologiae Classicae* I, Zurich: Artemis, 1981, pp. 321 – 326, 413 – 419.

[3] Frank M. Snowden, Jr., *Before Color Prejudice: The Ancient View of Blacks*, Cambridge, MA: Harvard University Press, 1983.

[4] 比较有代表性的成果包括："The Negro in Classical Italy", *The American Journal of Philology*, Vol. 68, No. 3 (1947), pp. 266 – 292; "Blacks, Early Christianity", in V. Furnish, *The Interpreter's Dictionary of the Bible: Supplementary Volume*, Nashville: Abingdon Press, 1976, pp. 111 – 114; "Iconographical Evidence on the Black Populations in Greco-Roman Antiquity", in David Bindman, Henry Louis Gates, Jr., eds., *The Image of the Black in Western Art*, II, Part 1, pp. 141 – 250; "Aethiopes", in *Lexicon Iconographicum Mythologiae Classicae* I, 1: *AARA-APHLAD*, Zurich: Artemis, 1981, pp. 413 – 419; "*Melas-leukos* and *Niger-candidus* Contrasts in Classical Literature", *The Ancient History Bulletin*, 2 (1988), pp. 60 – 64; "Bernal's 'Blacks', Herodotus and Other Classical Evidence", *Arethusa* (Special Fall Issue), 1989, pp. 83 – 95; "Romans and Blacks: A Review Essay", *American Journal of Philology*, Vol. 11, No. 4 (1990), pp. 543 – 557; "Attitudes towards Blacks in the Greek and Roman World: Misinterpretations of the Evidence", in Edwin M. Yamauchi, ed., *Africa and Africans in Antiquity*, East Lansing: Michigan State University Press, 2001, pp. 246 – 275.

《西方艺术中的黑人形象》（第1、2卷）、《罗马人与黑人》、《污秽与黑人》、《早期基督教文献中的象征性黑色与种族差异》、《古典时代种族主义的发明》、《为何是新种族》等为代表的专著无不是在希腊罗马原始资料的基础上进行的客观而深入的解读。

第二，区域性或断代研究成果大量出现。区域性的研究最初也是以考古材料为对象的艺术研究为主。杰汉·德桑热的《古代北非黑人的图像学研究》以到当时为止发现的古代壁画、艺术品，以及考古发掘成果为基础，结合古代文献材料，系统地考察了古代整个北非地区的黑人（特别是埃塞俄比亚人）的历史与艺术状况。① 从时间上，该文涵盖了从公元前3000多年到罗马帝国时代的近4000年历史，在地域上包括从摩洛哥和阿尔及利亚南部地区到突尼斯南部绿洲、费赞、阿蒙绿洲的广阔地区。通过系统的研究，作者认为，古代非洲黑人的存在无可辩驳地得到了文献、铭文和考古成果的证实，但黑人在数量上并没有大量增加，因为撒哈拉沙漠并没有可供黑人自由进出的商路，因而不可能有大批黑人进入罗马世界；对于古代世界而言，黑人应该是尼罗河流域的居民，而毛里人和加拉曼特人则通常被当作半黑人。布迪斯科夫斯克在《罗马时代亚得里亚海的黑人》中对罗马时代的亚得里亚海地区的黑人进行了系统的研究。② 卡拉吉奥吉斯在《古代塞浦路斯岛上的黑人》中，收集了该岛出土的所有绘有黑人形象的艺术品（特别是陶器、垂饰），时间范围从公元前1900年到罗马统治结束时期，总共有插图52幅、地图2幅。该著虽然只有62页，但它几乎是关

---

① Jehan Desanges, "The Iconography of the Black in Ancient North Africa", in David Bindman and Henry Louis Gates, Jr., *The Image of the Black in Western Art*, II: *From the Early Christian Era to the "Age of Discovery"*, Cambridge and London: The Belknap Press of Harvard University Press, new edition, 2010, pp. 251–274.

② M. C. Budischovsky, "Le theme du negre dans l'Adriatique a l'poque romaine", *Hommages à Maarten J. Vermaseren I*, Leiden 1978, pp. 191–207, pls. 9–18.

于该问题的全部材料。① 古典文献只有一次关于塞浦路斯岛上埃塞俄比亚人的记载，因此作者还探讨了这些黑人形象的艺术品是本土的还是外来的这一问题。斯诺登对此书给予高度评价，称"这个关于塞浦路斯古代艺术中黑人的研究，是对不断增长的关于古代地中海世界艺术中有关黑人研究的颇受欢迎的锦上添花之作"。② 让·勒克朗在《希腊罗马世界中的埃及和非洲土地》一文中讨论了如何把埃及人同黑人区分开来的问题。③

在断代研究方面，让·德维斯在《基督教与黑人》中考察了公元5—9世纪基督教社会中基督教教义、著述，特别是艺术是如何把非洲（特别是埃及）与非洲人纳入基督教牢笼之中的，在那里，黑人变成了上帝的拯救对象，白人则成为黑人的灵魂拯救者，正是在这一过程中，对黑人的种族偏见在西方文化中扎根并顽固地延续下来。④ 汤普逊在《罗马人与黑人》中专门探讨了罗马人对待黑人的态度。作者认为，学术界在对古代资料缺乏真正深入研究的情况下就轻易得出的结论，如认为白种人（高加索人）对与黑人混血人种的令人熟悉的态度是历史记录中永恒不变的事实等，⑤ 具有明显的局限性。作者运用现代社会学理论，通过对罗马社会结构和层次的考察，认为罗马人对埃塞俄比亚人（黑人）的态度，就算是最负面的也与今天的种族主义者所描述的"种族主义""种族偏见""肤色偏见"等毫无关系，之所以会出现误解，是

---

① Vassos Karageorghis, *Blacks in Ancient Cypriot Art*, Houston: Menil Foundation, 1988.

② F. M. Snowden, Jr., "*Blacks in Ancient Cypriot Art* by Vasssos Karageorghis (Review)", *American Journal of Archaeology*, Vol. 94, No. 1, Jan., 1990, pp. 161 – 162.

③ Jean Leclant, "Egypt, Land of Africa, in the Greco-Roman World", in David Bindman, Henry Louis Gates, Jr., *The Image of the Black in Western Art*, II: *From the Early Christian Era to the "Age of Discovery"*, pp. 275 – 288.

④ Jean Devisse, "Christians and Black", in David Bindman, Henry Louis Gates, Jr., *The Image of the Black in Western Art*, II: From the Early Christian Era to the "Age of Discovery", pp. 31 – 72.

⑤ Lloyd A. Thompson, *Romans and Blacks*, pp. 21 – 22.

由于今人不理解罗马人对待黑人的态度完全是建立在罗马人的自我理解和自我意识之上的；罗马社会确实有严格的社会等级界限，但这与对黑人的种族意识没有任何关系；罗马社会对黑人确实存在好奇之心，但这种好奇仅仅局限于单一的个体认识之中，根本不存在社会性歧视，与种族主义更是毫无关系。[①]《早期基督教文献中的象征性黑色与种族差异》考察了罗马帝国前期（即早期基督教时代）教父作家们的护教著作中关于黑人的论述，并分析了护教著作对《圣经》的比喻性解释中所包含的种族意识和种族偏见。

第三，19世纪末以来关于希腊罗马人与埃塞俄比亚人（黑人）关系的主流认识几乎彻底被否定。自19世纪末，特别是比尔兹利的著作出版以来，他所主张的黑人在古代社会就是地位低下者并成为艺术作品的典型负面形象题材的观点在学术界流毒深远，而这种流毒又与现代西方种族主义相唱和，成为认识古代希腊罗马世界黑人地位的主流观点。虽然在此过程中不断有学者表示异议甚至激烈反对，但直到20世纪后半期，学术界还没有从根本上对它进行系统批判的研究。70年代，斯诺登历时15年完成了《古代的黑人》，并在之后完成了《肤色偏见之前》，同时发表了大量相关论文，从根本上彻底否定了之前的主流观点。作者认为，在希腊罗马文献和艺术中，它们所能表明的是，黑人不仅能与希腊罗马人共存，而且经常作为希腊罗马社会中的战车战士、勇士和演员而被人们尊重。由于希腊罗马人最先遇到的是作为士兵和雇佣军而不是作为奴隶或"野蛮人"的黑人，因此他们并没有把黑人划到低贱者行列，他们追求的是奴隶制度而不是黑人种族制度。哥伦比亚大学古典史教授哈里斯（William Harris）称斯诺登是"第一位以严肃方法书写古代黑人历史的人"。剑桥大学杰出的古典学者芬利（M. I. Finley）也说："《古代的黑人》一书写得有点言过其实，但它在这一长期

---

① Lloyd A. Thompson, *Romans and Blacks*, pp. 157 – 164.

被忽视的领域确实是有价值的。"① 正是由于斯诺登的研究和大量成果,以及其他众多学者的艰苦努力,学术界才完全扭转了种族主义思潮主导下的对古代黑人的看法,从而比较彻底地否定了19世纪末以来的主流认识。在此之后,学术界对这一问题的研究不再以希腊罗马世界"存在的"肤色偏见为基础和出发点,而是以史料和事实为基础进行客观研究。这在前面列举的20世纪70年代以来的著述中可以清晰地看到。

进入20世纪90年代后,虽然不断地有学者推出新论,从更微观的角度对古代黑人地位进行探讨,并大有肯定希腊罗马社会(特别是基督教社会)存在针对包括埃塞俄比亚人在内的黑人(及其他少数族裔,如埃及人、犹太人等)的肤色偏见和种族偏见的趋势,如《污秽与黑人》、《早期基督教文献中的象征性黑色与种族差异》、《西方种族主义的起源》、《为何是新种族》、《西方艺术中的黑人形象》(第4、5卷)等,但这些著作基本上摆脱了现代种族主义的窠臼,以科学的方式进行实事求是的讨论并得出结论,这与此前的种族主义思潮下为种族主义寻求古代依据的做法不可同日而语。

第四,从更加广阔的范围展开深入探讨。从20世纪中后期起,学术界对希腊罗马世界的埃塞俄比亚人(黑人)的研究不再局限于艺术和考古领域,而在不断地拓展范围并深化研究。这主要表现为多学科、多角度的深入探讨。二战后,随着非洲民族意识的觉醒,越来越多的非洲学者(特别是黑人学者)更加关注自身的传统与本土历史文化,其学科方法也多种多样。加德纳在《无可非议的埃塞俄比亚人及其他》一文中,通过对古典作家文献的研究,对地理学的考察,对埃塞俄比亚人与希腊罗马人交往的分析,对语言和钱币等考古资料的运用,得出结论,认为古代埃塞俄比亚人就

---

① http://www.washingtonpost.com/wp-dyn/content/article/2007/02/21/AR2007022101989.html,2017年11月6日。

是现代埃塞俄比亚人的祖先或前辈,从而否定了通常认为的从荷马以来的古典作家涉及的埃塞俄比亚和埃塞俄比亚人几乎完全不是现代的埃塞俄比亚人或生活在今天埃塞俄比亚高原的高地民族的祖先或前辈的观点。① 贝凯里则认为,学术界对埃塞俄比亚的起源认同完全是一种外人的捏造,是这些外人通过对埃塞俄比亚历史与文化的起源的外部资料的推测,过分地对埃塞俄比亚人使用赞美或"无可非议"等外在观察造成的。根据埃塞俄比亚传统,埃塞俄比亚这一术语来源于"Ethiopis"这一词语,而这一词语是一位埃塞俄比亚国王的名字。《阿克苏姆埃塞俄比亚书》(*The Ethiopian Book of Aksum*)证明"Ethiopis"是埃塞俄比亚第12位国王阿克苏马维(Aksumawi)的父亲。埃塞俄比亚丰富多样的原始历史不仅在埃塞俄比亚人的自我命名中形成了真实的中心,而且在证明非洲对世界历史的贡献中也形成了真实的中心。② 约翰逊在《埃塞俄比亚人的黑人性:古典人种志及尤西比乌斯对〈诗篇〉的评注》中通过对古典时代的人种志及基督教对埃塞俄比亚人态度的考察,主要从宗教的角度分析,认为《圣经》及基督教思想家沿袭了古典作家对埃塞俄比亚人的态度。特别是到晚期古代,由奥利金对《圣经》阐释的埃塞俄比亚人形象一直占据统治地位,后经尤西比乌斯等重要教父折中解释而为基督教世界广泛接受。由于尤西比乌斯自始至终把一切都纳入他的宗教优越主义和世界历史解释模式之中,他笔下的埃塞俄比亚人标志着福音教义和基督教生活方式的迅速扩张。分析奥利金和尤西比乌斯对埃塞俄比亚人的态度,以及他们的神学与教会学目标会发现,地球边缘"离人类最远"的埃塞俄比亚人发挥了"漂浮的能指"(a floating signifier)功

---

① J. W. Gardner, "Blameless Ethiopians and Others", *Greece & Rome*, Second Series, Vol. 24, No. 2, Oct., 1977, pp. 185 – 193.

② Ayele Bekerie, "Ethiopica: Some Historical Reflections on the Origin of the Word Ethiopia", *International Journal of Ethiopian Studies*, Vol. 1, No. 2, Winter/Spring 2004, pp. 110 – 121.

能，并成为一种强有力的隐喻，而这种隐喻为灵魂或教会的观念化运用做了充分的准备。①

从更加广阔范围展开深入探讨的另一表现是，对古代作家关于埃塞俄比亚人记载的热烈讨论。古典作家的记载与基督教文献不同，它们或是真实历史的反映（如历史学家、地理学家、医学家等的著作，至少作者是秉承真实客观态度写作的），或是真实社会生活的写照（如诗歌、戏剧等文学作品和艺术品），因此，对它们的深入研究对于弄清历史真相具有重要意义。如尤维纳尔在《讽刺诗》第 10. 148—150 中写道："hic est quem non capit Africa Mauro Percussa oceano Niloque admota tepenti rursus ad Aethiopum populos aliosque elephantos."② 学术界对其中涉及的"埃塞俄比亚的"进行了激烈的争论。如有学者认为，尤维纳尔在写"rursus ad Aethiopum populos aliosque elephantos"时，他是既指黑皮肤的民族，也指黑皮肤的厚皮动物。③ 也有学者认为，对上句的解读应是"延伸到埃塞俄比亚的诸部落，以及更多的埃利芬丁人的地方（即埃利芬丁城）"。④ 也有人认为，Aethiopum 是属格限定词，既修饰 populos，又修饰 elephantos，因此，应当把这句话理解为"延伸到埃塞俄比亚的诸部落和埃塞俄比亚的埃利芬丁人那里"。⑤ 还有人通过对其他罗马诗人［如斯塔提乌斯（Statius）、维吉尔等］相关描述的考察，认为这里指毛里塔尼亚（Mauretania）之后的"埃塞俄比

---

① Aaron P. Johnson, "The Blackness of Ethiopians: Classical Ethnography and Eusebius's Commentary on Psalms", *The Harvard Theological Review*, Vol. 99, No. 2, Apr., 2006, pp. 165 – 186.

② Juvenal, *The Satires*, trans. Niall Rudd, Oxford: Clarendon Press, 1991, X. 150.

③ Michele V. Ronnick, "Juvenal, Sat. 10. 150: atrosque non aliosque (Rursus ad Aethiopum populos aliosque elephantos)", *Mnemosyne*, Fourth Series, Vol. 45, Fasc. 3, 1992, pp. 383 – 386.

④ Eric Laughton, "Juvenal's Other Elephants", *The Classical Review*, Vol. 6, No. 3/4, Dec., 1956, p. 201.

⑤ J. Triantaphyllopoulos, "Juvenal's Other Elephants Once Again", *Mnemosyne*, 11 (1958), p. 159.

亚人的其他埃利芬丁人"，属于"真正的埃塞俄比亚人"（Ethiopians proper），以区别于被等同于印度人的"远东埃塞俄比亚人"（Far Eastern Ethiopians）以及被等同于毛里塔尼亚人的"远西埃塞俄比亚人"（Far Western Ethiopians）。① 还有人认为这里的 aliosque 不仅是指埃利芬丁地区的两类人，还包括那里的埃利芬丁人。② 还有人认为，尤维纳尔是在描述非洲的四个角落，即毛里塔尼亚、埃及、真正的埃塞俄比亚和西埃塞俄比亚，而这里的 aliosque elephantos 正是指的西埃塞俄比亚，因此这里指的是地点，而不是指人。③ 类似的争论还有很多，如对教父著作中对埃塞俄比亚人（黑人）的态度的争论，至今仍然非常激烈。这些争论反映出学界对古代希腊罗马世界中埃塞俄比亚人（黑人）问题的讨论的深入。

三 争论焦点

西方学术界对希腊罗马世界中埃塞俄比亚人（黑人）的研究虽然源起于对黑人艺术品的研究，但它所引发的学术争论远远超出了艺术研究范畴。特别是随着对希腊罗马世界中埃塞俄比亚人（黑人）真正的历史学研究的兴起，对它的科学认识越来越客观，也越来越清晰。但是，由于研究者对文献及其他材料理解的不同、看待问题的角度不同以及研究手段与方法的差异，加上时代的进步和学术的发展，学术界在某些问题的认识上出现了较大分歧，展开了激烈的争论，这些争论的焦点主要集中在以下两方面。

第一，古代希腊罗马社会是否存在针对黑人的种族主义歧视或种族偏见？近代希腊罗马社会的黑人研究是在种族主义大行其道的时代兴起的，深受种族主义思潮的影响。在种族主义"科学理论"的笼罩下，最初的研究结论是黑人的低下地位、负面形象在希腊罗

---

① J. Yvan Nadeau, "Ethiopians", *Classical Quarterly*, 20 (1970), pp. 339 – 349; "Ethiopians Again and Again", *Mnemosyne*, 30 (1977), pp. 75 – 78.
② R. Astbury, "Juvenal 10, 148 – 150", *Mnemosyne*, 28 (1975), pp. 40 – 46.
③ J. Barr, "Juvenal's Other Elephants", *Latomus*, 32 (1973), pp. 856 – 858.

马时期就已经存在，后来只是延续了这种西方文化传统，换句话说，对黑人的种族主义歧视在西方古代社会就已经存在且根深蒂固。如前述的雷纳克、韦斯、贝茨、塞尔特曼等人都持这种观点，最典型的是比尔兹利。直到20世纪70年代仍然有学者强调古代社会对黑人肤色的偏见："毫无疑问，尤维纳尔对外人具有强烈的偏见……黑人受到憎恨不是因为他们做了什么，而是因为他们的身体受到了尤维纳尔的鄙视。"[1]

虽然这些观点后来遭到了主流学术观点的抛弃，但它的影响并没有完全消除，直到今天，仍然有严肃的古典学者认为古代社会存在对包括黑人在内的种族主义歧视。2007年，著名古典学者哈里斯在《华盛顿邮报》上撰文评价斯诺登时说："斯诺登的真正目的是在古代寻找一个没有灾难的世界，而这种灾难一直痛苦地缠绕着整个美国历史。他把证据追溯得太远了，以至于不能在理想的前现代、前中世纪时代找到。毫无疑问，在古代社会确实有那么一些种族主义，但他在研究时把它降到了最低点。……在一定程度上，他是对的。"[2] 虽然哈里斯说得很委婉，但可以看出他仍然承认希腊罗马社会存在对包括黑人在内的种族主义歧视。由此看来，学术界并没有彻底"消灭"希腊罗马社会存在针对黑人种族主义歧视的观点，这也值得我们从另一方面进行反思：希腊罗马社会是否真的没有今天意义上的种族主义歧视？

真正对希腊罗马社会针对黑人的种族主义观点进行系统批判的是斯诺登。他一方面严厉地批判此前盛行的希腊罗马社会的黑人种族主义论调，特别是比尔兹利的《希腊罗马文明中的黑人》，"她的研究在今天看来还暴露了不少严重的缺陷：（1）没有把希腊罗马世界中的黑人与他们的非洲背景相联系；（2）缺乏对相关实录

---

[1] David Wiesen, "Juvenal and the Blacks", *Classica et Mediaevalia*, 31 (1970), pp. 132-150.

[2] http://www.washingtonpost.com/wp-dyn/content/article/2007/02/21/AR2007022101989.html, 2018年11月6日。

证据和图像学证据重要性的鉴别；(3) 以一位古典作家的几行描述或最多以少量的文本为基础就对希腊罗马的实际做出泛泛的、一般性的概括，没有考虑到古代世界的整体黑人形象；(4) 有种带着现代种族观念阅读古代文献的倾向，以及一定要找到本不存在的肤色偏见的倾向；(5) 没有利用社会科学中关于肤色偏见起源与本质的重要研究成果"。① 另一方面，他在自己的著述中反复强调：希腊罗马社会根本就不存在种族和肤色的偏见，更没有今天意义上的种族主义，那些认为古代社会就已经存在种族主义的观点完全是现代西方人根据自己的种族主义宣传需要而杜撰出来的。作者通过对古典文献及考古材料中涉及的与黑人相关的术语及其所描述的身体特征的考察和总结，发现古代社会的"黑人"与种族主义者所指代的黑人并不一致，古代的黑人术语和类型很多，如 Afer, Indus, Maurus, niger, Aethiop, 真正的黑人（或纯黑种人，true Negro, Pure Negro）、尼罗河类型黑人（或高加索混合型黑人，Nilotic Negro, Caucasoid）、俾格米人等。② 作者通过对希腊罗马人与埃塞俄比亚人接触和认识的过程、希腊罗马社会中的埃塞俄比亚人士兵、古典神话中对埃塞俄比亚人的描述、希腊罗马社会公共空间中的埃塞俄比亚人地位、基督教世界对埃塞俄比亚人的态度等的系统考察，得出的结论是，"证据中并没有表明古代希腊人或罗马人设有阻止社会融为一体的肤色障碍"，并严厉地指出："黑人与白人的关系在20世纪仍然是一个非常严重的问题，古代埃塞俄比亚人的经历对这一重大问题不无意义。"③ 在《肤色偏见之前》中，

---

① Frank M. Snowden, Jr. "Attitudes toward Blacks in the Greek and Roman World: Misinterpretation of the Evidence", in Edwin M. Yamauchi, *Africa and Africans in Antiquity*, East Lansing: Michigan State University Press, 2001, p. 251.

② Frank M. Snowden, Jr., *Blacks in Antiquity: Ethiopians in the Greco-Roman Experience*, Cambridge, Massachusetts: Belknap Press, 1970, pp. 1–29.

③ Frank M. Snowden, Jr., *Blacks in Antiquity: Ethiopians in the Greco-Roman Experience*, pp. 217–218.

作者反复强调在古代社会中根本不存在任何现代意义上的种族偏见。① 其论文也反复强调这一观点："不管怎样，有一点是可以肯定的：种族偏见的责任不应该由希腊人和罗马人来承担！"②

汤普逊在斯诺登的基础上，对罗马社会的黑人继续进行研究，但他的角度完全不同。他通过对罗马社会等级和层次的考察，运用社会心理学和人类学的相关理论，把黑人纳入不同的社会语境和社会层次中进行考察，得出的结论是："值得注意的是，即使是马尔提亚（Martial）笔下的摔跤者潘尼库斯（Pannychus）的面部特征（更不用说他的非身体品质）也只是他自己的想象，而没有确切对他们当中的其他任何人对号入座。（罗马）社会的结构并没有内在的'黑人作为黑人'（blacks qua blacks）的偏见，因此，作为最初对黑人的反感态度的因素，黑人对罗马方式和习俗的文化同化和调适过程与白人对作为最初的陌生人黑人的调适过程是一样的，两者都不重要。这种调适过程很自然地发生在容纳黑人人口的所有不同社区。"③ 因此，在作者看来，罗马社会是不存在种族主义偏见的，如果一定有，那也仅仅是个体之间的体貌特征区别而已，并不存在社会性肤色和种族性偏见。康纳在谈到后人对希腊罗马世界中的黑人的研究时也说："那（即认为古代社会存在种族主义偏见）是古典学术史中卑劣的一页"，"我们发现在古典历史的研究中偏执现象一直存在于现代学者中，而不是他们研究的古代论题中"。④

但到 20 世纪 90 年代，学术界的观点又发生了逆转，特别是在

---

① Frank M. Snowden, Jr., *Before Color Prejudice: The Ancient View of Blacks*, pp. 16 – 17, 58, 108.

② Frank M. Snowden, Jr., "Attitudes toward Blacks in the Greek and Roman World: Misinterpretation of the Evidence", in Edwin M. Yamauchi, *Africa and Africans in Antiquity*, p. 268.

③ Lloyd A. Thompson, *Romans and Blacks*, p. 162.

④ Frank M. Snowden, Jr., "Misconceptions about African Blacks in the Ancient Mediterranean World: Specialists and Afrocentrists", *Arion*, Third Series, Vol. 4, No. 3, Winter, 1997, pp. 28 – 29.

涉及早期基督教对黑人（埃塞俄比亚人）的隐喻性用法时，认为早期教父们带有浓厚的种族主义色彩。后面将会详细探讨这一问题，兹不赘述。

就在学术界对古代的希腊罗马社会是否存在针对包括黑人在内的种族或肤色偏见争论得不可开交的时候，以色列著名古典学者艾萨克又提出了另一种观点：古代希腊罗马社会没有今天意义上的种族主义，但存在一种原始种族主义。他认为，尽管一般认为种族主义是近代才发展起来的偏见形式，但种族主义的原型在希腊和罗马思想中很盛行。原始种族主义是对偏见的各种形式的理性化和系统化调整，而且是希腊思想观念的一部分。与近代种族主义不同的是，它并没有导致系统化的迫害，尽管如此，它却深深地影响了启蒙运动及之后的思想家，他们接受了这些原始种族主义思想并在希腊拉丁文献中寻找依据。这种原始种族主义包括希腊罗马社会的环境决定论、对获得性特征（acquired characteristics）的继承、制度与政治形式、本土性与纯血统论、古代帝国主义、奴隶制度等，尽管希腊罗马人没有明确地提出今天意义上的种族主义概念，但他们把这些观念具体地运用到了包括埃塞俄比亚人（黑人）在内的其他民族身上。[1]

19 世纪末以来，学术界在涉及希腊罗马世界中的黑人的研究中，在希腊罗马（及早期基督教）社会对埃塞俄比亚人的态度的问题上经历了不断的变化，其争论的焦点也不再局限于对待埃塞俄比亚人这一个主题上，而是围绕这一问题不断地扩大和深化，但无论怎样，希腊罗马（及早期基督教）社会中的埃塞俄比亚人的地位问题始终是相关问题争论的焦点之一。

第二，基督教社会中的黑人地位到底如何？西方文化的源头是"两希"，即希腊罗马文化传统和犹太（希伯来）-基督传统，因

---

[1] Benjamin Isaac, "Proto-Racism in Graeco-Roman Antiquity", *World Archaeology*, Vol. 38, No. 1, Race, Racism and Archaeology, Mar., 2006, pp. 32 – 47.

此，在研究希腊罗马社会中黑人的地位时，除了希腊罗马古典时代，另一个很重要的时期就是基督教时代。19世纪末20世纪初的研究除了笼统地说以埃塞俄比亚人为代表的黑人在古代社会地位低下之外，专门探讨基督教对埃塞俄比亚人态度的著述并没有出现。20世纪中后期以来，以斯诺登为代表的学者认为，从《圣经》到教父著作都不存在对黑人的任何偏见。他主要从基督教的信仰和皈依两个方面考察了基督教对埃塞俄比亚人的态度。在信仰方面，从教父们对《圣经》的阐释内容入手，分析了著名的奥利金、保罗、阿塔纳修、西里尔、杰罗姆、奥古斯丁等人的论述，认为早期基督教在对待埃塞俄比亚人问题上不仅在情感方面，而且在语言和形象刻画方面都延续了希腊罗马古典传统，他们在对待埃塞俄比亚人问题上与其他民族［如斯基泰人（Scythian）、波斯人等］一样，没有任何差别，把所有民族都作为上帝的选民，肤色从来不是埃塞俄比亚人成为基督教徒的障碍。在皈依方面，埃塞俄比亚太监腓利的受洗、摩西的经历、年轻的埃塞俄比亚奴隶皈依基督教、阿克苏姆王国及努比亚王国皈依基督教等，都说明了基督教世界本身没有区分任何人种，埃塞俄比亚人也不例外，因此在基督教社会里根本不存在什么种族主义。① 在他的相关论文中，作者反复强调这一观点。② 约翰逊则从希腊认同、《希伯来圣经》对埃塞俄比亚人的描述以及基督教思想家的诠释中寻找基督教对埃塞俄比亚人的认同。他认为，晚期古代基督教文献中的埃塞俄比亚人的负面形象是由奥利金确立的，而尤西比乌斯对奥利金的负面解释进行了调和与折中，

---

① Frank M. Snowden, Jr., *Blacks in Antiquity: Ethiopians in the Greco-Roman Experience*, pp. 196 – 215.

② Frank M. Snowden, Jr., "Attitudes toward Blacks in the Greek and Roman World: Misinterpretation of the Evidence", in Edwin M. Yamauchi, *Africa and Africans in Antiquity*, pp. 253 – 265; F. M. Snowden, Jr., "Blacks, Early Christianity", in V. Furnish, *The Interpreter's Dictionary of the Bible: Supplementary Volume*, Nashville: Abingdon Press, 1976, pp. 111 – 114.

他把一切都纳入他的宗教优越主义和世界历史解释模式之中，在此之下的埃塞俄比亚人则标志着福音教义和基督教生活方式的迅速扩张，"离人类最远"的地球边缘的埃塞俄比亚人发挥了一种强有力的隐喻功能，这种隐喻为灵魂或教会的观念化运用做了充分的准备。[1]

但是，也有学者对此持完全相反的观点。就在斯诺登极力主张基督教社会不存在对黑人的种族主义偏见的同时，有人提出了质疑，认为即使基督教宣称的"黑色坏"（black-bad）、"白色好"（white-good）这种对等用法对于肤色没有任何意义，但是"在早期基督教著作中，反复地强调身体的黑色与精神的白色之间的区别，也难免给人一种很不舒服的鸡皮疙瘩之感"。[2] 此后，学术界的态度发生了一百八十度的大转变，几乎一致认为早期基督教是含有对包括黑人在内的种族主义歧视的。很多学者认为，早期基督教的普世主义形式接受了古代的歧视性逻辑学并能解释现代种族主义，这种负面文化遗产在基督教徒看待其内部差别，如肤色差别、相貌与文化差别等方面时，体现得最为明显。[3] 胡德在《污秽与黑人》中认为，今天蔓延至欧洲和美国的反黑人种族主义正是来源于早期基督教对黑人与黑性解释的西方文化传统。[4] 作者认为，由于种族主义采取一种固定化的宣称形式，因此时常遗忘了诸如爱任纽

---

[1] Aaron P. Johnson, "The Blackness of Ethiopians: Classical Ethnography and Eusebius's Commentary on Psalms", *The Harvard Theological Review*, Vol. 99, No. 2, Apr., 2006, pp. 165 – 186.

[2] B. M. Warmington, "*Blacks in Antiquity*, by F. M. Snowden, Jr. (Review)", *African Historical Studies*, Vol. 4, No. 2 (1971), p. 385.

[3] Vincent L. Wimbush, "Ascetic Behavior and Colorful Language: Stories about Ethiopian Moses", *Semeia*, 58 (1992), pp. 81 – 92; Robert E. Hood, *Begrimed and Black: Christian Traditions on Blacks and Blackness*, Minneapolis: Fortress, 1994; Byron, *Symbolic Blackness and Ethnic Difference in Early Christian Literature*, London and New York: Routledge, 2002.

[4] Robert E. Hood, *Begrimed and Black: Christian Traditions on Blacks and Blackness*, Minneapolis: Fortress, 1994.

(Irenaeus)、查士丁（Justin）、克莱门（Clement）等早期基督教护教士这些最初的正统主义者为了拯救的需要对基督教本质的需要提出了要求，为了达到这一目标，他们通过对基督教的选择性（变移性）解释取得了一种获得性特征，而基督教对埃塞俄比亚人的种族偏见也正是在这种变移性解释中逐渐体现出来的。① 在《早期基督教的普世主义与现代种族主义》中，比尔更进一步地阐述了她的观点，认为基督教普世主义的积极方面并不能构成基督教的全面画卷。早期基督教的普世主义的各种形式接受了古代歧视性逻辑并能支撑现代种族主义者的解释，这种负面遗产在基督教徒谈及其内部（与埃塞俄比亚的）差别时，明显地保留了肤色、身体与文化差别。因此，作者从"种族推论"的角度考察这些差异与近代种族主义的关系，认为罗马帝国和晚期古代的基督教关于人类差别的意识形态结构是与中世纪及近代共鸣的。② 拜伦在其著作中虽然声明她并不是要考察或解释古代基督教作家在他们的著作中是怎样盗用与埃及人、埃塞俄比亚人和黑人相关的各种离题的希腊罗马策略，只是为了找出希腊罗马文献中与它们相关的不同修辞学术语分类并分析其原因，以及离析出古代基督教文献中修辞学的可能功能，③ "我的目的仅仅是分析早期基督教文献中的种族和肤色区别的用语在不同的基督教社区中是怎样形成某些观念和价值的"。④ 但作者离析出的这些术语分类和她的"语言"本身非常明确地体现出了她对古典作家及基督教作家对待黑人的态度：古代社会是存在主流社会对黑人的种族与肤色偏见的。"没有任何文献能够说明

---

① Denise K. Buell, *Why This New Race: Ethnic Reasoning in Early Christianity*, pp. 116 – 137.

② Denise K. Buell, "Early Christian Universalism and Modern Racism", in Miriam Eliav-Feldon, Benjamin Isaac, eds., *The Origins of Racism in the West*, pp. 109 – 131.

③ Gay L. Byron, *Symbolic Blackness and Ethnic Difference in Early Christian Literature*, p. 29.

④ Gay L. Byron, *Symbolic Blackness and Ethnic Difference in Early Christian Literature*, p. 128.

一切，但所有的文献都表明，在早期基督教的世界形成（world-making）过程中存在一致的模式，这种模式是以从埃及人/埃及、埃塞俄比亚人/埃塞俄比亚、黑人/黑性那里得到见证的区别的各种极端形式作为假设前提的。"① 更有学者认为，基督教本身就存在对埃塞俄比亚人的偏见。让·德维斯在《基督教与黑人》中考察了公元5—9世纪的基督教社会，认为西方文明与拜占庭文明和伊斯兰文明一样，至少部分地继承了古代文明遗产，但这一时期的欧洲没有像后两者那样把这种遗产很好地加以运用，它在对待非洲及非洲人时，认为黑人是罪恶的代表，暗示上帝是白人，同时把黑人作为平等人类的拯救对象，这有意无意地在物质和文化上疏远非洲及非洲人，并由此产生了对非洲黑人根深蒂固的种族偏见。这种基督教社会中对黑人的偏见始于教会史学家比德（Bede），此后又经历了一个漫长的演化过程。② 从这些争论中可以看出，关于基督教社会对黑人的态度的争论不太可能在短时间内达成学术共识。

四　可能的发展趋势

希腊罗马世界中的埃塞俄比亚人研究至今已经有百余年的历史，学术界经历了对它的不同认识阶段。今天，西方学术界对这一问题的研究不但没有削弱，反而越来越重视，无论是研究范围还是深度都在不断地拓展，并呈现出一些可能的发展趋势。

第一，研究的资料和证据将会更多地依靠考古发掘资料。所有涉及希腊罗马时期埃塞俄比亚人（黑人）的文献，如古典

---

① Gay L. Byron, *Symbolic Blackness and Ethnic Difference in Early Christian Literature*, p. 127.
② Jean Devisse, "Christians and Black", in David Bindman and Henry Louis Gates, Jr., *The Image of the Black in Western Art*, Ⅱ: *From the Early Christian Era to the "Age of Discovery"*, pp. 31 – 72.

文献、基督教文献、纸草文献等，几乎没有专门针对埃塞俄比亚人（黑人）的主题叙述，埃塞俄比亚人（黑人）在古典作家及基督教作家笔下往往只是其他叙事的附属品或参照物而已。如在荷马史诗中，埃塞俄比亚只是被想象成世界上最遥远而神圣的童话式乐园，也是希腊诸神的乐园，埃塞俄比亚人则是世界上最虔诚的信仰者，是希腊信仰者的典范，其只是作为希腊社会的被动参照，并不代表真正的希腊和希腊人，这一传统在希腊化、罗马时代的古典作家那里得以延续。在基督教作家笔下，埃塞俄比亚人只是作为基督福音皈依的"他者"而存在，而且通常是以负面形象出现的。对于这些不入希腊罗马社会主流文化的对象，古代作家的记载不仅稀少，而且凌乱。由于文献材料的局限性，对于希腊罗马世界中的埃塞俄比亚人（黑人）的研究只有依赖更多的考古材料的出土，才可能取得新进展。事实上，近代对埃塞俄比亚人（黑人）的研究最先从考古艺术品开始，这是有深刻原因的。随着研究的深入和对古代原始文献材料的穷尽，材料限制会越来越明显，如果想要在材料上有所突破，只有仰赖更多的考古发掘成果。一个多世纪以来的考古成果，特别是相关艺术品的发现，大大深化了人们对古代埃塞俄比亚人（黑人）的认识及对其社会地位的理解。斯诺登在谈到考古艺术品对古代埃塞俄比亚人（黑人）的研究意义时说："作为人类学资料信息的来源，艺术品在某些方面比文献更具价值，因为它能告诉我们比文献更多的关于凸颌的数量或者缺失的情况，关于阔鼻和嘴唇外翻的程度以及脸型的比例和发型的情况。"[1] 这一看法同样适用于其他考古资料对古代埃塞俄比亚人（黑人）的记载。因此，新的考古资料，包括艺术品、碑铭、钱币、纸草等的发现，可能会给希腊罗马时代的埃塞俄比亚人（黑

---

[1] Frank M. Snowden, Jr., *Blacks in Antiquity: Ethiopians in the Greco-Roman Experience*, p. 22.

人）研究带来新的希望和突破。

第二，古史研究与现实关注的联系会更加紧密。克罗齐"一切真历史都是当代史"的著名思想同样适用于希腊罗马世界中的埃塞俄比亚人（黑人）研究。严格说来，希腊罗马人与埃塞俄比亚人（黑人）的关系，在庞大而复杂的西方古代史体系中的确算不上宏大主题，进入学术界视野的时间也相对较晚。西方学术界对它最初的"研究"与其说是出于学术需要，还不如说是出于对当时的种族主义理论摇旗呐喊的考量。此后，无论是斯诺登、汤普逊，还是艾萨克、比尔等学者在讨论这一问题时，都一定绕不开种族与现代种族主义这些"当代"问题。1976年出版的三卷本、多达1000余页的《西方艺术中的黑人形象》的构思缘起于20世纪60年代末美国民权运动时期，发起人希望通过对黑人艺术品的收集，作为反对"黑人种族主义"的武器和证据，这是明显的试图通过历史研究来达到现实关注目的的学术案例。

古史研究与现实关注密不可分的另一典型是埃塞俄比亚人（黑人）研究为非洲中心主义者提供证据。自20世纪50年代迪奥普在《黑人民族与文化》一书中系统地阐述其非洲中心主义思想以来，[①] 非洲中心主义思潮在非洲中心论（Afrocentrism）学者那里大行其道，这在关于古代埃塞俄比亚人（黑人）的研究中也体现得很明显，前述加德纳的《无可非议的埃塞俄比亚人及其他》以及贝凯里的《埃塞俄比亚卡：关于埃塞俄比亚这一词汇的起源的一些思考》就是代表。1991年3月在迈阿密大学召开的"古代的非洲及非洲人"学术研讨会则体现得更明显。会后出版的论文集收录了会议论文9篇，从多方面充分地论证了非洲黑人文明的本土

[①] 关于迪奥普的非洲中心主义，参见张宏明《非洲中心主义——谢克·安塔·迪奥普的历史哲学》，《西亚非洲》2002年第5期。

特征，比较充分地回击了欧洲中心论和种族主义。① 胡德的《污秽与黑人》不仅探讨了现代种族主义的西方古代历史与文化根源，对欧洲和美国的种族主义进行了有力的批判，还成为以"非洲中心论"代替"欧洲中心论"的重要代表之一。② 这些研究既是对埃塞俄比亚人（黑人）本身的研究，在很大程度上也是对非洲中心论及非洲复兴等现实关注的回响。

2008年奥巴马当选为美国总统后，更推动了学术界对希腊罗马世界中的黑人的研究。与之相关的研究主题不断拓展，如关于古代的地理环境决定论、获得性特征的继承、政制与政府形式、本土性与纯血统、古代帝国主义、古代奴隶制度等问题越来越受到学术界的重视，这与其说是对希腊罗马古代史研究的拓展，不如说是对当下美国根深蒂固的现实问题的反思。

第三，以古代埃塞俄比亚人（黑人）为中心的理论化探讨可能会越来越广泛和深入。学术界从对古代埃塞俄比亚人（黑人）的研究开始，就绕不开相关重大理论问题的困扰，其中最突出的是关于种族主义问题。20世纪后半期以来的研究明显是对自19世纪起笼罩在种族主义阴霾下的古代埃塞俄比亚人（黑人）问题研究的反动，而且获得了学术界的普遍认可。但是，随着研究的深入，学术界对古代是否存在黑人种族主义进行了再探讨和再思考，出现了不同的观点，如"原始种族主义""种族推论"等理论。以此为关联，学术界从更加广泛的范围对与之相关的问题进行了深入探讨，如古代的地理环境决定论与近代种族主义理论的关系，古代奴隶（特别是黑人奴隶）制度与近代黑人奴隶制度的关系，古代国家政制在近代政治偏见中的反映，古代帝国主义与近代帝国主义的

---

① Edwin M. Yamauchi, ed., *Africa and Africans in Antiquity*, East Lansing: Michigan State University Press, 2001.

② Dwight Hopkins, "Begrimed and Black: Christian Traditions on Blacks and Blackness (Review)", *The Journal of Religion*, Vol. 76, No. 4, Oct., 1996, pp. 652–654.

关系，"非洲中心论"与"欧洲中心论"等。① 一定程度上讲，这些在范围上已经远远超越了对古代埃塞俄比亚人（黑人）问题本身的研究，远不止对单纯历史事实的探讨，还带有强烈的理论化争论。这些争论既对推进古代埃塞俄比亚人（黑人）研究具有重要意义，同时对于其他相关理论的深化有促进作用。

五　种族主义与史学研究

兴起于 18 世纪末的希腊罗马世界中的黑人研究，为我们解读一个世纪以来西方种族主义与史学研究的互动关系提供了很好的视角。通过这一视角，我们发现，希腊罗马世界中的黑人研究始终与各阶段的种族主义思潮紧密相连。一方面该主题研究始终与西方种族主义这一社会现实关注点紧密相连，另一方面其与非洲中心主义的研究范式转换密不可分，从而使种族主义与史学研究如影随形、相互作用，既在一定程度上影响了史学研究的变化，又在一定程度上改变了种族主义社会思潮的发展方向，从而生动地演绎出社会思潮与史学研究之间的互动关系。

克罗齐强调的历史的"当代性"同样适用于希腊罗马世界的黑人研究。纵观对该主题的研究，从它兴起至今的 200 余年，无不

---

① 比较典型的是 2005 年 12 月在特拉维夫大学召开的"公元 1700 年前西方文明中的种族主义"国际学术讨论会，涉及的内容十分广泛。不过需要注意的是，这次会议主要是针对本杰明·艾萨克的《古典时代种族主义的发明》的内容而展开的，但在《古典时代种族主义的发明》一书中没有对希腊罗马世界中的黑人问题进行专题探讨。作者在书中说明了原因：古代对非洲人的观念是十分有趣的，但他们几乎没有在希腊罗马世界中真正出现过，他们所在地区也没有真正成为希腊罗马世界的一部分；再则，希腊罗马文献中虽然不断地提到非洲人，但他们对希腊世界社会意识的影响极其有限。"因此，我排除了对埃塞俄比亚人的系统讨论，因为对于一些古典作家而言，埃塞俄比亚人只是一种传说，而我的研究只涉及希腊罗马人真正经历过的那些人。"（第 50 页）参见 Benjamin Isaac, *The Invention of Racism in Classical Antiquity*, Princeton N. J. and Oxford: Oxford University Press, 2004; Miriam Eliav-Feldon, Benjamin Isaac, and Joseph Ziegler, eds., *The Origins of Racism in the West*, Cambridge: Cambridge University Press, 2009。

体现出它在不同时期的种族主义思潮的当代性特征。对希腊罗马世界中的黑人的最初研究与其说是出于学术需要，还不如说是出于反种族主义目的，或出于对当时的种族主义理论摇旗呐喊的考量。前者有沃尔内和黑伦对古代黑人问题的研究，后者有19世纪末20世纪初的黑人艺术史研究。前者的命运是其研究结论被淹没在西方主流学术的洪流之中，对种族主义的批判和对欧洲中心论的鞭笞并没有起到实质性作用，在西方社会也没有激起任何涟漪，但其反映的"当代性"特征是对那个时代盛行的种族主义思潮的强烈反抗；后者的观点却受到了西方学界的普遍欢迎和广泛认同，究其原因则是它完全迎合了当时欧洲中心论和种族主义的需求，因此，尽管它与历史事实并不相符，但仍得到了种族主义这一"当代性"社会思潮的广泛认可。正如《黑人历史杂志》在批评比尔兹利时所说的那样，其结论明显源于偏见颇深的作者在对待与非洲血统相关的任何事情时都采用的一种不幸方式，她是带着种族偏见对古代艺术进行解释的，这种偏见在美国社会根深蒂固，因此与其说该书是一本学术著作，不如说是政治演说。它反映出的历史的"当代性"就是那个时代弥漫整个西方社会的种族主义思潮，是种族主义思潮指引了那个时代关于该主题的史学研究。

20世纪中后期，随着西方国家学生运动的蓬勃发展，以及美国黑人"自由民权运动"的推动，关于该主题的研究不仅彻底抛弃了此前的主流观点，更走向了反向极端。这不仅是该主题研究的自然延伸，更是对那个时代社会思潮的积极回应。现实中的种族主义社会思潮。在迪奥普那里，埃塞俄比亚人的历史只是作为其宏大研究主题的一小部分内容，但其研究主旨直指那个时代的欧洲中心论和种族主义。斯诺登则体现得更直接，他关于这一主题的每部专著和每篇论文都旗帜鲜明地指向了当代种族主义思潮，并把它发挥到了极致。

20世纪末至今，西方种族主义（至少在形式上）已经被学界抛弃，关于希腊罗马世界中的黑人问题的研究也进入了科学化研究、客观化评价时期，无论在研究方法与视角上还是观点上，都呈现出百家争鸣的缤纷局面，但它们始终绕不开对种族主义问题的关注。

学界对希腊罗马世界中的黑人研究呈现出多元主义解读特征的另一重要原因与表现是，它与非洲中心主义的研究范式的转换密不可分。自20世纪50年代迪奥普在《黑人民族与文化》一书中系统地阐述非洲中心主义以来，非洲中心主义思潮在非洲中心主义学者那里颇受欢迎。① 非洲中心主义者在对非洲历史与文化的研究中，有意识地以非洲（特别是埃及）作为研究的起点。尽管非洲中心主义的渊源可以追溯到更早的时候，但它作为哲学理论是20世纪80年代关于非洲的著述广泛传播的产物。② 作为欧洲中心论的对立面而出现的非洲中心主义，在关于希腊罗马世界中的黑人研究中也同样得到了很好的体现，学者们跳出了以希腊罗马为中心的视角，站在非洲及非洲人的角度观察自己的历史，从而体现了该主题研究范式的转变。毫无疑问，这些多元化观点是深受非洲中心主义的影响而转换研究立场和范式的结果，另一方面，它们又在某些方面推动和丰富了非洲中心主义的发展。如果把它与其时代的社会思潮相联系，它已经不是简单地对种族主义思潮的清算，一定程度上讲，它与20世纪末以来的社会思潮相应和，反映了更加广泛的社会思潮与史学研究之间的关联互动。

现代种族主义是在西方历史文化长期发展过程中形成的一种社

---

① 关于迪奥普的非洲中心主义的系统介绍，参见张宏明《非洲中心主义——谢克·安塔·迪奥普的历史哲学》，《西亚非洲》2002年第5期。其实，作为非洲中心论重要代表人物的迪奥普的观点在很大程度上继承了18世纪末沃尔内等前辈黑人学者的思想。关于这一点，不管西方学术界还是中国学术界似乎都没有注意到，而是把主要目光集中到了迪奥普及之后的韦尔什－阿桑特（Kariamu Welsh-Asante）、贝尔纳（Martin Bernal）、凯托（Tsehloane Keto）、雅弗雷斯（Leonard Jaffries）、卡拉瑟斯（Jacob Carruthers）、卡雷加（Mualana Karenga）等著名代表人物身上。

② Bayo Oyebade, "African Studies and the Afrocentric Paradigm: A Critique", *Journal of Black Studies*, Vol. 21, No. 2, Afrocentricity, Dec., 1990, pp. 233 – 238.

会思潮，如果它以极端的形式表现出来，将会给人类社会带来巨大的灾难，针对黑人的种族主义、纳粹屠犹、种族屠杀等就是人类的惨痛教训。要从根源上消除种族主义，还在于从社会意识中清除，这对于西方社会来说将是一个漫长的过程，也是非常庞大、非常复杂的问题，这一目标远非通过对希腊罗马世界中的黑人的客观研究就能实现。相对于现代西方种族主义这样宏大的研究主题，希腊罗马世界中的黑人研究不仅在西方古代史上算不上重大主题，甚至在近代以来的欧洲学界也没有进入研究者的视野，似乎显得微不足道。正如殖民地学者所宣称的那样，非洲根本没有可以书写的历史："自有历史以来，阿非利加洲本部与世界各部，始终没有任何联系，始终处在封闭之中。""它不属于世界历史的部分；它没有动作或者发展可以表现。"[1] 西方学者即使在不得不面对与自己关系非常密切的非洲历史时，往往也以一种歪曲的方式对待。这样，西方学者在其历史编纂过程中，制造了一种"人为的尴尬"：古代埃及人是白种人，非洲没有自己的历史。[2] 一定程度上讲，这种历史编纂本身就不是真正的科学编纂，而是为种族主义寻找古代渊源和依据，反映出种族主义对史学研究的深刻影响。在很大程度上出于对种族主义的反对和抗争，对非洲历史的正名逐渐成为反对者的有力武器，而古代黑人（埃塞俄比亚人）的历史正好成为这种有力武器的重要组成部分，这也难怪关于该主题的最初研究会产生在黑人学者之中，而且其研究目的也直指当时弥漫西方的种族主义思潮。因此，希腊罗马世界中的黑人研究同样体现了种族主义思潮对史学研究的重要影响，只是其研究的指向与持种族主义思想的学者的研究正好相反。

反过来，作为"微不足道"的研究主题的希腊罗马世界中的

---

[1] 黑格尔：《历史哲学》，王造时译，上海书店出版社2001年版，第94、101页。
[2] John Henrik Clarke, "The African Origin of Civilization: Myth or Reality (Review)", *Présence Africaine*, Nouvelle, série, No. 90, 1974, pp. 280–283.

黑人研究，它的演变过程对摒弃西方种族主义思潮产生了重要的影响。非洲中心主义史学在摆脱西方模式研究非洲历史时，颇具代表性的埃塞俄比亚人的历史与文化亦成为其重要组成部分，为摆脱欧洲中心论和种族主义思潮的桎梏贡献了重要力量。这些力量和作用同样也体现了史学研究对种族主义社会思潮的逆向影响。

作为宏大社会思潮的种族主义与作为微观具体的希腊罗马世界中的黑人的史学研究，前者对后者的巨大影响和后者对前者的逆向影响，使二者如影随形、相互作用，既在一定程度上影响了史学研究的发展，又在一定程度上改变了社会思潮的发展方向，从而生动地演绎出社会思潮与史学研究之间的互动关系。

六　本书主要内容

本书正文共五章。第一章是对希腊罗马人的"世界"的介绍，以及对希腊罗马世界中的"黑人"的介绍。古代希腊罗马人对于他们所处的"世界"有自己的认识。根据希腊神话，"世界"最初是一片混沌，此后产生了大地、黑夜、山脉、深海、河流等一切。早期希腊人认为，人类所居住的世界就像是一个巨大的圆形盘子，它的四周环绕着大洋河，太阳每天从大洋河升起，又从大洋河落下。事实上，从远古时期的希腊开始，到罗马帝国灭亡的漫长时期里，希腊罗马人的"世界"其实包含两方面的内容，一是他们观念中的"世界"，即他们对自身生活的地球（乃至整个宇宙）的理解，其观念的中心是地中海世界。二是希腊罗马人现实中的"世界"，即他们的实际统治范围，其核心地区仍然没有脱离地中海地界。希腊语和拉丁语中与"黑人"相关的术语很多，这些术语有些是直接指黑皮肤的人种，有些则是指与之相关的其他人种，其中最为引人注目也是希腊罗马作家涉及最多的就是被称为"埃塞俄比亚人"的黑人。不同类型的"黑人"，其身体自然特征也略有差异，毫无疑问的是，虽然他们的肤色的黑性程度有所差别，但他们都是"黑人"。无论希腊罗马文献还是相关考古材料，除特别提到其他黑色人种或者泛称黑人外，通常都是以"埃塞俄比亚人"指代"黑人"。因此，本书所讨论的黑人，除特别说明或泛称所指外，也以"埃塞俄比亚人"为主。

第二章考察希腊世界中的埃塞俄比亚人。本章探讨的时间范围是从早期的希腊到学术界通常认为的公元前1世纪末希腊化时代结束这段时期，即通常所说的希腊时期。地理范围包括希腊半岛、爱琴海诸岛、小亚细亚西岸、黑海沿岸、意大利南部以及西西里岛等地区，也包括西亚、中亚、北非、西地中海及真正的埃塞俄比亚人生活的非洲，即所谓的希腊人所知道的"世界"范围。内容上主要从两方面入手：一是以古代希腊各种文献材料为基础，分析归纳希腊人对以埃塞俄比亚为主的黑人的认识和态度；二是通过古代希腊相关考古材料，特别是艺术品所描绘的与黑人相关的场景，观察希腊人对埃塞俄比亚人的态度，并分析他们对黑人的认识。

第三章探讨罗马世界中的黑人。罗马文献中反映的罗马人与埃塞俄比亚（人）的接触时间比较晚，到公元前3世纪的布匿战争才有了比较明确的记载，而直到尼禄时代，罗马帝国才真正实现对埃塞俄比亚之地的征服和直接接触。本章主要从三方面考察了罗马人与以埃塞俄比亚人为主的黑人的关系：一是从罗马共和国到帝国时期罗马国家与埃塞俄比亚（人）的历史关系的演变；二是从罗马文学对黑人的描述观察罗马人对黑人的态度；三是从罗马时期的考古材料，特别是艺术品中关于黑人的描述分析罗马人对黑人的态度。公元1世纪基督教诞生后，由于基督教文化与所谓的罗马异教文化的差别巨大，两种异质文化对黑人的态度也大异其趣，因此，本章所讨论的内容均不包括罗马帝国时期的基督教文化对黑人的态度，而把它单独成章加以探讨。

第四章专门分析基督教与黑人的关系。《希伯来圣经》多次提到"古实"，本书对希伯来传统、亚述学相关记载，并结合希腊相关文献进行分析、研究后发现，《希伯来圣经》中的"古实"有时是作为地名出现，有时是作为人名或部族名出现，其所指就是埃及南部的埃塞俄比亚（人）。基督教传入埃塞俄比亚的最早记录是在公元4世纪，但无论《旧约》还是《新约》，它们关于埃塞俄比亚人及其他黑人的记载在本质上是一脉相承的。圣经传统并不存在肤色歧视与偏见，更与现代意义上的种族主义毫不相干。早期基督教作家认为埃塞俄比亚人是世界上离太阳最近的人，皮肤被烧得漆黑，并把他们与异教者、野蛮人、恶人甚至魔鬼并称，把黑性作为负性类比对象。同时，他们对埃塞俄比亚人的黑性进行神学隐喻上的解释，认为受到太阳光的照射而变黑的埃塞俄比亚人，可以通过皈依基督教，受到神的正义之光的照射而变成灵魂的白性；并以摩西的埃塞俄比亚妻子、示巴女王、以伯米勒及沙漠教父摩西等几位皈依基督教的黑人为典型，阐述了外邦人的皈依与黑性的关系。早期基督教作家以埃塞俄比亚人的黑性为中心，从理论框架到具体实践对基督教的皈依及普世主义给出了明确的阐释，其主旨不在于对他们黑性的指责，不具有任何种族主义色彩；但是，他们为了达到鲜明对比效果而极力丑化埃塞俄比亚人及其黑性的做法，也为种族主义思潮提供了理论借口和历史土壤。

第五章讨论的是至少从希腊古典时代起就一直流行于地中海世界的"埃塞俄比亚瘟疫发源地说"。该说从公元前5世纪末以降，在整个地中海地区非常盛行，甚至到14世纪欧洲出现黑死病时，还有人认为该瘟疫起源于埃塞俄比亚。该说其实形成于希腊传统中，是希腊人对埃塞俄比亚（人）认识的延续，反映出希腊人对埃塞俄比亚人的态度以及罗马人对希腊人认识的继承与发展。在很大程度上，它也能从侧面反映出希腊罗马人（包括基督教传统）对古代黑人的态度，为我们考察古代世界中的黑人问题提供了一个非常重要的视角。无论该说在希腊传统中是如何形成的，也不管它在罗马传统和基督教传统中是如何被继承和变化的，我们始终看不到希腊罗马世界对埃塞俄比亚人的"黑性"的贬损，更无从寻找偏见和歧视了。这从该说的希腊罗马传统和基督教传统的宗教解释和世俗解释中都可以明显看出。在这些传统中，我们根本看不出它们与埃塞俄比亚人的"黑性"有什么关系,遑论偏见与歧视。因此,"埃塞俄比亚瘟疫发源地说"看似仅仅是希腊罗马传统对埃塞俄比亚(人)的认识(很大程度上是误读),但它为我们观察希腊罗马人对黑人及其黑性问题提供了一种反观视角,而这一反观视角看似不能从正面提供证明,却刚好为我们观察希腊传统对待黑人及其黑性提供了更有力的说明。毫无疑问,古希腊罗马传统确实深刻地影响着现代西方文化传统的形成,它的某些认识或理论与现代种族主义也并非毫无干系,如地理环境决定论在希腊罗马传统中就有明确的表述,但是,这些认识是经过文艺复兴时期的人文主义者对希腊罗马传统的照搬及发挥,加上后来的不断演绎而成为现代种族主义理论的组成部分的,就它本身而言,回复到它真正的历史语境中分析,它与现代种族主义理论根本毫无关系。如果一定要把它与现代种族主义理论相联系,恐怕多有"拉祖配"之嫌。

最后是两篇附录,这两篇附录虽然不是直接讨论希腊罗马世界中的黑人问题,但它们与本书内容密切相关。附录一探讨的是与希腊罗马社会密切相关的所谓原始种族主义问题。原始种族主义理论似乎与希腊罗马社会关于黑人的态度并无明显的直接关联,但该理论对古代希腊罗马世界中的黑人问题的有意或无意忽视,却颇耐人寻味,也更值得反思。尽管种族及种族主义术语出现得很晚,但艾萨克认为古代希腊罗马文化中存在种族主义的"原型",即原始种族主义,现代种族主义理论直接来自希腊罗马人的原始种族主义,对原始种族主义理论进行系统性研究是很有必要的。不过,艾萨克的原始种族主义理论有颇多令人困惑的地方。原始种族主义无论在理论探讨还是在具体对象分析上都很难令人信服,其研究依赖了大量的想象成分,它本身可能并不是古代的发明,而是现代学者的想象。原始种族主义理论试图从古希腊罗马社会中寻求现代种族主义理论的"原型",姑且不论该理论本身的问题,就它有意或看似无意避开希腊罗马社会中的黑人问题来看,在很大程度上可以说明希腊罗马社会根本不存在对黑人的种族主义偏见或歧视,因为根本找不到。可以说，该理论为希腊罗马社会的所谓种族偏见或歧视提供了又一有力的反面证据。

附录二分析非洲中心主义与非洲历史哲学的重塑问题。现代种族主义者在追溯种族主义理论渊源的时候认为它早在希腊罗马社会就已经存在了，并认为非洲不存在"历史"。19世纪，现代种族主义理论在欧洲大行其道时，涉及希腊罗马世界中的黑人的众多研究往往力图从古典学中寻找现代种族主义理论的渊源，为种族主义理论进行辩护。20世纪初，尽管有布赖斯、巴林等人对古希腊罗马黑人艺术比较客观公正的评价，但比尔兹利的《希腊罗马文明中的黑人》把种族主义呐喊推向了高潮。其实，在对希腊罗马社会黑人的微观研究中出现这种非科学的现象，很大程度上是因为它们深受黑格尔关于非洲历史认识的影响，这些研究只是对黑格尔关于非洲没有历史，"非洲不属于世界历史的部分"理论的注脚而已。到20世纪中后期，随着战后民族解放运动的蓬勃发展，众多的亚非拉国家纷纷取得民族独立地位，这为反思欧洲文化霸权及相关理论奠定了基础。20世纪70年代以来兴起的后殖民主义理论把批判西方文化霸权作为主要目标，这种批判至今仍在延续和深入。针对殖民主义的荒谬理论，20世纪兴起的非洲中心主义强调，与非洲相关的任何研究都应把非洲置于中心地位进行考察，其涉及的内容极其广泛。20世纪以来的非洲史学是非洲中心主义的重要理论来源，同时又受非洲中心主义的深刻影响。在它们相互交织的过程中，非洲史学研究取得了巨大进步，并逐渐凝练出独具特色的非洲历史哲学。非洲历史哲学在客体上要求对殖民主义史学进行批判，并把非洲和非洲史作为出发点和研究中心；在认识论上，非洲历史不但可以认识，而且在整个人类历史中占有非常重要的地位，不仅如此，非洲历史更应形成由自己书写的具有非洲特色的"自主体系"；在方法论上，追求"从内到外"的研究方法、跨学科研究方法、对口头传说的充分利用以及马克思主义研究方法等。以非洲中心主义为重要特征的非洲历史哲学充分体现出一般历史哲学所具有的普遍性特征，同时也表现出自身的特殊性。不过，与非洲中心主义一样，非洲历史哲学也面临着诸多方面的困境。分析非洲中心主义与非洲史学研究，不仅对理解非洲中心主义大有裨益，而且对于考察非洲史学研究及其历史哲学的重塑与困境不无帮助，更重要的是，它也为我们反思对于希腊罗马社会中的黑人问题的研究提供了另一种视角。

第 一 章
希腊罗马世界及其"黑人"

希腊罗马世界及其"黑人"都是极其宽泛的概念,因此,这里有必要首先对它们进行简要的介绍和界定。

第一节 古希腊罗马人的"世界"

古代希腊罗马人对于他们所处的"世界"有自己的认识。他们对"世界"的认识和理解既是其地理知识丰富的体现,也是他们对人与自然关系理解的基础之一,"希腊人和罗马人对这个世界感兴趣,只要它有人居住"。①

根据希腊神话,"世界"最初是一片混沌,即最先产生的神是卡俄斯(混沌),接着产生了该亚,即大地和"大地深处的幽暗"。从混沌中还产生了黑暗和黑夜,由黑夜产生了光明和白天。大地产生了山脉、深海;大地与广天交合,产生了海洋;此后还产生了雷电、河流等"世界"上的一切。② 根据荷马史诗,人类所居住的世

---

① Daniela Dueck, *Geography in Classical Antiquity*, Cambridge: Cambridge University Press, 2012, p. 84.

② 参见赫西俄德《工作与时日 神谱》,张竹明、蒋平译,商务印书馆1991年版,第29页。

界就像一个巨大的圆形盘子，它的四周环绕着一条大河——大洋河（奥克阿诺斯）。大洋河是所有海洋、河流和泉水之源。太阳每天从大洋河升起，又从大洋河落下。① "俄刻（奥克）阿诺斯有一条支流从这条神圣的大洋河发源流经黑夜，她的水量占整个大洋的十分之一。大洋有九条漩涡银白的支流环绕大地和广阔的海面，最后汇入'主流'。"② 大地漂浮在广阔的水域上。大地被称作万物之根基，不仅树木、动物，甚至山丘和海洋都依赖它。希腊最高峰奥林匹斯山被认为是众神的居住地，是天庭所在地。火与冶炼之神赫菲斯托斯曾为阿基琉斯锻造盾牌，盾面一共有五层，布满装饰，四周镶有边圈，"盾面绘制了大地、天空和大海，不知疲倦的太阳和一轮望月满圆，以及繁密地布满天空的各种星座"。③ 以今天的眼光看，荷马时代，希腊人对"世界"的认知比较狭窄，基本上局限于爱琴海地区。尽管如此，荷马所奠定的这些认识，对后世希腊人的"世界观"产生了重要影响。

公元前8—前6世纪希腊人在地中海及黑海地区进行了大规模的殖民活动，这大大地拓宽了他们的地理认知范围，这从希腊人把充满风暴和危险及周围是野蛮人的黑海称为"不好客海"（axeinos）到后来改称它为"好客海"（euxeinos）这一变化中可以明显看出。④ 据说阿那克西曼德认为地球是圆柱形的，像一根石柱；有人

---

① 参见荷马《伊利亚特》，罗念生、王焕生译，人民文学出版社1994年版，第442、322、323、326、165、185页等；荷马《奥德赛》，王焕生译，人民文学出版社1997年版，第365页等。对于荷马史诗的中译本，本书主要参考罗念生、王焕生先生的译本，同时也参考陈中梅先生的译本。尽管这两个译本都是从希腊文原文翻译过来的，但还是有差别，如罗、王译本把Oceaus译为海洋，而陈译本则译为俄开阿诺斯，意思都准确，但文字表述有差别，故本书根据行文方便而采取相应的选择。未注明译者的，则是采用罗、王译本，特此说明。

② 赫西俄德：《工作与时日 神谱》，第49页。

③ 荷马：《伊利亚特》，第513页。

④ E. H. Bunbury, *A History of Ancient Geography Among the Greeks and Romans from the Earliest till of the Roman Empire*, Vol. I, London: John Murray, Albemarle Street, 1879, p. 98.

居住的部分显然是圆形的上表面。阿那克西曼德是地理科学发展中最重要的人物之一，他是第一个绘制地球表面地图的人，所有古代作家在这个问题上都认为这是他的发明。① 公元前500年，米利都的僭主阿里斯塔哥拉斯到斯巴达的时候，"他带着一个青铜板，板上雕刻着全世界的地图，地图上还有所有的海和所有的河流"。② 有学者认为，这个青铜板毫无疑问是阿那克西曼德原始地图的复制品。③

公元前6世纪后期，毕泰戈拉认为，宇宙的中心是火，"地球只是星体之一，当地球围绕中心作圆周式移动时，就造成了白昼和黑夜"。④ 地球的中心则在希腊，德尔斐是"有人居住世界的中心，人们把它称为是大地的肚脐"。⑤ 赫卡泰乌斯（约公元前550—前475）被后人称为"地理学之父"，他著有《地球的描述》，全书包括两部分，一部分讲欧洲，一部分讲欧洲以外的地方，即亚洲和利比亚。赫卡泰乌斯的世界地理反映了当时希腊人所了解的世界，主要是地中海及其周围地区；东端已画上了印度河，再往东便是外环洋；北边画上了多瑙河，再往北也是一片茫然；非洲部分与实际情况相近。"几乎可以肯定的是，赫卡泰乌斯对欧洲的西海岸和北海岸一无所知。"⑥ 希腊的殖民活动毫无疑问扩大了希腊人的地理视野，至少到埃斯库罗斯（公元前525—前456）时代，已经扩大到黑海北岸。在《普罗米修斯》的开场中，押送普罗米修斯的威力

---

① E. H. Bunbury, *A History of Ancient Geography Among the Greeks and Romans from the Earliest till of the Roman Empire*, Vol. I, p. 122.

② 希罗多德：《历史》，王以铸译，商务印书馆1959年版，第365页。

③ E. H. Bunbury, *A History of Ancient Geography Among the Greeks and Romans from the Earliest till of the Roman Empire*, Vol. I, p. 122.

④ 亚里士多德：《论天》，见苗力田主编《亚里士多德全集》第2卷，中国人民大学出版社1991年版，第338页。

⑤ 斯特拉博：《地理学》（上），李铁匠译，上海三联书店2015年版，第620页。

⑥ E. H. Bunbury, *A History of Ancient Geography Among the Greeks and Romans from the Earliest till of the Roman Empire*, Vol. I, p. 140.

神说:"我们终于来到这大地遥远的去处,斯基泰人的地域,渺无人烟的荒漠。"① 埃斯库罗斯还称高加索山"峰峦兀立","荒无人迹",是"接近星辰"之地。②

荷马时代以来的希腊人的"世界"模式直到希罗多德时代仍然十分盛行,这也使希罗多德感到不可思议:"在这之前有多少人画过全世界的地图,但没有一个人有任何理论的根据,这一点在我看来,实在是可笑的。因为他们把世界画得象圆规画的那样圆,而四周则环绕着欧凯阿诺斯的水流,同时他们把亚细亚和欧罗巴画成一样大小。"③ 希罗多德没有绘制世界地图,但他的《历史》描述了希腊半岛、马其顿、色雷斯、地中海以及阿拉伯半岛、印度等广袤地域,这也是当时希腊人的已知世界。在一定程度上,《历史》代表了当时希腊人的人文地理学的最高水平。尽管如此,希罗多德所看到的希腊世界仍然只是局限于地中海世界,对于地中海世界之外的"世界",他知之甚少。比如,他在比较亚细亚和欧罗巴的时候说:"就长度来说,欧罗巴等于其他两地(即利比亚和亚细亚——引者)之和;就宽度来说,在我看来欧罗巴比其他两地更是宽得无法相比。"④ 色诺芬在《长征记》中记录了他到过的小亚细亚、中亚、黑海等很多地方,极大地开拓了希腊人的地理实践范围。

公元前4世纪,埃福罗斯(约公元前405—前330年)认为地球上最遥远的四个地区分别被东边的印度人、南边的埃塞俄比亚人、北边的斯基泰人和西边的凯尔特人占领。他认为凯尔特人占领了整个西班牙和高卢地区,并且延伸到赫拉克勒斯的柱子上,甚至

---

① 埃斯库罗斯:《普罗米修斯》,《古希腊悲剧喜剧全集》第1卷《埃斯库罗斯悲剧》,王焕生译,凤凰出版传媒集团、译林出版社2007年版,第143页。
② 埃斯库罗斯:《普罗米修斯》,《古希腊悲剧喜剧全集》第1卷《埃斯库罗斯悲剧》,第144、184页。
③ 希罗多德:《历史》,第279页。
④ 希罗多德:《历史》,第281页。

到了盖德拉（Gadeira）。同时，他似乎也意识到，这四个地区所占的土地范围并不相等，埃塞俄比亚人和斯基泰人在空间上延伸得最远。埃福罗斯已经把有人居住的世界视为一个平行四边形，从东到西的长度最长。①

公元前5世纪，哲学家柏拉图（公元前427—前347年）进一步发展前人观点，认为地球位于宇宙的中央，与宇宙四方距离相同；地球很大，表面覆盖着海水；生活在欧洲的人，就好像是"池塘边上的蚂蚁和青蛙"，仅仅占据了地球很小的一部分；在地球的其他地方，还生活着许许多多的人。柏拉图还创造性地指出，如果从天上鸟瞰地球，就可以发现，地球很像一只由12瓣皮条组成的彩色皮球，不同的区域有不同的色彩。② 柏拉图的学生亚里士多德在回顾了从泰勒斯到阿纳哈哥拉斯的早期哲学家的观点之后，认为地球是一个球体，它位于宇宙的中心，静止不动，而所有其他天体，包括固定的恒星都围绕着地球转。他还用两种不同的方法证明他的观点：第一，这是物质被引力吸引到一个中心时必须呈现的形式，事实上所有的东西都是从四面八方被引力吸引到地球的中心的；第二，在月食时，地球的影子呈圆形，他认为这是由于地球介于太阳和月亮之间，而这两种发光体都是球体，接着他推断，行星和恒星也是球体。③ 在谈到亚洲的时候，亚里士多德说："亚洲的河流最多，而其中最大的河流是从所谓的帕那索斯群山发源的，它被公认为是朝向冬天黎明（东南方）的一切山中最大的。当你越过它时，就看到了外面的洋，它的限界不为我们这里的人所知晓。"印度河的源头也在此处。"高加索山无论在面积上，还是在高度上，都是朝着夏季日落方向（东北方）中最大的山。"对于非

---

① E. H. Bunbury, *A History of Ancient Geography Among the Greeks and Romans from the Earliest till of the Roman Empire*, Vol. I, pp. 380 – 381.
② 龚缨晏：《从圆盘形世界到圆球状大地》，《地图》2009年第6期。
③ 亚里士多德：《论天》，见苗力田主编《亚里士多德全集》第2卷，第347页及以下。

洲，亚里士多德写道："同样，在利比亚，从埃塞俄比亚的群山中流出了埃贡和努色斯，从所谓的'银山'（Arguros）中，流出两条著名的、最大的河，所谓的克勒墨特斯流入最外面的洋中，是尼罗河的第一源流。"[1] 以今天的眼光看，亚里士多德对中亚和非洲的地理认识还是比较模糊的。

亚历山大东征极大地拓展了希腊人的"世界"视野，特别是长期以来对于希腊人来说十分遥远的印度，亚历山大大军居然真实地到达了那里。不过，一方面由于亚历山大在印度停留的时间并不长，另一方面，由于希腊人认识中形成的"世界"观念的根深蒂固，希腊人的"世界"仍然是以地中海世界为主。到公元前3世纪埃拉托斯特尼（约公元前273—前192年）所处的时代，甚至到斯特拉波（又译作斯特拉博）时代，希腊罗马人已知的或可居住的世界都被认为只是地球表面有限的一部分，它完全位于北半球，大约占整个世界的三分之一。人们认为，在此范围往北方和南方，要么是过度寒冷的地区，要么是无法忍受的高温地区，这些地区人类都无法居住，甚至无法进入。在热带以外的南半球可能有居民，或者在无边无际的海洋中可能存在着未知的陆地。[2]

罗马人的"世界"的最初范围在罗马城，由罗慕路斯"设置有青铜像的牛场是作为城界的犁沟的起点"[3]。到共和国时代，特别是共和国后期，随着罗马国家版图的急剧扩张，罗马"世界"

---

[1] 以上引文见亚里士多德《天象学》，见苗力田主编《亚里士多德全集》第2卷，第500—502页。

[2] E. H. Bunbury, *A History of Ancient Geography Among the Greeks and Romans from the Earliest till of the Roman Empire*, Vol. I, pp. 625–626.

[3] 塔西佗：《编年史》，王以铸、崔妙因译，商务印书馆1997年版，第368页。瓦罗在《论拉丁语》中说："许多人按照伊特拉斯坎的仪节建立拉丁姆的城市。他们用公牛、母牛联成一组沿着城域内部犁一圈沟（由于宗教方面的原因，他们在选定的吉日做这件事），这样他们就可以用一道沟和一道墙来保卫自己。他们把犁出了土的地方称为沟（fossa），而把抛到里面的土称为墙（murus）。"（Varro, *On the Latin Language*, Cambridge, MA: Harvard University Press, 1958, V, 143）

延伸到了"落入我们版图的这部分地球"①的整个"已知世界"。到帝国时代，罗马人的"世界"已经不再局限于"已知世界"，而是全世界［或整个领土世界（*Orbis terrarium*）］，即埃涅阿斯的父亲安奇塞斯给他指出的"统治万国"，②朱庇特许以罗马人"不施加任何空间或时间方面的限制"的"统治权"。③公元12—13年，纳尔波城在举行建立奥古斯都的统治仪式上，规定在1月7日举行牺牲献祭仪式，因为这一天"奥古斯都宣布了他对整个世界的统治"。该城还计划在9月23日举行牺牲献祭仪式，因为"这一天，时代的福音给予了奥古斯都作为世界的统治者的权力"。④到罗马帝国后期，罗马人"慢慢竟然随便把罗马帝国和整个地球混为一谈了"，⑤但事实上，罗马帝国的最大版图，东到幼发拉底河上游，西到不列颠，北到莱茵河、多瑙河一带，南到非洲北部，不要说全世界，就是在欧亚非三大洲中所占的比例也远不如他们所想象的。

由此可见，从远古时期的希腊开始，到罗马帝国灭亡的漫长时期里，希腊罗马人的"世界"其实包含两方面的内容，一是他们观念中的"世界"，即他们对自身生活的地球（乃至整个宇宙）的理解。希腊罗马人观念中的"世界"虽然在不同时期有所变化，但总体模式的实质性变化并不大，其观念的中心仍然是地中海世界。二是希腊罗马人现实中的"世界"，即他们的实际统治范围。希腊罗马人的统治范围以地中海沿岸为起点，到图拉真时代地跨欧亚非三大洲，其核心地区仍然没有脱离地中海地界。因此，无论是

---

① Strabo, *Geography*, Horace Leonard Jones, trans., Cambridge, MA: Harvard University Press, 1967, II. 5. 13.

② 维吉尔：《埃涅阿斯纪》，杨周翰译，人民文学出版社1984年版，第163页。

③ 维吉尔：《埃涅阿斯纪》，第10页。

④ Victor Ehrenberg and A. H. M. Jones, *Documents Illustrating the Reigns of Augustus and Tiberius*, Oxford: Clarendon Press, 1955, No. 100.

⑤ 爱德华·吉本：《罗马帝国衰亡史》上册，黄宜思等译，商务印书馆1997年版，第26页。

希腊罗马人的观念"世界"还是现实"世界",其核心区域仍然是地中海世界,超出地中海世界的范围,希腊罗马人往往只有通过道听途说或想象来描述。本书所涉及的希腊罗马的"世界"既包括他们的观念"世界",也包括他们的现实"世界",从时间范围看,包括自希腊远古时代到罗马帝国灭亡前后的漫长时期。

这里需要特别指出的是,在希腊罗马人的"世界"里,他们经常会提到世界的最边缘地区,斯特拉波对于东南西北四方的最边远地区的认识很具典型性。斯特拉波在提到"研究整个有人居住世界"时说:"如果这个区域是指这个有人居住世界的范围,那它的北方延伸到了最遥远的西徐亚(斯基泰)人或凯尔特人的边界,南方则一直到了埃塞俄比亚的边界,这就有可能形成巨大的差别。对于居住在印度或伊比利亚的居民而言,情况就是这样。因为我们知道其中一个国家位于遥远的东方,另一个国家位于遥远的西方。"[1] 换句话说,希腊罗马人认为世界的最南边是埃塞俄比亚,最北边是斯基泰。这种南北对立提法在古典作家和后来的基督教作家那里经常出现,也成为"黑白"对立模式的一种演绎,并对后世西方社会和学界产生了重要的影响。为了研究主题的集中,更为了避免不必要的争论,本书并不讨论这种模式的演绎,只是指出而已。

第二节 希腊罗马世界中的"黑人"

希腊罗马社会与"黑人"相关的术语很多,这些术语有些是直接指黑皮肤的人种,有些则是指与之相关的其他人种,其中最为引人注目也是希腊罗马作家涉及最多的就是被称为"埃塞俄比亚人"的黑人。不同类型的"黑人",其身体自然特征也略有差异,

---

[1] 斯特拉博:《地理学》(上),第12页。

毫无疑问的是，虽然他们肤色的黑性程度有所差别，但他们都是"黑人"。①

在希腊罗马文献中，希腊罗马人用得最多的指代黑人最典型的术语是埃塞俄比亚人（希腊语 Aiθίοψ，拉丁语 Aethiops），他们对埃塞俄比亚人的身体特征知道得很多，对他们身体的描述也相当详细。

在希腊罗马人关于埃塞俄比亚人的认识和描述中，最为突出的是埃塞俄比亚人的肤色。埃塞俄比亚人的皮肤是黑色的，希腊人认为他们的皮肤比其他任何民族的人都要黑。印度人的肤色是黑色的，但他们并不是所有的人都像埃塞俄比亚人那样黑。希罗多德提到有些印度人和埃塞俄比亚人一样，是黑肤色的。② 据说亚历山大见到的印度人是除了埃塞俄比亚人之外的人中最黑的。③ 阿里安说："印度南部的人和埃塞俄比亚人极其相似，黑面孔、黑头发，只是不象埃塞俄比亚的鼻子那么扁平，头发不那么卷曲。印度北部的人的外貌则极象埃及人。"④ 埃塞俄比亚人通常被用来阐述肤色的黑性程度。希腊罗马人描写的埃塞俄比亚人的黑皮肤，往往是衡量古代有色人种的标准。⑤

希腊文献中涉及埃塞俄比亚人肤色的最通常的词语是 μέλας 及其复合词 μελάμβροτος 和 μελανόχροος，αἰθαλοῦς、χελαινός 和 χυάνεος 也能看到；在拉丁语中，通常是 niger，还有 ater、aquilus、exustus（perustus）、fuscus、percoctus 等。νυχτίχροος 和 nocticolor（night-colored）也作为用于描述埃塞俄比亚人肤色的不同形容词的

---

① 以下内容主要来自 Frank M. Snowden, Jr., *Blacks in Antiquity: Ethiopians in the Greco-Roman Experience*, pp. 1-21。
② 希罗多德：《历史》，第 240 页。
③ 阿里安：《亚历山大远征记》，李活译，商务印书馆 1985 年版，第 163 页。
④ 阿里安：《亚历山大远征记》，第 266 页。
⑤ Frank M. Snowden, Jr., *Blacks in Antiquity: Ethiopians in the Greco-Roman Experience*, p. 2.

同义语或对等词出现。

　　古人尽管把埃塞俄比亚人的皮肤描述成黑色的，但他们知道这些民族在天然肤色方面的差别，并花费了很大力气来记录这些区别。埃塞俄比亚人可能看起来很像菲洛斯特拉托斯，[①] 但与多数希腊人和罗马人又有所不同。菲洛斯特拉托斯在描述门农（Memnon）时并没有把他描述为真正的黑人，"你不会说门农的皮肤是真正的黑色，因为他的纯黑色中显示出少许红润的痕迹"。[②] 某些埃塞俄比亚人皮肤深黑，比其他人都要黑。根据托勒密的说法，居住在麦罗埃地区的人肤色极黑，非常类似埃塞俄比亚人。[③] 马尔提亚在赞美一位女士时说，肤色"比夜晚还要黑，比蚂蚁还要黑，比沥青还要黑，比乌鸦还要黑，比蟋蟀还要黑"。[④] 菲洛斯特拉托斯注意到，人们沿着尼罗河越往埃及南部走，会发现那里的居民肤色越黑。那些居住在埃及和埃塞俄比亚边境地区的人不是完全的黑色，"队伍中的人并不完全是黑的，他们的肤色是半混合型的，他们不像埃塞俄比亚人那样黑，但要比埃及人黑"。[⑤] 由于希腊罗马人用肤色作为划分埃塞俄比亚人和其他民族的一种重要标准，因此表示黑色或黑性的μέλας、niger及类似词语经常会与Aἰθίοψ或Aethiops相互变换，作为其同义语或对等词使用。

　　除了皮肤的黑性外，以埃塞俄比亚人为代表的黑人还有很多其他方面的身体特征，如头发、鼻子、嘴唇、女性的乳房、腿等。

　　正如前面所说，尽管肤色是认定埃塞俄比亚人为黑人最常用的

[①] Philostratus the Elder, *Imagines*, with an English translation by Arthur Fairbanks, London: William Heinemann Ltd., 1931, 1.29.

[②] Philostratus the Elder, *Imagines*, 1.7.

[③] Claudius Ptolemy, *The Geography*, translated and edited by Edward Luther Stevenson, New York: Dover Publicatios, INC, 1991, 1.9.

[④] Martial, *Epigrams*, edited and translated by D. R. Shackleton Bailey, Cambridge, MA: Harvard University Press, 1993, I, 115, 1 – 5.

[⑤] Philostratus, *The Life of Apollonius*, translated by F. C. Conybeare, Cambridge, MA: Cambridge University Press, 1912, 6.2.

判断标准，但很明显，希腊罗马人不可能意识不到埃塞俄比亚民族的其他身体特征。最早提到埃塞俄比亚人鼻子的是希腊人色诺芬尼："埃塞俄比亚人（Aiθίοπες）说他们的神鼻子扁平，皮肤很黑。"[1] 阿加塔尔基德斯注意到埃塞俄比亚人的黑性，虽然他没有提供关于埃塞俄比亚人身体特征的细节，但他注意到埃塞俄比亚人在外形上与希腊人是不同的。[2] 佩特罗尼乌斯在《萨蒂利孔》中写道，当一群人在讨论如何逃离敌人时，有人提出了通过伪装来迷惑敌人："我们可以用它（墨水）来涂染我们自己的头发、指甲以及一切。然后我们像埃塞俄比亚奴隶那样没有经历任何痛苦，很开心地站在你身边，这样我们改变后的肤色就可以欺骗敌人。""哦，是的，"吉东说，"请告诉我，我们能使我们的嘴唇膨胀到丑陋、可怕的厚度吗？能用卷发钳改变我们的头发吗？能在我们前额突出疤痕吗？能弯曲着腿走路吗？能将我们的脚踝弯曲到地面吗？"[3] 这里描述了埃塞俄比亚人的其他身体特征：黑皮肤、厚嘴唇、卷发、有疤痕的前额、弯曲的双腿、下垂的脚踝等。据狄奥多罗斯说："还有许多其他埃塞俄比亚人部落，他们有些居住在尼罗河两岸和河中的岛屿上，有些居住在邻近阿拉比亚的乡村，还有些则居住在利比亚的内陆。他们当中的大部分，特别是那些居住在尼罗河沿岸的人，皮肤很黑，鼻子扁平，头发卷曲。"[4] 维吉尔在《色拉》（*Moretum*）中说，一位非洲黑人妇女有"卷曲的头发、肿胀的嘴唇、黝黑的皮肤、宽大的胸脯、下垂的乳房、短小的腹部、细瘦的

---

[1] Xenophanes of Colophon, *Fragments*, A Text and Translation with a Commentary by J. H. Lesher, Toronto: University of Toronto Press, 1992, p. 16.

[2] Agatharchides, "De Mari Erythraeo 16", in Karl Müller, ed., *Geographi Graeci Minores*（*GGM*）, I, Parisiis: Editore Ambrosio Firmin Didot, Instituti Franciae Typographi, 1883, p. 118.

[3] Petronius, *Satyricon*, with and English translation by Michael Heseltine, London: William Heinemann Ltd., 1913, 102.

[4] Diodorus of Sicily, *Library of History*, with an English translation by C. H. Oldfather, Cambridge, MA: Harvard University Press, 1935, III. 8. 2.

双腿、宽阔肥大的双脚"。① 埃塞俄比亚人的腿有时被描述为较瘦，有时则被描述为罗圈腿。有记载认为，埃塞俄比亚人和埃及人的罗圈腿归因于太阳的热量，并解释说，身体在高温下会变形，就像木头在干燥时会弯曲一样。② 以上材料在一定程度上证实了希腊罗马人所知道的黑人身体特征的细节。埃塞俄比亚人的这些身体特征成为典型的黑人身体特征，因此，在希腊罗马文献中，用埃塞俄比亚人指代黑人似乎已经成为人们的共识，甚至可以说是常识。

尽管 Aiθίοψ 或 Aethiops 是希腊罗马人用以指称尼格罗人种时最常用的词语，但 Afer（非洲人）、Indus（印度人）和 Maurus（毛里人）也经常成为埃塞俄比亚人的代名词。Afra 通常指出生于非洲或利比亚的非洲人，属于尼格罗人种。

希腊罗马人对遥远的东部和南部地区不太了解，经常将它们混淆。公元前327年，亚历山大进入印度后，以为自己发现了尼罗河的河源："他是这样设想的：尼罗河发源于印度的某一带地方，名印度河，然后流经面积极大的荒无人烟的地区，在那里才失掉印度河这个名称；然后，当它再次流经开化地区时，就被那一带的埃塞俄比亚人和埃及人叫成尼罗河了（荷马在他的史诗里还曾根据埃及这个地名把它叫成埃及河），最后才流入内陆海（即地中海）。"③ 亚历山大还把印度人和埃塞俄比亚人进行了对比："不过他们身材高大，实际上是亚洲最高的，男人多数身高五库比特或较此稍矮。除埃塞俄比亚人之外，他们的皮肤可算是全人类最黑的了。"④ "印度和埃塞俄比亚居民的相貌也差不多。印度南部的人和

---

① Vergil, *Moretum*, in Joseph J. Mooney (tr.), *The Minor Poems of Vergil: Comprising the Culex, Dirae, Lydia, Moretum, Copa, Priapeia, and Catalepton*, Birmingham: Cornish Brothers, 1916, pp. 31–35.

② Vergil, *Moretum*, in Joseph J. Mooney (tr.), *The Minor Poems of Vergil: Comprising the Culex, Dirae, Lydia, Moretum, Copa, Priapeia, and Catalepton*, p. 35.

③ 阿里安：《亚历山大远征记》，第192页。

④ 阿里安：《亚历山大远征记》，第163页。

埃塞俄比亚人极其相似,黑面孔、黑头发,只是不像埃塞俄比亚人的鼻子那么扁平,头发不那么卷曲。印度北部的人的外貌则极象埃及人。"[1] 维吉尔说尼罗河流经"被太阳晒成古铜色的埃塞俄比亚人土地的所有地方"。[2] 这里的埃塞俄比亚人土地可能是包括印度在内的整个东方。[3]

Maurus 有时在诗歌中作为 *Aethiopes* 的同义词,也作为包括埃塞俄比亚人在内的广泛意义上的"黑人"术语。曼尼利乌斯在比较了埃塞俄比亚人、印度人和毛里人后,认为毛里人的名字来自他们的肤色:"太阳神用尘土吹干了非洲各部落在沙漠中的土地,毛里人的名字来自他们的面色,他们的身份认同是通过他们的皮肤的颜色来宣布的。"[4] 伊西多尔说得更清楚,他认为毛里人的名称来自其居民的皮肤的黑色:"毛里得名于其居民的肤色,因为希腊人称黑色为 μαῦρον。正如高卢得名于其居民皮肤的白色,毛里得名于其居民的黑色。"[5] 克劳迪安在描述基尔多煽动所有非洲部落发动战争时,其中就包括"所有的毛里部落",这些毛里人"生活在阿特拉斯山底下,他们生活在非洲内陆,太阳过度的热量切断了我们(与那里)的联系"。[6] 事实上,早期基督教文献在描述埃塞俄比亚人时也使用 μαῦρος 一词。[7] 希腊罗马人有时会对有色人种依

---

[1] 阿里安:《亚历山大远征记》,第 266 页。

[2] Vergil, *Georgics*, translated by Peter Fallon, Oxford: Oxford University Press, 2004, 4.290 – 300.

[3] Vergil, *Georgics*, n. 287, p. 106.

[4] Manilius, *Astronomica*, with an English translation by G. P. Goold, Cambridge, MA: Harvard University Press, 1977, 4.729 – 730. Mauretania 来自希腊语 μαῦρος(黑色)。

[5] Isidore, *The Etymologies of Isidore of Seville*, translated by Stephen A. Barney, W. J. Lewis, J. A. Beach, Oliver Berghof, Cambridge: Cambridge University Press, 2006, 14.5.10.

[6] Claudian, *On Stilicho's Consulship*, with an English translation by Maurice Platnauer, Cambridge, MA: Harvard University Press, 1922, 1.248 – 263.

[7] "Lusius Quietus, and Ethiopian", *Mnemosyne*, fourth series, III, 1950, pp. 263 – 265.

其肤色进行泛指，比如用 Maurus 作为一个综合术语概括非洲各个有色民族，而忽略其他身体特征，从公元 1 世纪起，有时又用 Maurus 作为 Aethiops 的同义语。

总之，埃塞俄比亚人属于尼格罗人种，是典型的黑人，*Afer*、*Indus* 或 *Maurus* 也属于黑人，而且经常作为埃塞俄比亚人的同义语出现。仅从肤色看，黑人还包括尼罗河类型及其他混合类型人种，他们可能在身体特征上与埃塞俄比亚人有细微差别，比如下颚突出和阔鼻小眼不那么明显等，但他们同样属于黑人。当然，隶属于埃塞俄比亚人的各部落如白来米人、美加巴里人、穴居人或努巴人等显然也是典型的黑人。在接下来的讨论中，除非特别说明某术语所指的群体，文中所提到的黑人可能指以上任何一个类型或群体。

第 二 章
希腊世界中的埃塞俄比亚人

这里的古希腊世界，并不是一个国家概念，而是一个地理范围，主要包括希腊半岛、爱琴海诸岛、小亚细亚西岸、黑海沿岸、意大利南部以及西西里岛等地区。由于希腊人与以地中海为中心的其他地区有广泛的联系，如西亚、中亚、北非、西地中海等，加之真正的埃塞俄比亚人生活在非洲，因此，在讨论古希腊的时候，在地理范围上可能会涉及非常广泛的地区，而不是局限于希腊半岛及其狭小的周边地区；当然，可能也会涉及希腊人观念中的"世界"。这里的希腊人主要是指生活在希腊半岛的"真正的"希腊人。[①] 这看起来似乎有些矛盾，但鉴于本书讨论的主要问题并不是希腊地理范围或希腊人，因此也就没有必要纠缠于此。

本章探讨的时间范围是从早期的希腊到公元前 1 世纪希腊化时代结束[②]这段时期，即通常所说的希腊时期，[③] 至于罗马统治时期

---

① 关于谁是"真正的"希腊人，即希腊人的民族认同问题，国内外学者有比较深入的讨论，这里不再赘述。

② 关于希腊化时代的下限，学术界通常以公元前 30 年罗马吞并最后一个希腊化国家托勒密王朝为标志，也有学者在便于自己研究主题的讨论时把它的下限划到公元 4 世纪初（梁工、赵复兴：《凤凰的再生——希腊化时期的犹太文学研究》，商务印书馆 2000 年版，第 1 页）。

③ 这里对希腊采用比较通用的分期方法，把希腊历史分为五个时期：爱琴文明时代（公元前 20—前 12 世纪）；荷马时代（公元前 11—前 9 世纪）；古风时代（公元前 8—前 6 世纪）；古典时代（公元前 5—前 4 世纪中叶）；希腊化时代［公元前 4 世纪晚期—前 1 世纪（前 30 年）］。

的希腊人对埃塞俄比亚人的态度则纳入罗马时期加以考察。这种时期划分似乎有些武断，但为了研究的方便，这种削足适履的划分方法也不失为一种选择。

第一节　荷马传统：早期希腊人与埃塞俄比亚人

在希腊文献中，最早提及埃塞俄比亚或埃塞俄比亚人的是荷马史诗。在《伊利亚特》中，明确提到埃塞俄比亚人的地方共有两处：第一处是忒提斯对阿基琉斯说，"昨天宙斯去长河边埃塞俄比亚人那里参加宴会，众神全都跟着他前去；第十二天他会回到奥林波斯山上"。[①] 第二处是阿基琉斯在焚烧帕特罗洛斯尸体的时候，由于焚尸堆没能立即燃起，他向两位风神祈求，众神使者伊里斯赶到风神处，众风神正在举办饮宴，于是邀请她加入，伊里斯谢绝了，并说："不能下坐，不行。我必须赶回俄开阿诺斯的水流和埃塞俄比亚人的土地，他们正用隆重的祀仪敬祭神明；我要在那儿分享神圣的宴礼。"[②] 在《奥德赛》中，明确提到埃塞俄比亚人的地方有三处：第一处是当奥林波斯神明讨论允许奥德修斯返回家园时，"这神明（波塞冬）此时在遥远的埃塞俄比亚人那里，埃塞俄比亚人被分成两部分，最边远的人类，一部分居于日落处，一部分居于日出地，大神在那里接受丰盛的牛羊百牲祭"。[③] 第二处是当奥德修斯的儿子特勒马科斯远行访问斯巴达国王墨涅拉奥斯时，国王向特勒马科斯炫耀说："我曾在塞浦路斯、腓尼基和埃及游荡，见过埃塞俄比亚人、西顿人和埃楞波伊人[④]，

[①]　荷马：《伊利亚特》，第 18 页。
[②]　荷马：《伊利亚特》，陈中梅译注，译林出版社 2012 年版，第 623 页。
[③]　荷马：《奥德赛》，第 2 页。
[④]　西顿在腓尼基，埃楞波伊人是传说中的民族。

还去过利比亚，那里新生羊羔带犄角，母羊一年之内能生育三胎羔仔。"①"那里的主人和牧人从不缺乏干酪，也不缺乏各种肉类和甜美的鲜奶，一年到头都备有充足的奶液吮饮。正当我这样在那里飘荡聚敛财富时，却有一个人乘机杀害了我的兄长，秘密地出人料想，可恶的妻子的奸诈，因此我虽拥有那么多财富，并不欢欣。"②第三处是当奥德修斯启程归返航行在海上时，"这时强大的震地神离开埃塞俄比亚，远远从索吕摩斯③山顶望见奥德修斯，因为他航行在海上。波塞冬心中气愤，频频摇头，自言自语心中暗思忖：'好啊，显然天神们对这位奥德修斯改变了主意，趁我在埃塞俄比亚人那里'"。④

从荷马对埃塞俄比亚（人）的描述中可以看出以下两点：第一，埃塞俄比亚是希腊诸神的乐园。《伊利亚特》两次提到埃塞俄比亚都明确说那里在举行诸神的宴会；《奥德赛》中三次提到埃塞俄比亚，其中两次也明确提到那里的宴会。因此，毫无疑问，埃塞俄比亚是希腊诸神举行宴会的乐园，也是诸神享受快乐的地方，通常是凡人不可能到达的地方，唯一的例外是斯巴达国王墨涅拉奥斯到过。第二，埃塞俄比亚非常遥远，位于希腊人所知世界的两极，即埃塞俄比亚人"一部分居于日落处，一部分居于日出地"，对于这样遥远的地方，普通的人类完全不可能到达。荷马对埃塞俄比亚（人）的描述几乎完全限于"童话"范围，诸神光顾这里，在这里举行宴会。从荷马的描述中可以看出，他所说的埃塞俄比亚（人）完全不是今天的埃塞俄比亚（人）。事实上，"从荷马以来的古典作家涉及的埃塞俄比亚和埃塞俄比亚人，几乎完全不是现代的埃塞俄比亚或生活在今天埃塞俄比亚高原的高

---

① 荷马：《奥德赛》，第56页。
② 荷马：《奥德赛》，第56页。
③ 索吕摩斯是小亚细亚半岛南部的一个部落。
④ 荷马：《奥德赛》，第96页。

地民族的祖先或前辈"。① 尽管如此，荷马关于埃塞俄比亚（人）的表述仍成为后来希腊罗马作家对埃塞俄比亚（人）认识的典范。

但是，关于埃塞俄比亚（人）的"童话"可能并非完全是想象。因为根据希腊传说，在特洛伊战争中，有些埃塞俄比亚人是在帮特洛伊人作战。据说，特洛伊战争时期，埃塞俄比亚国王是提托诺斯和黎明女神厄俄斯的儿子门农，② 他拿着伏尔坎（赫淮斯托斯）锻造的武器，③ "带着一大批埃塞俄比亚军队前往特洛伊与希腊人作战，并杀死了包括安提罗科斯在内的许多希腊人，他自己也被阿基琉斯所杀"。④ 维吉尔描述过特洛伊战争中的门农，埃涅阿斯和阿卡特斯在朱诺的神庙里看到壁画上的特洛伊战争景象："他在画里也认出了自己在和希腊将领混战，又看到一些埃塞俄比亚的黑人军队，这是梅姆农（门农）率领的武装。"⑤ "她（狄多）一再询问有关普利阿姆斯和赫克托尔的事，询问黎明女神之子梅姆农（门农）到特洛伊参战带的是什么武器，狄俄墨得斯的马有多壮，阿奇琉斯有多高大。"⑥ 不管这些传说到底能不能反映历史的真实，但可以确定的是，希腊人对埃塞俄比亚（人）的认识与荷马的记载并不矛盾，这从《古希腊史诗集群》（*Epic Cycle*）中也可以看出。埃塞俄比亚人在东部和西部都能找到，如汉诺在公元前 5 世纪航海途经印度和非洲时都发现了他们，就名字而言，它好像可以普遍地运用到黑皮肤民族之中。⑦ 这里需要注意的是，《奥德赛》里

---

① J. W. Gardner, "Blameless Ethiopians and Others", *Greece & Rome*, Second Series, Vol. 24, No. 2, Oct., 1977, pp. 185 – 193.

② Apollodorus, *Epitome* 5. 3.

③ 维吉尔：《埃涅阿斯纪》，第 206—207 页。

④ Apollodorus, *Epitome*, with an English translation by Sir James George Frazer, London: William Heinemann, 1921, V. 3.

⑤ 维吉尔：《埃涅阿斯纪》，第 17 页。

⑥ 维吉尔：《埃涅阿斯纪》，第 25 页。

⑦ "Hanno Carthaginiensis", in Karl Müller ed., *Geographi Graeci Minores* (*GGM*), I, Parisiis: Editore Ambrosio Firmin Didot, Instituti Franciae Typographi, 1883, 1. 1 – 14.

提到过一次门农，当奥德修斯入冥府时，阿基琉斯的魂灵前来询问他关于自己儿子涅奥普托勒摩斯的情况，奥德修斯说："我见过的人他（涅奥普托勒摩斯）最俊美，除了神样的门农。"① 换言之，门农才是奥德修斯见过的最俊美的人。这里的叙述和《伊利亚特》及《奥德赛》其他地方关于埃塞俄比亚人的叙述不仅没有任何矛盾，而且可以看出这是对埃塞俄比亚人描述的具体化。

对于埃塞俄比亚人所处的位置，荷马本人没有描述清楚，现代学者对其有不同的看法，主要有三种意见：第一种意见认为荷马笔下的居住在太阳升起的地方的埃塞俄比亚人是生活在埃及附近地区的黑人，而那些离太阳落下的地方很近的埃塞俄比亚人居住在赫拉克勒斯的皮勒斯附近；第二种意见认为，埃塞俄比亚人东支是索马里沿海的黑人，西支则是苏丹的居民，其土地从尼罗河谷地向西无穷延伸；第三种意见则认为，荷马所说的东埃塞俄比亚人靠近红海地区，西埃塞俄比亚人在上尼罗河西部不远的地方。② 不管荷马所说的埃塞俄比亚人的具体位置在哪里，但有一点是可以肯定的，那就是他认为埃塞俄比亚是希腊诸神的乐园，诸神经常光顾这里，在这里举行宴会。

第二节　古风时代：荷马式童话的继续与认识范围的拓展

公元前 8 世纪，著名的希腊诗人赫西俄德曾提到"黑人"："太阳告诉他（乌贼鱼）不去任何地方，而只去黑人的土地和城市，更加懒洋洋地照耀着整个希腊种族。"③ 但赫西俄德并没有说这里的"黑人"就是埃塞俄比亚人，也没有说"黑人的土地和城

---

① 荷马：《奥德赛》，第 214 页。
② Frank M. Snowden, Jr., *Blacks in Antiquity: Ethiopians in the Greco-Roman Experience*, pp. 102–103.
③ 赫西俄德：《工作与时日　神谱》，第 16 页。

市"就是埃塞俄比亚。但是,从上下文可以明显看出,太阳只去"黑人的土地和城市",而且要照耀整个希腊种族,这与荷马对埃塞俄比亚和埃塞俄比亚人的描述是非常接近的,可以明显看出赫西俄德关于"黑人"及其生活之地的描写,是来源于荷马关于埃塞俄比亚和埃塞俄比亚人的传统。赫西俄德在《神谱》中提到过埃塞俄比亚人:"(黎明女神)厄俄斯给提托诺斯生下埃塞俄比亚人的国王,头戴铜盔的门农和发号施令的厄玛提翁。"[1] 正如前所述,尽管在赫西俄德之前的文献中提到过门农,但赫西俄德是明确把他与埃塞俄比亚人相联系的第一人。[2] 不过,这里作者并没有说明埃塞俄比亚人就是黑人,而且在赫西俄德的神话体系中,他对埃塞俄比亚(人)的看法仍然是对荷马传统的延续,即认为埃塞俄比亚是诸神的乐园,埃塞俄比亚人是世界上最虔诚信仰诸神的民族。

在赫西俄德的《工作与时日》和《神谱》中,没有见到关于"黑人"的更多描述。但到罗马时代,斯特拉波在讨论荷马是否知道埃塞俄比亚人与斯基泰人的区别时,他提到荷马不但见过埃塞俄比亚人,而且把他们与斯基泰人相区分,并引用赫西俄德的说法加以印证。斯特拉波说:"那么,怎么能说诗人(荷马)对斯基泰人一无所知呢?毫无疑问,由于他指派过他们之中名叫希波莫尔吉和加拉克托发吉的人,那时的人们称这些民族为希波莫尔吉人,在埃拉托斯特尼引用过的赫西俄德的话中也可以找到佐证:'他(荷马)前往并看到过埃塞俄比亚人、利古里亚人和母马奶的制作者斯基泰人。'"[3] 那么,反过来说,赫西俄德不但知道埃塞俄比亚人,还把他们与斯基泰人进行了区分,而他的信息来源正是荷马,换句话说,赫西俄德关于埃塞俄比亚人的看法仍然是对荷马传统的

---

[1] 赫西俄德:《工作与时日 神谱》,第55页。
[2] G. H. Beardsley, *The Negro in Greek and Roman Civilization: A Study of the Ethiopian Type*, p. 7.
[3] Strabo, *Geography*, 7.3.7.

延续。①

弥涅摩斯（公元前630—前600年）在描述太阳从西方人的国家移向埃塞俄比亚人的土地的时候，他正位于埃塞俄比亚人的东部土地。② 但是到底在埃塞俄比亚东部的什么位置，我们无从得知。

公元2—3世纪，阿忒纳乌斯曾经提到一个名叫埃塞俄比斯（Aethiops）的科林斯人，"但是杜里斯在他的历史著作《马其顿事务史》（*The Affairs of Macedonia*）的第七书中提到了塞浦路斯国王帕西克皮鲁斯及其过激的习惯，他是这样写的：'亚历山大在围攻提尔（即推罗）后，遣散了国王甫琉塔戈拉斯，并送给了他很多礼物，包括他所要求的一个筑有防御工事的地方，而这正是国王甫琉塔戈拉斯先前以一种放纵的离奇方式以五十塔兰特（talent）的价格卖给了西提乌姆的皮格马利翁的地方，他是把要塞和他自己的王位一起卖给皮格马利翁的。他得到钱后，在阿玛忒斯慢慢老去。'科林斯人埃塞俄比斯与塞皮西斯的德米特里厄斯也一样，阿基罗库斯提到过埃塞俄比斯，他是这样说的：'他对快乐与放纵十分沉迷。当他准备建造叙拉古时，他与阿奇亚斯一起航行到西西里，把他刚通过抽签得到的一块蜂蜜面包卖给了与他同餐的伙伴，并准备占有叙拉古。'"③ 叙拉古城大约是在公元前734年建造的，如果真有一个叫埃塞俄比斯的人参与了建城，那么时间应该不会比赫西俄德晚。这里说埃塞俄比斯是一个科林斯人的名字，他到底是不是埃塞俄比亚人还很难说，就算他

---

① 斯诺登认为赫西俄德是第一个把斯基泰人和埃塞俄比亚人进行分类的人（Frank M. Snowden, Jr., *Blacks in Antiquity*: *Ethiopians in the Greco-Roman Experience*, p. 103）。显然，斯诺登在这里是把赫西俄德话中的"他"，即荷马当作了赫西俄德本人。

② G. H. Beardsley, *The Negro in Greek and Roman Civilization*: *A Study of the Ethiopian Type*, p. 4.

③ Athenaeus, *The Deipnosophists*, translated by C. D. Yonge (1854), 4.167, http://www.attalus.org/old/athenaeus4.html, 2018年2月8日。

是埃塞俄比亚人，他与早期作家（如荷马、赫西俄德）所说的埃塞俄比亚人是不是一回事，也不能确定。从上下文和整个描述来看，我们很难发现这个"埃塞俄比斯"与早期作家所描述的埃塞俄比亚人有什么关联。这里还必须注意以下几个方面：第一，阿忒纳乌斯是生活在罗马帝国时代的修辞学家和语法学家，他距离事件发生的时间已过去将近1000年；第二，他引用的是杜里斯的说法，杜里斯记载是否准确也有待验证。因此，这里的埃塞俄比斯很难说与早期作家笔下的埃塞俄比亚（人）有什么关系。

与早期希腊人对埃塞俄比亚人的记述完全不同的是来自亚述帝国的材料。在萨尔贡二世统治时期，亚述帝国延续了前任统治者的征服政策，曾于公元前722年攻陷以色列王国首都撒马利亚，并把以色列人的北方十支派迁徙到其他地方，从而使以色列北方十支派融入其他民族之中，这就是历史上著名的"丢失的十支派"之谜。萨尔贡二世还镇压了由埃及支持的叙利亚、腓尼基等地的起义，并与东方的米底进行战争。萨尔贡二世在位的第11年（公元前711年），《萨尔贡年代记》和其他的现存文献记载了他的事迹。这些材料说明了萨尔贡是怎样处置密谋推翻他统治并向周边诸王传递信息的阿什杜德城国王阿祖里的，以及萨尔贡是怎样把阿祖里的兄弟推上王位的。"但是，打算背叛他的哈梯憎恨他的统治，无权继承王位的亚马尼也像其他人一样对萨尔贡并不尊重，他们把自己捧上了天。"还有文本说亚马尼是一个士兵，或者是被士兵推上王位的。萨尔贡继续炫耀他是如何亲自带兵进行反扑的。他包围并夺取了阿什杜德及其他联盟城市，还劫掠了阿什杜德，把它的居民变成奴隶，并把他们迁徙到自己的统治之地。"阿什杜德的亚马尼惧怕我的武器，撇下他的妻子、儿女，自己逃到了埃及的边境，那里是埃塞俄比亚的边疆地区，并在那里像贼一样生活……至于埃塞俄比亚国王，由于惧怕我们显赫的阿舒尔神，于是击溃了亚马尼并给他带上镣铐，绑住他的手脚，把他送回了亚述，带到了我面前……"① 此时的埃及正处于第 24 王朝和第 25 王朝南北对立的时期，第 25 王朝是由努比亚人皮安希在纳巴塔建立的（见表 2-1）。因此，《萨尔贡年代记》中所说的埃塞俄比亚国王很有可能就是指努比亚人皮安希。如果这一结论成立，那么可以肯定，亚述人对埃塞俄比亚（人）的了解要比希腊人详细和准确得多。②

表 2-1　古埃及第 25 王朝（公元前 716—前 656 年）王名

王名		统治年代
乌塞尔玛拉·斯尼弗拉	皮安希	公元前 747—前 716 年
尼斐尔卡拉	夏巴卡	公元前 716—前 702 年
杰德卡拉	夏巴塔卡	公元前 702—前 690 年
尼斐尔图姆库拉	塔哈尔卡	公元前 690—前 664 年
巴卡拉	塔努塔蒙	公元前 664—前 656 年

马涅托所记的第 25 王朝由埃塞俄比亚的 3 王组成，总共统治了 44 年，③ 但是从纪念物上见到的诸王名，可以确认有 4 王，总共统治了 60 年。

皮安希，努比亚的古实王国国王卡什塔之长子，第 25 王朝的奠基者。当第 24 王朝泰夫那克特王向底比斯扩张，企图统一埃及的时候，古实王皮安希出兵埃及，并攻占了孟斐斯。孟斐斯的僧侣宣布皮安希为"上下埃及之王"。皮安希进一步扩张到三角洲，当

---

① John Boardman and N. G. L. Hammond, *The Cambridge Ancient History*, Vol. III, Part 3: *The Expansion of the Greek World, Eighth to Sixth Centuries B. C.*, 2nd edition, Cambridge: Cambridge University Press, 2008, p. 16.
② 以下内容参见刘文鹏《古代埃及史》，商务印书馆 2000 年版，第 557—559 页。
③ 第 25 王朝的三位埃塞俄比亚国王分别是："（1）Sabacôn，俘虏 Bochchôris 后把他活活烧死了，在位 12 年；（2）Sebichôs，是 Sabacôn 的儿子，在位 12 年；（3）Taracus，在位 20 年。第 25 王朝总共 44 年。"（Manetho, *The History of Egypt*, with an English translation by W. G. Waddell, Cambridge, MA: Harvard University Press, 1940, p. 167）

地的一些王公，包括泰夫那克特王在内走投无路，遂向皮安希投降。皮安希留下了部分驻军，并保留了王公们的统治权力，返回纳巴塔。但是不久，泰夫那克特便恢复了自己的王权。皮安希把原有的马斯塔巴改造成金字塔，此后很快流行于纳巴塔。

夏巴卡，第 25 王朝真正的创建者。马涅托把夏巴卡王作为第 25 王朝的第一王。公元前 716 年，夏巴卡继承了他的兄长皮安希之王位，并决心彻底摧毁第 24 王朝。夏巴卡出兵埃及，到达了三角洲。据马涅托的记载，夏巴卡俘虏了博克霍里斯，把他活活烧死，最终结束了第 24 王朝。

夏巴卡王可能以孟斐斯为首都，并采用了传统的法老称号。据说，在夏巴卡统治埃及时期，对于积极向外扩张的亚述，他采取了友好交往的政策。他赠送萨尔贡二世许多礼物，后者也向他回赠礼品以示友好。夏巴卡王参拜埃及的神灵，并把《孟斐斯神学》原文重新刻石立碑公布于世。卡纳克神庙第 4 塔门上的一处铭文记载道，他重建了这个"庄严的大门"。他授予他的姊妹阿蒙尼尔迪丝一世阿蒙的"神之妻"称号。夏巴卡去世后被葬于巴尔卡勒山下（首都纳巴塔）的金字塔内。

夏巴塔卡，皮安希之长子，夏巴卡之侄子。夏巴塔卡继位后的第二年（公元前 701 年），亚述王萨尔贡二世的继承者辛那赫里布对巴勒斯坦发动攻势，并围攻耶路撒冷。夏巴塔卡与先前的奥索尔康四世和夏巴卡王不同，对亚述采取彻底抗击的政策。埃及派兵援助耶路撒冷抵制亚述的扩张，结果亚述军队完败。

塔哈尔卡，夏巴塔卡的兄弟和王位继承者。塔哈尔卡继位后，以东北三角洲的塔尼斯为首都，继续支持巴勒斯坦反抗亚述，引起了亚述的报复。亚述王以撒哈顿率军侵入尼罗河。公元前 671 年，塔哈尔卡的军队被以撒哈顿击溃，孟斐斯失守。但是，在以撒哈顿撤退后，塔哈尔卡击垮了亚述的驻军，并收复了全部失地。亚述再次出兵，以撒哈顿之子亚述巴尼拔率军重新占领了孟斐斯，并到达底比斯。塔哈尔卡退到纳巴塔，并在那里去世，埋葬于努里的一个大金字塔中。

塔努塔蒙，塔哈尔卡的侄子，夏巴塔卡之子，继承了塔哈尔卡的王位，成为第 25 王朝的末代王。面对亚述侵袭的严重形势，他率军北上到达底比斯，受到了埃及人民和地方首领的欢迎。之后，他继续北上，进军孟斐斯，打败了忠于亚述的三角洲的王公。但是，当亚述再次侵入埃及时，塔努塔蒙节节败退，底比斯失守。亚述军队大肆劫掠底比斯，屠杀俘虏，而塔努塔蒙则畏缩在纳巴塔，度过了晚年。

埃及第 25 王朝又称埃塞俄比亚王朝，有好几位国王都是埃塞俄比亚人，但马涅托只是从埃及的角度进行记载，对于古实（或埃塞俄比亚）的具体情况很少记录，这对于了解古实缺少实质性价值。

公元前 8—前 6 世纪是希腊的古风时代，这一时期的希腊除了形成城邦外，广泛的海外殖民（大殖民）运动是其另一重大历史现象。希腊的海外殖民范围很广，公元前 8 世纪后期，希腊人在西西里岛和意大利南部建立了一系列殖民城邦（包括前面提到的叙拉古），此后又相继在爱琴海北部和东北部沿岸、博斯普鲁斯海峡沿岸、黑海地区、今西班牙东部和法国东南部沿海、今北非突尼斯沿海建立了为数众多的殖民城邦。希腊的海外殖民运动不仅对希腊历史产生了重要影响，而且对我们研究这一时期希腊人与埃塞俄比亚人的关系也颇具价值。

同一时期的古代埃及在新王国瓦解后，重新走向分裂，与希腊古风时代大致对应的是"第三中间期"[①] 和后期埃及时期，主要包括埃及第 23—26 王朝。公元前 7 世纪中期，普撒美提科斯一世（又译作普萨姆提克一世，公元前 664—前 610 年在位）在舍易斯建立了第 26 王朝（公元前 663—前 525 年），从而开始了埃及的"复兴时代"。关于这一时期的希腊人与埃塞俄比亚（人）的关系，我们的主要信息来源是希罗多德的记载。希罗多德关于普撒美提科斯一世在埃及掌握政权的情况有比较详细的描述：

[①] 关于"第三中间期"概念的介绍，参见刘文鹏《古代埃及史》，第 543—544 页。

这个普撒美提科斯以前是在叙利亚的,他是从杀了自己的父亲涅科斯的埃西欧匹亚(即埃塞俄比亚——引者)人撒巴科斯那里逃到叙利亚去的。那时,当这个埃西欧匹亚人由于他在一次梦中的所见而离开的时候,撒伊司诺姆的埃及人便把他从叙利亚带了回来。而当普撒美提科斯由于使用青铜头盔的缘故而被十一个国王赶到沼泽地带去的时候,他已经是第二次做国王了。因此他认为他自己受到了他们的极其粗暴的对待,并想对把他赶出来的那些人进行报复,于是他便派人到布头城去请示列托的神托,因为这是埃及最确实可靠的一处神托所。神托回答说,如果他看到有青铜人从大海那方面来的时候,他就可以进行报复。普撒美提科斯心中暗里不相信青铜人会来帮助他。但是在不久之后,四方航行进行劫掠的某些伊奥尼亚人和卡里亚人被迫在埃及的海岸停泊,他们穿着青铜的铠甲在那里上了陆;于是一个埃及人便到沼泽地带来把这个消息带给普撒美提科斯说,青铜人从海的那方面来了,并且正在平原上掠夺粮草。至于普撒美提科斯,则他在先前是从来没有看见过穿着铠甲的人的。普撒美提科斯认为这样神托的话已经应验了;于是他便和伊奥尼亚人与卡里亚人结为朋友,并答应说如果他们与他联合起来的话,他将给他们以重大的酬谢;因而在争取到他们之后,他便借了愿意跟他站到一起的埃及人以及这些联盟者的帮助,废黜了十一个国王。

……

对于帮助普撒美提科斯取得了胜利的伊奥尼亚人和卡里亚人,普撒美提科斯给他们以在尼罗河两岸上相对峙的土地来居住,称为"营地";在这之外,他又把以前许给他们的一切都给了。此外,他又把埃及的孩子们交给他们,向他们学习希腊语,这些埃及人学会了希腊语之后,就成了今天埃及通译们的祖先。伊奥尼亚人和卡里亚人在这些地方住了一个很长的时候;这些地方离海不远,在布巴斯提斯下方附近,尼罗河的所谓佩鲁希昂河口上面。在很久以后，国王阿玛西斯从那里把他们迁移开去并使他们定居在孟斐斯作他的侍卫以对抗埃及人。由于他们住在埃及，我们希腊人和这些人交往之后，对于从普撒美提科斯的统治时期以后的埃及历史便有了精确的知识，因为作为讲外国话而定居在埃及的人，他们要算是第一批了。直到我的时代，在伊奥尼亚人和卡里亚人移走的地方那里，仍然有他们的船舶的起重器和他们的房屋的废墟。普撒美提科斯成为埃及国王的经过就是这样了。①

希罗多德关于普撒美提科斯一世夺取埃及王位的记载具有重要价值。首先，普撒美提科斯一世是从埃塞俄比亚逃到叙利亚的埃及人，因此，他对埃塞俄比亚十分熟悉是毫无疑问的。其次，作为希腊人的伊奥尼亚人和卡里亚人"四方航行进行劫掠"与这一时期希腊人海外殖民的情形是吻合的。"他们穿着青铜的铠甲"也与当时的希腊历史情状相符。再次，普撒美提科斯一世给予他们"重大的酬谢"，请他们帮助自己复仇，其实就是雇佣他们，即使他们不是真正意义上的雇佣军，但实际上与雇佣军没有什么两样。最后，在普撒美提科斯一世取得政权后，这些希腊人留在了埃及，并且教埃及人希腊语。这些希腊人作为第一批讲外国话的人定居在埃及，对埃及的历史与文化"有了精确的知识"，这对于他们了解埃塞俄比亚人是极其有利的，况且普撒美提科斯一世本人就是从埃塞俄比亚逃出来的。因此，这批伊奥尼亚人和卡里亚人就成为有文献记载的最早与埃塞俄比亚人接触的希腊人。但他们是否亲自（或在多大程度上）把关于埃塞俄比亚人的信息带回希腊本土，我们不得而知。

在普撒美提科斯一世时期，另一重大事件是斯巴达国王米涅劳斯的军队曾在埃及尼罗河三角洲地区建造纳乌克拉提斯城。据斯特拉波记载："经过博尔比提涅口，就来到了一个延伸至海的低而充

---

① 希罗多德：《历史》，第179—180页。

满沙地的海岬,它被称为阿格努克拉斯。接着就来到了珀尔修斯瞭望塔和米利都人的瞭望塔,因为在普撒美提科斯(生活在米底王西拉克拉里斯时代①)时代,米涅劳斯人带着 30 艘船只来到博尔比提涅口,然后登陆,并在前面提到的定居地建造城墙,当他们驶入撒伊提克诺姆时,他们在一次海战中打败了伊纳罗司城并建造了并不比舍底亚高的纳乌克拉提斯城。经过米涅劳斯人的瞭望塔,继续朝赛本努铁斯方向前行,就来到了两个湖的湖边,其中一个湖叫布提切,它的名字来源于邻近赛本努铁斯城的布图斯城。接着就来到了撒伊斯,它是下游地区的大城市,雅典娜在这里备受崇拜,在雅典娜神庙里有普撒美提科斯的坟墓。邻近布图斯城的是赫尔墨斯城,它位于一个岛上,在布图斯城里有列托的神托所②。"③ 关于纳乌克拉提斯城的建造时间到底是在普撒美提科斯一世还是普撒美提科斯二世时期,学术界还有争议。④

普撒美提科斯一世统治埃及 54 年,其中有 29 年是在叙利亚的一座大城阿佐托司度过的。⑤ 接替普撒美提科斯一世的是他的儿子尼科二世(公元前 610—前 595 年在位),尼科二世是第一个把运河修到红海去的人,在他统治期间,死于挖掘工程的约有 12 万埃及人。后来由于一次预言,尼科才停止了这项工作,因为预言指出他正在为一个异邦人操劳。⑥ 于是尼科开始从事战争的准备工作。尼科的统治维持了 16 年,他去世后,他的儿子普撒米司(即普撒美提科斯二世,公元前 595—前 589 年在位)继承了王位。⑦ 普撒米司统治时期,他进攻埃塞俄比亚,不久便死在了那里,他的儿子

---

① 即公元前 625—前 585 年。
② 关于列托神托所,参见希罗多德《历史》,第 180 页。
③ Strabo, *Geography*, XVII, I, 18.
④ Frank M. Snowden, Jr., *Blacks in Antiquity: Ethiopians in the Greco-Roman Experience*, p. 281.
⑤ 希罗多德:《历史》,第 181 页。
⑥ 希罗多德:《历史》,第 181—182 页。
⑦ 希罗多德:《历史》,第 182 页。

阿普里埃司（公元前589—前570年在位）继他登上了王位。除去他的曾祖父普撒美提科斯以外，他在统治的25年中比先前的任何国王都幸运。在此期间，他派遣一支军队去攻打西顿并和推罗的国王发生过海战。阿普里埃司曾派一支大军去攻打昔兰尼，但是吃了惨重的败仗。埃及人因为这件事责怪他，并发动叛变。听到这个消息之后，阿普里埃司便派阿玛西斯到他们那里去，劝他们回心转意，结果阿玛西斯反被反叛者拥立为国王并准备向阿普里埃司发动进攻。当阿普里埃司听到这件事后，他便派遣帕塔尔贝米司生擒叛徒，结果帕塔尔贝米司无功而返。当阿普里埃司看到帕塔尔贝米司没有带着阿玛西斯回来时，一怒之下割掉了帕塔尔贝米司的耳朵和鼻子，结果原来还拥护阿普里埃司的其他埃及人，看到他们最尊敬的人落得了这样的下场，便都投到阿玛西斯那里了。阿普里埃司知道后，便把他的卫队——由卡里亚人和伊奥尼亚人所组成的一支3万人的亲卫军——武装起来去进攻埃及人，两军在莫美姆披司会战。① 阿玛西斯取得王位（公元前570—前526年）后，保留了阿普里埃司的摄政王位，但阿普里埃司在后来企图重新夺权的战斗中战死。此时，新巴比伦的尼布甲尼撒二世乘埃及内战之机攻打埃及，但是，由于波斯帝国的兴起和威胁，埃及与新巴比伦建立了和平共处的同盟关系。②

有学者认为，那些在埃及出生的，在普撒美提科斯一世时期服役的希腊雇佣军的后代，也很可能作为雇佣军在普撒美提科斯二世的军队中参加了进攻埃塞俄比亚的战争，阿布·西蒙贝尔铭文中记录了这些希腊雇佣军的名字。③ 这种看法是有其道理的，在普撒美提科斯一世时期，希腊雇佣军在埃及得到了优厚的待遇，他们到肥沃的土地长时间居住，并且教授埃及人希腊语，后来普撒美提科斯一世还

---

① 希罗多德：《历史》，第183—184页。
② 刘文鹏：《古代埃及史》，第562页。
③ Frank M. Snowden, Jr., *Blacks in Antiquity: Ethiopians in the Greco-Roman Experience*, p. 104.

把他们迁移到孟斐斯并作为其侍卫。到阿普里埃司时代，他有由卡里亚人和伊奥尼亚人所组成的一支3万人的亲卫军去进攻埃及人，对于这样数量庞大的希腊雇佣军，如果说他们与普撒美提科斯一世时期的希腊雇佣军没有丝毫关系，是很难令人相信的。如果阿普里埃司时代的希腊雇佣军与普撒美提科斯一世时期的希腊雇佣军有联系，比如是他们的后代，或是他们传递的消息吸引希腊人前往埃及充当雇佣军，那么，我们没有理由排除普撒美提科斯二世时期在进攻埃塞俄比亚的希腊雇佣军中没有普撒美提科斯一世时期希腊雇佣军的后代。

不管普撒美提科斯二世时期对埃塞俄比亚的战争中有没有普撒美提科斯一世时期希腊雇佣军的后代参战，可以肯定的是，普撒美提科斯一世的希腊雇佣军在传播埃及和埃塞俄比亚信息方面起过非常重要的作用，因为自那以后，希腊人"对于从普撒美提科斯的统治时期以后的埃及历史便有了精确的知识"，这些"精确的知识"自然不能排除希腊人对埃塞俄比亚人的"知识"。至于这些关于埃塞俄比亚人的知识在多大程度上被带回了希腊，我们只能从希腊本土那里去寻找答案了。

据希罗多德记载，他听埃及祭司们说，在普撒美提科斯时期（不清楚是哪位普撒美提科斯），普撒美提科斯曾测量过尼罗河水源的深度。据说，在底比斯的城市叙埃涅和埃烈旁提涅（又译作艾里芬提尼）之间，有两座尖顶的山，一座叫克罗披山，另一座叫摩披山。尼罗河的水源便在这两座山中间，一半的水向北流入埃及，一半的水向南流入埃塞俄比亚。这个水源据说深不见底，埃及的一位国王普撒美提科斯曾经测量了它的深度，从而证实了这个说法。他制造了一根有好几千寻[①]长的绳子，把它沉到水源里，然而却触不到底。[②] 如果埃及祭司们的说法可靠，那么它反映了公元前7世纪中后期埃及人对埃塞俄比亚的熟悉程度。

---

① 一寻大约相当于1.6米。
② 希罗多德：《历史》，第120—121页。

第三节　波斯帝国对埃塞俄比亚的征服与统治

公元前525年，波斯国王冈比西斯远征埃及，在边境的第一次战役中大败埃及。波斯进一步围攻孟斐斯，不久，孟斐斯被攻陷，第26王朝末代王普撒美提科斯三世被俘。冈比西斯征服了埃及后，便把埃及划为波斯帝国的一个行省，给自己加上了法老的头衔。从此开始直至公元前404年，波斯在埃及的统治被列在第27王朝，或称第一波斯王朝。[①]

根据希罗多德的记载，在征服孟斐斯后，冈比西斯便计划了三次征讨，一次是对迦太基人，一次是对阿蒙人，一次是对居住在南海的利比亚海岸之上的长寿的埃塞俄比亚人。"在他考虑了自己的计划之后，便决定派海军攻打迦太基人，派他的一部分陆军去攻打阿蒙人。至于埃西欧匹亚，他首先是派一些间谍到那里去打听一下，在那个国家的太阳桌[②]的传说当中哪些事情是真的，并侦查其他所有各种事物，借口则是送礼给埃塞俄比亚的国王。"[③]

当冈比西斯决定要派间谍的时候，他立刻派人到埃烈旁提涅城把懂得埃塞俄比亚语的伊克杜欧帕哥斯人召了来。伊克杜欧帕哥斯人应冈比西斯之召前来，冈比西斯便把他们派到埃塞俄比亚，告诉他们应该讲什么样的话，同时要他们带一些礼品，即一件紫色的袍子、一挂黄金项链、一副手镯、一个盛着香膏的雪花石膏匣和一瓮

[①] 刘文鹏：《古代埃及史》，第574—575页。
[②] "太阳桌的情况据说是这个样子的。在城市的郊外有一片草地，草地上满摆着所有各种四足兽类的煮熟的肉；在夜里的时候，市当局的人们小心翼翼地把肉放到那里去，而在白天的时候，凡是愿意的人，都可以来到这里吃一顿。当地的人们说，这些肉常常是从大地自然而然地产生出来的。"（希罗多德：《历史》，第201页）
[③] 希罗多德：《历史》，第201页。

椰子酒。据说冈比西斯的使者所要见的这些埃塞俄比亚人是全人类中最魁梧和最漂亮的。他们的风俗习惯,特别是他们推选国王的办法和其他任何民族大有不同,他们认为在国人中只有他们判定为最魁梧和拥有与身材相适应的膂力的人,才有资格当选为国王。

这样,伊克杜欧帕哥斯人到埃塞俄比亚后,便把礼物呈献给他们的国王,并且这样说:"波斯人的国王刚比西斯很想成为你的朋友和宾客,因此派我们前来向你致意,而且他把他最喜欢使用的一些物品作为礼品奉献给你。"但是埃塞俄比亚人看出他们是间谍,便向他们这样说:"波斯国王派你们携带礼物前来,并不是由于他很重视他和我之间的友谊,你们所说的话也不是你们的真心话(因为你们此来是为了侦察我的国土),你们的国王也不是一个正直的人;如果他是个正直的人,那么除了他自己的国土之外,他就不应当再贪求任何其他的土地,而现在也不应当再想奴役那些丝毫没有招惹他的人们。那末现在就把这只弓①交给他并且把这个话传达给他:'埃西欧匹亚人的国王忠告波斯人的国王,等波斯人能够象我这样容易地拉开这样大的一张弓的时候,他们再以优势的

---

① 据希罗多德说,由于只有冈比西斯的亲兄弟司美尔迪斯一个人(此外便没有任何一个人)能把伊克杜欧帕哥斯人从埃塞俄比亚人那里带回来的弓拉开两达克杜洛斯宽,冈比西斯出于嫉妒,便把司美尔迪斯从埃及送到波斯去。"司美尔迪斯回到波斯之后,刚比西斯便做了一个梦,梦里他好象看见从波斯来了一名使者,这个使者告诉他说司美尔迪斯已经登上了王位,而司美尔迪斯的头则一直触着上天,他自己害怕他的兄弟因此会把他杀死而自己做国王,于是他便把普列克撒司佩斯、他所最信任的波斯人派到波斯去把司美尔迪斯杀死。普列克撒司佩斯到苏撒这样做了。有些人说他诱引司美尔迪斯出来打猎,又有一些人说,他把司美尔迪斯领到红海,在那里把司美尔迪斯淹死了。"(希罗多德:《历史》,第 206—207 页)埃及文献有类似记载:"他(阿蒙霍特普二世)是一位膂力过人的国王,在他的军队中,或者山地酋长中,或者瑞特努的诸王子中没有人能拉开他的弓,因为他的力量是如此巨大,以至于没有人能超越他。"有学者认为,这就是以上著名的希罗多德传说的基础,并认为希罗多德的传说是一段非同寻常的记述。令人难以置信的是,阿蒙霍特普二世的弓在他的墓中已经找到,上面的铭文称他为"穴居者的打击者、古实的推翻者,摧毁了(他们的)诸城市……埃及的伟大城墙,他的士兵的保护者"(James Henry Breasted, ed., *Ancient Records of Egypt*, Vol. II, Chicago: The University of Chicago Press, 1906, pt. 792 and noted., p. 310)。

兵力前来攻打长寿的埃西欧匹亚人吧；但是在那样的时候到来之前，你应该感谢诸神，因为诸神是不会叫埃西欧匹亚人的儿子们想到要占领本国领土之外的土地的。'"①

他这样说完之后，便放松了这张弓的弓弦，把它交给了来人。随后他又拿起了紫色的袍子，问这是什么，是怎样做成的；而当伊克杜欧帕哥斯人把有关紫色颜料和染色方法的事情如实地告诉了他的时候，他就说他们看起来十分奸诈。之后他又问关于黄金项链和手镯的事情；而当伊克杜欧帕哥斯人告诉他这些东西是如何制造的时候，国王笑了，原来他以为这是枷锁，他说他们国内有比这更加坚固的枷锁。复次，他问有关香膏的事情；当他们告诉他香膏的配制法以及用法的时候，他的回答就和关于紫袍的回答一样。但是当他看到酒并问到酒的做法的时候，他是非常喜欢这种饮料的。他还问了他们国王吃什么东西，波斯人年纪最大的能活到多少岁；他们告诉他国王吃面包，并向他说明了他们种植的小麦的情况，他们又告诉他波斯人所能希望活到的最大年纪是80岁。于是这个埃塞俄比亚人说，既然他们是以粪为食的，② 他们的生命如此短暂便毫不奇怪了，而如果不是这种饮料有恢复精神的作用，他们甚至这样的年龄也绝不会活到。这样说着，他就把酒指给伊克杜欧帕哥斯人看，因为在这一点上，他说，波斯人是胜过了埃塞俄比亚人的。

于是，伊克杜欧帕哥斯人又回问国王埃塞俄比亚人可以活多久，他们吃的又是什么。国王回答说他们大多活到120岁，有些人活得要更长些；他们吃的是煮肉，喝的是乳。间谍对他们的寿命表示惊异。于是，据说国王便带领他们到一个有泉水的地方，而在用那里的泉水沐浴之后，他们的皮肤就变得像是涂了油一样，更加光滑了，而且还有像紫罗兰那样的香味。间谍们说，泉水是这样的稀薄，以致什么东西在它上面也浮不起来，不管是木材也好，比木材

---

① 希罗多德：《历史》，第202页。
② 这里说的是粮食是从有粪的土壤中生长出来的。

轻的任何东西也好，都要沉到水底。国王又把他们领到监狱去看，那里所有人的枷锁都是用黄金制造的；在埃塞俄比亚，没有比青铜更稀罕和珍贵的了。在参观完了监狱之后，他们又参观了所谓的太阳桌。

在这之后，他们又看了埃塞俄比亚人的棺材。这种棺材据说是用一种透明的石头制造的。他们或是使用埃及人的办法，或是使用其他的什么办法使尸体干缩，在尸体上面涂上一层石膏，然后再在这上面尽可能与活着的人一样地描画一番。随后，他们就把尸体放到用透明的石头制成的空心柱里面去（这种石头可以从地上大量地开采，而且加工也很容易）；通过透明的石头可以看到柱子内部的尸体，而且这尸体既不发恶臭，又没有任何观之不雅的地方。此外，尸体没有一个地方看得不清楚，就好像尸体本身完全暴露出来一样。死者最亲近的族人把这柱子放在自己的家中保存一年，向它奉献初上市的鲜果，奉献牺牲；然后，他们便把这柱子搬出来，安放在市郊。

看完了这一切之后，间谍们便起程返回了。在他们报告了这一切之后，冈比西斯十分震怒，并立刻对埃塞俄比亚人进行征讨，他既不下令准备任何粮食，又没有考虑到他正在率领自己的军队向大地的边缘处进发；由于他没有冷静考虑，而是处于疯狂的状态，因而在他听了伊克杜欧帕哥斯人的话之后，立刻率领全部陆军出发，而命令随他来的希腊人留在原地等候。当他到达底比斯时，他又从他的军队中派出了大约 5 万人，要他们奴役阿蒙人并烧毁宙斯神托所；他本人则率领其他的大军向埃塞俄比亚进发了。但是当他的军队还没有走完全程的五分之一的时候，他们便把携带的全部粮食消耗完了；而在粮食耗完之后，他们就吃驮兽，直到一个也不剩。如果冈比西斯看到这种情况，改变自己的原意而率领军队返回的话，则他起初虽然犯了过错，最后还不失为一个有智慧的人物，但实际上，他丝毫不加考虑地一味猛进。当他的士兵从土地上得不到任何可吃的东西的时候，他们就靠草类为生。可是当他们到达沙漠地带的时候，一部分人却做了一件可怕的事情：他们在每十个人当中抽签选出一个人来给大家吃掉。冈比西斯听到这样的事之后，害怕他们会变成食人生番，于是便放弃了对埃塞俄比亚人的征讨而返回底比斯，不过他已经损失了许多士兵。他从底比斯又下行到孟斐斯，并允许希腊人乘船返回祖国。他对埃塞俄比亚的征讨就这样结束了。①

根据希罗多德后来的叙述，波斯最后还是征服了"离埃及最近的埃塞俄比亚人"，并明确了他们向波斯地方政府缴纳赋税。波斯帝国对被征服地区实行行省统治。据说帕利卡尼欧伊和埃塞俄比亚人所在的亚细亚是波斯帝国在埃及统治的第十七地区（行省），他们要缴纳400塔兰特。但"不纳税而奉献礼物的人们，则他们首先就是冈比西斯在向长寿的埃西欧匹亚人进军时所征服的、离埃及最近的埃西欧匹亚人……这些埃西欧匹亚人与他们的邻人和印度的卡朗提埃伊人食用同样的谷物；他们是居住在地下面的。这些人过去和现在都是每隔一年就献纳下列的一些礼物：两科伊尼库斯的非精炼的金、二百块乌木、五个埃西欧匹亚的男孩子和二十根大象牙"。这便是在租税之外，埃塞俄比亚人献给国王的礼物。②

从以上希罗多德对冈比西斯远征埃塞俄比亚的经过的描写中，我们可以做出以下一些归纳或解读。

第一，埃塞俄比亚人是"全人类中最魁梧和最漂亮的人物"，"在国人中只有他们判定为最魁梧和拥有与身材相适应的膂力的人，才有资格当选为国王"。这里没有对埃塞俄比亚人身体特征（如黑皮肤、卷发等）的描写，只说他们是全人类中最魁梧和最漂亮的，这是值得注意的。他们的国王选举也与众多早期文明一样，要选举身材最魁梧、膂力过人的人为国王。后来他们交给波斯人的弓也体现了他们对身材魁梧、膂力过人的人的尊敬（不管它是不是如前文所说的那样是对阿蒙霍特普二世弓的附会）。

---

① 希罗多德：《历史》，第201—205页。
② 希罗多德：《历史》，第238—239页。

第二，从波斯人与国王的对话中可以看出埃塞俄比亚人是比较落后的。在生活上，他们仍然以畜牧业为主，吃"煮肉"，喝"乳"，而对酒及其做法一无所知。虽然他们食用谷物，但他们并不知道小麦，甚至认为用粪种出来的小麦是波斯人寿命不长的原因。对于紫色颜料、染色方法及香膏，他们也一无所知。但他们在尸体的处理上与埃及的木乃伊制作类似，并保持着祖先崇拜的某些特征。在贵金属方面，黄金并不值钱，"没有比青铜更稀罕和珍贵的"，很明显，他们还处于人类文明的初期。这从他们每隔一年向波斯国王进献的礼物中也可以看出：他们不纳税，但要缴纳黄金、乌木、男孩子、象牙。

第三，埃塞俄比亚（人）距离埃及很遥远，这从冈比西斯没有充分准备就"向大地的边缘处进发"可以看出，在其后的行军中也可以看出。军队还没有走到全程五分之一的时候，全部粮食就消耗完了，接着经过草地，最后到达沙漠地带。冈比西斯对埃塞俄比亚的远征最后失败了，究其原因，从表面上看是由于他缺乏充分的准备，但也反映出埃塞俄比亚十分遥远，远远超出冈比西斯的想象。[①] 后来虽然征服了埃塞俄比亚人，但只是征服了"离埃及最近的埃塞俄比亚人"，也就是说可能还有更遥远的埃塞俄比亚人并没有被征服。

第四，对于埃塞俄比亚（人）的准确位置没有明确交代，而且在地理位置的认识方面，直到希罗多德时代，他本人也没有认识准确。比如，他认为印度与离埃及最近的埃塞俄比亚人是邻居就是很好的证明。

从前文可以看出，到波斯帝国时代，甚至埃及人也没有真正掌握埃塞俄比亚及埃塞俄比亚人的真实情况，同时期的希腊人对他们

[①] 对于这次远征埃塞俄比亚人的惨痛教训，波斯人时时不忘。后来大流士的兄弟阿尔塔巴诺斯在劝诫薛西斯不要贪得无厌时，特别提到他没有忘记居鲁士征讨玛撒该塔伊人和冈比西斯征讨埃塞俄比亚人的结果（希罗多德：《历史》，第476页）。

的情况可能知道得就更少了。这从前面赫西俄德和埃斯库罗斯反映的情形中可以明显地看出。因此，到古风时代，希腊人对于埃塞俄比亚（人）的认识，仍然是在延续着荷马传统，并没有什么实质性改观。

第四节 古典时代希腊人对埃塞俄比亚人的认识

继荷马和赫西俄德之后，到希腊古典时代，希腊人对埃塞俄比亚（人）的记录越来越多，认识也越来越丰富，这些记载不仅在文献材料中得到了充分的反映，在其他材料中也有明确的表现。

埃斯库罗斯是古希腊三大悲剧家中最年长的一位，与其他文学家一样，他留下的剧作也是他那个时代社会生活的重要写照。但遗憾的是，在埃斯库罗斯悲剧中涉及埃塞俄比亚（人）主题的剧本多有佚失，如《达那奥斯的女儿们》三部曲，完整保留下来的只有《乞援人》，而另两部即《埃及人》和《达那奥斯的女儿们》均已佚失，配套的萨提洛斯剧（山羊剧）是《阿米墨涅》。这些佚失的作品，只有通过残篇、标题之类的线索，以及花瓶艺术的描绘等略知一二。

更不凑巧的是，在《达那奥斯的女儿们》三部曲中，《乞援人》并不是涉及埃塞俄比亚人最重要的作品，事实上，它并不是以埃塞俄比亚人为主题的。尽管如此，由于它展示了黑皮肤的非洲人而不能不提到它。埃及国王达那奥斯说："我还看见水手，从白色的衣服下明显地暴露出他们黝黑的肢体。"[①] 这里"黝黑的肢体"应该是指黑人，因为埃斯库罗斯对埃古普托斯的儿子们的描述其实是在强调他们的非希腊性和他们的非洲性。达那奥斯把自己描述成

---

① 《古希腊悲剧喜剧全集》第1卷《埃斯库罗斯悲剧》，第49页。

"被炽烈的阳光烤得黝黑的凡间氏族",[①] 这也提示我们关于众所周知的埃塞俄比亚人的黑性。阿尔戈斯国王佩拉斯戈斯对达那奥斯的女儿们说:"外邦人啊,你们的话令我难以置信,认为你们也属于阿尔戈斯种族。须知你们看来更像是利比亚妇女,丝毫不像这附近地方出生的女子。尼罗河显然可以生出这样的氏族,女性的面容表现出库普罗斯(即塞浦路斯)特征,这特征与生育你们的父亲很相似;我还听说那些印度的游牧女子,有如骑马般骑着骆驼四处游荡,她们的国土与埃塞俄比亚人为邻接壤。要是你们都身背弓箭,我会认为你们很像那憎恶男子、吃生肉的阿马宗女子。你们请再作指点,我想知道得更详细,你们的氏族究竟怎样源自阿尔戈斯。"[②] 不仅阿尔戈斯国王认为来者与自己完全不一样,埃斯库罗斯也说,达那奥斯的女儿达那伊德不仅在肤色上,在体型上也与希腊人是不同的,"因为我们的外表与你们不相像。尼罗河抚育的种族与伊纳科斯的后裔不一样"。[③] 埃斯库罗斯并没有把达那伊德描述成埃塞俄比亚人,而是把她描述成与埃塞俄比亚人邻近的几个非洲民族的黑人相似者。有学者认为,在埃斯库罗斯的头脑里,达那伊德可能是黑人和白人种族混合的后裔。[④] 而且,颇为巧合的是,达那奥斯

[①] Aeschylus, *The Suppliant Maidens*, David Grene and Richmond Lattimore, eds., *Complete Greek Tragedies: Aeschylus*, the University of Chicago Press, 1959, 154 – 155(《古希腊悲剧喜剧全集》第 1 卷《埃斯库罗斯悲剧》,第 13 页)。这里,埃斯库罗斯用的是 μελανθές ἡλιόχτυπν,在《被缚的普罗米修斯》(851) 中,达那伊德的远祖厄帕福斯(Epaphus) 被描绘成"黑皮肤的"(χελαινός, dark-skinned),这个形容词同样被用于该剧 (808) 描绘生活在太阳泉边和埃塞俄比亚河边的黑人居民。

[②] Aeschylus, *The Suppliant Maidens*, 803 – 816(《古希腊悲剧喜剧全集》第 1 卷《埃斯库罗斯悲剧》,第 20—21 页)。

[③] Aeschylus, *The Suppliant Maidens*, 496(《古希腊悲剧喜剧全集》第 1 卷《埃斯库罗斯悲剧》,第 36 页)。另参考 C. Bonner, "A Study of the Danaid Myth", *Harvard Studies in Classical Philology*, XIII, 1902, pp. 130 – 131, 138 – 141; R. I. Hicks, "Egyptian Elements in Greek Mythology", *Transactions of the American Philological Association*, XCIII, 1962, p. 100.

[④] Frank M. Snowden, Jr., *Blacks in Antiquity: Ethiopians in the Greco-Roman Experience*, p. 157.

的七个女儿的母亲就是一位埃塞俄比亚妇女。① 虽然这里没有对埃塞俄比亚人进行具体的描述，但从阿尔戈斯国王的语气中可以看出，埃塞俄比亚人是很遥远的，对希腊人来说也是很神秘的，从中我们仍然能明显感受到，这种看法是对荷马认识模式的延续。但在这里，埃斯库罗斯提到了尼罗河，说明他已经把埃塞俄比亚人界定在了非洲，这应该是希腊人认识埃塞俄比亚人的重要变化，反映出希腊人对埃塞俄比亚人认识的发展。埃斯库罗斯似乎对埃塞俄比亚的地理位置描述得更准确了。一方面，他确定埃塞俄比亚在非洲；另一方面，他认为埃塞俄比亚与印度接壤。这种"准确"一方面的确反映了希腊人对于埃塞俄比亚（人）的认识的进步，但另一方面反映出他在认识上的模糊性，甚至是谣传性，他所延续的仍然是荷马传统。

如果在《乞援人》中，埃斯库罗斯对埃塞俄比亚人的界定还不够明确的话，那么在《被缚的普罗米修斯》中，他借普罗米修斯的预言，对埃塞俄比亚（河）的描述就很明确了："现在请你再听另一处可怕的景象。你还要提防宙斯的格律普斯，一群不吠的弯啄狗，提防独眼的部族，善骑马驰骋的阿里马斯波伊人，居住在普卢同河黄金滚滚的湍急流水旁。你切勿接近他们。然后你来到遥远的国土，来到黑皮肤的部落中间，他们居住在太阳的水泉旁，埃塞俄比亚河在那里流淌。你沿着那河岸继续前行，直到你到达一处高耸的绝壁，从比贝利涅峰峦间，尼罗河放出它那圣洁而甜美的流水。这河流会给你指引方向，前往称作尼罗提斯的三角洲，伊奥啊，命运注定你在那里为自己和儿子建立遥远的居地。"② 在这里，作者把埃塞俄比亚（河）的位置介绍得非常清楚：在遥远的埃塞俄比亚（河）流淌过的太阳的水泉旁，有个国度，它的国民皮肤

---

① 关于埃塞俄比亚妇女生育的七个女儿，参见 Apollodorus, *The Library*, with an English translation by Sir James George Frazer, London: William Heinemann, 1921, 2.1.5。

② Aeschylus, *Prometheus Bound*, David Grene and Richmond Lattimore, eds., *Complete Greek Tragedies: Aeschylus*, 803-816（《古希腊悲剧喜剧全集》第1卷《埃斯库罗斯悲剧》，第191页）。

黝黑，在那前面有条名叫尼罗河的河流，它直通尼罗河三角洲。从今天的角度看，我们可以说，埃斯库罗斯已经把埃塞俄比亚的位置描述得非常准确了，但可以肯定的是，埃斯库罗斯本人是没有到过今天的埃塞俄比亚的，因此，排除其文学性，即便他说的都是事实，他的说法在多大程度上是可靠的，尚需谨慎对待。

在《波斯人》中，埃斯库罗斯提到了一系列波斯战舰的将领，如"来自埃及尼罗河流水附近的阿尔克透斯、阿杜埃斯和持盾的法尔努科斯倒在同一条船上。那克律塞的马塔斯也已战死，他统率一千步兵，三千黑骑，临死时把他的浓密胡须染红，把皮肤也染成了血红的颜色"。[1] 有学者认为，尽管埃斯库罗斯关于萨拉米斯湾战役中波斯战舰将领的名字都是虚构的，但他是要给人们留下波斯军队中的外国将领的名字的一般印象，而阿尔克透斯就是埃塞俄比亚人名塔哈尔卡。[2] 这一看法得到了众多学者的认同。[3] 对于其中的"黑骑"[4] 的理解，有学者认为"似乎应该是指人，而不是指骑着的马的类型。因此，即使我们不从字面解释埃斯库罗斯的这两个例子（阿尔克透斯人名和黑骑），我们也不能忽视以下可能性：来自尼罗河地区的波斯将领和黑人骑兵这种说法，在事实上包含一定的核心内容，并反映出诗人本人与波斯军队中的埃塞俄比亚人分遣

---

[1] Aeschylus, *The Persians*, David Grene and Richmond Lattimore, eds., *Complete Greek Tragedies*: *Aeschylus*, 311 – 317.《古希腊悲剧喜剧全集》第 1 卷《埃斯库罗斯悲剧》，第 92 页。这里的译文与罗先生的译文有一定的出入。

[2] H. R. Hall, *The Cambridge Ancient History*, Vol. III: *The Assyrian Empire*, Cambridge: Cambridge University Press, 1925, p. 315.

[3] H. J. Rose, *A Commentary on the Surviving Plays of Aeschylus*, I, Amsterdam: Noord-Hollandsche Uitgevers-maatschappij, 1957, p. 114; Frank M. Snowden, Jr., *Blacks in Antiquity*: *Ethiopians in the Greco-Roman Experience*, p. 124. 值得注意的是，在《剑桥古代史》第 2 版中此内容被删除。

[4] 罗念生先生译为"三千铁骑"，并注释道："原作'黑骑'，指黑色的马饰和兵器。"（《罗念生全集·埃斯库罗斯悲剧三种 索福克勒斯悲剧四种》，世纪出版集团、上海人民出版社 2004 年版，第 34、59 页）

队的亲身经历和对他们的了解"。① 对于这种看法,本书不能苟同,原因如下:首先,埃斯库罗斯本人从未到过埃塞俄比亚,虽然他的确参加过马拉松战役,特别是参加过萨拉米斯海战,到过西西里岛,可能确实接触过黑皮肤人,但黑人不一定就是埃塞俄比亚人;如果真正接触过埃塞俄比亚人,他不可能不在其作品中留下明确的证据,而这些证据在其作品中是找不到准确可靠记录的。文学作品可以作为史实的佐证材料,但除非经过确凿证明,否则不能作为直接证据使用。其次,也是更重要的,埃斯库罗斯的所有描述,无论是内容还是叙述风格,在一定程度上仍然是荷马的翻版,并无实质性变化。

因此,在埃斯库罗斯那里,确实有对古典希腊世界里的埃塞俄比亚高地知识的延伸或者忽视。如埃塞俄比亚人居住在太阳的水泉旁,还在"红色的海"及"海洋边的湖泊"等地发现,东部非洲连接着北部印度,以至于阿拉伯海成了一个内湖。但是,从前面的讨论中我们可以看出,直到埃斯库罗斯时代,希腊人最早关于埃塞俄比亚人的认识,都来源于或者说延续着荷马传统,即埃塞俄比亚是离(希腊认识的)人类最遥远的地方,那里是希腊诸神的乐园;埃塞俄比亚人是世界上最虔诚敬畏和信仰希腊诸神的民族。这种传统不仅为赫西俄德所继承,也为后来的希腊人甚至罗马人所延续。可以这样说,从希腊最早有关于埃塞俄比亚人的记载以来,希腊人对埃塞俄比亚(人)的认识模式都是由荷马奠定的。

埃斯库罗斯对达那伊德的处理方式表明,他有可能利用了如《门农》(*Memnon*)这样的剧本,这些剧本为介绍埃塞俄比亚人提供了可能,就像索福克里斯对埃塞俄比亚人的介绍一样。索福克里斯和欧里庇得斯都曾创作《安德洛墨达》(*Andromeda*),它们可能为那些以安德洛墨达为主题的花瓶艺术作家提供了灵感。有学者认

---

① Frank M. Snowden, Jr., *Blacks in Antiquity: Ethiopians in the Greco-Roman Experience*, p. 124.

为，埃斯库罗斯是第一位把埃塞俄比亚人确切地定位于非洲的希腊作家。① 这种观点得到斯诺登的认可，"埃斯库罗斯是第一个确切地把埃塞俄比亚人定位在非洲的希腊人。根据普罗米修斯的预言，伊奥将去访问一个很遥远的国家和黑人民族，该民族生活在太阳的水边，在那里，有埃塞俄比亚河流出，它要经过一个瀑布，在这里，尼罗河支流从比贝利涅山区流出来"。② 根本不用奇怪埃斯库罗斯把埃塞俄比亚人放在非洲。伊奥尼亚人和卡里亚人雇佣军在普撒美提科斯一世军中服役。③ 到公元前 6 世纪，希腊人已经在纳乌克拉提斯城建立了牢固的统治。这里的希腊居民有条件获得关于这里的国家及其民族的正确知识，毫无疑问，正是通过纳乌克拉提斯城，希腊人对黑人产生了兴趣，这一点在公元前 6 世纪的艺术中有所反映。④ 埃斯库罗斯的贡献也反映出希腊人对埃塞俄比亚（人）认识的扩大和深入。

据说著名哲学家毕达哥拉斯是第一位编辑关于植物性质著作的人，德谟克利特（约公元前 460 年—前 370 年）也编辑了一本类似的著作。他们两人都曾到访波斯、阿拉比亚、埃塞俄比亚和埃及，据说他们对古人在书中所说的感到非常吃惊，甚至坚定地宣称，这些著作所说的简直令人难以置信。⑤ "德谟克利特告诉我们，有一种埃塞俄比亚草（aethiopis）生长在麦罗埃，因此它的另一名字叫麦罗埃草。它是莴苣的叶子，用它泡蜜酒，对浮肿病很有帮助。他还说有一种虎尾兰草（Ophiusa）生长在艾里芬提尼，艾里芬提尼

---

① G. H. Beardsley, *The Negro in Greek and Roman Civilization: A Study of the Ethiopian Type*, p. 4.

② Aeschylus, *Prometheus Vinctus*, David Grene and Richmond Lattimore, eds., *Complete Greek Tragedies: Aeschylus*, 808 – 809; H. J. Rose, *A Commentary on the Surviving Play of Aeschylus*, p. 304.

③ 希罗多德：《历史》，第 179—180 页。

④ Frank M. Snowden, Jr., *Blacks in Antiquity: Ethiopians in the Greco-Roman Experience*, p. 103.

⑤ Pliny, *Natural History*, Cambridge, MA: Harvard University Press, 1942, XXV. 13.

也属于埃塞俄比亚。这种草颜色乌青，看上去令人反胃，如果喝下它，会产生一种致命的可怕幻觉，可能会致人自杀。因此，那些犯亵渎神灵罪的人会被强迫喝下它。它的解药是棕榈酒。"[1] 但这些说法只出现在后来罗马人的文献中，其真实性已经无从考证。尽管如此，我们从中还是可以看出，到了罗马帝国时代，人们对于埃塞俄比亚（人）的认识仍然保留着荷马式的传统，即埃塞俄比亚是离（希腊认识的）人类最遥远的地方，以至于两位哲人都坚定地宣称这些著作所说的简直令人难以置信。可以这样说，从希腊最早有关于埃塞俄比亚人的记载以来，希腊人对埃塞俄比亚（人）的认识模式都是由荷马奠定的。

希罗多德曾遍游东地中海地区，也曾到达埃及，他在《历史》中详细地描述了埃塞俄比亚人。"由于我亲身上行直到埃烈旁提涅（即艾里芬提尼——引者）去视察并且对于从那里再向上的地区根据传闻来加以探讨；结果我所能知道的全部情况便是这样：当一个人再从埃烈旁提涅上行的时候，土地就升高了。因此人们就需要在河的这一部分，就好象人拉着牛的那个样子给船的每边系上一根绳子，这样溯河行进。如果绳子断了，船就会给水流的力量带回到河的下游去。航程在这样的河道上要继续四天，这里的尼罗河是与迈安德罗司河一样地曲折，这样必须走过的距离要有十二司科伊诺斯。在这之后你便走到一个平坦的原野上面了，尼罗河在这里分成两支，因为在河流中间夹着一个叫做塔孔普索的岛。埃烈旁提涅以上的地方就开始住着埃西欧匹亚人，他们占有这个岛的一半，而埃及人占另一半。在岛的附近又有一个大湖，而埃西欧匹亚的游牧民就住在这个大湖的周边。过去这个大湖，你便又来到了流入这个大湖的尼罗河。在这里，你得登陆并沿着河岸步行四十日，因为尼罗河的河水中有突出水面的尖峰，而在那里的水面下又有许多暗礁，因此人们便不可能再乘船上行了。当你在四十天中间这样经过了河

---

[1] Pliny, *Natural History*, XXIV. 163.

流的这一部分的时候,你便可以再乘船循着水路走十二天,到了这段时期的末尾的时候,你便来到了一个称为美洛埃(即麦罗埃——引者)的大城市。这个城市据说是其他埃西欧匹亚人的首府。当地的居民所崇拜的只有宙斯和狄奥尼索斯①两个神。他们对这些神是非常尊敬的。城中有宙斯神的一个神托所,这个神托所指挥着埃西欧匹亚人的战事:神托命令他们什么时候作战,向着什么地方出征,他们便立刻拿起武器来照办。"②

希罗多德关于埃塞俄比亚人的叙述是古典时代及之前的所有希腊作家中最为丰富且最可靠的,但其中有几个地方需要注意。第一,希罗多德并没有真正到达埃塞俄比亚人所在的地方。希罗多德明确地写道"埃烈旁提涅以上的地方就开始住着埃西欧匹亚人",这说明他并没有到达那里,只是"听说"而已,而且其他埃塞俄比亚人更遥远,还要沿河岸步行 40 天,再乘船走水路 12 天,这么遥远的地方,他更没有亲自去过。因此,从表面上看,希罗多德关于埃塞俄比亚人的叙述很详细,也很准确,但如果仔细推敲会发现,他的描述其实都是"听"来的,并非自己亲眼所见,这样,他记载的可靠性就要大打折扣了。第二,希罗多德关于埃塞俄比亚人的宗教生活似乎也描述得非常详细和准确。如他所说麦罗埃居民对阿蒙和奥西里斯两个神很尊敬,而且城中还有一个宙斯的神托所指挥埃塞俄比亚人的战事。但他所得到的信息同样只是听来的而已,并未亲眼见到。因此,我们可以看出希罗多德对埃塞俄比亚人的记载仍然没有摆脱荷马认识模式,仍然是对这一认识模式的延续。如果说与荷马认识模式有什么区别的话,仅仅是它强调了麦罗埃居民对神祇的崇拜,以及强调了另一个神托所而已。换句话说,希罗多德记载与荷马模式的唯一区别就在于,希罗多德把荷马关于埃塞俄比亚(人)的天上童话式乐园"听说"到了麦罗埃地上。

---

① 指埃及的阿蒙和奥西里斯。
② 希罗多德:《历史》,第 121—122 页。

颇耐人寻味的是，希罗多德介绍的不是离他更近的"开始住着"的埃塞俄比亚人，而是更遥远的麦罗埃城的埃塞俄比亚人。第三，希罗多德记载与荷马记载的最大不同在于，他在这里提出了"两种埃塞俄比亚人"——"日出的方向"和"利比亚的"——不同的文化和生理特征，东方的埃塞俄比亚人的头发是直的，而利比亚的埃塞俄比亚人的头发是全人类中最卷曲的。

据希罗多德说，埃塞俄比亚人参加过大流士的征服战争，"埃西欧匹亚人穿着豹皮和狮子皮的衣服，他们带着不下四佩巨斯长的、椰子树干制成的弓和藤制的短箭，箭头不是铁的，而是磨尖了的石头，也就是人们用来刻印章的那种石头。他们还带着枪，枪头是用羚羊角削制而成的。此外，他们还带着有木节的棍子。当他们出战的时候，他们把他们一半的身体涂上白垩，身体的另一半涂上赭红。指挥阿拉伯人和住在埃及上方的埃西欧匹亚人的将领是大流士和居鲁士的女儿阿尔杜司托涅所生的儿子阿尔撒美斯；阿尔杜司托涅在大流士的妻子当中是最受宠爱的，大流士曾下令用打薄了的黄金给她造象（像）。埃及上方的埃西欧匹亚人和阿拉伯人的将领就是阿尔撒美斯了。而从日出的方向那一面来的埃西欧匹亚人（原来参加出征的有两种埃西欧匹亚人）是配置在印度人的部队里的。他们和另一部分的埃西欧匹亚人在外表上没有任何不同之处，不同的只是言语和头发而已。原来东方的埃西欧匹亚人是直头发的，但是利比亚的埃西欧匹亚人却有着全人类当中最富于羊毛性的头发。亚细亚的这些埃西欧匹亚人的装备大部分是和印度人一样的，但是他们在头上却戴着从马身上剥制下来的整个前头部，马的耳朵和鬃毛还都留在上面。他们用马鬃来代替冠毛，他们并使马的耳朵硬挺地竖在那里。他们不用盾牌，而是用仙鹤皮当作一种防护武器"。[①]

从希罗多德关于埃塞俄比亚人参与大流士征服战争的描写中，

[①] 希罗多德：《历史》，第495页。

我们可以得到以下信息：首先，埃塞俄比亚人仍然处于非常原始的阶段。他们的衣服主要是兽皮，这与前文埃塞俄比亚国王对波斯国王送给他的礼物"紫色的袍子"的嘲笑（说他们看起来十分奸诈）是吻合的；他们的弓箭是用树干和藤制成的，箭头是用石头制成的，枪头是用羚羊角制的，还带上棍子等，这些武器与前文他们把黄金项链当作枷锁、"没有比青铜更稀罕和珍贵的了"都是明显符合的。这与冈比西斯时代的描述是一致的，即埃塞俄比亚人仍然处于比较初级的文明阶段。其次，这里明确地提到了两种埃塞俄比亚人及其身体特征，一种是从日出的方向（东方）那一面来的埃塞俄比亚人，另一种是利比亚的埃塞俄比亚人。东方的埃塞俄比亚人是"直头发的"，而利比亚的埃塞俄比亚人却"有着全人类当中最富于羊毛性的头发"。这种区分虽然对于我们准确地认识古代埃塞俄比亚人的地理位置有很大局限性，但它在逐步地逃离荷马想象，开始把荷马关于埃塞俄比亚（人）的想象落实到真实的人类社会中，尽管仍有很多不明确的地方，但还是具有很重要的意义。

其实，希罗多德关于埃塞俄比亚人的记载与荷马奠定的传统并没有实质性的差别，他仍然延续着荷马的"童话"式想象。如果一定要指出不同的地方，可以归纳出两点：一是他关于埃塞俄比亚人的记载，可能是有史以来最为详细的；二是他是在埃及这样一个离真正的埃塞俄比亚非常近的地方听说的关于埃塞俄比亚人的情况。但正如前文所述，这两点不同并没有从根本上解决我们对埃塞俄比亚人的真实性认识问题。有学者认为："不管希罗多德在地理上有多少恼人的不准确性，但他保留了生活在埃及南部或者中非甚至西非各地的埃塞俄比亚人的叙述，其例之一是他指出了埃塞俄比亚人的头发是卷曲的，其例之二是他指出了埃塞俄比亚人的黑性。……但很明显，早在公元前5世纪，埃及南部的埃塞俄比亚人就不再是早期诗人们笔下模糊、朦胧的民族，而是非洲的实际存在。"① 这种判断固然有一定的道理，但如果仅从希罗多德本人的信息来源看，要得出这样肯定的结论，可能要慎重。

修昔底德也在他的著作中提到过埃塞俄比亚，但记载得很简略。在伯罗奔尼撒战争爆发的第二年（即公元前430年），雅典暴发了一场大瘟疫，修昔底德说："据说，这种瘟疫起源于上埃及的爱西屋比亚（即埃塞俄比亚——引者），由那里传布到埃及本土和利比亚，以及波斯国王的大部分领土内。"② 修昔底德指出了埃塞俄比亚在埃及、利比亚以及波斯之外，但没有明确指出其具体位置，因此，我们只能看出他知道埃塞俄比亚很遥远，至于其他信息则无从知晓。至于修昔底德所认为的"瘟疫"起源于埃塞俄比亚的来源，我们也不清楚，但这是一个值得注意的叙述。

索福克里斯和欧里庇得斯都创作过《安德洛墨达》，但是，与埃斯库罗斯佚失的与埃塞俄比亚人有关的作品一样，索福克里斯和欧里庇得斯的《安德洛墨达》都只保留了残篇，不可能见到他们对埃塞俄比亚及其人民的全面而具体的描述。尽管如此，学术界一般认为，在索福克里斯和欧里庇得斯等人的悲剧作品中，那些关于埃塞俄比亚人的剧场演出场景可能为那些以安德洛墨达为主题的花瓶艺术提供了灵感。③ 公元前5世纪的一个提水罐描绘了安德洛墨达被套上链子来到珀耳修斯面前的场景。④ 出现在另一花瓶画上的黑人形象，描绘的也是安德洛墨达神话。黑人特征在白色背景下被很明显地描绘出来，三个黑人形象与另两个白人形象形成了鲜明的对比，一个黑人把安德洛墨达绑在桩上，另一个则扛着折叠凳，第

---

① Frank M. Snowden, Jr., *Blacks in Antiquity*: *Ethiopians in the Greco-Roman Experience*, p. 106.
② 修昔底德：《伯罗奔尼撒战争史》，谢德风译，商务印书馆1960年版，第137页。
③ Frank M. Snowden, Jr., *Blacks in Antiquity*: *Ethiopians in the Greco-Roman Experience*, 1970, p. 157.
④ E. Petersen, "Andromeda", *Journal of Hellenic Studies*, XXIV, 1904, 99 – 112 and plate V; K. M. Phillips, Jr., "Perseus and Andromeda", *American Journal of Archaeology*, LXXII, 1968, p. 6 and note 46.

三个人则是刻甫斯的侍从。① 比伯认为，花瓶上演员阵容和对祭坛的复制强烈地反映了剧场真实表演的影响，这些场景表明艺术家一定是受到了他在剧场中所看到的场景的影响而产生了灵感。身着紧身毛线衫和设计多样的衬衣的合唱队员代表埃塞俄比亚及其人民。黑种人的人物形象面具，说明戏剧的背景是埃塞俄比亚人的国家，演员则具有希腊特征。②

公元前4世纪的亚里士多德在《论动物生成》中分析人类毛发的曲直的原因时，把直发的斯基泰人和色雷斯人与埃塞俄比亚人进行了对比："因此，生活于黑海周围的司库提亚（斯基泰）人和色雷斯人长有直发，因为他们本身和周围的空气都是潮湿的。而埃塞俄比亚人和生活在热带地区的人们长有曲发，因为其大脑和周围的空气是干燥的。"③ 他在《体相学》中讨论肤色与人类性格的关系时也提到过埃塞俄比亚人，认为"皮肤太黑者胆小，埃及人、埃塞俄比亚人就是这样。皮肤太白者也胆小，譬如妇人。肤色居中者趋于勇猛"。④ 在亚里士多德看来，埃塞俄比亚人生活在"热带地区"或类似地区，这种看法其实仍然是荷马认识传统的延续，与其前辈相比，亚里士多德对埃塞俄比亚人的认识并没有取得什么新进展。

从荷马时代开始，直到古典时代，希腊人对于埃塞俄比亚及其居民的认识完全是一种"童话"式的想象。在这种想象中，埃塞俄比亚是希腊人理想中的福地，是诸神的乐园，是普通人类不可奢望之地。埃塞俄比亚人则是一个虔诚信仰希腊诸神的民族，对于希腊人来说，他们生活在福地和乐园之中，与诸神相欢融，甚至值得

---

① H. Hoffmann, "Attic Red-figured Pelike from the Workshop of the Niobid Painter, ca. 460 B. C. ", *Bulletin of the Museum of Fine Arts*, Boston LXI, 1963, pp. 108 – 109, No. 63. 2663.

② M. Bieber, *The History of the Greek and Roman Theater*, Princeton：Princeton University Press, 1961, pp. 31 – 32, figs. 110 and 111a.

③ 亚里士多德：《论动物生成》，见苗力田主编《亚里士多德全集》第5卷，第383页。

④ 亚里士多德：《体相学》，见苗力田主编《亚里士多德全集》第6卷，第53页。

希腊人称赞，荷马就称他们是"高贵刚勇的埃塞俄比亚人"。① 希腊人对埃塞俄比亚人的这种观念不仅在古典时代得以传承，而且到希腊化时代也在延续。

第五节　希腊化时代希腊人对埃塞俄比亚人的认识

公元前4世纪由亚历山大大帝开启的希腊化时代是希腊文化与东方文化交流的重要时期。深受老师亚里士多德影响的亚历山大对科学文化非常重视，他在东征期间随军带了一个包括哲学家、工程师、地理学家、测量师在内的科学考察团，大量收集所到之处的资料、动植物标本，并派人送给亚里士多德。到公元前4世纪末，希腊人对东方的了解仍然很有限。亚历山大远征途中，对东方各国的政治、经济以及风土人情有了更全面的了解，"当时希腊人的世界，因为这位著名的希腊人（亚历山大）竟扩大了三倍：人们所知道的不仅有波斯和印度，还有直到奥克斯河（阿姆河）发源地为止的中亚细亚各国，和直到伏尔加河为止的斯基泰人的地方，以及欧洲中部的各国"。② 在亚历山大东征的过程中，希腊人对埃塞俄比亚有了新的认识。

公元前332年冬，亚历山大进入埃及，并坐船巡游埃及。其后，他规划设计了亚历山大里亚城，并在这里接受了赫格罗卡斯的归顺，然后到利比亚拜访阿蒙。公元前331年，"春天刚一露头，亚历山大就从孟菲斯出发向腓尼基前进"，③ 然后继续向东方前进，直到印度。亚历山大在埃及的停留时间不足半年，而且活动范围基本

---

① 荷马：《伊利亚特》，陈中梅译注，第19页。
② 波德纳尔斯基编：《古代的地理学》，梁昭锡译，商务印书馆1986年版，第92页。
③ 阿里安：《亚历山大远征记》，第88页。

上局限于下埃及的沿海地区，对于上埃及乃至更远的内地则根本没来得及去。因此，亚历山大本人肯定是没有到过埃塞俄比亚的，我们也没有见到他派士兵或其他人去埃塞俄比亚的记载。

公元前327年，亚历山大进入印度。在印度，亚历山大以为自己发现了尼罗河的河源。

> 他是这样设想的：尼罗河发源于印度的某一带地方，名印度河，然后流经面积极大的荒无人烟的地区，在那里才失掉印度河这个名称；然后，当它再次流经开化地区时，就被那一带的埃塞俄比亚人和埃及人叫成尼罗河了（荷马在他的史诗里还曾根据埃及这个地名把它叫成埃及河），最后才流入内陆海。不仅如此，在亚历山大写给奥林匹娅斯的信里谈到印度情况时，除了别的以外，还曾提到他认为他已经发现了尼罗河的河源。他就是这样，只凭极其微小的迹象就给这么重大的事情下了结论。但当他对印度河的地理情况做了更仔细的调查，才从本地人嘴里了解到：希达斯皮斯河流入阿塞西尼斯河，阿塞西尼斯河又流入印度河，二者都在汇流处失掉自己的名称；然后印度河向大海流去，入海处分为二支；本地人还说印度河跟埃及毫无关系。因此，他就把给他母亲的信里关于尼罗河那一段话删去。①

当亚历山大认识到自己的错误后，他又对印度河流和埃塞俄比亚及埃及河流进行了对比。

> 事实上，亚历山大就是在仲夏间，正当阿塞西尼斯河泛滥时，就从那里撤兵。这情形使人联想到尼罗河泛滥的景象。可能是因为埃塞俄比亚山区夏季降雨，山洪倾泻尼罗河中，溢出

---

① 阿里安：《亚历山大远征记》，第192—193页。

两岸，淹没了埃及土地。在夏季，尼罗河的水也是浑浊的，洪水可能不是积雪溶化而来；再者，如果夏季有季候风能抑制它的流速，当然也不致如此混浊。另外，由于埃塞俄比亚气候炎热，山上可能无积雪。但那地方也能象印度那样下雨，这一点倒是完全可能的。因为在其他方面，印度和埃塞俄比亚并无不同。印度的河流里也有鳄鱼，就和流经埃塞俄比亚和埃及的尼罗河一样。有些印度河流里的鱼类和其他较大的水生动物也跟尼罗河里的一样，只有河马除外。不过欧奈西克瑞塔斯说，印度的河流里也有河马。①

亚历山大还把印度人和埃塞俄比亚人进行了对比："不过他们身材高大，实际上是亚洲最高的，男人多数身高五库比特或较此稍矮。除埃塞俄比亚人之外，他们的皮肤可算是全人类最黑的了。"②"印度和埃塞俄比亚居民的相貌也差不多。印度南部的人和埃塞俄比亚人极其相似，黑面孔、黑头发，只是不象埃塞俄比亚人的鼻子那么扁平，头发不那么卷曲。印度北部的人的外貌则极象埃及人。"③

从亚历山大对埃塞俄比亚及其居民的了解情况的记载中可以看出，他的认识具有以下几个方面的特点。第一，他对埃塞俄比亚的认识仍然是想象。虽然亚历山大到过埃及，但他并没有深入埃及的更南方，更没有对尼罗河的真正河源进行考察，虽然他纠正了自己对尼罗河发源于印度某个地方的错误认识，但他并不知道尼罗河或者所谓的埃塞俄比亚河真正发源于何处，对埃塞俄比亚的认识也并不清楚。亚历山大不仅对埃塞俄比亚仍然停留在想象阶段，而且在一定程度上他的想象仍然延续的是荷马传统（如"荷马在他的史

---

① 阿里安：《亚历山大远征记》，第 265—266 页。
② 阿里安：《亚历山大远征记》，第 163 页。
③ 阿里安：《亚历山大远征记》，第 266 页。

诗里还曾根据埃及这个地名把它叫成埃及河",把埃塞俄比亚称为"开化地区"等)。事实上,如果从实地考察的情况看,亚历山大对埃塞俄比亚(人)的了解甚至还不如希罗多德丰富和准确。

第二,在亚历山大的认识中,埃塞俄比亚仍然是十分遥远的、模糊的,这从另一段记述中可以看出:"亚历山大回到巴比伦之后,利比亚派使者前来献给他一顶王冠,庆贺他当了亚洲之王。还有从意大利的布拉提亚、卢卡尼亚和提瑞尼亚来的使节,也是为了同样的目的。据说卡科顿人也派代表来了。还有从埃塞俄比亚和欧洲斯基泰来的。凯尔特人和伊比瑞亚人也派使节来修好。对希腊人和马其顿人来说,这些民族的名称确实是他们头一回听说的。"[1] 对亚历山大来说,这些使者都是来自非常遥远的地方,埃塞俄比亚也不例外,同样非常遥远。因此,这里的"埃塞俄比亚"会不会只是借用荷马传统中对遥远的神圣之地的描述,而并非特指埃及南部那个黑人居住的埃塞俄比亚地区?尽管这只是一种推测,但这里认为这种推测并非空穴来风。

第三,特别值得注意的是亚历山大对埃塞俄比亚居民的描述。从亚历山大所看到的印度人与他没有真正看到的埃塞俄比亚人的对比中,埃塞俄比亚人有几个主要特点:他们是世界上最黑的人,黑皮肤、黑面孔、黑头发,鼻子扁平,头发卷曲。在这些特点中,除了希罗多德曾在文献中提到埃塞俄比亚人头发的"羊毛性"(即卷曲)外,亚历山大时代开始了对埃塞俄比亚人"黑性"的强调。尽管阿里安的记载已经是在公元2世纪,但他的《亚历山大远征记》的材料主要来自亚历山大的重要将领托勒密·索特的作品,而托勒密的材料又是以亚历山大的"起居注"、有关军政文书及其亲近者所记录下来的材料为依据的,因此具有较大的可信性。如果《亚历山大远征记》可信,那么对埃塞俄比亚人"黑性"的强调可以从希腊化时代早期算起,它对以后的希腊罗马人对埃塞俄比亚人

---

[1] 阿里安:《亚历山大远征记》,第243页。

的认识产生了极其巨大的影响。

希腊化时代,希腊人对埃塞俄比亚人的荷马式童话认识传统的延续不仅在亚历山大那里体现得尤为突出,在其他古典作家那里也有体现。公元前4世纪末至前3世纪初的著名新喜剧诗人米南德曾在其作品中将埃塞俄比亚人和斯基泰人进行对比:

> 天生(头发)弯曲的人是好的,
> 尽管他的母亲是埃塞俄比亚人,
> 但她使他出生高贵。
> 你说"斯基泰人?"很令人讨厌!
> 阿拉卡西斯就是一个斯基泰人!①

公元前3世纪上半叶,罗得岛诗人阿波罗尼乌斯在《阿耳戈英雄纪》中写道:

> 在遥远的西部,
> 太阳正在驶入黑暗的地底下,
> 越过了埃塞俄比亚人最遥远的山丘,
> 黑夜之神正躺在她的马轭上,
> 英雄们正在用缆绳准备他们的床。②

阿波罗多洛斯说:"来到了埃塞俄比亚,那里是刻甫斯做着国王,他发现国王的女儿安德洛墨达将被送去给海里的怪物做食料。"③ 这些

---

① Menander, *Menander: The Principal Fragments*, with an English translation by Francis G. Allinson, London: William Heinemann, 1928, pp. 480–481.
② Apollonius Rhodes, *The Argonautica*, with and English translation by R. C. Seaton, M. A., London: William Heinemann, 1990, III, 1190f.
③ Apollodorus, *The Library*, II, 4, 3. 阿波罗多洛斯:《希腊神话》,周作人译,载《周作人译文全集》第3卷,上海人民出版社2012年版,第399页。

记载其实都是在重复希腊先人的说法，在对埃塞俄比亚（人）的认识上，并没有实质性的跨越。

第六节　古希腊艺术中的黑人

艺术品，特别是雕刻与绘画作品，是希腊人对黑人认识的最直接描绘。正如有学者指出的那样："作为人类学资料信息的来源，艺术品在某些方面比文献更具价值，因为它能告诉我们比文献更多的关于凸颌的数量或者缺失的情况，关于阔鼻和嘴唇外翻的程度以及脸型的比例和发型的情况。"[1] 这同样适用于我们今天观察希腊人与黑人的关系。

一　早期希腊艺术中的黑人

希腊艺术中最早涉及埃塞俄比亚人（黑人）形象的作品来自古风时代，不仅数量多，种类也很丰富。古实国王塔哈尔卡是埃及第 25 王朝的第五位统治者，关于他的大理石头像，在某些方面被描绘成具有黑人特征。[2] 虽然该头像与古希腊的关系并不十分清楚，但如果联系到"撒伊提克王朝（或第 26 王朝）标志着向地中海世界和希腊影响敞开怀抱……埃及代表了一种完全不同的文化，并且一直延续到古代世界的结束"，[3] 它出现的原因就不难揣测。发现于塞浦路斯岛的公元前 7 世纪晚期的彩陶是双面头像陶器，其

---

[1] Frank M. Snowden, Jr., *Blacks in Antiquity: Ethiopians in the Greco-Roman Experience*, p. 22.

[2] Frank M. Snowden, Jr., *Blacks in Antiquity: Ethiopians in the Greco-Roman Experience*, pp. 114–115, 222.

[3] Jean Leclant, "Egypt, Land of Africa, in the Greco-Roman World", in David Bindman and Henry Louis Gates, Jr., *The Image of the Black in Werstern Art*, I: *From the Pharaohs to the Fall of the Roman Empire*, Cambridge, MA: The Belknap Press of Harvard University Press, 2010, p. 275.

中半边是黑人头像，另一半边则是野蛮人形象。两个形象对比鲜明，黑人的卷头发、扁平前额、宽阔鼻子、厚嘴唇被雕刻得惟妙惟肖；野蛮人则是长头发、长胡须、高挺的鼻子、薄嘴唇。发现于西西里岛琴图里佩的公元前6世纪的罐子，把手上装饰着黑人，其中一人的右手与另一人的左手相连，右脚与另一个人的左脚相连，造型对称，甚是夸张。

来自塞浦路斯的阿伊亚·依里尼的黑人石头雕像，其中一尊身着束腰紧身短上衫，双腿完全露在外面；另一尊则穿着遮盖全身的单色长衫，两者都戴着锥形小帽。制作简单、质朴，从其风格判断，制作时间不会晚于公元前560年。这些雕像证明了古代文献中不断提到的黑人特征的准确性，以及只有少数作家提到的细节的准确性。如在被认为是维吉尔的作品《色拉》中，诗人描述了一位黑人妇女的外表，"她拥有非洲人血统，她身体的所有特征都证明了她的出生地：卷曲的头发、肿胀的嘴唇、黝黑的皮肤、宽大的胸脯、下垂的乳房、短小的腹部、细瘦的双腿、宽阔肥大的双脚"。[①] 雕像中描绘的束腰的黑人形象，很可能就是上述"短小的腹部"的真实表达。[②] 被认为是制作于公元前560年的红绘双耳陶瓶，反映了埃塞俄比亚人与安德洛墨达的神话故事。瓶上的黑人特征非常明显地用白色勾勒，用安德洛墨达及她的父亲这两个人的形象做对比，其中一个黑人在帮安德洛墨达绑桩，另一个扛着折叠凳，第三个是刻甫斯的侍者。[③]

[①] Vergil, *Moretum*, in Joseph J. Mooney (tr.), *The Minor Poems of Vergil: Comprising the Culex, Dirae, Lydia, Moretum, Copa, Priapeia, and Catalepton*, 31 - 35.

[②] Frank M. Snowden, Jr., *Blacks in Antiquity: Ethiopians in the Greco-Roman Experience*, pp. 22, 33, 122.

[③] H. Hoffmann, "Attic Red-figured Pelike from the Workshop of the Niobid Painter, ca. 460B. C.", *Bulletin of the Museum of Fine Arts*, Boston LXI, 1963, pp. 108 - 109, No. 63.2663; Frank M. Snowden, Jr., *Blacks in Antiquity: Ethiopians in the Greco-Roman Experience*, pp. 157, 231.

特洛伊战争中门农①与阿基琉斯的故事是希腊罗马文学艺术乐此不疲的重要题材。约公元前540—前530年的双耳瓶上的绘画,描绘了特洛伊战争期间,一手持盾、一手持矛的门农及跟随他的两位埃塞俄比亚黑人的形象。这两个黑人皮肤很黑,头发明显卷曲,嘴唇上翘,但鼻子并不是通常被描绘的扁平,而是向上翘。这一时期还有两件表现门农的绘画,一件是来自约公元前6世纪的花瓶画,上面有黑人(门农?)与两个阿玛宗人,其中门农的形象是卷头发、狮鼻子、下巴突出。另一件是来自库麦彩绘细颈油瓶,上面描绘的是一位黑人武士正在从地上举起盾牌。该黑人的形象与门农的形象非常相似,特别是其狮鼻子和突出的下巴,几乎完全一样。②

来自波吉亚·索马维拉的约公元前520—前500年的红色浅酒杯,描绘了两个阿玛宗人、跪着的黑人武士,以及右手持长矛、左手拿盾牌的黑人武士等形象,并细致地描绘了黑人大量、松软、羊毛性的头发,展示了"真正的"黑人形象。另一来自约公元前510年的塔尔奎尼亚的双面头酒杯,上面有相背的黑人妇女和白人妇女

---

① 门农是黎明女神厄俄斯和特洛伊王子、埃塞俄比亚国王提诺托斯之子,在特洛伊战争中是特洛伊人的盟友。在赫克托耳与彭忒西勒亚被阿基琉斯杀死后,门农身着赫准斯托斯制造的铠甲率兵援救特洛伊。他与阿基琉斯英勇搏斗,用矛、用剑,甚至用石头攻击,最终在命运女神的决定下,被阿基琉斯挺枪刺中胸膛而死。传说在两人搏斗的时候,两人的母亲——黎明女神厄俄斯和海洋女神忒提斯同时到宙斯那里求他让自己的儿子获胜。宙斯无奈,拿出一杆天平,又将门农和阿基琉斯的命运羽毛放在两端比较,结果门农的那端沉了下去。这就是说,门农会死于阿基琉斯之手。厄俄斯见状失声痛哭。宙斯许诺厄俄斯可以把儿子葬在故乡埃塞俄比亚。门农的故乡有种说法,在埃及的阿比多斯有门农的宫殿,在埃及的底比斯有门农的神庙。阿蒙霍特普三世时代建造的两个巨大的人体像,其中之一被认为是门农的形象,已在地震中被破坏,这一塑像在黎明发出声音,人们认为这是门农向其母亲黎明女神厄俄斯发出的问候。这里也成为后来希腊罗马猎奇旅行的重要胜地(Lionel Casson, *Travel in the Ancient World*, Baltimore and London: The Johns Hopkins University Press, 1994, pp. 275 – 278;冯定雄:《罗马道路与罗马社会》,中国社会科学出版社2012年版,第246—249页)。关于门农的故事后来成为希腊罗马文学艺术描绘的重要题材。

② Frank M. Snowden, Jr., *Blacks in Antiquity: Ethiopians in the Greco-Roman Experience*, pp. 45, 48, 50.

头像各一个，黑人妇女头发盘卷、鼻子扁平、嘴巴很大且嘴唇很厚，与白人妇女形成了鲜明的对比。这种双头型结合的艺术品在希腊是比较常见的，如公元前6世纪末来自希腊的球形细颈瓶上的头像，约公元前480—前470年的双面头酒杯，两件作品都结合了赫拉克勒斯和黑人头像。①

希腊神话中的埃及国王布西里斯②的传说，在希腊罗马社会流传很广，关于赫拉克勒斯杀死布西里斯场面的艺术描绘也经久不衰。事实上，"赫拉克勒斯一直是希腊各地的共同财富，他的故事在雅典、希腊中部以及他历险的伯罗奔尼撒都非常流行"。"整个公元前6世纪下半叶，赫拉克勒斯的形象都特别流行。"在一件公元前550—前525年的雅典的鼓腹双耳细颈罐上，身披狮皮的赫拉克勒斯徒手把布西里斯打倒在祭坛上，布西里斯的一位黑人侍从正举起双手作逃跑状，逃跑过程中还在回头张望。该黑人的形象只能从其卷发来判断，其他特征体现得并不明显。③ 在希腊古风时代，以该场面为主题的作品也不少。现存于维也纳的、约公元前530年的花瓶画，描绘了布西里斯的黑人士兵正冲上前帮助被俘的布西里斯的场景。在这些黑人肖像中，他们的短小狮鼻子很明显是艺术家想描绘"真正的"黑人的扁平鼻子，特别是很明显的鼻下前突（subnasal prognathism）。布西里斯给埃及带来了繁荣，但他把异乡人

---

① Frank M. Snowden, Jr., *Blacks in Antiquity: Ethiopians in the Greco-Roman Experience*, pp. 25, 26, 42, 44, 47.

② 布西里斯是海神波塞冬与厄帕福斯的女儿利比亚（吕西亚那撒）所生的儿子，希腊神话中的埃及国王。传说中的布西里斯是埃及最残暴的国王之一。据说，在塞浦路斯的占卜者菲利修斯的建议下，布西里斯将所有的异乡人当作牺牲献祭给宙斯来安抚他，以结束一场持续9年肆虐孟斐斯的干旱。菲利修斯作茧自缚，布西里斯献祭的第一个牺牲就是他。其后，布西里斯不断地把异乡人献祭给宙斯，直到赫拉克勒斯来到了他的土地上。希腊英雄赫拉克勒斯杀死了布西里斯和他的儿子艾菲达蒙，还有传令官卡里奥斯以及布西里斯所有的仆人，才终止了这种血性的祭祀。关于布西里斯的传说流传很广，在希腊罗马作家作品中多有提到，希腊罗马艺术中也多有描绘。

③ 罗宾·奥斯本：《古风与古典时期的希腊艺术》，胡晓岚译，上海人民出版社2015年版，第131—132、142页。

献祭给宙斯，最后被赫拉克勒斯杀害，这一故事在众多的羊人剧（satyr-play）中都有描写。剧作家的描写可能涉及那些与布西里斯一起被杀的埃及国王的黑人辅助军。这些画上的滑稽记录正是羊人剧要追求的效果。赫拉克勒斯把黑人祭司和黄人祭司扔进混乱的场面之中，五个健壮的黑人拿着棍子赶过来帮助他们的埃及国王，尽管他们步伐很快，但为时已晚。两个埃塞俄比亚人逮住罪犯，赫拉克勒斯挣脱身上的链子并举起棍棒杀死布西里斯。①

到古风时代后期，描绘黑人的艺术品主要是来自阿格里真托的无釉赤陶面具和阿提卡头形花瓶。前者是公元前 6 世纪晚期或公元前 5 世纪早期的黑人面具，其黑人性非常明显：盘卷的头发、扁平的鼻子、宽大而很厚的嘴唇。该面具的制作风格质朴，明显沿袭了古风时代的基本风格，但它勾勒了自公元前 6 世纪至前 4 世纪的艺术家所描绘的黑人类型，而且，该面具还指出了在表演、戏剧或宗教的各种场景中埃塞俄比亚人的角色。后者是公元前 6—前 5 世纪的头形花瓶，它反映了黑人的身体特征——深黑色的皮肤，用小而凸起的点描绘紧卷的头发，前额向后倾斜，鼻下面部突出，嘴唇厚胀外翻。诸如此类的花瓶正是公元前 6 世纪晚期至前 5 世纪早期希腊人熟悉埃塞俄比亚人的生动证明。②

从前面对特洛伊时代，特别是古风时代的希腊艺术品中关于黑人的描绘，我们可以看出这一时期希腊艺术中对他们描绘的一些特征。

首先，主题是战争题材。战争在古代社会是关乎国家生存的常态政治事务，是社会的常见秩序。早在公元前 4 世纪，柏拉图在其《法律篇》的开篇，就借克里特演说家克利尼亚之口对此进行了总结："大多数人谈论的和平只是一个空名，因为在实际生活中，一

---

① Frank M. Snowden, Jr., *Blacks in Antiquity: Ethiopians in the Greco-Roman Experience*, pp. 159, 49.

② Frank M. Snowden, Jr., *Blacks in Antiquity: Ethiopians in the Greco-Roman Experience*, pp. 24, 39, 161.

个城邦对其他所有城邦的常规态度就是未经公开宣布的战争。"①柏拉图这里所指出的仅仅是国家形成之初的情形，在前国家时代，部落与部落的战争更是部落生存的重要手段，因此战争从无正义与非正义之分，只是人类生存的常规手段之一。著名古代史家芬利的研究旨趣虽然不在古代战争，但他明确指出，在古代世界，战争无处不在，并赞同柏拉图的观点，把它称为一种"无情的规律"。②早期的希腊社会也一样，事实上战争无处不在。对希腊人来说，特洛伊战争在他们的记忆中具有特别的意义，这从流传下来的关于特洛伊战争的无数神话、传说即可见一斑（当然不局限于荷马史诗）。作为社会常态的战争对文学艺术产生影响是很自然的事情，它常常成为文学艺术创作的主题。希腊人关于黑人的艺术描绘虽然只是其艺术主题的极小部分，但它同样与战争不可分离。正因为如此，我们看到的希腊世界中最早关于黑人的艺术品不仅来自特洛伊时代，而且是雅典的黑人妇女被处决的场景。特洛伊战争人物则直接成为艺术品的描述主题，如门农、阿玛宗人、武士等。塔哈尔卡国王的巨头像也很可能与战争传说和灵感有关。发现于塞浦路斯的阿伊亚·依里尼的黑人雕像看似孤立，但它反映的是埃及人对塞浦路斯岛的占领情况。埃及国王布西里斯被赫拉克勒斯杀害的场景，其实也是广泛意义上的战争场景的再现。与早期希腊艺术的普遍选题一样，关于黑人（埃塞俄比亚人）的艺术品主要的选题也是战争。

其次，描述内容主要与希腊神话密切相关。与古代中国的"国之大事，在祀与戎"一样，祭祀在古代希腊社会成为国家最重要的职能之一，希腊神话与传说的宗教功能在希腊人的社会生活中占据重要地位。这种重要性在艺术中同样得到了反映。在关于黑人的早

---

① 《柏拉图全集》第 3 卷，王晓朝译，人民出版社 2003 年版，第 367 页；Plato, *Laws*, Cambridge, MA: Harvard University Press, 1961, I. 626a。

② M. I. Finley, *Ancient History: Evidence and Models*, New York: Viking, 1985, p. 67.

期希腊艺术中，这一特征很明显，门农、特洛伊战争英雄、赫拉克勒斯等都是著名的神话人物，虽然最主要的艺术主题可能不一定是埃塞俄比亚人，但涉及黑人的艺术品常常与希腊神话人物相联系。从另一角度看，希腊神话人物作为神与人的后代，往往具有高贵的血统，通常都是王公贵族，因此一般属于希腊社会上层。在早期希腊时代（至少在古风时代及之前），黑人与这些神话人物同时出现，且作品中并无对他们的贬损性描绘，由此可见，虽然没有直接证据说明他们具有高贵地位，但他们在早期希腊社会中的地位并不低。最早的特洛伊时代的黑人妇女大理石头像，虽然只是孤立的雕像作品，并无其他陪衬显示其与神话的联系或表明其地位，但有学者研究后认为，这位黑人妇女"即使不是高等级的妇女，也至少是富有的妇女"。[①] 出现这种情况其实并不令人意外，如果我们再联系到前面叙述的关于埃塞俄比亚人的"荷马式童话"传统的根深蒂固，就更容易理解了。因为根据荷马传统，埃塞俄比亚是诸神的乐园，埃塞俄比亚人则是世界上最虔敬神灵、拥有最纯洁的黑皮肤、有毛羊性特征的人类，把这样的人类与希腊神话相联系完全在情理之中。

最后，黑人形象的描绘有些粗糙。从前述的早期希腊艺术品关于黑人的描绘可以看出，这些作品充分体现了艺术家的美学价值追求，特别是黑白种族对比的美学价值，也体现了艺术家对这一主题的种族特性的兴趣。[②] 如黑人与野蛮人双面头像的彩陶、公元前560年的双耳陶瓶、布西里斯和赫拉克勒斯场景描述、塔尔奎尼亚的双面头酒杯等，都能很明显地体现这一美学价值追求。但是，从总体上看，这一时期对于黑人形象的描述还略显粗糙，与后来的作品相比显得比较质朴，甚至怪诞。如在对黑人身体特征的细节处理上，这一时期对黑人头发、鼻子等的描绘要比后来的作品简单，特别是对于黑人下巴

[①] Frank M. Snowden, Jr., *Blacks in Antiquity: Ethiopians in the Greco-Roman Experience*, p. 188.

[②] Frank M. Snowden, Jr., *Blacks in Antiquity: Ethiopians in the Greco-Roman Experience*, p. 25.

的描绘更显得突出、夸张，甚至有怪诞之感。这些粗糙与质朴其实也与早期希腊人对埃塞俄比亚人的了解不多有一定的关系。

二 古典时期希腊艺术中的黑人

古典时期是古希腊艺术最为辉煌的时期，也是整个古代希腊文明的鼎盛时期。同样的，在涉及黑人的艺术作品中，古典时期不仅数量最多，而且在质量上达到了几乎整个古典世界的巅峰。

这一时期描绘有黑人的艺术品种类很多，题材各异。对希腊神话传说的描绘仍然是这一时期的重要主题，如古风时代盛行的关于赫拉克勒斯与埃及国王布西里斯的绘画题材，在古典时代同样得到了延续。公元前5世纪的红绘双耳陶瓶描绘了赫拉克勒斯杀死国王布西里斯的场景。场景中，赫拉克勒斯怒目圆睁，举起双手作发力状，而他手中带刺的木棒已坠落到祭坛上；布西里斯则蹲在地上，惊恐地举起双手作投降状，旁边是他的侍者，拿起武器奋力反击。这里需要特别注意的是，赫拉克勒斯没有受过割礼的阴茎较小，与受过割礼的布西里斯及其侍从的硕大阴茎形成了鲜明的对比。[①] 约公元前470年的贮酒罐上绘有赫拉克勒斯和黑人布西里斯及其侍从。其中赫拉克勒斯穿着一件无袖衬衣和一张狮皮，掐住一个黑人的喉咙，迫使他到祭坛上去。当中间的那个人向赫拉克勒斯请求宽恕的时候，其他穿着束腰带或无袖衬衣的黑人则在恐惧中四处奔逃，还有一些作惊飞状。在这些人中，有人拿着点燃的火炬，有人手持祭祀盘子。这里有四个人的头发是用大团黑发表示的，还有四个人的头发是用圆点表示的，可能是为了展示两种类型的黑人。布西里斯的黑人侍者也出现在那不勒斯附近发掘的混水酒壶上描绘的场景中，反映的时间大约是公元前471—前460年。在壶身上，布西里斯位于中间，左手持酒罐（？），似乎是要递给左边的侍者，右手举起，似

---

① Frank M. Snowden, Jr., *Blacks in Antiquity: Ethiopians in the Greco-Roman Experience*, pp. 23, 35.

乎在吩咐着什么；右边的侍者正伸出右手去接，左边的侍者伸出左手去接。① 约公元前480—前470年的双面头酒杯上有赫拉克勒斯和黑人头像的结合。这里的黑人不仅在肤色上与赫拉克勒斯形成了鲜明的黑白对比，在体貌特征方面的差异也异常明显。黑人的卷发盘梳整齐，鼻子扁平，嘴巴很大，嘴唇很厚，而赫拉克勒斯的头发则被巧妙地用装饰品加以隐匿，鼻子很高且很尖，嘴巴很小且嘴唇很薄。还需特别注意的是，这里的黑人的卷发是用圆点来表示的。②

涉及黑人的安德洛墨达神话场景在古典时代也有生动的反映，来自意大利瓦尔奇的公元前5世纪的红釉水壶就是很好的例子。该水壶的场景描绘了安德洛墨达戴着链子在珀尔修斯面前，还有八个黑人形象出现在上面，他们中有些人在准备安德洛墨达作为牺牲献祭的场地，其他人则拿着供品———一个折叠凳、一个小瓶和一个镜子，一位年长的黑人在指挥他们行动。场景中的三个白人形象，有两人穿着东方服饰，与穿着短小的和刻意整理过的无袖衬衣的人形成了鲜明的对比。中间被两个黑人扶着的是安德洛墨达，另一个是刻甫斯，第三个是珀尔修斯，这可以从他戴着传统的带翼帽子和穿着传统的短外套和拖鞋看出。③

---

① Frank M. Snowden, Jr., *Blacks in Antiquity: Ethiopians in the Greco-Roman Experience*, pp. 159 - 160, 232, 233.

② Frank M. Snowden, Jr., *Blacks in Antiquity: Ethiopians in the Greco-Roman Experience*, p. 44.

③ Frank M. Snowden, Jr., *Blacks in Antiquity: Ethiopians in the Greco-Roman Experience*, pp. 54, 157 - 158. 有学者认为，场景中间的人物不是安德洛墨达，而是菲纽斯，并认为该场景反映的是索福克里斯版本中的故事(E. Petersen, "Andromeda", *Journal of Hellenic Studies*, XXIV, 1904, 99 - 112 and plate V)。也有学者反对中间人物是菲纽斯的说法："首先，来自瓦尔奇、现存于大英博物馆的水壶展示了穿着东方服饰的安德洛墨达被带到了站立着埃塞俄比亚人侍从的驿站，她的父亲坐在站立着的珀尔修斯面前的右边。""彼得森(Petersen)试图主要以该花瓶为证据对索福克里斯的戏剧进行重建。他把安德洛墨达当作即将与她结婚的菲纽斯或阿革诺尔(Agenor)。他的争论很精彩，但因为新的证据而失败了。"(K. M. Phillips, Jr., "perseus and Andromeda", *American Journal of Archaeology*, LXXII, 1968, 6 and note 46)

著名的黑人胜利女神尼姬鼻子扁平，下巴突出，嘴唇很厚，是希腊艺术品常见的主题之一。在来自昔兰尼加的公元前5世纪后期或前4世纪早期的红色大酒壶上，尼姬前面是一位开道者，后面是由四个人面马身怪物肯陶洛斯驱赶的两轮马车拉着的赫拉克勒斯。画家描绘的场景很可能来自羊人剧或者喜剧。①

萨梯是古希腊羊人剧的重要角色。尽管"萨梯在希腊神话中几乎无足轻重，但是自从在希腊艺术中出现之后，他们的形象就常常伴随着与酒联系最密切的狄奥尼索斯。他们半人半兽的形象（长着尾巴和马的耳朵）和半人半兽的行为，使其无论在陶器绘画还是在戏剧里，都成为一种最为人们钟爱的方式，用来反映人类的社会行为与性行为可被接受的底线"。而且画家们"越来越热衷于描绘他们。有时萨梯的形象单独出现，有时陪伴在狄奥尼索斯左右。萨梯的形象成为人类活动的镜子，也是探索社会所能接受的人类行为边界的一种方式"。② 在涉及黑人的各类艺术品中，萨梯也成为重要题材。来自阿提卡的公元前5世纪的黑色细颈油瓶上，一个黑人妇女被绑在树上被5个萨梯折磨。③ 该场景被解释为利比亚女王拉米亚爱上了宙斯，或者是被萨梯折磨的外国妇女。④ 根据鲍桑尼亚斯的说法，这个妇女可能是外国妇女，她上了他们的船，在遭到西勒尼人⑤的攻击后，胆怯的水手们被迫用她

---

① Frank M. Snowden, Jr., *Blacks in Antiquity: Ethiopians in the Greco-Roman Experience*, pp. 160, 230.

② 罗宾·奥斯本：《古风与古典时期的希腊艺术》，第27、178页。

③ Frank M. Snowden, Jr., *Blacks in Antiquity: Ethiopians in the Greco-Roman Experience*, pp. 154, 160, 230.

④ C. T. Seltman, "Two Heads of Negresses", *American Journal of Archaeology*, XXIV, 1920, pp. 14–15.

⑤ 西勒尼人（Sileni, Silenus 的复数）是最早的萨梯。

做牺牲来献祭。① 公元前 4 世纪的花瓶上有黑人与萨梯的头像，在嘴唇的厚度和鼻子的下垂方面，萨梯通常与黑人相近。这两个头像实际上是从同一个模型中铸造出来的，只是黑人的头像是通过卷曲的头发来表现的，除此之外，这两个头像的特征完全一样。②

在荷马史诗中，曾有矮小的俾格米人与白天鹅斗争的记载："特洛亚人列好队，每队有长官率领，这时候他们鼓噪、呐喊，向前迎战，有如飞禽啼鸣，白鹤凌空的叫声响彻云霄，它们躲避暴风骤雨，呖呖齐鸣，飞向长河边上的支流，给侏儒种族（俾格米人）带去屠杀和死亡的命运，它们在大清早发动一场邪恶的斗争。"③ 这一故事也成为后来艺术作品的重要主题。公元前 5 世纪的一只双耳来通角状杯上描绘的正是这一景象：白天鹅展开巨大的双翅，正在用又大又长的尖嘴攻击一个俾格米人，这位身材矮小、腿脚弯曲的俾格米人用左手挡住天鹅的尖嘴，右手高举木棒奋力还击。来自南意大利的公元前 4 世纪的陶制容器，描绘了抓天鹅的男孩，造型极其奇特、优美。小男孩蹲下趴在天鹅身上，紧紧抱住，脸因发力过猛而鼓胀；天鹅的长脖子正好绕回壶口形成把手。整个容器形象生动，黑人小男孩头发卷曲，鼻子扁平，嘴唇很厚。④

---

① "他们把最古老的萨梯称为西勒尼人。我希望能比大多数人更好地了解萨梯是谁，我就这一点进行了多方面的调查。卡里亚人欧雯摩斯说在前往意大利的航行上，他被风吹离了航线，被吹到了偏离水手们航线的外海。他坚信这里有许多无人岛，有些岛上则生活着野人。水手们不希望到生活着野人的岛上，因为在登岛之前，他们有过一些与其他居民相处的经历，但在这种情形下他们没有机会做这种事。这些岛被水手称为萨梯里得斯，其居民两翼的尾巴不比马的尾巴小。当他们看到来访者时，他们就一声不响地冲到船上攻击船上的妇女。最后，水手们由于害怕，把那个外邦妇女留在了岛上。萨梯不但用一般的方法凌辱她，而且用最令人发指的方式凌辱她。"（Pausanias, *Description of Greece*, with an English translation by W. H. S. Jones, M. A., London: William Heinemann, 1918, I. XXIII, 5 – 6）

② Frank M. Snowden, Jr., *Blacks in Antiquity: Ethiopians in the Greco-Roman Experience*, pp. 160, 233.

③ 荷马：《伊利亚特》，第 59 页。

④ Frank M. Snowden, Jr., *Blacks in Antiquity: Ethiopians in the Greco-Roman Experience*, pp. 65, 98.

对黑人武士描绘的作品有很多。在古代，战争本来就是社会秩序的常态，因此战争及武士成为描述的重要主题也就不足为奇，希腊古典时代虽然文化发达，但希腊人对黑人的认识更多的还是来源于战争中的接触。描绘在公元前 5 世纪的长细颈瓶上的黑人和亚马逊人都是武士形象，其中黑人武士头戴头盔，腰束长带，左手拿着弓箭，右手拿着战斧；来自意大利瓦尔奇的公元前 5 世纪的红色双耳瓶上的盾牌，描绘了一位黑人吹鼓手，右手叉腰，左手拿着军号正在奋力鼓吹；来自意大利塔兰托的公元前 5 世纪的盘子的盘底，描绘了一位张开双臂，似乎正在操练的黑人武士；公元前 5 世纪的长颈细瓶上，黑人武士正蜷伏着接近他的盾牌。前文所述的黑人胜利女神尼姬的场景也生动地展现了黑人武士的形象。①

除了武士，还有描绘黑人其他职业的图像。如约公元前 460 年的一尊青铜像描绘的是一位黑人擦鞋匠，他右膝跪在地上，左腿蹲下，左手拿着鞋，右手正在擦，神情专注。来自阿普利亚的约公元前 380—前 360 年的陶制容器上描绘了一位正在跳舞的黑人，说明这个黑人是位舞者。②

古典时期关于黑人艺术品的一个重要现象是，很多小的杂件上绘有黑人形象。如公元前 5 世纪的一个圣甲虫上刻绘了一位黑人妇女，她虽然戴着帽子，但露出的头发是典型的卷发，其鼻子扁平，嘴巴很大，嘴唇很厚。该物件很小，但上面的人物惟妙惟肖，形象逼真。来自阿普利亚北部的卡努西亚的约公元前 5 世纪的黄金项链饰品是很有特色的一个物件，它以黑人头像作为吊坠，该吊坠很小，但对黑人头像的刻画非常逼真。现存于保加利亚的公元前 4 世纪中期的黄金酒碗，由 4 圈，每圈 24 个黑人头像围成同心圆，中心形成容器。每个黑人头像都不相同，但基本的身体特征（如卷

---

① Frank M. Snowden, Jr., *Blacks in Antiquity: Ethiopians in the Greco-Roman Experience*, pp. 46, 51, 223, 230.

② Frank M. Snowden, Jr., *Blacks in Antiquity: Ethiopians in the Greco-Roman Experience*, pp. 34, 245.

发、扁平鼻子、厚嘴唇等）描绘得细致入微，表现了今天"真正的"黑种人的突出特征。①

希腊古典时期艺术中对黑人描绘的重要特征是对神话传统主题的重视，该主题的内容占据相关艺术品的绝大部分，如特洛伊英雄、早期的战争、各种神话传说人物等。这充分反映出古典时代对早期希腊风格的继承，同时也反映出早期希腊风格对古典时期黑人艺术的深远影响。事实上，在很大程度上可以说这一时期的黑人艺术仍然是荷马式童话传统的继续，同时也反映出这一时期希腊人对黑人的真正了解尚不深入。与早期希腊相比，这一时期在描绘主题方面不仅包括传统的神话故事和人物，还描绘了诸多普通职业者的形象，典型的如黑人武士，还包括希腊社会生活中人数更多的职业者，如擦鞋匠、舞者等。埃塞俄比亚人在希腊罗马世界做什么工作？他们有哪些活动？他们在新到地区是如何生活的？他们的日常职业与其他外邦人有没有区别？亚历山大里亚的希腊罗马博物馆的无釉赤陶说明黑人在希腊社会可以从事很多职业，如演员、小丑、舞者、杂耍者、拳击者、驯兽者、捕兽者、角斗士、擦鞋匠、厨师、潜水者、拉线工，或者阿基米德螺线工作者、持灯人以及他们主人的私人侍从等。②

在表现手法上，这一时期的黑人艺术作品也有新的发展。"公元前5世纪晚期到公元前4世纪，对突出的黑种人的生动研究仍在继续。黑人头型的酒杯以与早前的花瓶差不多的方式强调黑人的身体特征，其主要的区别在于现在的头发是用向上盘旋的方式表现的，有点像蜗牛壳的样子。到公元前4世纪，有几个来自伊达拉里亚的无釉赤陶花瓶，其上的黑人阔鼻和凸颌程度下降了，但是肤色的黑性、嘴唇的厚度、头发的盘旋与前面提到的酒

---

① Frank M. Snowden, Jr., *Blacks in Antiquity: Ethiopians in the Greco-Roman Experience*, pp. 27, 52, 66, 67.

② Frank M. Snowden, Jr., *Blacks in Antiquity: Ethiopians in the Greco-Roman Experience*, p. 187.

杯上的特征仍然很像。在南意大利的阿普利亚花瓶上,一个黑人男孩被鳄鱼抓住,他黑色的头发是通过在白色背景中打上黑点来展示的。一个来自意大利南部的细颈长油瓶上保留了一位黑人迷人的侧面像,其卷曲的头发是通过用黑色颜料画的点来表现的。"[1] 这一时期的艺术家可能受到了希腊人打败波斯人的影响,对他们在希腊第一次看到的大量黑人产生了深刻的印象。在这些作品中,黑人的头发是用圆点来表示的,而且这种表现方法一直为希腊人所推崇,他们不断地重复着黑人的形象:穿着短小、宽松、杂色的束腰外衣和裤子,通常右手持斧,右臂上覆盖着有褶皱的布或者皮毛,通常还带有边饰,有时候背上背着箭筒,有时候肩臂上披有披风。更多的情况是黑人站在观众的右边,而头朝左边,附近通常有一棵棕榈树,脚的附近有一个四方形的物体。[2] 这些艺术手法和场景表达的变化,一方面说明了古典时期艺术的进步,另一方面表明希腊人对非洲和东方认识的加深。尽管如此,我们发现,这一时期的艺术作品对黑人形象的反映仍然缺乏对埃塞俄比亚人的明确认识,艺术家对埃塞俄比亚也没有实地考察过。尽管作品所反映出来的具体黑人形象已经很准确了,这可能跟他们与真正的黑人的接触(特别是希波战争等大规模的战争中的接触)密切相关,但从作品所反映的埃塞俄比亚的地理范围来看,在很大程度上仍然是沿袭荷马式童话想象,即仍然是荷马传统的延续。

三 希腊化时期希腊艺术中的黑人

希腊化时代的艺术没有延续前期希腊的全部特色。黄金时代所具有的建筑特色、雕刻特点,如人道主义、调和的色彩和布局,现在被新的特质代替了,如夸张的现实主义、激情主义。以前简朴的

---

[1] Frank M. Snowden, Jr., *Blacks in Antiquity: Ethiopians in the Greco-Roman Experience*, p. 27.

[2] Frank M. Snowden, Jr., *Blacks in Antiquity: Ethiopians in the Greco-Roman Experience*, p. 124.

多利亚式、爱奥尼亚式的神庙，现在让位给奢华的皇宫、高贵的官邸、象征权力和财富的豪华公共建筑和纪念碑了。此前希腊艺术品所反映的主题经常是人类与神祇之间的故事，然而在希腊化时代，这类传统的宗教主题被抛弃了，反映人类社会环境和自然环境的新主题开始出现。① 这一时期，涉及黑人形象和场景的作品很多，而且其中众多的内容被认为是与埃塞俄比亚人直接相关的。这些涉及黑人的艺术品是这一时期整个希腊艺术的重要组成部分，也在一定程度上反映了其特点。

　　黑人小孩（特别是男孩）形象是这一时期黑人艺术的重要题材。作品中描述黑人小孩姿态的很多，惟妙惟肖，如有站立的小铜像，身体微向前弯，双手半收，头发呈螺旋状紧绾在头上，鼻子很宽阔，嘴唇很厚；有小男孩半身小铜像，其螺旋状小绺头发不规则地排列，鼻子宽阔，嘴唇厚，但厚的程度不如典型的黑人；还有一个小女孩的半身铜像，卷曲的头发梳理得十分整齐，但鼻子和嘴唇的"黑人性"不如前面的明显。来自普里埃内的大约公元前 2 世纪的无釉赤陶的造型，是一个男孩正在拔去脚上的刺。小男孩头戴帽子，皱着眉头正在拔去脚上的刺，形象非常生动逼真。更逼真的是对黑人男孩睡觉姿势的描绘。如一个无釉赤陶描绘了一个小男孩环抱双手，背靠着双耳壶身正在睡觉，男孩与双耳壶巧妙地融为一体，形象生动逼真。来自托勒密时代的道路里程碑上的黑人小孩坐在石头上，双手抱左膝盖，头枕双手正在睡觉。该无釉赤陶小雕像涂了黑黏土清漆后形成了光滑的表面，卷曲的头发一绺绺梳排，宽阔的鼻子，厚厚的嘴唇，神态自然可爱。另一睡姿小男孩青铜雕像全身赤裸，坐在地上，左手撑地，右手抱右膝盖，头枕右手正在睡觉；头发有些凌乱，但其卷发特征很明显，鼻子扁平，形态自然生动。②

---

① 陈恒：《希腊化研究》，商务印书馆 2006 年版，第 296—298 页。
② Frank M. Snowden, Jr., *Blacks in Antiquity: Ethiopians in the Greco-Roman Experience*, pp. 74 – 77, 86 – 87.

这一时期黑人艺术品的另一重要特点是描绘各种黑人职业者，包括歌手、舞者、演讲者、拳击手、浴室侍者、赛马师，甚至乞丐等。埃塞俄比亚人大部分（甚至绝大部分）是作为战争的俘虏或者奴隶来到希腊罗马世界的。还有一些人，特别是那些在埃及取得成功的人，他们作为外国人出于同样的原因被雅典或罗马吸引。比如，有些人把他们的孩子送到亚历山大里亚和其他文化中心接受教育。"埃塞俄比亚国王埃加门涅斯在托勒密二世统治时期曾接受希腊教育，学习希腊哲学。"[①] "阿里斯提普斯的学生包括阿瑞特的女儿、托勒密的埃塞俄比亚人、昔兰尼的安提帕特。"[②] 无论通过什么方式来到希腊罗马世界，这些人可能在希腊罗马世界从事各种各样的职业。在希腊化时期的艺术中，我们可以看到一些黑人歌手和舞蹈者。如发现于法国索恩河畔沙隆的这一时期的青铜雕像描绘了一位苗条的黑人，他的腰优雅地弯着。这可能是一位正在唱歌的歌手，因为他的左臂像是挂了什么东西，可能是挂着三角竖琴，他的面部呈现类似于歌手唱歌时的表情。据说，舞蹈在一些埃塞俄比亚人中非常盛行，以至于在战争中，他们会先跳舞，再射箭。"他们头上戴着圆形圈袋，里面装着箭，箭羽朝里而箭头向外，就像太阳的光芒一样。在小的战斗中，他们很容易从箭袋中拔出箭，像萨梯一样跳跃起舞，然后攻击敌人。"[③] 来自塔兰托的菲拉克斯无釉赤陶雕像被认为是黑人舞者，他头发卷曲、鼻子扁平、厚嘴唇，头上戴着锥形的帽子，身上穿着长外衣，高举双手站立着，左脚抬起来似乎是要跳舞，十分生动。这位黑人演员被认为是菲拉克斯之一，在南意大利很普遍。来自卡农顿的希

[①] Diodorus of Sicily, *Library of History*, with an English translation by C. H. Oldfather, Cambridge, MA: Harvard University Press, 1935, III. 6.

[②] Diogenes Laertius, *Lives of Eminent Philosophers*, Vol. 1, with an English translation by R. D. Hicks, Cambridge, MA: Harvard University Press, 1959, II. 86.

[③] Heliodorus, *Aethiopica*, p. 276, http://www.elfinspell.com/HeliodorusBk9.html, 2017年6月5日。

腊化时代的青铜像黑人的扭动与埃塞俄比亚人的夸张跳跃有某些共同之处。与这种夸张姿势形成鲜明对比的是，来自埃及的希腊化风格的青铜舞者的优雅站姿和来自赫库兰尼姆的青铜黑人像的缓慢动作，后者黑人左脚落地，保持平衡，右脚熟练地伸向身后在空中保持优雅的姿态。除了舞者，还有些演讲者的雕像。如来自希腊化时代的亚历山大里亚的具有男孩子气的演讲者青铜小雕像，男孩卷发长而紧密，鼻子和嘴唇都属于尼格罗类型但并不突出，该雕像被认为是黑人男孩在演讲，可能是一位来自上埃及的慷慨的小男孩，或者是被送往亚历山大里亚在修辞哲学家和教师那里学习的人。再如 1963 年在博德鲁姆被渔民发现的公元前 2 世纪或公元前 1 世纪的一尊男孩青铜雕像，男孩短发紧密卷曲，圆脸，嘴唇和鼻子都不突出，鼻子略微向下前突，肚子有些突出，可能也是一位演讲者。① 还有来自希腊化时代的拳击手雕像。埃塞俄比亚人尼卡乌斯（Nicaeus）是一位出生于拜占庭的拳击手，他在罗马世界享有盛誉，可能也是泰尔梅博物馆（Museo delle Terme）中著名的青铜像拳击手，老普林尼对这位职业拳师的名声颇为熟悉。② 在大英博物馆中的晚期希腊化时代的一对无釉赤陶上，两位拳师的卷发紧贴头，鼻子宽阔，嘴唇很厚，其中一尊双腿直立，身体束腰向后，手在面前抬起，似乎是要避开对手的打击。另一尊更年轻的铜像左腿前行，右臂抬起并向后拉，左臂向前做出防御姿态。此外，还有描绘其他职业者的黑人艺术品。由于伊西斯不管在埃塞俄比亚本土还是在埃及都受到埃塞俄比亚人的高度崇

---

① Frank M. Snowden, Jr., *Blacks in Antiquity: Ethiopians in the Greco-Roman Experience*, pp. 89, 239, 241.

② "还有，有些妇女生的孩子总是像她们自己，有些妇女生的孩子像她们的丈夫，有些孩子不像家里的人，有些女孩像父亲而男孩像母亲。有个令人疑惑不解的例子是，出生于伊斯坦布尔的拳击手尼卡乌斯，他的母亲是一位与埃塞俄比亚人通奸的妇女的后代，但她与其他妇女的肤色没有任何差别，然而，尼卡乌斯却拥有他的埃塞俄比亚祖父那样的肤色。"（Pliny, *Natral History*, VII. XII. 51.）

敬，因此，那些身居异乡的埃塞俄比亚人在仪式中倾向于延续他们的崇拜。一般认为，来自阿芙罗狄西亚的希腊化时代的闪长岩或大理石小雕像是一位伊西斯祭司，也可能是一位浴室侍者。再如来自阿尔忒弥西姆、现存放于雅典国家博物馆的大约公元前240—前200年的青铜赛马师像，描绘了一位赛马师正式比赛的骑马姿势；来自埃及亚历山大里亚的公元前1世纪的小铜像，则是一个手拿碗正在乞讨的乞丐。[①]

从希腊化时期的艺术品对黑人的描绘中，我们可以观察出一些大致特征。首先，这一时期关于黑人的艺术主题更多地从希腊宗教神话转向了世俗世界。在上述的艺术品表现主题中，与早期希腊和古典时期希腊对黑人艺术的表现主题相比，希腊宗教神话中的表现主题比例大大下降，而现实生活中的表现主题比例极大地提高了。如对现实生活中的黑人小男孩的刻画，对各种黑人职业者（歌手、舞者、演讲者、拳击手、浴室侍者、赛马师、乞丐等）的描绘。这种变化是与整个希腊化时代艺术特征的变化相一致的，即此前希腊艺术品所反映的主题经常是人类与神祇之间的故事，然而在希腊化时代，这类传统的宗教主题被抛弃了，反映人类社会环境和自然环境的新主题开始出现。就黑人艺术而言，此前关于人类与神祇之间的故事比例极大下降了，而关于各种社会关系、各种职业中的黑人新主题在不断地出现。换句话说，这一时期的黑人艺术虽然在文化观念和文化意识中仍然延续着荷马式传统，但在实际表现过程中不断地与希腊社会现实生活贴近，不断把想象中的童话变成现实中的真实，黑人在艺术主题中的地位经历了从"神"到"人"的转变。

其次，这一时期艺术品中描绘的黑人的社会地位都不高。小男孩肯定不是社会的主流角色（甚至是社会弱者的象征），其他黑人

[①] Frank M. Snowden, Jr., *Blacks in Antiquity: Ethiopians in the Greco-Roman Experience*, pp. 73, 77, 88, 243, 251.

职业者，无论是武士、歌手、舞者、演讲者，还是拳击手、赛马师、浴室侍者，都不是当时最高贵的，更不是贵族身份和地位的象征，乞丐更是处于社会的最底层。正因为如此，有学者把希腊化时期关于黑人艺术的这一特征与野蛮人、种族歧视相联系，作为古希腊社会对黑人的种族主义歧视的依据。前述比尔兹利的论述就是典型。[1] 这里，作者认为"与真人一样大小的头像和雕像几乎是没有的"，这一结论肯定是错误的，因为来自西西里岛的公元前4世纪中期的喜剧中的无釉赤陶面具就是真人大小，该面具描绘的黑人的嘴、鼻孔和眼睛以一种被破坏的方式刺穿，成束的卷发下垂到他的前额和耳朵，他露齿而笑，可以看到上排牙齿。再如，来自埃及的公元前80—前50年的男子黑陶头像，不管被认为是黑种人头像还是黑白混血种人头像，都比普通的成年人的头还要大。[2] 同时，作者得出的"由于埃塞俄比亚人在希腊的卑贱地位，也鉴于现实主义通常会局限在很小的主题上这一事实，伟大的雕刻家没有把埃塞俄比亚人作为一个足够高贵或足够重要的主题"的结论也是不能令人信服的，虽然这一时期的黑人在艺术作品中与希腊高贵的神祇在一起的场景确实减少了，大量出现的是并不"高贵"的职业者甚至乞丐，但把这种现象与种族偏见、种族主义联系在一起，明显是很牵强的。

---

[1]　G. H. Beardsley, *The Negro in Greek and Roman Civilization: A Study of the Ethiopian Type*, Preface, p. ix.

[2]　Frank M. Snowden, Jr., *Blacks in Antiquity: Ethiopians in the Greco-Roman Experience*, pp. 94, 238.

第 三 章
罗马世界中的埃塞俄比亚人

  罗马兴起于意大利半岛的台伯河畔。虽然罗马所在的拉丁姆平原早在公元前 1000 年初就有人类居住，而且其中主要的一支就是拉丁人，但直到公元前 7 世纪的"七丘联盟"及后来的"四区之城"，拉丁部落才开始由分散走向统一。从传说中的罗慕路斯建立罗马城（公元前 753 年）开始，历经七王 200 多年统治，史称王政时代。公元前 509 年，罗马进入共和国时代，直到公元前 31 年最后一个希腊化王国埃及托勒密王朝被罗马灭亡。此后，罗马进入帝国时代，直到公元 5 世纪，在大规模的蛮族入侵中，西罗马帝国灭亡，在原西罗马帝国的版图上，陆陆续续建立了众多的蛮族国家，西欧历史进入另一个阶段。

  在罗马国家兴起和发展的漫长过程中，通过一步步的扩张，罗马版图不断扩大。公元前 5 世纪，罗马通过对伊达拉里亚的战争，把台伯河流域和右岸的广大地区纳入自己的控制之下；从公元前 4 世纪中期至公元前 3 世纪初，罗马通过三次萨莫奈战争扩大了版图，北至波河流域，南到卢卡尼亚北部。公元前 272 年，罗马降服他林敦，征服了除波河流域以外的整个意大利半岛。

  罗马建立意大利霸业后，对外扩张步伐并没有停止，接下来的目标就是征服地中海，而它要面临的强敌就是迦太基，于是罗马与迦太基为了争夺地中海霸权前后进行了三次大规模的布匿战争（前

264—前241年，前218—前201年，前149—前146年），断断续续有100多年。正是在布匿战争中，罗马人与埃塞俄比亚人（黑人）有了更加直接的接触，并对罗马人认识埃塞俄比亚人产生了重要影响。

第一节　共和国时代的罗马与埃塞俄比亚人

第一次布匿战争后，战败的迦太基并不甘心失败，于是派遣军队到西班牙建立新迦太基，利用那里丰富的资源和重要的战略地位，为反击罗马做准备。公元前218年，汉尼拔率领由9万步兵、1.2万骑兵和37头战象组成的军队，从新迦太基出发，越过阿尔卑斯山脉，突袭意大利，第二次布匿战争爆发。

公元1世纪的罗马诗人西利乌斯·伊塔利库斯留下了一部拉丁诗歌《布匿史诗》，专门描写第二次布匿战争。在《布匿史诗》中，作者提到并比较详细地描写了埃塞俄比亚人：

> 埃塞俄比亚人来了，这是尼罗河流域大家都知道的一个种族。他们从地下挖磁铁矿，只有他们才有能力通过把磁铁矿石放在矿坑旁边来吸引矿坑里的铁，而不需要使用工具。跟他们一起来的还有像是被烧焦的努巴人。埃塞俄比亚人的身体表明他们所晒的太阳的灼热。他们既没有戴黄铜头盔，也没有穿坚硬的铁甲，更不会用弯弓。他们的习俗是用许多亚麻布来保护自己的头，用亚麻布来遮盖自己的身体，并投掷浸有毒液的标枪，因此他们要把毒液染在铁上。[①]

这说明，在汉尼拔军队中确实有被称为埃塞俄比亚人和努巴人

---

① Silius Italicus, *Punica*, Cambridge, MA: Harvard University Press, 1961, 3.265-273.

的黑人。尽管作者生活在公元 1 世纪，离第二次布匿战争已经有 300 年左右，但其叙述应该是可靠的，这被与汉尼拔入侵意大利相关的一枚青铜钱币证实。该钱币的正面保留了一位黑人的头像，他那宽阔的鼻子、厚厚的嘴唇和卷曲的头发生动地体现了他的种族特征。有学者认为，这些反面有大象的钱币要么是受到了在意大利战役中起重要作用的汉尼拔的大象的启发，[①] 要么是受到了这些大象及黑人象夫给意大利北部人的印象的启发，这种印象与早期的皮洛士及其大象所留下的类似。也有学者不仅同意这一看法，而且认为，这些钱币可能属于汉尼拔在意大利的同盟者增加的迦太基战争筹资。[②] 还有学者认为，这些钱币应是汉尼拔在西班牙发行的，而"这些大象的大耳朵和凸出的背部表明，它们是非洲大象，而不是印度大象"，上面的黑人如果是赶象人的话，表明迦太基本土的象夫已经取代了印度象夫。[③]

迦太基人使用战象的最早记录在公元前 262 年，"他（汉诺）自信自己的部队强大到足以一战，于是他动员所有的军力，包括为数五十头左右的战象，迅速从赫拉克里亚出发。……战斗僵持不下，但最后罗马人逐退迦太基前线的佣兵，当他们撤退到部署在他

[①] 人类首次在战场上使用战象约在公元前 1100 年的古印度。希腊人最先遇到战象是公元前 326 年，亚历山大在希达斯皮斯河打败了波拉斯的 200 头印度战象。亚历山大去世后，他的将军们为了争夺世界霸权地位，甚至认为战象比领土更值钱。比如塞琉古为了换取一大群大象，放弃了从印度河到森德拉科塔斯（即乾德拉古普塔）的所有行省，他凭借这些战象打败了安提贡纳斯。公元前 280 年，皮洛士率领 2 万名步兵、3000 名骑兵、2000 名弓箭手、500 名投枪手和 20 头战象横渡亚得里亚海，来到了南意大利，第一次把战象带到了罗马。

[②] C. T. Seltman, *Greek Coins: A History of Metallic Currency and Coinage Down to the Fall of the Hellenistic Kingdom*, London: Methuen and Co., Ltd., 1960, p. 250.

[③] H. H. Scullard, "Hannibal's Elephants", *The Numismatic Chronicle and Journal of the Royal Numismatic Society*, 6th ser. VIII, 1948, p. 163; W. Gowers and H. H. Scullard, "Hannibal's Elephants Again", *The Numismatic Chronicle*, X (1950), pp. 279 – 280; Frank M. Snowden, Jr., "A Note on Hannibal's Mahouts", *The Numismatic Chronicle*, XIV (1954), pp. 197 – 198.

们后方的战象及其他单位时，整个军队陷入混乱。……罗马人则掳获了大多数的战象以及随军行李"。① 但是，对于训练和驾驭战象的象夫，这里并没有提到。那么，这些钱币上的黑人头像是不是汉尼拔军队中的象夫呢？我们完全没有理由怀疑汉尼拔使用黑人象夫。尽管波里比阿在这里没有对汉尼拔使用黑人象夫进行明确的说明，但古代作家涉及的埃塞俄比亚人在驾驭大象方面的技能和经验的内容还是不少的。印度和埃塞俄比亚军队比马其顿人先使用战象，迦太基人是为了战争而使用战象。这种战象在考古发掘中也得到了证实。在距离喀土穆东北 125 公里和离尼罗河 30 公里的狮子神庙中发现了一只被绳索引导的战象，它出现在建立于公元前 3 世纪末期的麦罗埃神庙的浮雕中。事实上，在麦罗埃雕刻中，大象不断地出现，可能不仅意味着埃塞俄比亚人出于军事目的使用大象，还涉及与动物仪式相关的重要内容。在位于狮子神庙的卫城（Great Enclosure）遗址中，有一系列斜坡和走廊以及独特的墙壁，以大象的形象结束。很可能，这种复杂的卫城是训练大象的中心，托勒密时期和罗马时期用于战争的非洲大象很可能就是由麦罗埃人训练的。②

普劳图斯生活的时代正好跨第一次和第二次布匿战争，因此，他对布匿战争应该是非常熟悉的。他在《布匿人》(Poenulus) 中描写的比在圆形剧场附近搬运水桶的埃及人更黑的人，表明埃塞俄比亚人，或者被这样解释的埃塞俄比亚人已在意大利出现。

> 我保证了那次午餐的大部分内容的安全（涉及某些劫掠物），并把它们留下，那是我的方式！我还将看到我们动用他军饷的皮条客！他偶然发现一个男子骗取了银币！但我只

---

① 波里比阿：《罗马帝国的崛起》，翁嘉声译，社会科学文献出版社 2013 年版，第 149—150 页。
② Frank M. Snowden, Jr., *Blacks in Antiquity: Ethiopians in the Greco-Roman Experience*, pp. 130 – 131.

是希望我的那个女孩现在能走我指引的路,像我一样生气!我会冲上前去用我的拳头痛打她,直到把她打得像黑鸟一样!我要把她染成黑色,染得比圆形剧场边的搬运木桶的埃塞俄比亚人还要黑![1]

结合文献材料与考古材料,我们判断这些钱币上所描绘的黑人就是黑人象夫,甚至可以说他们就是埃塞俄比亚人。如果说普劳图斯关于埃及人的记载与汉尼拔军队中的罗马人关于埃塞俄比亚人的描述是同时代的话,那么伊塔利库斯提到的迦太基军队中的埃塞俄比亚人和努巴人,则是延续了罗马人对埃塞俄比亚人的认识传统。这种传统到罗马帝国时代得到延续,如庞贝城的赤陶瓶上有一个骑着大象的黑人,[2] 可能就是受到了第二次布匿战争中对埃塞俄比亚象夫认识的启发。当然,这并不是说汉尼拔在使用埃塞俄比亚人的时候只是把他们作为象夫,因为在地中海世界,使用黑人辅助军很普遍。[3]

罗马人取代希腊人统治埃及的过程比较漫长。托勒密王朝创立不久,它便和罗马形成非常密切的关系。托勒密二世首先于公元前273年向罗马派驻使节,开辟了埃及与罗马的亲近之路,并与罗马签订了永久友好条约。随着希腊化世界斗争向埃及本土的蔓延,托勒密王朝越来越依赖罗马的支持。在托勒密六世执政时期,塞琉古国王安条克利用埃及的内部纷争侵入埃及,在孟斐斯加冕为法老,并于公元前168年把托勒密六世置于自己的控制之下,然后离开埃及,返回叙利亚。第二年他再来埃及的时候,遇到克娄巴特拉二世和托勒密八世的抵抗。应

---

[1] Plautus, *Poenulus*, Paul Nixon, English trans., Cambridge, MA: Harvard University Press, 1932, IV, II, 129.
[2] J. D. Beazley, *Etruscan Vase-Painting*, Oxford: Clarendon Press, 1947, p. 212.
[3] Frank M. Snowden, Jr., *Blacks in Antiquity: Ethiopians in the Greco-Roman Experience*, p. 131.

克娄巴特拉二世和托勒密八世的请求，罗马派波庇里乌斯·莱纳斯来到埃及，迫使安条克撤出埃及。罗马的威慑拯救了埃及，但托勒密王朝付出的代价是逐渐丧失独立地位，成为受罗马庇护的国家。之后，埃及托勒密统治集团内不断的权力角逐深深地卷入罗马的派系之争中。托勒密十二世的廷臣在恺撒和庞培的争斗中先是派军队支持庞培，当庞培在希腊战败逃往埃及时又转而暗杀了他，导致恺撒的兴师问罪。公元前74年，托勒密王朝统治下的域外之地昔兰尼加被罗马吞并，公元前58年，塞浦路斯也被划入罗马版图。这时，托勒密王朝的"独立"地位最终丧失只是时间问题了。

第二节　帝国前期的罗马与埃塞俄比亚人

公元前31年，屋大维在亚克兴海战中战胜安东尼和克娄巴特拉七世联军，次年率军侵入埃及，安东尼自杀，克娄巴特拉七世落在屋大维手中后也绝望自杀，从此埃及成了罗马的一个行省。"我将埃及纳入了罗马的帝国"，奥古斯都（屋大维）这样记载他的功绩。有人认为埃及并不是真正意义上的罗马行省，而是罗马皇帝的私人领地，因为没有皇帝的许可，罗马元老院中的任何一位元老都不得进入埃及。另一些人则认为此时的埃及是罗马的一个行省，只是地位有些特殊而已。奥古斯都不允许上层罗马人进入埃及有两个原因：首先，由于埃及独特的地理环境，东西为无法穿越的沙漠，南部的尼罗河几大瀑布构成天险，北部海岸除亚历山大城便没有可靠船的港口。这样一个易守难攻的独立地区，如果哪位罗马元老来此冒险独自为政，则可轻易取得成功。其次，埃及是地中海世界最富裕的谷仓，罗马依靠埃及为其提供粮食，如果有人独立，则可轻易切断罗马的粮食供应，并切断欧洲同东方通商的一条重要通道，对罗马帝国构成威胁。基于这种考虑，奥古斯都派了一位具有骑士身份的罗马长官科内利乌斯·加卢斯去统治埃及，后者直接向罗马皇帝负责。但由于加卢斯过于自负，过于吹嘘自己在埃及的军功而丢掉了这一职务，继而又丢掉了自己的性命。[①] 这足以说明埃及对罗马的重要性。

在托勒密王朝统治的末期，王权已变得越来越软弱无力，底比斯地区曾几度独立。因此，罗马人在埃及的首要任务是建立秩序和强化统治。屋大维向埃及派驻了3个军团，每个军团大约6000人，并配有一定数量的步兵辅助部队驻扎在亚历山大城和沿尼罗河而上的许多地点。底比斯地区的反抗很快被平定，之后，真正对罗马在埃及的统治构成威胁的是南部的麦罗埃王国。托勒密王朝末期，第一瀑布南部的努比亚地区已转向麦罗埃王国；公元前29年，罗马平定了底比斯反抗之后，与麦罗埃王国达成协议，在第一和第二瀑布之间建立一个独立的中立国。但这个协议很快就被撕毁了。公元前25年，麦罗埃军队袭击上埃及，罗马和麦罗埃之间发生战争。作为报复，罗马军队攻入努比亚，洗劫了纳巴塔城。至此，罗马在埃及的统治暂时不再有忧患，驻扎在埃及的军队也由3个军团减至2个。[②]

如果说在布匿战争期间，罗马人与埃塞俄比亚人的接触，包括政治、军事方面，主要还是间接和被动的话，那么，从帝国时代起，罗马人与埃塞俄比亚人的接触就完全是直接而主动的了，特别是在政治与军事方面，埃及南部以埃塞俄比亚人为主的民族（或国家）对罗马的埃及南部边疆民族关系产生了重要的影响。

从奥古斯都时代起直到帝国晚期，罗马人一直与埃及南部的诸民族有军事和外交的往来。在罗马帝国前期，对作为罗马边疆行省的埃及而言，它直接面对的就是与南部诸民族或国家的关系，其中

[①] 科内利乌斯·加卢斯后来因在奥古斯都面前失宠而被处死，其失宠原因是加卢斯"忘恩负义，居心险恶"（苏维托尼乌斯：《罗马十二帝王传》，张竹明等译，商务印书馆1995年版，第87页）。

[②] 这里关于罗马与埃及的关系，参见刘文鹏《古代埃及史》，第630—632页。

最主要的关系表现在两方面：一是罗马与它们之间的政治、军事关系，即政治上的稳定性，军事上的和平相处。罗马在埃及南部边疆的重要任务是保证南部边境的安全。① 二是经济上的利益。罗马需要保护与南部诸民族、王国，特别是与麦罗埃王国的贸易，以及通往东部沙漠和中部非洲的贸易。

根据斯特拉波的说法，埃及是倾向于和平的，因为这个国家自我富足，外部入侵很困难，它的北部有缺乏港口的海湾和埃及海的保护，还有利比亚和阿拉伯的沙漠高山保护，而朝南的部分居住着穴居人②、白来米人③、努巴人和美加巴里人，埃塞俄比亚人则生活在叙埃涅之上。这些埃塞俄比亚人属游牧部落，人数不多，尽管通常被古人认为会像强盗一样攻击毫无防备的人，被认为是好战的，但其实他们并不好战。至于那些居住在南部和麦罗埃的埃塞俄比亚人，他们人数也不多，也没有结合成一体，由于他们居住在一块狭长而多风的水中陆地上，因此他们既没有很好的战争装备，也没有对任何其他生命的好战心理，整个国家差不多处于和平之中。对于这样一个并非好战的地区，罗马人只用三个步兵大队（cohort）就完全能防卫，即使这些军队不是很充足，但也足够了；如果埃塞俄比亚人胆敢攻击这些罗马军队，他们就会使自己的国家

---

① W. B. Emery, *Nubian Treasure: An Account of the Discoveries at Ballana and Qustul*, London: Methuen and Co. Ltd., 1948, pp. 25 – 32; L. P. Kirwan, "Rome Beyond the Southern Egyptian Frontier", *The Geographical Journal*, CXXIII (1957), pp. 13 – 19; M. I. Rostovtzeff, *The Social and Economic History of the Roman Empire*[2], rev. by P. M. Fraser, II, Oxford: Clarendon Press, 1957, pp. 303 – 308 （M. 罗斯托夫采夫：《罗马帝国社会经济史》下册，马雍、厉以宁译，商务印书馆1985年版，第431—437页）。

② 穴居人指生活在洞穴中的人，希腊地理学家用以指各种生活在洞穴中的人，但主要是指生活在红海西岸沿上埃及和埃塞俄比亚地区的那些未开化的居民。

③ 白来米人是生活在约公元前600年至公元8世纪的一支非洲游牧民族，一般认为生活在非洲的努比亚、埃塞俄比亚、苏丹等地。由于老普林尼曾说："据说白来米人没有头，他们的口和眼睛都长在胸上。"（Pliny, *Natural History*, V.）因此，他们常常又被称为"无头人"。这里译为"白来米人"是借用了钱锺书先生的译法（钱锺书：《欧洲文学里的中国》，《中国学术》2003年第1期）。

遭受危险。埃及剩下的罗马军队不会比这里的人数多。罗马人从来没有集体动用过他们，因为埃及人尽管人数众多，但他们并不是武士，也不属于周边的部落。被指派到这个国家的第一位长官（praefect）科内利乌斯·加卢斯在攻击反叛的赫诺奥恩波利斯时，仅用少量兵力就取得了胜利。很快，由于岁贡问题，底比斯爆发了叛乱。不久，当无数的亚历山大里亚人向佩特罗尼乌斯冲来并向他扔石头时，他靠自己的身体只身抵抗，在杀死其中的几个人后，就制止了其他人的叛乱。

埃利乌斯·加卢斯在与阿拉伯人的战争时，带走了在埃及的部分罗马军队，这给埃塞俄比亚人壮了胆，他们攻击了底比斯和叙埃涅的三个步兵团的卫戍部队，并以出人意料的攻击夺取了叙埃涅、艾里芬提尼和菲莱，奴役当地居民并拆毁了恺撒①的雕像。佩特罗尼乌斯只带了不到 1 万名步兵和 800 名骑兵就前往对付 3 万敌人。最开始，他逼迫他们逃往埃塞俄比亚一个叫帕塞基斯的城市，接着，他派遣使臣前往询问他们想要什么，并询问他们为什么要开战，当他们说是被州长误导时，他回答说这些人不是这个国家的统治者，这个国家的统治者是恺撒。他们要求给他们三天时间考虑，但三天后他们什么也没做，于是他发动进攻并逼迫他们进行战斗，很快，他就把他们打得落花流水，因为他们的统帅和武器都很糟糕。他们使用的是很大的椭圆形盾牌，这些盾牌都是用粗糙的公牛皮制成的，他们的武器有些只是斧头，有些是长矛，还有一些是剑。之后，他们中的一些人被集体驱赶到了城市里，一些人逃到了沙漠之中，还有一些人则涉水渡河逃到了邻近的岛上，当时河中的鳄鱼数量还不多。这些逃亡者中有些是干大基②女王的将军，干大

---

① 这里所说的恺撒是指奥古斯都屋大维。

② 根据老普林尼的说法（Pliny, *Natural History*, VI, XXXV, 186），一般认为干大基并不是人名，而是对埃塞俄比亚女王的称号，类似于"法老""恺撒"等的头衔称呼。关于埃塞俄比亚女王干大基，最著名的故事是《新约》中说她的一个管理银库（财政）大权的太监皈依了基督教（《使徒行传》8：27）。

基女王非常英勇,有一只眼睛瞎了。他把俘获的所有人用木筏和船只运送到亚历山大里亚。他还攻击并夺取了帕塞基斯,如果参与战斗的大量人员被俘的话,那么能逃走的人一定很少。他从帕塞基斯出发来到了普雷姆尼斯,在穿过一片沙丘后,他发动了一次进攻,然后首先夺取了一个要塞。在那片沙丘,冈比西斯的军队曾遭遇风暴而全军覆没。此后,他向纳巴塔进发,这里是干大基的王室成员所在地,她的儿子也在这里,她住在这附近。尽管她派遣了使臣前来寻求友谊,并归还了罗马战俘和从叙埃涅带来的雕像,但佩特罗尼乌斯还是继续进攻,夺取了纳巴塔,并把这里夷为平地,而干大基的儿子从这里逃走了。把这里的居民变为奴隶后,佩特罗尼乌斯认为再往前的地区会很难穿越,于是他决定带着战利品返回,为了使普雷姆尼斯的城防得到更好的巩固,在这里他增加了一支卫戍部队,并为400名士兵配备了两年的食物,接着他出发返回亚历山大里亚。至于这些战俘,他把其中一些作为战利品出售,还送给恺撒(即奥古斯都)1000人,恺撒刚从坎塔夫里亚返回,另外一些战俘则死于疾病。与此同时,干大基则带领数万人向纳巴塔的卫戍部队发动进攻,但佩特罗尼乌斯派出助手且率先到达要塞。当他通过各种方法使那里彻底安全后,干大基的使团到达了,他命令使团去恺撒那里,当这些使臣说他们不知道恺撒在哪里,还说他们不知道怎么去找他时,他给他们派遣了护卫,带着他们前往萨摩斯,因为恺撒就在萨摩斯。恺撒在这里派遣了提比略前往亚美尼亚后,自己打算从这里前往叙利亚。当使臣们获得了他们想要的一切后,他甚至还免除了他过去强加给他们的岁贡。[①]

　　在镇压埃塞俄比亚人的叛乱以及在菲莱与埃塞俄比亚大使和谈后,行政长官加卢斯与他们达成了解决方案,埃塞俄比亚国王接受

---

① Strabo, *Geography*, XVII. I. 53 – 54。对于这段历史,还可以参考 Dio Cassius 54. 5. 4 – 6;Pliny, *Natural History*, VI. XXXV. 181 – 182。

罗马人的保护，并派一位王子掌管一个叫特拉康塔斯科尼诺斯的地区，该地区位于埃及南部介于第一瀑布和第二瀑布之间的尼罗河谷地。加卢斯对自己的军事功绩的记录保存在公元前29年菲莱的一段铭文中，该铭文吹嘘加卢斯曾领导军队深入罗马军队或埃及国王的军队从未到达的地区。①

把斯特拉波所描述的情形与罗马皇帝对埃塞俄比亚女王干大基的迁就相比较，会发现斯特拉波明显地夸大了佩特罗尼乌斯的成功。斯特拉波的叙述前后看上去有些矛盾，比如他说，生活在南部和往麦罗埃方向的埃塞俄比亚人数量并不大，他们没有结合在一起，他们的战争装备也很差。如果真是这样，即如果埃塞俄比亚人真的是武器很差的民族，那么，怎么解释埃塞俄比亚人能够夺取好几个城市并奴役其居民这一事实呢？斯特拉波的解释是，罗马是在埃及的卫戍部队正好人员不足的时候遭到突然袭击，在叙埃涅有3个军团步兵大队（1260人）。但是，当佩特罗尼乌斯反攻时，在斯特拉波的叙述中数字则完全变了，说有一支不超过1万人的步兵部队和800人的骑兵部队打垮了3万埃塞俄比亚士兵。但当埃塞俄比亚人威胁普雷姆尼斯时，斯特拉波说干大基带领数千人前进。于是，佩特罗尼乌斯同意命人带领干大基使团面见奥古斯都，奥古斯都同意了埃塞俄比亚人的所有请求。奥古斯都本人在《功德碑》中自豪地写道："几乎与此同时，两支军队在我的命令和指挥下被带进埃塞俄比亚和被称为'福地'的阿拉伯地区，来自两个部族的大部分敌军在对垒中被击败，许多城池被攻破。我军深入埃塞俄比亚直达麦罗埃附近的纳巴塔城。我军攻入阿拉伯直达塞巴人疆域的马里巴城。"② 在这里，奥古斯都和斯特拉波虽然叙述的角度完全不一样，但在总体说法上是一致的。但是，对于罗马与埃塞俄

---

① H. Dessau, *Inscriptiones Latinae Selectae*, III, Berlin, 1916, No. 8995; N. Lewis and M. Reinhold, *Roman Civilization*, Selected Readings Edited with an Introduction and Notes, Vol. II: *The Empire*, New York: Columbia Unversity Press, 1955, pp. 45 – 46.

② 张楠、张强：《〈奥古斯都功德碑〉译注》，《古代文明》2007年第3期。

比亚的战争，或者说对于埃塞俄比亚的衰落问题，后来的普林尼提供了一种与前文不太一样的说法。普林尼在他关于佩特罗尼乌斯战役及纳巴塔沦陷的叙述中，列举了佩特罗尼乌斯所攻陷的一系列城市，如帕塞基斯、普雷姆尼斯、波克斯、冈比西斯市场（Cambyses' Market）、阿特尼亚以及斯塔迪西斯，当然，还包括纳巴塔，最远的地方是离叙埃涅 870 英里的地方，"但无论怎样，并不是罗马的战争把这个国家变成了一片废墟：埃塞俄比亚是在与埃及的一系列战争中的交替统治与臣服中而消耗殆尽的。这个国家直到特洛伊战争时还是一个著名而强大的国家，当时的国王是门农，关于安德洛墨达的故事表明，这个国家在刻甫斯国王时期曾统治叙利亚和地中海沿岸地区"。[①] 在普林尼看来，埃塞俄比亚衰落的根源其实并不在于罗马的进攻，而是它与埃及之间的长期消耗。那么，到底是奥古斯都和斯特拉波的说法更准确，还是普林尼的记载更确切呢？

1910 年 12 月，英国考古学家约翰·加斯唐在麦罗埃发掘出了奥古斯都的半身雕像，该雕像被埋藏在通往胜利祭坛的纪念通道里。在国家艺术收集基金会（National Art Collections Fund）的帮助下，苏丹考古发掘委员会（Sudan Excavation Committee）把它捐献给了大英博物馆。很可能，该雕像是作为重要战利品随葬的，如果是这样，那么很可能，干大基并没有完全归还埃塞俄比亚人曾经捣毁的恺撒的雕像，或者在埃塞俄比亚王国的首都曾经有一尊奥古斯都的雕像。同时在麦罗埃发现的巨大石碑上有麦罗埃铭文，它可能记录了佩特罗尼乌斯远征的另一个版本，即麦罗埃版本的说法。但遗憾的是，这段铭文中的很大部分内容无法翻译。石碑上的文字给出了女王母亲的名字——阿马尼勒拉斯，这一名字似乎与斯特拉波所载的独眼的干大基很匹配，而且上面记载道她的儿子被称为阿克尼扎兹。这两个名字在其他麦罗埃铭文中出

---

① Pliny, *Natural History*, VI, XXXV, 182.

现过，这一点似乎可以肯定，而在铭文的前几行里，罗马和罗马人似乎是以麦罗埃国王及王子所征服的敌人的形象而不断出现的。所有这一切似乎都表明，在这块石碑铭文中，关于佩特罗尼乌斯的胜利有另一个麦罗埃版本，在这个版本中，它把这场战争的胜利者换成了麦罗埃女王。在麦罗埃女王与奥古斯都达成和平协议后，罗马人放弃了普雷姆尼斯。在萨摩斯，奥古斯都所认可的和平条款表明，斯特拉波可能对佩特罗尼乌斯的胜利有所夸大，在麦罗埃的石碑中的吹嘘可能也有些真实成分。因此，奥古斯都的功德碑和斯特拉波的记载对罗马的胜利都有夸大其词的嫌疑。[①] 位于麦罗埃太阳神庙中的浮雕上描绘的被捆绑的犯人跪在征服者国王的脚下的画面，可能是对被埃塞俄比亚人俘虏的一些罗马士兵的记录。[②] 根据后来罗马人在这一地区所经历的困难，以及戴克里先希望在这里和平定居所面对的困难，奥古斯都在萨摩斯的让步可能是明智的。

　　那些被佩特罗尼乌斯作为犯人出售的埃塞俄比亚人到了罗马世界的各地区。斯特拉波把埃塞俄比亚士兵的保护性装备描述成由大而椭圆的牛皮原料做成的盾牌，他们用斧子、长矛和刀剑作为武器。[③] 他的记载在一些赤陶花瓶画上得到了印证，这些花瓶上有一些全副武装的黑人士兵形象，他们身着罗马帝国早期的埃塞俄比亚人装备。有学者指出，这些穿着带边的厚重披风和装备着战斧、盾牌的黑人小雕像，即使描绘的是罗马时代滑稽剧中的演员，也给予了人们观念中的托勒密埃及和罗马埃及时期的南部敌人形象以很好

[①] Frank M. Snowden, Jr., *Blacks in Antiquity: Ethiopians in the Greco-Roman Experience*, p. 133; M. Rostovtzeff, *The Social and Economic History of the Roman Empire*, second edition, Vol. II, Oxford: Oxford University Press, 1957, p. 679, n. 56.

[②] J. Garstang, A. H. Sayce and F. Ll. Griffith, *Meroë, The City of the Ethiopians: Being an Account of a First Season's Excavations on the Site, 1909–1910*, London: Forgotten Books, 2017, plate XXXIII 3.

[③] Strabo, *Geography*, XVII, I, 54.

的印证。① 亚历山大里亚的希腊罗马博物馆中收集的赤陶花瓶还记录了帝国早期罗马人所熟知的黑人士兵的生动形象,最大的一个藏品显示其穿着短衣,可能是皮制的,一件短外套斜挂在肩上,右手握着一把双面斧并扛在右肩上;另一个左手握着椭圆形的盾牌,右手握着一把双面斧;还有一个则被描绘成一名角斗士或者士兵,穿着长袖托袈,装备着胸甲,带着双刃短宽剑或者短剑,拿着方形盾牌。有人认为,柏林的一对青铜器是受到了佩特罗尼乌斯战役的启发而创作出来的。如果这些看法是正确的话,那么这些塑像可能代表的是战争中俘获的埃塞俄比亚士兵。②

奥古斯都(屋大维)是出于什么原因才那么爽快地签署与埃塞俄比亚的和平协议,我们不得而知。但是,我们可以根据当时罗马的实际情况进行一些猜测。对于奥古斯都而言,亚克兴海战刚刚打败自己的最大竞争对手安东尼,国家初定,对内需巩固政权。"这(亚克兴海战)以后,他在各个时期粉碎了尚处于萌芽状态的几次骚乱、暴动企图和阴谋。……看来连一些地位最卑下的人也密谋反对他和威胁他的安全。"反对者策划分裂他的阵营,甚至有人躲过警卫的视线,闯入其寝室附近。在其统领的两次对外战争中,他一次右膝被石头击中而负伤,另一次一条腿和双臂都受到严重损伤。因此,虽然"他以威力和宽厚所赢得的声誉,使得像印度人和斯基泰人这些对我们来说只是传闻中的民族,也都自愿派使者来求取他本人和罗马人民的友谊",③ 但是,对于奥古斯都来说,只要能达到边疆拓展、国家统一目的,能减少战争也是不错的选择。罗马国家对行省的统治,特别是对边疆行省(包括埃及)的统治,主要基于两个标准,即秩序与税收。只要罗马的这两个基本标准不

---

① M. I. Rostovtzeff, *The Social and Economic History of the Hellenistic World*, II, Oxford: Clarendon Press, 1941, p. 900 and plate CI, fig. 2.

② Frank M. Snowden, Jr., *Blacks in Antiquity: Ethiopians in the Greco-Roman Experience*, p. 134.

③ 苏维托尼乌斯:《罗马十二帝王传》,第56—58页。

被破坏，行省就能享受到罗马的"和平"。罗马的和平是合同（contract）的同义语，这种合同表面看是罗马人与被征服者公平签订的，实际上是罗马人强加的，他们的逻辑是战争—击败—羞辱—强制，对被征服者来说这种合同的逻辑是投降—恳求—认罪，最后以诸神对人类或胜利者对被征服者的安置与制定秩序来实现。[1] 虽然奥古斯都在与埃塞俄比亚的战争后，免除了他们的"税收"，但这并不能表明奥古斯都和罗马的"屈服"，相反，可能更反映出奥古斯都的韬光养晦。与埃塞俄比亚女王签订的协议保障了罗马与埃塞俄比亚的长久和平，这在公元前13年的一段希腊铭文中得到了证明。该铭文记录了一个叫哈尔波克拉斯的麦罗埃代表团，穿过帕塞基斯回到内地的事迹。[2] 不仅如此，在此后的200多年中，这里的历史也证明了奥古斯都开创的这一边疆和平政策所产生的积极影响。

到尼禄统治时期，罗马人与埃塞俄比亚人的关系在普林尼和塞涅卡那里得到了记录。普林尼在列举了麦罗埃各地区之后写道："以上就是远至麦罗埃的各地区，尽管它们现在几乎在河的两岸再也不存在了。不管怎样，最近，尼禄皇帝派遣了一支由保民官率领的禁卫军部队（praetorian troops）前往该地区进行勘察。尼禄皇帝在他之后的战争中，确实在计划对埃塞俄比亚发动进攻。勘察队回来报告说，埃塞俄比亚除了沙漠外，什么也没有。"[3] 在这里，普林尼说尼禄皇帝派人前往调查是为进攻埃塞俄比亚做准备。但是，对于同样的内容，塞涅卡则有不同的说法，他说尼禄派人前往调查是为调查尼罗河的源头。"在各种不同的解释尼罗河夏季洪水是怎

---

[1] Carlin A. Barton, "The Price of Peace in Ancient Rome", in Kurt A. Raaflaub, ed., *War and Peace in the Ancient World*, London: Blackwell Publishing, 2007, pp. 245–255.

[2] Frank M. Snowden, Jr., *Blacks in Antiquity: Ethiopians in the Greco-Roman Experience*, p. 134.

[3] Pliny, *Natural History*, VI, XXXV, 181.

样产生的理论中,有一种理论是这样的:河水喷涌出地球,并且河水上涨,它不是来自地球之上,而是来自深深的地层之下,难道你没有意识到?我曾听说,各种美德的伟大热爱者,特别是真理的伟大热爱者恺撒尼禄皇帝,曾派遣两个百人队长前去调查尼罗河的源头。他们讲述了他们的旅程是多么漫长,埃塞俄比亚国王向他们提供了帮助,并向邻近的国王们介绍了他们,他们深入了更远的内陆。他们说:'接着,我们到达了漫无止境的沼泽地,当地的居民也没有找到沼泽地的尽头在哪里,也没有人希望能找到尽头。水面杂草丛生,无论是步行还是乘船,都根本无法通过,只有很小的、只容一人的小船才能通过那泥泞的、杂草丛生的沼泽之地。'他说:'在那里,我们看到了两处峭壁,峭壁之上有两股巨大的水流倾泻而下。'它到底是尼罗河的源头还是其一条支流呢?它是最初出现在那里的,还是在前面的河段中渗入地下,之后再出现在地面的呢?不管这水流是怎样的,你难道不相信它是从地球的巨大湖泊里面涌出的吗?因为地球一定包含能通过这种力量翻涌出来的大量液体,它既可能分散在许多地方,也可能集中在某一个地方。"[1] 这里,塞涅卡说得很清楚,尼禄皇帝派人前往埃塞俄比亚的目的只是调查尼罗河的源头。对于这两种说法,后世学者产生了意见分歧,较多的人倾向于认为尼禄是为进攻埃塞俄比亚做准备,而尼禄皇帝的这些军事准备是为了保护帝国的商业利益。阿克苏姆的力量不断增强,通过向尼罗河上游地区不断前进,阿克苏姆人取代了自奥古斯都和平以来与罗马人达成友好协议的麦罗埃人的地位,这就对罗马帝国的商业利益构成了威胁。因此,尼禄在埃塞俄比亚的一个目标可能是支持麦罗埃对抗阿克苏姆,并获取来自南方的商品,特别是对象牙贸易路线的控制权。[2]

---

[1] Lucius Annaeus Seneca, *Natural Questions*, Chicago and London: The University of Chicago Press, 2010, 6.8.3-5.
[2] Frank M. Snowden, Jr., *Blacks in Antiquity: Ethiopians in the Greco-Roman Experience*, pp. 135-136.

关于罗马人与埃塞俄比亚人之间的军事关系的记录，保存在一份纸草残篇中，其时间不会晚于公元 2 世纪早期，很可能是公元 60 年至 94 年。该纸草提到罗马人与穴居人及埃塞俄比亚人之间的一场沙漠冲突，当时罗马人使用了骑兵马队（cavalry ala）。有一种解释认为，这场冲突可能与尼禄的远征有关，尼禄的远征目标之一就是找到从尼罗河到科普托斯南部的红海之间的商路。① 还有人认为，纸草中的"穴居人"是"白来米人"的对应词，其所涉及的事件只是罗马骑兵队的活动，该骑兵队是驻扎在尼罗河沿岸的众多罗马驻军的一部分。②

公元 1—2 世纪，罗马人与埃塞俄比亚人的冲突仍在持续。公元 1 世纪末（可能是公元 86 年），第三军团的指挥官塞普提米乌斯·弗拉库斯从利比亚出发，前往埃塞俄比亚，"三个月"时间就穿越了加拉曼特人的国家。由于弗拉库斯的行军速度和他在绿洲中停留的时间都不清楚，因此，他深入非洲内陆的哪里也不能确定。托勒密引用推罗的马里努斯的记载作为他论述这次军事远征的资料来源，他在描述几年后由尤里乌斯·马特努斯指挥的第二次出行时同样很模糊。马特努斯可能是一位商人，他离开大列普提斯前往加拉曼特城。在加拉曼特城，加拉曼特人的国王为了联合征伐埃塞俄比亚人与他相会。他们继续向南推进，四个月后到达了埃塞俄比亚人的国家阿格辛巴，这里有许多犀牛。托勒密的详细叙述如下：

> 现在让我们继续旅行。就陆上旅行而言，马里诺斯计算了从大列普提斯到阿格辛巴国家的单向行程天数，估计阿格辛巴到赤道南部有 24680 斯塔德（stade）。就海路而言，从穴居人所在的托勒马伊斯到布拉森海角，他估算布拉森海角到赤道南

---

① E. G. Turner, "Papyrus 40 'della Raccolta Milanese'", *Journal of Roman Studies*, XL, 1950, pp. 57–59.

② Frank M. Snowden, Jr., *Blacks in Antiquity: Ethiopians in the Greco-Roman Experience*, p. 136.

部有 27800 斯塔德。这样，他越过了属于埃塞俄比亚人的布拉森海角和阿格辛巴，而且正如他自己所说，这里还不是埃塞俄比亚的最南部，然后到达了极寒地带，因为 27800 斯塔德构成了 3/5 的子午线圈，这一从赤道向南的距离与斯基泰人和萨尔马提亚人向北的距离是一样的，斯基泰人和萨尔马提亚人生活在迈俄提斯湖北部，他们生活在极寒气候里。……首先来看从加拉曼特到埃塞俄比亚的陆上行程，他说，塞普提米乌斯·弗拉库斯在利比亚打完仗后，离开加拉曼特的人民，向南前进三个月，到达了埃塞俄比亚人那里，尤里乌斯·马特努斯在大列普提斯打完仗后，与加拉曼特的人民的国王（他正在从事对埃塞俄比亚人的远征）一起离开了加拉曼特，他们向南行进了四个月，到达了埃塞俄比亚人的国家阿格辛巴，那里是犀牛聚集之地。这两种计算都不太合理，原因有二：一则，内陆埃塞俄比亚人离加拉曼特的人民（他们中有很多人是埃塞俄比亚人，并且与内陆埃塞俄比亚人有同样的国王）不会有三个月的行程；二则，可以想象，国王对他臣民的远征只沿着从北向南一个方向，当这些民族向东和向西延伸出去的时候，他们不会在任何地方停留。由于这些原因，很可能，这些人要么是告诉了旅行者一些传说，要么是误将随意的术语当作准确的术语，以至于把"向南"表述为"向南的风"或"向北的风"。[1]

有学者认为，由于弗拉库斯军事胜利的影响，罗马人与加拉曼特人的关系得到了改善，此后很短时间里，在加拉曼特人国王的帮助下，马特努斯可能出于商业目的执行了其埃塞俄比亚任务。他从阿格辛巴带回罗马一些黑色的野兽，其中有图密善在角斗戏中展示

---

[1] J. Lennart Berggren and Alexander Jones, *Ptolemy's Geography*, an annotated translation of the theoretical chapters, Princeton and Oxford: Princeton University Press, 2000, 1.8.

的两角犀牛，即图密善的钱币上有长着两角的非洲犀牛图像。①

这些模糊的、分散的叙述对于认识非洲北部的罗马人与非洲南部的埃塞俄比亚人之间的关系的本质并不能提供什么实质性内容。很明显，罗马远征军是为了打击对罗马领土的入侵或者清除对罗马商队路线的干扰。② 无论如何，埃塞俄比亚人的威胁已经很严重，以至于需要派遣两支远征军深入埃塞俄比亚。尤里乌斯·马特努斯可能还深入过乍得湖附近的苏丹草原。一个有赫耳墨斯头像的方形石柱路碑上刻有一个黑人，它被发现于迦太基的安托尼乌斯公共浴场，可能是为纪念胜利而竖立的。黑人石柱路碑和另一个利比亚人路碑可以追溯到公元 2 世纪中期，上面的人物则被解释为在奥兰·撒哈拉北部被罗马俘获的士兵。③ 还有其他一些被描绘在北非马赛克上的黑人，也被认为是在类似的战役中被俘获的埃塞俄比亚人。比如，有人认为，在安东尼时期，罗马非洲的黑人很时髦的表现，是对包括黑人在内的撒哈拉的反叛民众的镇压取得胜利的结果。④

大列普提斯是尤里乌斯·马特努斯远征军深入内陆非洲的起点。对于这一连接点的情况可以从一份记录中略知一二，这份记录保存了一位在塞普提米乌斯·塞维鲁军队中的埃塞俄比亚人的布告，他是大列普提斯本地人。这名埃塞俄比亚人是驻扎在不列颠的塞维鲁部队中

---

① 关于罗马旅行者塞普提米乌斯·弗拉库斯和尤里乌斯·马特努斯的确切情况并不为人所知。德桑热（Desanges）认为，弗拉库斯率领的远征军是在图密善统治时期，大约在公元 70 年或者 80 年，马特努斯大约是在公元 90 年前往阿格辛巴为在罗马举行的帝国表演获取犀牛（Frank M. Snowden, Jr., *Blacks in Antiquity: Ethiopians in the Greco-Roman Experience*, p. 302）。

② R. M. Haywood, "Roman Africa", in *An Economic Survey of Ancient Rome*, IV, Baltimore: The Johns Hopkins Press, 1938, p. 62.

③ G. Charles-Picard, "Tunisia s. v. Archaeological News: Classical Lands", *American Journal of Archaeology*, LII, 1948, p. 498 and plate XLVI.

④ Frank M. Snowden, Jr., *Blacks in Antiquity: Ethiopians in the Greco-Roman Experience*, p. 142.

的士兵，是一个著名的小丑，他属于 Numeri① 部队，即从新近征服的行省或者罗马化程度不高的行省中征募而来的步兵部队或骑兵部队，通常会被分配到离他们被征募之地很远的地方。② 据说这位埃塞俄比亚士兵还与塞维鲁的去世有关。在塞维鲁去世前，有很多征兆，其中之一是："在另一场合，当他（塞维鲁）在卢古瓦利乌姆地区的城墙检阅后返回最近的营地的途中，他不但逐一证明了自己的胜利，而且已经获得了永久的和平。当他正想知道会呈现什么征兆时，一位手提柏树枝花圈的埃塞俄比亚士兵遇到了他，这位埃塞俄比亚士兵是一个非常有名的傻瓜和小丑。由于对此花圈的颜色和花圈本身不祥的反感，塞维鲁愤怒地命令他从自己眼前消失，但这名士兵却开玩笑般地哭了起来，并说道：'你是世间一切，你已经征服了世间一切，现在，噢，你是一位征服者，将成为一个神。'"③ 塞维鲁的部队中，应该还有其他埃塞俄比亚人被征募到 Numeri 部队。值得注意的是罗马广场上皇帝凯旋门上的一位士兵的特征，该士兵鼻子宽阔、扁平，嘴唇很厚，与在其他罗马表现方式中出现的埃塞俄比亚人完全一样。

第三节　帝国后期的罗马与埃塞俄比亚关系

罗马帝国在经历了奥古斯都缔造的"罗马和平"后，到图拉真时期，疆域达到了极点，版图达到最大，但自哈德良皇帝

---

① Numeri 是由来自罗马帝国边境以外的土著居民（或称野蛮人）组成的同盟军部队，他们以雇佣军的身份与正规部队一起战斗。这些部队都是由贵族带领，使用具有他们本部落特色的装备。他们的数量因情况的变化而难以得到具体的数字。

② G. L. Cheesman, *The Auxilia of the Roman Imperial Army*, Oxford: Kessinger Publishing, 1914, pp. 86 – 89.

③ *Scriptores Historiae Augustae* (*SHA*), Vol. I, *Septimius Severus*, translated by David Magie, Cambridge, MA: Harvard University Press, 1998, XXII, 4 – 5.

开始，罗马的疆域呈收缩化态势。在经历五位"好皇帝"统治后，罗马进入了著名的"三世纪危机"时期。作为罗马边陲之地的埃塞俄比亚，不仅是罗马帝国与东部海上贸易的重要中转地，而且是罗马在非洲南部的重要边境，构成了罗马重要的边疆问题。

在罗马帝国早期，罗马与印度、波斯湾、阿拉伯亚和非洲东海岸的贸易主要掌握在罗马商人手中，这些商人用他们自己的船只航行于红海和印度洋之间。到3世纪末之前，这种直接的商业联系几乎完全中止了。地中海与东部的贸易已经转移到了诸如波斯人、阿比西尼亚人、也门的希姆亚尔人这些中间人手里了。这种变化可能是帝国的混乱引起的，这种混乱情况一直持续到亚历山大·塞维鲁去世，这对罗马商业的发展是很不利的。在统一强大的波斯萨珊王朝统治之下，波斯商人巩固了对丝绸贸易的垄断地位，印度的商品通过阿比西尼亚商人被运送到波斯人在阿杜利斯的市场，甚至被送到在海峡角的克莱斯马（即苏伊士）[1]和艾拉这样的罗马港口。随着时间的推移，红海贸易逐渐没落，被阿克苏姆王国的埃塞俄比亚人和希姆亚尔人逐渐夺取。随着埃塞俄比亚人和希姆亚尔人的商业利益不断增长，他们变得更加强大和重要了。埃塞俄比亚人还通过东部中非被罗马废弃的贸易路线而获利。这些地区的产品（奴隶、象牙、乌木、黄金、宝石、赭石等）在过去麦罗埃的埃塞俄比亚王国兴盛时期就通过尼罗河以及红海到达埃及。公元2世纪，麦罗埃逐渐衰落，到公元3世纪，它的组织也瓦解了，上尼罗河则在努比亚人和白来米人的控制之下，麦罗埃作为贸易的对象也变得不切实际。随着力量从麦罗埃向阿克苏姆转变，东非商业完全转移到阿克苏姆的埃塞俄比亚人手中了。[2]

---

[1] 克莱斯马即古勒祖姆，位于苏伊士以北1英里处。
[2] J. B. Bury, *History of the Later Roman Empire*: *From the Death of Theodosius I to the Death of Justinian*, Vol. II, New York: Dover Publications, Inc., 1958, pp. 317–318.

公元 250 年以后的 300 年时间里，白来米人一次又一次地入侵埃及，尽管他们多次被罗马人击退和打败，但总是能卷土重来。他们还充分利用罗马人与其他民族的冲突，与罗马的敌人结成同盟，对抗罗马。在相当长的一段时期里，他们占领埃及部分地区，远至托勒马伊斯。白来米人的入侵和不断骚扰，促使戴克里先为了保持国家的和平而做出了废弃古罗马边疆的决定，罗马边界退让至埃塞俄比亚人的邻居纳巴泰人处，而且，罗马还向这两个民族提供年供。白来米人还攻击基督教社区，给罗马人的生活造成了长期的威胁。他们甚至不时地与纳巴泰人结成同盟，尽管最终他们在纳巴泰人的打击下再也没能恢复过来。

从公元 3 世纪中期到公元 6 世纪晚期，罗马与白来米人的漫长斗争证明了奥古斯都在对埃及南部边境的保护及对南部边疆危险性的认识方面的智慧。德西乌斯皇帝统治时期（公元 249—251 年），白来米人攻击了埃及的南部边境。后来，作为三十僭主之一的艾米利安努斯最早于约公元 257 年成为埃及的行政长官（prefect），[1] 他遭遇了这些威胁，但他把他们赶了回去，"事实上，他并不缺乏管理公共事务的能力，因为他率军到了底比斯地区，事实上是到了整个埃及，他用自己最擅长的勇气和坚定驱逐了野蛮人"。[2] 当罗马的统治一度受到来自几个方向的威胁时，白来米人入侵埃及并占领了科普托斯和托勒马伊斯。有一则公元 273 年的世俗体铭文提到了一个叫耶合的人，他可能是一支舰队的指挥官，该则铭文被解释为皇帝派人前去惩罚入侵埃及领土的人的证据。奥勒良（公元 270—275 年在位）似乎已经征服了白来米人，因为在他的凯旋队伍中，与其他囚犯一起展示的还有白来米人。

---

[1] J. Milne, "Aemilianus the 'Tyrant'", *Journal of Egyptian Archaeology*, X (1924), pp. 80 - 82.

[2] *SHA*, Vol. III, *Tyranni Triginta*, XXII, 6 - 7.

他骑马来到了卡庇托尔，想在那里登台表演，据说他虏获了那里的战车并发誓把最好和最大的献给朱庇特。而且，他还增加了来自利比亚和巴勒斯坦的20只大象和200只驯化好的野兽，奥勒良立即把它们送给了普通民众，这样国库就可以不负担它们的食物；而且，除了来自野蛮部落的战俘之外，还带来了4只老虎，以及长颈鹿、麋鹿等其他动物，还有800对角斗士。这些野蛮部落的战俘中有白来米人、阿克苏姆人、来自阿拉伯福地的阿拉伯人、印度人、巴克特里亚人、伊比利亚人、萨拉森人和波斯人，他们都带着礼物；还有哥特人、阿兰人、罗克索兰尼人、萨尔马提亚人、法兰克人、苏维比人、汪达尔人和日耳曼人。所有战俘的双手都被捆得死死的。①

奥勒良曾收复罗马帝国失去的大部分疆域，将分裂50年的帝国再次统合，他的功绩在3世纪危机期间特别突出。从奥勒良的战俘中可以看出，他可能收复过埃塞俄比亚边疆地区。但是，白来米人对奥勒良的征服似乎并不畏惧，他们再次入侵上埃及。普罗布斯（公元276—282年在位）驰援科普托斯和托勒马伊斯，打败了白来米人，并把战俘送回了罗马，这些战俘令罗马人感到惊奇，并引起了巨大的轰动。"他还征服了白来米人，他把虏获的白来米人送到罗马，因此给罗马制造了一种令人惊叹的印象。除此之外，他还对科普托斯和托勒马伊斯诸城进行驰援，并使它们摆脱了蛮族的奴役，恢复了罗马的法律。通过这些行动，他获得了极大的声誉，以致帕提亚人派遣使者前来，承认自己对他的恐惧并寻求和平，但是他们受到了傲慢的对待并带着比此前更大的恐惧回到他们的国家。"② 他举行了盛大的仪式来庆祝对白来米人的胜利，并把被俘

---

① SHA, Aurelianus XXXIII, 4; Firmus 3.
② SHA, Probus, translated by David Magie, Vol. III, Cambridge, MA: Harvard University Press, 1998, XVII, 1-3.

的白来米人送到了正在进行角斗的圆形大剧场。"他还给罗马人以娱乐,而且是最流行的娱乐,他还慷慨馈赠罗马人。他举行仪式庆祝对日耳曼人和白来米人的胜利,把所有民族的人都纳入胜利队伍之中,每个民族有 50 个男人参加。他还让圆形剧场举办盛大的斗兽表演,所有参加的人都是战俘。"① 据说,曾被奥勒良打败的菲尔姆斯②与白来米人关系密切,"他与白来米人和萨拉森人保持着最为密切的关系,他还经常派遣商船前往印度人那里"。③ 由此可以看出,一方面,白来米人给罗马的埃塞俄比亚边疆造成了长期的困扰;另一方面,罗马人与这一地区的商业贸易关系十分密切。

公元 3 世纪后期,戴克里先稳定政权后,开始了著名的戴克里先改革,罗马帝国再度焕发出昔日活力。在对边疆问题的处理上,对边疆地区部落的结盟政策不时地使用。在边疆地区与各部落结盟,是罗马帝国一直盛行的政策。与罗马帝国前期一样,罗马帝国与边疆各部落达成相互帮助的条约,缔结同盟,这也成为罗马国家的一种常规政策。这些结盟的部落能够形成抵御更遥远的敌人的缓冲地带,还可以阻止边疆地区桀骜不驯的邻居,至少可以阻止他们对边疆行省的劫掠。这种纸面上的保证固然不是总能奏效,但是,罗马政府一方面通过对条约破坏者的严厉惩罚来巩固这种结盟,另一方面通过向部落酋长定期赠送礼物来达到巩固结盟的目的。罗马的这种政策被运用到所有的罗马边疆地区,如从莱茵河和多瑙河流域的日耳曼部落和萨尔马提亚人部落,到非洲行省沙漠边缘的毛里人部落和埃及南部及纳巴泰人所在地区,再到东部边疆的萨拉森人

---

① *SHA*, *Probus*, XIX, 1-3.
② 据《罗马帝王传》,当时有三个叫菲尔姆斯的人,其中之一就是埃及的行政长官,另一个是非洲前线的指挥官兼总督(proconsul),第三位则与泽诺比娅结成同盟,他受埃及人的疯狂驱使,攫取了亚历山大里亚城,最终被奥勒良以其惯常的英勇所带来的好运打败。这里是指第三位菲尔姆斯(*SHA*, *Firmus* III, 1-3)。
③ *SHA*, *Firmus* III, 3-4.

部落和小高加索山脉诸部落。① 因此，戴克里先统治时期，罗马帝国对埃塞俄比亚边境的人和纳巴泰人的威胁也是希望通过同样的办法来解决。

普罗柯比说，到戴克里先时代，埃塞俄比亚人又称阿克苏姆人，因为他们的国王定都阿克苏姆城。② 普罗柯比对戴克里先与埃塞俄比亚地区的关系记载十分详细：

> 一个轻装旅行者从阿克苏姆城出发，走 30 天就可以到边界，另一边就是罗马人统治的埃及地区，艾里芬提尼城就坐落在这里。此处有许多民族国家，其中以白来米人和纳巴泰人势力最为强大。白来米人定居在这一地区的中心地带，而纳巴泰人则占据尼罗河流域，从这里再步行 7 天便可以到达罗马帝国的边界。当年罗马皇帝戴克里先到这里视察时，曾因为这里贡物数量少而不满（因为这个国家的大部分是山地，物产贫瘠）。这里自古就组建了一支规模庞大的军队，供养军队加重了人们的负担。纳巴泰人本来居住在绿洲城，他们经常抢劫这一地区，因此戴克里先说服蛮族人迁居到尼罗河沿岸地区。这样便可以保证绿洲城附近地区的安全，而且当他们拥有了自己的土地后，也许还能牵制白来米人和其他蛮族人。戴克里先允诺为纳巴泰人建设更大的城市，给他们更好的土地，每年付给他们一定数量的黄金，直到今天仍没有中断。纳巴泰人非常高兴，迁居到指定地区，占据了尼罗河两岸的原属于罗马人的城市，包括艾里芬提尼城以外的地区。但是好景不长，纳巴泰人积习难改，他们不但不向罗马人缴纳贡赋，还时常出兵骚扰附近的罗马人城镇。仅用承诺

---

① A. H. M. Jones, *The Later Roman Empire 284 – 602: A Social Economic and Administrative Survey*, I, Norman: University of Oklahoma Press, 1964, p. 611.

② 参见普罗柯比《战史》，崔艳红译，大象出版社 2010 年版，第 41 页。

来约束蛮族人是不够的，必须辅之以武力威慑。因此，戴克里先下令在尼罗河中的一个岛上建造了一座巨大坚固的堡垒，此处距艾里芬提尼城很近。堡垒中修建了罗马人和蛮族人共享的神庙和祭坛，让牧师和白来米人、纳巴泰人一起住进城堡，通过共同进行宗教活动以促进两国间的友谊，此地被称为菲莱。这一措施取得了一定的成效，现在这两族人都信仰希腊的神祇，崇拜伊西斯和奥西里斯，尤其崇拜普里阿普斯。菲莱城的这些神殿保存至今。①

在苏丹境内发现了一枚戴克里先皇帝的钱币，该钱币和其他在埃及南部地区发现的钱币一起，可能在很大程度上反映出公元3—4世纪罗马人与这些地区之间密切交往的情况。②对于戴克里先皇帝的钱币，我们可以看出，它在一定程度上有可能印证普罗柯比的记述。类似的钱币后来还有发现。③

从普罗柯比的记载可以看出，普罗布斯所取得的胜利几乎对消除白来米人的威胁和削弱其国力没有产生影响。戴克里先对埃及南部的边疆地区的安排主要包括以下几个方面：首先，他放弃了下努比亚并把罗马的边界撤到第一瀑布。其次，对于生活在绿洲城附近且曾经不断地掠夺其邻居领土的纳巴泰人，戴克里先邀请他们占领艾里芬提尼城以外的尼罗河两岸的罗马定居点和土地。他这样做的目的是，通过把纳巴泰人安置在这一地区，使其成为自己新的边界并作为与麻烦的白来米人之间的缓冲地区。再次，戴克里先每年都

---

① Procopius, *De bello Persico*, translated by H. B. Dewing, 1914, 1.19.24 – 35. 参见普罗柯比《战史》，第42—43页。

② M. P. Charlesworth, "A Roman Imperial Coin from Nairobi", *The Numismatic Chronicle and Journal of the Royal Numismatic Society*, sixth series, Vol. IX, No. 1/2, 1949, pp. 107 – 110.

③ T. V. Buttrey, "Another Roman Coin from Africa", *The Numismatic Chronicle and Journal of the Royal Numismatic Society*, seventh series, Vol. IV, 1964, pp. 133 – 134.

向纳巴泰人和白来米人交纳年供，并要求他们不再劫掠罗马领土。罗马的这一政策持续的时间很久，据普罗柯比说，200多年后直到他所处的时代，"每年付给他们（纳巴泰人和白来米人）一定数量的黄金，直到今天仍没有中断"。最后，他通过建立神庙和祭坛以及设置罗马人、纳巴泰人和白来米人祭司着手内部文化和宗教事业，其目的可能是希望通过公共崇拜来增进罗马人与他们之间的友谊，从而消除他们带来的麻烦。戴克里先的这些安排，至少在后来相当长时间里还是很有效的，因为在他死后，这种结盟政策仍然得到了延续，尽管还有一些小规模的对罗马的入侵，但没有任何严重的对罗马领土的侵犯。

绘在君士坦丁堡凯旋门上的、来自维罗纳围攻和米尔维安大桥战役[①]场景中的某些辅助军应当被认为是埃塞俄比亚人，一些古典作家曾经提到这些埃塞俄比亚人特别的战斗方式。凯旋门装饰带上的一些士兵非同寻常的装备——捆绑在头上的圆筒里装着箭，表明这是来自非洲内陆民族的习惯，正如古代作家描绘的埃塞俄比亚人、白来米人和穴居人一样。赫利奥多鲁斯叙述得最详细，他说埃塞俄比亚人一直使用这种方法进行战斗，"射箭，更像是男人的游戏，而不是严肃的工作。他们头上戴着圆形圈袋，里面装着箭，箭羽朝里而箭头向外，就像太阳的光芒一样。在小的战斗中，他们很容易从箭袋中拔出箭，像萨梯一样跳跃起舞，然后攻击敌人。他们没有铁箭头，但是他们把从龙背上取出的骨头作为箭头，他们制作的箭有一尺长。他们把箭尽可能削尖并做出倒钩，这可能是他们的

---

① 米尔维安大桥战役发生于公元312年10月28日。交战双方为罗马帝国的君士坦丁一世和马克森提乌斯。该役之名来源于战役的发生地米尔维安大桥，它是台伯河上的重要桥梁。君士坦丁取得了这场战役的胜利，使他能在后来废除四帝共治，成为罗马帝国的不二君主。马克森提乌斯在交战时溺毙于河中。按照该撒利亚的优西比乌和拉克坦修斯这些编年史学家的说法，这场战役标志着君士坦丁皈依基督教的开始。拉克坦修斯提到上帝向君士坦丁及其部下托梦，允诺只要他们把十字架涂在他们的盾牌上，他们就会胜利。君士坦丁凯旋门的建造是为了庆祝这场胜利。人们常常把这场战役的胜利归功于教会的介入，然而，这座凯旋门上没有任何明显的基督教标志。

箭的基本结构"。① 埃塞俄比亚人在通过跳舞或者腾跃吓唬敌人之前,是不会从他们的头上拔出箭的,也不会把箭射出去。凯旋门上所展现的头饰的材料与文献中界定的埃塞俄比亚士兵的材料的相似性,在一定程度上可以使人得出结论,即在维罗纳围攻和米尔维安大桥战役中,君士坦丁使用了毛里人辅助军,而且,帝国军队中的埃塞俄比亚人和毛里人在帝国四处都进行过战斗。黑人士兵远离家乡,他们形成了后来欧洲军队的一部分。戴克里先费尽千辛万苦对白来米人和纳巴泰人的安置,是有利于对曾是罗马人巨大麻烦来源的这一地区的埃塞俄比亚人士兵的征募的。这种征募方式与地中海世界征募埃塞俄比亚辅助军的悠久传统是一致的。

根据尤西比乌斯的记载,在君士坦丁大帝时期,各国使节前往君士坦丁大帝那里,在陪同前往宫廷的使团中有白来米人和埃塞俄比亚人。

外交使节持续不断地从其故国带来了贵重的礼物,如果我们碰巧在场的话,就能亲眼目睹宫殿的大门外各色外国人排成长队等待接见。他们的衣着具有域外情调,长相奇特,发型和胡须也各不相同;有的脸部多毛,样子令人惊讶,身材格外高大。有一些人的脸部是红的,一些人的脸部比雪还白,还有一些人的脸部黑如乌木或沥青,另有一些人具有混合的颜色;在我所能提到的人种中,还能看到波列米亚部落的人(白来米人——引者)、印度人及埃塞俄比亚人,即"被广泛地划分的人类中最边远的人种"。这些使节,就如在一幅图画中那样,依次把他们带来的特别宝藏献给皇帝,有的献上黄金王冠,有的献上宝石王冠,有的献上金发儿童,

---

① Heliodorus, *Aethiopica*, p. 276, http://www.elfinspell.com/HeliodorusBk9.html, 2017年10月5日。

有的献上用黄金织成并带有明亮色调的外国服装，有的献上马，有的献上盾、长矛、标枪和弓，这表明了他们愿意为皇帝效力并被皇帝接受为同盟者。皇帝从这些使节手中接受了宝物，对它们一一做了登记，并回赐同等价值的礼物，以至于这些使节立即变得极其富有。他还赐予罗马人的头衔给他们当中最卓越的人，以至于如今有很多的人渴望留在这里，断绝了返回故土的念头。①

如果尤西比乌斯的记载属实，那么可以看出，公元3世纪末4世纪初，埃塞俄比亚与罗马帝国的关系是比较和平的。

到公元4—5世纪，白来米人巩固了在下努比亚的势力，并把纳巴泰人从戴克里先让给他们的多迪卡斯奇那斯的部分领土上驱逐了出去。就在同一时期，埃及基督教的发展以及基督教传播到阿克苏姆，对白来米人产生了影响，作为垂死的异教主义的捍卫者，白来米人似乎感觉到了被孤立和被基督教包围的危险。正因为如此，他们成为异教史家奥林匹奥多罗斯的同情对象，奥林匹奥多罗斯在公元5世纪初当白来米人把他们的统治向北拓展到塔尔米斯的时候，曾访问过他们。②

狄奥多西二世时期（公元408—450年），他认为南部边疆需要加强统治，于是把底比斯划分成两个行省，即上底比斯和下底比斯。可能在他统治的后半期，他委派了身兼民事和军事职责的边防长官③去管理上底比斯行省。一则纸草中提到，行省长官清除了来

---

① 尤西比乌斯：《君士坦丁传》，林中泽译，商务印书馆2018年版，第311—312页；Eusebius, *Life of Constantine*, translated with Introduction and Commentary by Averil Cameron and Stuart G. Hall, Oxford: Clarendon Press, 1999, 4.7。

② J. F. Matthews, "Olympiodorus of Thebes and the History of the West (A. D. 407 - 425)", *The Journal of Roman Studies*, Vol. 60, 1970, pp. 79 - 97.

③ 狄奥多西二世的这一安排可能发生在他统治的后半期，上底比斯的统治长官称为边防长官（dux，又译为军事首领、督军、将军、统帅、首领等），这一新的军事职务是公元3世纪中期在罗马边境行省出现的，主要负责边境指挥。

自白来米人和纳巴泰人的威胁。①

　　由于狄奥多西二世没有男性后代，也没有可供选择的同僚，占整个帝国一半的东部政府就应该自动地移交给他的远亲、西部的同僚瓦伦提尼安三世。但是，对于这种移交，狄奥多西二世本人是很不愿意的，他的臣民也不能容忍。狄奥多西二世在临终前指定了继承人。在场的元老中有军事统帅阿斯巴尔，以及不止一次在战争中作为阿斯巴尔的扈从（副官）的杰出军官马尔西安。皇帝狄奥多西二世对马尔西安说，他已得到神的启示，在他之后马尔西安将登上王位。但很可能，狄奥多西二世的这一选择是事先由普尔喀丽亚及她的哥哥安排好的，因为普尔喀丽亚同意成为马尔西安名义上的妻子，这样，狄奥多西王朝得以正式保留。

　　狄奥多西二世时期对匈奴人的妥协，特别是对匈奴人的贡赋，使得罗马国库空虚，到马尔西安统治时期，他拒绝再向匈奴人纳贡，并进行财政改革，到他去世时，国家财政充盈。马尔西安皇帝最忠诚的大臣是执事官（the Master of Offices）优弗米乌斯，他经常听从此人的建议。但是，马尔西安并不愿意与大国为敌，只是在萨拉森沙漠地区与叙利亚有些冲突，埃及南部的边疆地区也处于战争状态。正如前文所说，从戴克里先时代起，上埃及就一直处在白来米人和纳巴泰人的侵犯之下，为了加强边疆防御，狄奥多西二世把底比斯行省划分成两部分（上底比斯和下底比斯），并把上底比斯行省的民政和军事职权统一到边防长官一人手中。马尔西安统治之初，弗罗鲁斯担任这一职位，他通过把再次侵犯行省的野蛮人驱逐回沙漠而扬名。

　　　　据演说家普里斯库斯讲述，他从底比斯到达亚历山大里亚时，看到大规模的民众前来反对地方官员，当军队试图镇压暴

---

① J. B. Bury, *History of the Later Roman Empire: From the Death of Theodosius I to the Death of Justinian*, Vol. I, London: Macmillan & Co., Ltd., 1923, p. 237.

动时，他们用石头攻击军队，射击他们，当他们到古老的塞拉皮斯神庙避难时又遭到了攻击，并被扔在火里活活地烧死。当皇帝得知这些事件后，便派遣了一支2000人的新兵部队前往镇压，军队的旅程是如此的顺利，以至于他们在第6天就到达了亚历山大里亚。此后带来了更严重的后果，这从军队对亚历山大里亚人的妻子和女儿的放纵中可以看出。因此，人们聚集在赛马场，急切地恳求既是军事长官也是民事长官的弗罗鲁斯和他们签订条约，把他从他们那里掠夺去的物资分配给他们，并让他们享有浴室和表演场的优先使用权。由于他们的暴乱，他们在其他所有方面都遭到了禁止。弗罗鲁斯在建议下来到了人民中间并答应了他们，通过这种方式，他一度平息了叛乱。[1]

在马尔西安皇帝的将军马克西米取得了对白来米人和纳巴泰人联合军队的胜利后，白来米人希望与罗马帝国缔结一个明确的条约，他们为此向可能是当时东部军事统帅（Master of Soldiers）的马克西米派遣了使臣，最终达成了协议。协议对白来米人做了让步，允许他们在规定的时间去菲莱，以便在伊西斯神庙进行祭拜。

罗马人通过这场战争来结束白来米人的威胁的决定，从马克西米所坚持的和平条款中可以明显看出。白来米人将不收取赎金就归还先前俘获的罗马士兵，归还他们掠取的战利品，退还战争所产生的费用，把白来米贵族、统治者或统治者的孩子送去罗马作为人质以维持和平，这是白来米人此前从未接受过的条件。对于马克西米来说，他只做了一项让步——允许南部居民每年去菲莱的伊西斯神庙朝圣。在这方面，马克西米延续了他的前任统治者戴克里先确立的政策，他也在协议中承诺向被征服者提供年度补助费。白来米人

---

[1] Evagrius, *The Ecclesiastical History of Evagrius*, London: Samuel Bagster and Sons, 1846, II, 5.

在谈判中提出，只要马克西米停留在底比斯，停战协议就应当继续。当他们的这一提议被拒绝后，他们又提出缔结休战协议，有效期至他离世，但马克西米只同意订立一个百年休战协议。可能是意识到南部居民对菲莱神庙的尊敬，马克西米使罗马人、纳巴泰人和白来米人的代表在那里订立和约。毫无疑问，在他的头脑中，不仅有戴克里先所做的对宗教的吁请，而且考虑到了埃塞俄比亚人每年前往菲莱朝圣，把伊西斯女神的雕像从海岛带回他们自己的土地上，然后把伊西斯女神雕像用于宗教活动，再把它送回菲莱。马克西米很关心条约中的宗教许可事务，当南部居民听到马克西米去世的消息后，他们再次侵入埃及并救回了此前违背他们意志被要求交出的人质。[1] 尽管弗罗鲁斯驱逐了入侵者，但在重新获取人质方面可能并没有取得任何进展。[2]

可能在狄奥多西二世和马尔西安（公元450—457年在位）统治时期，白来米人入侵了基督教社区，也就是在这一时期，他们攻击了卡尔加的基督教安置区。在卡尔加，他们的战俘中包括被流放的聂斯脱里，而他正是公元428—431年君士坦丁堡的牧首（patriarch）。在给底比斯总督的信中，聂斯脱里写道：

> 关于最近在以弗所讨论的我们的神圣的宗教问题，绿洲城，或者叫作伊比斯，已经被一份帝国法令指派为我的教区。……与前面提到的地方一样，它已经落入了野蛮人手中，已经完全成了火与剑的废墟。我以最令人意想不到的可怜行动，以被他们威胁我立即离开的方式获得解放……因此，经过我无法言表的可怜行为，我与跟我一起的那些幸存战俘到达了底比斯。接着，他们被遣散到他们愿意去的地方，而我则继续前往

---

[1] Louis-A. Christophe, "Sanctuaires nubiens disparus", *Chronique d'Egypte*, XXXVIII (1963), pp. 17–29.

[2] Evagrius, *The Ecclesiastical History of Evagrius*, London: Samuel Bagster and Sons, 1846, II, 5.

帕诺波利斯，在公众中展示自己。由于担心在要求逮捕我的刑事诉讼中有人可能对我提出指控，我要么逃离流放地，要么承受可以想象的因怨恨而产生的罪过，而这些罪过是从来不曾有过的诽谤。因此，我恳请陛下把我的被捕纳入法律范围，而不是纳入战争范围，作为怨恨和人类邪恶的设计的牺牲品，以免在所有的后人中产生悲哀的故事，以免别人说宁愿成为野蛮人的俘虏，也不要成为罗马政权保护下的避难者。[1]

在狄奥多西二世统治后期，叙埃涅和艾里芬提尼的主教阿庇翁曾向罗马皇帝写信吁请其军事援助，因为白来米人和纳巴泰人已经在反对影响日益增强的基督教的过程中结成了同盟，建立在菲莱的岛上的邻近戴克里先的那些基督教会正在受到威胁。

所谓的英雄史诗《白来米人史诗》（*Blemyomachia*）的残篇被认为描述了公元5世纪的白来米人危险，可能是在马尔西安或者尤士丁一世（公元518—527年在位）统治时期形成的。但是，该诗的残篇使我们难以认定它到底是指哪一历史事件。残篇中对虚构名字的使用和确定性的缺乏导致一种观点认为，该史诗与诺努斯的《狄奥尼索亚卡》（*Dionysiaca*）一样。诺努斯描述了狄奥尼索斯对在白来米人中享有盛誉的奠基人白来米斯的胜利。即使该诗可能不是指罗马人与白来米人冲突的特定事件，在一定程度上，诗人可能也受到了罗马与白来米人之间长期冲突的启发。白来米人危险是事实，罗马人的南方敌人也并非可耻的武士。这种威胁值得引起诗人的注意。[2]

白来米人深入底比斯的程度及其出现在这一地区面对的危险从可能写于公元6世纪的一封信中可以明显看出。这封信是一位书吏

---

[1] Evagrius, *The Ecclesiastical History of Evagrius*, I, 7.
[2] J. B. Bury, *History of the Later Roman Empire: From the Death of Theodosius I to the Death of Justinian*, Vol. I, p. 238.

用希腊文写给白来米人的异邦国王（basiliskos）的，信中表明白来米人的统治已经牢固地建立到了塔纳里的岛屿，该岛屿可能是格贝莱因南部的一个岛屿，信件也是在这里发现的。异邦国王在给他儿子们的指示中，要求他们不要答应罗马人对该岛白来米人权利的侵犯，他可能还提及戴克里先时代所承诺的一直交付到查士丁尼时代的贡品问题。①

据纸草文献提供的信息，如果公元522年这个时间准确的话，那么，在尤士丁一世统治时期，上埃及又遭受了来自南方的入侵。当时底比斯的边防长官弗拉维乌斯·马里安努斯收到了来自奥米波伊城的官员的请求信，他们请求获得保护以对抗科路托斯人。很明显，科路托斯人是曾经煽动白来米人反对他们的异端，也曾在蛮族人的帮助下劫掠奥米波伊城。② 在另一封寄给底比斯边防长官的请求信中，安泰奥城的居民描述了有史以来白来米人对他们城市的破坏，以及一位叫弗洛伦提乌斯的人对他们的勒索。③

虽然我们梳理了罗马与埃塞俄比亚的关系，特别是自罗马帝国以来罗马人与它的关系，但是很明显，由于史料的缺失，我们很难把它们之间的关系梳理得更清晰。另一方面，在此过程中，我们能看到的材料基本上来自罗马人的记载，而埃塞俄比亚方面几乎完全处于失语状态，因此，要客观公正地评价二者的关系有不少困难。关于罗马人对埃塞俄比亚人的认识和态度，我们也几乎完全依赖于罗马人的材料，以下拟从两方面进行考察，即罗马文学和罗马艺术中反映的罗马人对埃塞俄比亚人的态度。

---

① J. B. Bury, *History of the Later Roman Empire: From the Death of Theodosius I to the Death of Justinian*, Vol. II, p. 330.

② A. A. Vasiliev, *Justin the First: An Introduction to the Epoch of Justinian the Great*, Cambridge, MA: Harvard University Press, 1950, pp. 285–288.

③ Frank M. Snowden, Jr., *Blacks in Antiquity: Ethiopians in the Greco-Roman Experience*, p. 139.

第四节　罗马文学中的埃塞俄比亚人

　　19世纪末20世纪初，正当反黑人的种族主义歧视在西方社会大行其道的时候，西方学术界对种族主义的渊源与传统的追溯也在紧锣密鼓地进行之中。种族主义学者不出所料地在作为西方文化源头的希腊罗马那里找到了对黑人种族偏见和歧视的证据。在他们看来，反黑人的种族主义歧视在希腊罗马社会早已存在，并弥漫于其政治、制度、文化、社会生活、文学、艺术等各个方面。后来学界虽然对这种种族主义思潮笼罩下的"研究"进行了深入的批判，但主要集中在历史学、考古学、艺术学、人类学等领域，从文学视角对其进行系统的检视则比较欠缺，很不系统。

　　罗马文学作品[①]中对黑人的歧视性描绘俯首可拾，生动形象，颇具代表性，故种族主义学者对此津津乐道，如获至宝。[②] 罗马文学对黑人的歧视性描写形式多样、手法不一，归纳起来，主要集中在以下几个方面：一是黑人的身体特征（黑皮肤、卷头发、厚嘴唇、弯曲的小腿等）受到罗马人的歧视；二是黑人在罗马社会关系中同样为罗马人所蔑视；三是罗马国家和民众把黑人作为野蛮人看待。如果我们对罗马文学作品中涉及黑人形象的内容进行重新解读，会发现它们所反映的真实情况并不能让种族主义学者如愿。这里拟就罗马文学作品中对黑人的描绘进行比较系统的分析，并结合相关史学内容进行重新诠释，以期还原罗马作家对黑人描写的真实面目。

---

　　① 这里的罗马文学作品，是指罗马古典作家的作品，并不涉及罗马时代基督教作家的作品。特此说明。
　　② David Wiesen, "Juvenal and the Blacks", *Classica et Mediaevalia*, 31 (1970), pp. 132 – 150; W. J. Watts, "Race Prejudice in the Satires of Juvenal", *Acta Classica*, Vol. 19, 1976, pp. 83 – 104.

一 罗马文学对黑人肤色的描写

罗马共和国时代,罗马人与黑人的接触远不如帝国时代密切,他们对黑人的了解要少得多,在很大程度上,罗马人对埃塞俄比亚人的认识仍然延续着希腊人特别是荷马认识传统。到公元前 1 世纪,普鲁塔克在提到埃塞俄比亚人的时候,仍然认为他们生活在世界的边缘地带,他在描写地球和月亮的关系时,认为地球有坚固的柱子支撑着,因此不用担心它会塌下来,"法纳西斯自己并不害怕地球会塌下来,但他为埃塞俄比亚人或塔普罗巴尼人感到遗憾,因为他们位于月球轨道下,如此巨大的重量恐怕会落在他们身上"。[①]并且,由于埃塞俄比亚位于太阳升起和落下去的地方,那里炎热干旱,很贫瘠,"下到海洋的格德罗西亚和埃塞俄比亚是贫瘠的,由于干旱,完全没有树木,在邻近的和周围的海洋中,有巨大的深部植物茁壮生长"。[②]

罗马文学作品中反映的罗马人与黑人的关系简单得多,主要的描写都集中在黑人的身体特征方面。公元前 3 世纪的诗人普劳图斯在描写黑人的时候就仅仅提到埃塞俄比亚人皮肤的黑色特征:"我会冲上前去用我的拳头痛打她,直到把她打得像黑鸟一样!我要把她染成黑色,染得比圆形剧场边的搬运木桶的埃塞俄比亚人还要黑!"[③] 作者除了点明埃塞俄比亚人很黑这一身体特征外,并没有提供更多其他信息。到罗马帝国时代,特别是从尼禄时期开始与埃塞俄比亚人正面军事接触后,罗马人对真正的埃塞俄比亚人的了解越来越多,留下的记载也更详细。公元 1 世纪,罗马诗人西利乌斯·伊塔利库斯在拉丁诗歌《布匿史诗》中比较详细地描写了两

[①] Plutach, *Moralia*, with an English translation by Harold Cherniss, London: Heinemann, 1957, XII, 923.

[②] Plutach, *Moralia*, XII, 939.

[③] Plautus, *Poenulus*, Paul Nixon, English trans., Cambridge, MA: Harvard University Press, 1932, IV.

类黑人——埃塞俄比亚人和努巴人："埃塞俄比亚人来了，这是尼罗河流域大家都知道的一个种族……跟他们一起来的还有像是被烧焦的努巴人。埃塞俄比亚人的身体表明他们所晒的太阳的灼热。"[1]这里没有明确说明埃塞俄比亚人的皮肤有多黑，因为"大家都知道"，都熟悉他们的肤色，似乎完全没有必要说明，只是与跟他们一起来的"像是被烧焦的"努巴人进行了对比。公元3世纪哲学家恩皮里库斯在谈到物质与距离的关系时，用太阳对人类的影响举例，"因为它靠近埃塞俄比亚人，自然会把他们烧焦；（太阳）距离我们适中，它会使我们暖和；而太阳远离赫伯波勒人，它根本不会使他们暖和，只会照亮他们"。[2]埃塞俄比亚人的皮肤被烧焦（成黑色），只是因为他们离太阳太近，正如赫伯波勒人离太远只会被照亮而不会被烧焦和不会暖和一样。从这些描述中，我们并不能看出作者对黑人的肤色描写有感情偏见。

帝国时代对埃塞俄比亚人肤色描写最多的是维吉尔、贺拉斯、尤维纳尔等著名诗人。在被认为是维吉尔的作品《色拉》中，诗人描述了一位黑人妇女的身体特征，这是一名地位低微的农民的唯一陪伴者。

> 斯库巴拉是他唯一的帮助者。她拥有非洲人血统，她的所有身体特征都证明了她的出生地：卷曲的头发、肿胀的嘴唇、黝黑的皮肤、宽大的胸脯、下垂的乳房、短小的腹部、细瘦的双腿、宽阔肥大的双脚。[3]

---

[1] Silius Italicus, *Punica*, Cambridge, MA: Harvard University Press, 1961, 3.265 - 273.

[2] Sextus Empiricus, *Outlines of Pyrrhonism*, with an English translation by R. G. Bury, London: Heinemann, 1933, I, pp. 249 - 250.

[3] Vergil, *Moretum*, in Joseph J. Mooney (tr.), *The Minor Poems of Vergil: Comprising the Culex, Dirae, Lydia, Moretum, Copa, Priapeia, and Catalepton*, Birmingham: Cornish Brothers, 1916, pp. 31 - 35.

这里对黑人的身体特征进行了全面的描述，但作者的语气和使用的修饰语明显地体现出其贬损性意图，如把厚厚的嘴唇描写成"肿胀的"。也正因为如此，有学者认为这些贬损性表述是对"黑人作为黑人"（blacks qua blacks）的敌视表达，因为不管黑人本身的非面相品质和属性如何，蔑视都是直指他们的。[①] 同时，这位黑人妇女的名字"Scybale"——意为"垃圾""狗屎""下里巴"，也具有贬损意义，因此也有人认为可以把这里的描述解释为古代罗马对黑人的"偏见"。[②] 无论学者们的认识是否合理，这首诗确实反映出罗马社会中存在嘲笑黑人的现实，或至少表现出对黑色身体特征的不友善甚至反感。

类似的描述还可以在佩特罗尼乌斯那里看到，在其著作《萨蒂利孔》中，当一群人在讨论如何逃离敌人时，有人提出了通过伪装成他人的办法来迷惑敌人：

"作为一位有学问的人，欧摩尔普斯肯定有墨水。我们可以用它来涂染我们自己的头发、指甲以及一切。然后我们像埃塞俄比亚奴隶那样没有经历任何痛苦，很开心地站在你身边，这样我们改变后的肤色就可以欺骗敌人。""哦，是的，"吉东说，"请给我们施行割礼，这样我们看起来就像犹太人一样，把我们的耳朵像阿拉伯人那样穿孔，把我们的脸抹白到高卢人都认为我们是她的儿子那样。好的谎言需要多方面的统一，似乎只有肤色能改变我们的形象。设想一下，脸上的涂抹可以持续一段时间，水滴也不能对我们皮肤上的标记做任何改变，我们的衣服也不会沾上墨水（尽管没有使用黏合剂经常会黏在我们身上）。但是，请告诉我，我们能使我们的嘴唇膨胀到丑

[①] David Wiesen, "Juvenal and the Blacks", *Classica et Mediaevalia*, 31 (1970), pp. 133. f, 138. f.

[②] Lloyd A. Thompson, *Romans and Blacks*, London: Routledge, 1989, p. 31.

陋、可怕的厚度吗？能用卷发钳改变我们的头发吗？能在我们前额突出疤痕吗？能弯曲着腿走路吗？能将我们的脚踝弯曲到地面吗？能用外国剪刀修剪我们的胡须吗？"①

在围绕这些伪装办法进行的对话中，对埃塞俄比亚人的身体特征的描述最为详细深入，如黑皮肤、厚嘴唇、卷发、有疤痕的前额、弯曲的双腿、下垂的乳房等。这些描述多带有蔑视和贬损之意，如"膨胀到丑陋、可怕"的嘴唇、"前额突出疤痕"、"弯曲着腿走路"、"脚踝弯曲到地面"等。如果排除带有贬损含义的修饰语，文中对埃塞俄比亚人身体特征的描述是比较准确的。因此，文中传达出对黑人的蔑视态度是毫无疑问的。不过需要注意的是，文中提到的不仅是埃塞俄比亚人，还包括施行割礼的犹太人、耳朵穿孔的阿拉伯人、脸很白的高卢人。在罗马作家笔下，犹太人通常是与小偷、水手、暴徒、骗子等社会地位低贱者相联系的。② 佩特罗尼乌斯时代的阿拉伯人是尚未归属罗马的"野蛮人"，此时的高卢人已经成为罗马公民了，而且高卢人在肤色上也同罗马人一样，从整体上讲与罗马人是平等的。

在尤维纳尔那里，作者虽然没有就黑人的面相进行特写，但他所选取的参照对象颇耐人寻味：

"塞克斯图斯，你期望我尊重你？"臭名昭著的瓦里路斯说，"一个像我一样的白痴？还有什么可以让我比你更糟糕的？一个直腿男人可以嘲笑一个跛子，或者一个白人可以嘲笑

---

① Petronius, *Satyricon*, with and English translation by Michael Heseltine, London: William Heinemann Ltd., 1913, p. 102.
② 比如，"公职候选人是追求暴徒的表演吗？是追求犹太人的迷信吗？抑或是追求奴役自己的不可思议的蠢货？"（Persius, *The Satires*, with an English translation by G. G. Ramsay, LL. D., Litt. D., London: William Heinemann, 1913, V, 176–188）

一个埃塞俄比亚人?"①

作者在这里虽然没有直接描写埃塞俄比亚人,但与黑人相对应的参照对象都是负面的——白痴、跛子(后面还罗列了一大串当时罗马臭名昭著的人物,鉴于篇幅,这里没有译出)。对于这段描述,学术界出现了大量的评论。如有人把诗人置于想象中的所谓黑人血统是污秽的社会心理背景中,认为白人和黑人是社会性的分类;也有人认为,这则材料仅仅是把"黑""白"进行强力对比的个案,这种对比颇类似"五十步笑百步";还有人认为,从罗马人对埃塞俄比亚人身体特征的描写可以看出,他们认为黑人比白人低等。② 在罗马人看来,埃塞俄比亚人的身体特征是一种"缺陷"。残疾人容易被身体健全的人嘲笑,黑人则容易被身体特征与罗马标准一致或者接近的人嘲笑。对于习惯了自己身体特征的罗马人来说,埃塞俄比亚人身体的"缺陷"主要体现在他们的肤色、头发、脸型以及女性硕大的乳房上。其中最引人注目的是他们的黑皮肤——尤其是在白种人占据主导地位的社会,这种肤色上的反差更加鲜明,因此,黑人的皮肤往往更容易成为罗马作家进行对比甚至公开嘲弄的主题:

  从太阳升起的地方走来了黑夜之神的养子,他在大白天也只有黑性。乌鸦、黑炭、煤球与他的肤色完全一致,他被称呼的名字完全是恰当的——黑脸人。
  加拉曼特人这帮乌合之众来到了属于我们的世界,黑人奴隶在为他那搭错色的皮肤欢呼;如果不是他的声音从他的嘴唇发出来以表明他还是人类的话,甚至成年人也会被他那可怕的

---

① Juvenal, *Satires*, with and English translation by G. G. Ramsay, LL. D., Litt. D., London: William Heinemann, 1928, II, 21 – 25.
② Lloyd A. Thompson, *Romans and Blacks*, London and Oklahoma: Routledge & Oklahoma University Press, 1989, pp. 34 – 35.

幽灵般的外表吓倒。哈德鲁米图姆任由你们这些奇怪的生物使用这片可怕的死亡之地。他应该守卫在冥界的神的家门口。①

这些文字毫无疑问表达了罗马人对黑人身体外表的讨厌，以及对这种身体类型的人的公开嘲弄和侮辱。文中把黑人的肤色与"乌鸦""黑炭""煤球"的颜色类比，说黑人是"乌合之众""可怕的幽灵""奇怪的生物"，认为他们与死亡相关，是冥府世界的守护者。

从罗马作家对黑人的身体特征的描写中，我们可以发现大量带有否定性甚至攻击性的叙述，而这些叙述也成为现代种族主义者探寻古代种族主义渊源和传统的有力证据。

但是，在罗马文学作品中，并不是所有涉及黑人的内容都是负面的，并不都是对黑人的讽刺、嘲弄、侮辱。黑人的皮肤是最容易引起罗马人关注的，也最容易被作为反面对比的参照物，但在罗马文学中对黑人皮肤的赞美也不乏其例，对罗马文化中的黑人面相的崇拜同样引人注目。

维吉尔笔下的牧人柯瑞东暗恋着他漂亮的主人阿荔吉，阿荔吉却不喜欢他，而是喜欢黑人梅那伽：

> 或者找梅那伽也可以？
> 虽然他的皮肤黑，而你的皮肤很白，
> 啊，漂亮的少年，不要太依赖你的容采，
> 白女贞花飘荡满地，黑复盆子被收集起来。②

在主人阿荔吉看来，柯瑞东虽然"皮肤很白"，但这并不是博取她爱情的砝码，因为白女贞花虽然那么白，对于无心人来说，它

---

① Lloyd A. Thompson, *Romans and Blacks*, p. 36.
② 维吉尔：《牧歌》，杨宪益译，人民文学出版社1957年版，第7页。

依然"飘荡满地"。对于梅那伽，虽然他的皮肤很黑，但是自己心爱的人，就如覆盆子一样，它虽然很黑，照样被"收集起来"。在这里，我们可以明显看出，对于罗马人来说，为了自己的爱情，皮肤白或黑都不成问题，关键在于爱人心中是否有自己，只要是自己心爱的人，不管他是黑人还是白人。

维吉尔类似的描写在《牧歌》中还出现过：

> 我多么希望我是同你们一起自在逍遥，
> 看守着羊群或者培植着成熟的葡萄，
> 那样菲利丝或阿敏塔或者别的佳丽
> 将是我的爱人（阿敏塔黑些又有什么关系？
> 地丁花是黑的，复盆子也是黑的），
> 她将随我在柳树间和软柔的葡萄下高卧，
> 菲利丝将为我编花圈，阿敏塔将为我唱歌，
> 这里有软软的草地，这里有泉水清凉，
> 这里有幽林，我和你在这里可以消磨时光。[①]

作者在此强调，阿敏塔虽然是黑人，但她是自己心爱的人，她的肤色对他们的爱情没有丝毫影响，"地丁花是黑的，复盆子也是黑的"，它们同样受到人们的喜爱和欢迎，用上文的话说是被"收集起来"，这并不影响"我们"的爱情。

诗人奥维德把自己爱慕的黑人西帕西斯与诸女神相比，并毫不掩饰自己与她的爱情：

> 完美的发型有万千种，
> 但它们只适合诸女神，西帕西斯，

[①] 维吉尔：《牧歌》，第46页。

你是我在我们偷来的喜悦中发现的。①

在这里,作者并不认为黑人西帕西斯的卷头发有什么不好,还把她与诸女神相提并论。虽然作者并没有明确为西帕西斯的黑皮肤进行辩护,但对作为黑人身体特征之一的卷发的喜爱,同样反映出作者对黑人的爱情并不会因为他们身体特征的差异而受到影响。

马尔提亚在他的作品中毫不犹豫地写道,他宁愿喜欢黑人姑娘,也不喜欢白人姑娘:

> 普罗西路斯,有个女孩追求我——嫉妒我,她比漂洗过的天鹅还要白,比白银还要白,比雪还要白,比百合花还要白,比女贞子花还要白。但是,我想要的女孩是要比夜晚还要黑的,比蚂蚁还要黑的,比沥青还要黑的,比乌鸦还要黑的,比蟋蟀还要黑的。②

从肤色来看,虽然非常白的姑娘喜欢"我",但她不是"我"喜欢的,不是"我"想要的,"我"喜欢和想要的是皮肤非常黑的女孩。如果从罗马主流社会人种是白种人的角度看,这里对黑人姑娘的喜爱仅就肤色而言形成了强烈的反差、鲜明的对比,但这并不影响罗马白人对黑人的爱情。

到公元6世纪,西罗马帝国已经灭亡,大部分领土被蛮族占领并建立了众多的蛮族王国,但在蛮族王国,罗马传统仍然在延续,罗马文化仍然在发展。③ 卢克索里斯虽然生活在汪达尔王国,但他

---

① Ovid, *Amores*, with an English translation by Grant Showerman, London: William Heinemann, 1914, II. VIII. 1 – 2.

② Martial, *Epigrams*, I, 115, 1 – 5.

③ 有关西罗马帝国的灭亡和罗马帝国转型的论述,参见康凯《"476年西罗马帝国灭亡"观念的形成》(《世界历史》2014年第4期)、李隆国《从"罗马帝国衰亡"到"罗马世界转型"——晚期罗马史研究范式的转变》(《世界历史》2012年第3期)等文章。

本人是正宗的罗马贵族，其著作体现出根深蒂固的罗马传统，被称为是"古典末期和中世纪拉丁语的桥梁"。① 他在颂扬当时迦太基竞技场的黑人英雄奥林庇乌斯时写道：

> 斗兽士奥林庇乌斯，你如此受欢迎的原因在于，我们很感谢你的表演。你的名字配得上你扭曲的身体——你具有赫拉克勒斯的脖子、肩膀、二头肌和虎背。乐于做任何事情，且都令人吃惊，为人勇敢，动作迅速、猛烈。你的黑色面相对你根本没有什么害处，是自然创造了珍贵的乌黑，紫色深藏于小小的骨螺之光里，黑色的紫罗兰开放于柔软的草丛，优雅地散发出黑暗色彩的宝石之光，大象喜悦于它的黑色四肢，印度的香料和胡椒给人带来愉悦。②

虽然作者说得很明确，黑人英雄奥林庇乌斯受到欢迎的原因在于他的表演，在于他具有赫拉克勒斯的体质，但作者对他的黑色皮肤进行了浓墨重彩的描绘，说它是"珍贵的乌黑"，说它具有"宝石之光"，并把它与大象的黑色、印度的香料和胡椒相类比。很明显，作者在这里对黑人奥林庇乌斯的赞美绝不是讥讽的反语，而是发自内心的歌颂。

罗马作家对黑人的描写既有大量贬损性（负面性）描述，也有大量褒扬性（积极性）描述。在负面性描述方面，主要集中于黑人的两方面特征：第一，对黑人身体特征的负面性描述，如在皮肤的黑性方面，与罗马社会的主流人种白人的肤色相比，黑人面相上最显著的特征是皮肤的黑性，这对于任何观察者而言，都是不言而喻的。因此，作家们描述黑人的皮肤很黑本无可厚非，但是，如

---

① https：//en. wikipedia. org/wiki/Luxorius，2016 年 3 月 25 日。
② Luxorius, *A Latin Poet among the Vandals*, with a text of the poems and an English translation by Morris Rosenblum, New York：Columbia University Press, 1961, 67.6 – 14.

果因为皮肤的黑性而使用贬损性甚至侮辱性修饰语，则表现出作者们的负面性立场。如维吉尔把黑人称为"斯库巴拉"，就明显地反映出作者对黑人的鄙视态度；再如用"乌鸦""黑炭""煤球""搭错色"等形容黑人的黑皮肤，也明显地反映出对黑人的蔑视。在头发、嘴唇、额头、腿等方面，黑人与其他自然人种一样，有自己人种的自然生理特征：卷头发、厚嘴唇、突出的前额、弯曲的腿等。但是，罗马作家把黑人的厚嘴唇描绘成"膨胀、可怕"，说前额上是"疤痕"、"脚踝弯曲到地面"等，则体现出作者的鄙视态度。第二，对与黑人相比的参照对象的负面性描述，如把黑人与犹太人相比较，把黑人与"白痴"、"跛子"以及臭名昭著的人物相比较。所有这些比较对象都充分显示出作者对黑人的负面性态度。

前述描写中也有大量对黑人的褒扬性表达。如维吉尔对黑人梅那伽的描写，把他的黑比作地丁花、覆盆子，覆盆子是可以"收集起来"的，同样的描写在奥维德、马尔提亚等人那里也能看到。在卢克索里斯那里，他更把黑人的黑性描绘成"珍贵的乌黑""宝石之光"。因此，我们看到的真实情景是，罗马作家对黑人既有负面的描写，也有正面的描写，而且从数量上看，有学者统计后认为，"从总体上说，古典文献中表达对黑性的喜爱与表达对白性的喜爱的数量几乎是等同的"。[①]

对于贬损性描述，作者是站在自己（罗马人）的立场，以自己熟悉和习惯的肤色或身体标准对黑人（包括其他人种）进行评判，发现对方与自己的不同，从而产生陌生感或异样感，而并不是要从种族的角度对整个黑种人（包括其他种族）进行彻底否定。褒扬性表达同样基于罗马作家自己的立场，对陌生的黑人表达自己的喜爱之情，这些喜爱包括的内容多种多样——肤色、体格、爱情等，但无论哪一方面，罗马人都是以自

---

① Frank M. Snowden, Jr., *Blacks in Antiquity: Ethiopians in the Greco-Roman Experience*, p. 179.

己熟悉和习惯的标准在进行衡量，谈不上对整个黑人种族的完全肯定。因此，无论从描写内容还是描写数量上看，我们很难断定他们对黑人描写整体上的否定性或肯定性，能确定的是罗马人以自己的身体特征、熟悉和习惯的标准来观察包括黑人在内的所有其他人种，这种观察与种族歧视或偏见没有任何联系。显然，现代种族主义者企图从罗马文学对黑人的肤色描写中寻找种族主义古典渊源的做法是徒劳的。

二 罗马文学对黑人与罗马社会关系的描写

罗马作家除了大量描写黑人身体特征外，还有很多涉及黑人与罗马社会关系的内容。这些内容大多涉及黑人与白人的关系，尤其是黑人与白人的婚姻关系或非正常性关系所生的后代。由于黑与白的强烈对比，它常常成为讽刺作家笔下男女关系的描写主题，尤其是有闲阶层的女性与地位低下的黑人男性之间的通奸，更是这些作品乐此不疲的话题。马尔提亚在描绘上层女性与自己的仆人和侍从之间的通奸画面时，就谈到一位毛里人和一位黑人：

> 秦纳，你的妻子马鲁拉已经使你成为七个人的父亲——我不能说是七个孩子，因为他们当中没有哪一个是你自己的，甚至是你朋友或者邻居的，但他们都是在推床和席子上怀上的小家伙，他们的身体特征暴露了他们母亲在性行为上的欺骗。卷发突出的毛里人很明显是你的厨师桑特拉的后代。而另一个鼻子扁平、嘴唇肿胀的人则完全是摔跤者潘尼库斯的形象。但是，如果有人知道并认识睡眼惺忪的面包师达马，谁会不知道第三个是他的孩子呢？第四个具有娈童的前额和苍白的皮肤，他是从你喜爱的利杜斯那里出生的。如果你喜欢，你可以鸡奸你的儿子，他没有什么罪孽标志。哦！但是他长着尖尖的头和长长的耳朵，像猴子一样走动，有谁会否认他是西尔塔的自然之子？还有两个女孩，一个是黑皮肤，另一个是红皮肤，她们

是笛手克罗图斯和低级长官卡尔普斯的孩子。现在，你可以组成像尼俄伯①那样的一支军队了。②

作者毫无疑问是以一种嘲弄和鄙视的态度在讽刺秦纳。这里与黑人有关的内容是"卷发突出"的毛里人、"鼻子扁平、嘴唇肿胀"的潘尼库斯以及那个黑皮肤女孩，他们与其他低贱之人本没有什么两样，都被作者用来描述马鲁拉这位上层贵妇与下层低贱之人的淫乱生活，嘲讽秦纳被戴上了绿帽子。当然，如果上升到社会价值层面来看作者的立场，显然作者对黑人的描述具有一定的偏见，这种偏见是通过卑贱的黑人强加上层妇女以想象的"杂种"之类的描述来表达的，但这种偏见并不等同于今天的种族偏见，因为这种态度明显地与罗马社会关系中罗马人对黑人的观念紧密相关。讽刺诗的目的很明显是对上层妇女的通奸行为进行谴责，因为她们的通奸可能会对罗马固有社会等级和阶层界限造成破坏。罗马是一个等级森严的社会，那些上层妇女与地位低贱者通奸生育的"杂种"，很有可能被认为是贵族的后代，但他们实际上或许只配得上平民地位，甚至只能成为奴隶，这样，她们的通奸行为就可能造成社会等级的混乱。用奥维德的话说，上层妇女与卑贱男子通奸所产生的对社会等级的冒犯要比通奸行为本身严重得多。③因此，作者在这里与其说是描写肤色、种族等相关内容，不如说是对罗马道德法则、社会关系进行强调，其中最明显的表现就是马鲁拉所生的这七个"杂种"中，不仅有黑人，更多的是"正宗"的罗马人（仅从肤色看他们是白人），只是在罗马人眼中，这些人都是社会地位低下者而已。因此，这里的描述在本质上不是一种"混血

---

① 尼俄伯有7个英俊的儿子和7个漂亮的女儿。
② Martial, *Epigrams*, VI, 39.1 - 20.
③ Ovid, *Heroides*, with and English translation by Grant Showerman, London: William Heinemann, 1914, IV, 34.

种"或者黑人－白人性关系，而是贵族妇女与低贱者之间的婚外性关系，只是这些低贱者中碰巧有黑人而已。①

　　诗人对马鲁拉淫乱行为的愤怒可能一方面是出于对罗马传统社会等级被破坏的担忧；另一方面，也是更为现实的是，如果诗中所说的那帮配不上被称为"孩子"的所谓"杂种"的生物学上的父亲拥有高贵身份和社会地位的话，那么他们也应该拥有相应的地位和特权，其中最直接的就是对财产的继承权；如果高贵父亲被戴绿帽子，那么，事实上的低贱者的后代则可能继承高贵地位，这对于罗马社会而言是绝对不允许的。诗中描绘的讽刺内容不仅是对黑色非洲人或毛里人的外表的负面性评价，而且还能明显感受到诗人的贵族傲慢，以及自己作为贵族青年对于贵族利益的坚决维护。就上层妇女的通奸行为而言，维护贵族利益的流行办法是通过避孕、流产、杀婴以及抛弃多余婴儿等，把那些非法的婴儿除掉。对此，尤维纳尔有过生动的描写，一位女士与某位低贱的黑人男子通奸，从而生下了一个错误肤色的贵族继承人：

　　　　镀金的床能容纳妇女在上面躺多少次呢？流产师有娴熟的技巧、药物有强大的能力可以把人类扼杀在子宫内。可怜的家伙，打起点精神来！亲自去给你妻子送一剂她想要的打胎药，因为如果她选择了保胎，并任由活蹦乱跳的男婴在她的子宫里鼓捣，那么你很可能就会成为一位黑人孩子的父亲，而你从未在晨曦中见过的错误肤色的继承人将会继承你的财产。②

　　作者认为，只有通过流产（或者其他的方法剔除多余的婴儿）才能阻止私生子的出现，这与马尔提亚的态度是一致的；另

---

① Frank M. Snowden, Jr., *Blacks in Antiquity: Ethiopians in the Greco-Roman Experience*, pp. 322-323.

② Juvenal, *Satires*, VI, 592-601.

一方面，这里也反映出作者对黑人的蔑视态度，在作者看来，上层社会妇女与黑人男子所生的孩子一定是黑皮肤，是"错误肤色"。这里所谓的"错误肤色"应当理解为黑人是与主流社会中的罗马人的肤色不一样的人，它仅仅与罗马人熟悉和习惯的主流群体的白皮肤不一样而已。作者在这里对黑人的确表现了蔑视或者鄙夷态度，但如果要把它上升到种族歧视，则不免过于夸张甚至子虚乌有。更重要的是，这里反映出的罗马贵族与低贱之人的社会关系，同前面马尔提亚所反映出来的内容实质上是一样的，只不过这里是从反面进行提醒或"忠告"而已。很明显，作者在这里强调的不是要对所谓的"错误肤色"的黑人进行人身攻击甚至种族歧视，而是要强调地位低贱的"继承人将会继承你的财产"这一核心内容。在这一思想背后，真正根深蒂固的观念是，如果低贱地位者继承了上层贵族的财产，它所造成的后果是罗马等级制度的破坏，是整个罗马社会秩序的混乱，这是罗马社会所不能容忍的。因此，这里反映出的问题的实质与马尔提亚所反映的实质内容是完全一致的。

罗马人真正关注的是他们的等级制度和社会秩序，在罗马制度和秩序体系中，虽然奴隶处于社会最底层，通常来说上层贵族是不能与下层民众通婚的，但奥维德在描述"我"与黑人西帕西斯的爱情时告诉我们，这一传统在不断地遭到破坏：

是的，我的确满意把自己的心交给一名奴隶，
这难道不是出于我自愿吗？
色萨利人对奴隶布里塞伊丝[①]的魅力充满激情；
福巴斯是一名奴隶，她却被迈锡尼首领深爱，

---

① 布里塞伊丝是特洛伊的著名美女，后被阿基琉斯俘虏并深爱上她。在木马计攻陷特洛伊的过程中，阿基琉斯多次解救她，最后阿基琉斯看着她平安离去，而自己却在痛苦中死去。

> 我既不比坦塔罗斯①的儿子伟大,
> 也不比阿基琉斯伟大,
> 为什么要以适合国王的标准来评判我呢?②

在"我"看来,破坏希腊罗马等级制度传统的不是别人,恰好是神的儿子、各城邦国王,因此,更应该受到谴责的是神界和人间的最高统治者,而不是"我"与奴隶的爱情,当然,更与西帕西斯是黑人没有关系。这与其说是对黑人与贵族通婚的种族界限的反映,不如说是体现了罗马社会对等级制度的维护。

罗马人的等级制度和社会秩序一直得以延续。公元4世纪,罗马宫廷诗人克劳迪安仍然把高贵妇女下嫁埃塞俄比亚人作为一种侮辱。他在《基尔多战争》中对基尔多荒淫腐败的描写,既揭露了基尔多罪行,也反映了罗马人对一般社会秩序的认同:

> 他们美好名声的丧失也没有令基尔多感到满意:当基尔多已经厌倦了那些最高贵的女士的时候,她们中的大多数则嫁给了毛里人。那些迦太基城里已婚和为人之母的西顿妇女被迫与野蛮人过着婚姻生活。基尔多强行把我们推给埃塞俄比亚人,让其作为女婿;把我们强行推给纳萨莫勒人,让其作为我们的丈夫。通过这样一种结合而出生的变色婴儿完全吓坏了他的摇篮。在回答这种结合时,基尔多突出了他的高傲姿态,其感受比我们的皇帝更强烈。③

有学者在这里把埃塞俄比亚人直接译为"黑人",并认为这里的"黑人"是指遥远而野蛮的"黑人",而并不是罗马社会场景中

---

① 坦塔罗斯是宙斯的儿子,他统治着吕底亚的西庇洛斯,以富有而出名。
② Ovid, *Amores*, II. VIII. 1 – 8.
③ Claudian, *The War Against Gildo*, with an English translation by Maurice Platnauer, Cambridge, MA: Harvard University Press, 1922, 188 – 195.

的所有黑人，而且认为文中流露出一种憎恶情绪，这种憎恶在公元3世纪中期以后盛行于面对野蛮军事威胁的罗马社会上层。当时罗马世界的野蛮化是一个非常棘手的问题，而罗马人再也不能确保自己对野蛮世界的"野蛮的原始性"的军事优势。[①] 这里姑且不讨论帝国后期蛮族对罗马的军事威胁，仅就其内容所反映的罗马婚姻、家庭、社会关系而言，基尔多虽然是毛里人的君主，但他首要的身份是罗马官员，是一位具有高贵地位的罗马公民，他所代表和反映出来的应是罗马主流社会的道德价值。基尔多把众多的高贵妇女作为自己的性玩物，这明显是在犯罪，他的淫乱堕落给帝国带来的是耻辱。而更令人难以容忍的是，他把这些高贵的妇女"下嫁"给包括黑人在内的野蛮人。从这里可以看出，黑人是与其他野蛮人不相上下的存在，而从罗马社会等级制度看，野蛮人毫无疑问是社会低等级地位者。因此，这里同样反映出，黑人在罗马社会的地位十分低下，至少对于大多数黑人是这样，在罗马社会的盛行观念中也是如此。"变色婴儿"与尤维纳尔所说的"错误肤色的继承人"一样，都是卑贱的父系血统（而且是野蛮人血统）出身的"杂种"，这与马尔提亚、尤维纳尔等诗人反映的罗马等级社会秩序观念是一致的。

从上面的描述中可以看出，黑人在罗马社会中的总体地位是低贱的，这似乎正符合寻找理论依据的现代种族主义者的需求。但是，不应该忘记的是，在整个罗马社会中，罗马人才是真正的统治者，是国家的主体人群，罗马国家是罗马人的国家，在罗马人看来，除他们之外的所有人（不分种族、肤色）都是野蛮人，都是低贱者。这些低贱者并不只针对黑人或其他任何特定种族，在罗马人之中同样包括众多的低贱者（如奴隶、妓女、盗贼、醉汉等）。整个罗马社会强调的是对等级制度和统治秩序的维护，无论是罗马人还是非罗马人，他们在社会中的地位是依据其家庭等级决定的，

---

① Lloyd A. Thompson, *Romans and Blacks*, p. 29.

而不是以他们的肤色或种族为标准。因此，现代种族主义者认为，罗马社会早就存在对黑人的种族歧视的古典渊源和传统只是子虚乌有的想象。

三 罗马文学中的黑人形象与种族主义

罗马是一个等级制度森严的国家。早在王政时代，罗马以氏族部落的血缘关系为基础的社会分化加剧，逐渐形成贵族和平民两大阶级。贵族起源于氏族贵族，其身份特权建立在血缘关系基础上，具有世袭性和封闭性。平民属于无公民权的自由人，自王政时代后期到公元前3世纪初，平民通过斗争逐渐获得了各项公民权，到公元1世纪，"平民"和"人民"在法律上权利平等，二者之间的差别已彻底消失。① 骑士阶层是罗马另一重要等级。骑士早在王政时期就已经出现，据李维记载："塔克文对骑兵（士）百人队也未做任何改变；他又增加了同样多的人数以致在三个百人队中有一千二百名骑兵（士）。"② 这说明早在老塔克文（公元前616—575年在位）之前就已经有骑士，塞尔维乌斯（公元前575—535年在位）改革时，按财产多少把所有公民划分为五个等级，并从最富有的第一等级中征召了18个骑士百人队。这些骑士本身就是贵族，享有较大的政治权力，拥有很高的社会地位。到公元前2世纪前后，罗马共和国形成了具有较强经济实力的骑士阶层，该阶层与早期骑士有较大差别，主要体现在其来源和组成的不同。骑士阶层主要由三部分人构成：一是在战争中发财致富的原来的平民阶层；二是出身元老贵族阶层且经济富有，但不愿或没能在国家政治生活中占据显

---

① 详见胡玉娟《古罗马等级制度中的显贵》，《世界历史》2002年第3期；胡玉娟《试析罗马早期平民的身份地位》，《史学理论研究》2003年第1期。

② 李维：《建城以来史（前言·卷一）》，穆启乐等译，上海人民出版社2005年版，第103页。有英译本把其中的人数译为1800人（Titus Livius, The Hisotry of Rome, Vol. I, translated by George Baker, A. M., New York: Peter A. Mesier et al., 1823, I, XXXVI），有误，拉丁原文中人数为1200（mille et ducenti）人。

赫地位的人；三是来自罗马征服地区的上层人士。[①] 这三个等级都是自由人，在罗马国家政治生活中占据绝对主导地位，而数量庞大的奴隶阶级只是主人的财产，毫无权利可言。罗马法律也对罗马人进行了明确的划分："一切人不是自由人就是奴隶"，"一切奴隶的地位没有任何差别；至于自由人则有许多差别，他们或是生来自由的，或是被释而获得自由的"。[②] 因此，从罗马国家看，它对人的划分不是以人种，更不是以肤色等外在身体特征为依据，这与大部分黑人在罗马国家中地位较低并无实质关系。

罗马民众确实存在把罗马人与野蛮人进行划分的意识。罗马的野蛮人概念和意识都沿袭希腊，希腊语中的野蛮人（barbaros）一词最初仅形容不会讲希腊语，只会发出含糊不清、难以理解的声音的外族人或外国人，后来逐渐变成了表示文化等级的贬义词，形容那些口齿不清，因而必然思维也不清的缺乏文明人的理性（与动物相似）的人。[③] 罗马国家在开疆拓土的过程中，也逐渐把希腊人的野蛮人称谓运用到其他民族。与希腊人一样，罗马人的野蛮人概念包括的范围十分广泛，当然也包括埃塞俄比亚人，甚至文明高度发达的波斯人也被他们认为是野蛮人。这些野蛮人出于种种原因而凶悍、残暴、奸诈，完全没有罗马人的美德和文明，甚至对罗马国家形成威胁。

事实上，罗马人对野蛮人的认识并非一成不变。被称为野蛮人的高卢人是早期罗马共和国的重要敌人之一，与罗马人发生过多次战争，罗马作家对他们的描述使用的贬义词很多，比如说他们是"最凶悍的"、"离开行省的文明和教化最远"、阴谋夺取王位的

---

① 李凤淑：《论奥古斯都时期的罗马骑士》，硕士学位论文，东北师范大学，2005年，第3—5页；李珂：《论罗马共和国的骑士阶层》，硕士学位论文，曲阜师范大学，2010年。

② 查士丁尼：《法学总论——法学阶梯》，张企泰译，商务印书馆1989年版，第12页。

③ 李永毅、李永刚：《"野蛮人"概念在欧洲的演变——从古典时代到文艺复兴》，《南京大学学报》（哲学·人文科学·社会科学）2013年第3期。

"野蛮人"。① 李维不但称高卢人是"野蛮人",而且说他们是"野兽"。② 撒路斯提乌斯也认为:"所有其他一切都是容易对付的,只有对高卢人(是最难对付的)。"③ 但是,当恺撒征服高卢,并最终把高卢变为罗马的行省后,"恺撒率领高卢人凯旋,使他们进入元老院;高卢人脱掉马裤,换上元老的宽衫",④ 高卢人不再是罗马人眼中的野蛮人,罗马人对他们的看法完全发生了变化,高卢人屡次被元老院称为"兄弟""亲人"。⑤ 西塞罗在给阿提库斯的信中也说高卢人是"我们的兄弟",那里是"我们的行省"。⑥ 此时的高卢人变成了"文明人","高卢人学会了更文明的生活方式,他们放弃或减轻了此前的野蛮性,通过他们(指马赛人),他们学会了耕种自己的土地,用墙围起自己的城镇。他们还学会了按照法律而不是依靠暴力生活,学会了修剪葡萄树和种植橄榄树,这样的光芒普照在高卢的人和物上,以至于看上去不是希腊移植到了高卢,倒像是高卢移植到了希腊"。⑦ 更有甚者,连高卢人的祖先也变得与罗马人同宗了。阿米亚努斯在总结高卢人的起源时,列举了很多种说法,但其中最主要的还是强调他们是赫拉克勒斯的后代,是特洛伊人的后代,"他们是更古老的赫拉克勒斯的后代";"这些地区的本土居民却坚信更肯定的事实,安菲特律翁的儿子赫拉克勒斯……他娶了这些地区贵族出身的一些妇女为妻,成为很多孩子的父亲,他的儿子们成为国王后就以自己的名字为这些地区命名";

---

① 凯撒:《高卢战记》,任炳湘译,商务印书馆 1979 年版,第 6—7 页。

② Livy, *The History of Rome from Its Foundation*, translated by Betty Radice, London: Penguin Books, 1982, VII. 24.

③ 撒路斯提乌斯:《喀提林阴谋 朱古达战争》,王以铸、崔妙因译,商务印书馆 1995 年版,第 330 页。

④ 苏维托尼乌斯:《罗马十二帝王传》,第 40 页。

⑤ 凯撒:《高卢战记》,第 27 页。

⑥ Cicero, *Letters to Atticus*, with an English translation by E. O. Winstedt, London: William Heinemann, 1919, I. 19. 2.

⑦ Marcus Junianus Justinus, *Epitome of the Philippic History of Pompeius Trogus*, translated by Rev. John Selby Watson, London: Henry G. Bohn, 1853, 43. 4.

"还有人强调，特洛伊被毁后，少数的特洛伊人从希腊人手中逃离，他们分散到世界各地，占领了当时根本没有人居住的这些地区"。① 这种为曾经的野蛮人找寻罗马神的祖先及与希腊文化相联系的做法，不管是否有附会之嫌，但与维吉尔通过埃涅阿斯为罗马人找寻自己正宗祖先的做法颇有异曲同工之妙。

同被征服前的高卢人一样，与罗马人肤色相同的日耳曼人在罗马人眼中也是野蛮人。据恺撒说，日耳曼人"贫乏、穷困"，生活在"艰苦环境"中，食物简单，衣着简陋，"没有祭司替他们主持宗教仪式，对祭祀也不热心"，神祇低级，这与"文明"的罗马人完全不可同日而语。② 100多年后，塔西佗描写的日耳曼人与恺撒时代的日耳曼人并没有什么两样，完全生活于野蛮人状态之中。塔西佗说日耳曼地区"景物荒凉、风光凄厉"，日耳曼人"都有着凶暴的蓝眼睛、金黄色的头发、高大的身躯；他们只有突然冲动的勇猛而不耐心于操劳和艰苦的工作"。他们唯一钟爱的财富是畜群（而不是金银），"没有一个部落是居住在城郭内的……他们零星散落在逐水泉、草地或树林而居。……他们甚至不会使用石头和瓦：一切营造均用原木，不另加工，也没有装饰或娱目的地方"。③ 在罗马人眼中，与自己拥有同样肤色的日耳曼人，是与自己"文明"格格不入的野蛮人。对罗马人来说，他们判断野蛮与文明与否并不是以肤色为标准，而是以自己的标准作为评判依据。与高卢人有所不同的是，罗马人一直没能完全征服日耳曼人，在奥古斯都企图建立从莱茵河至多瑙河直至易北河的大日耳曼行省的努力失败后，莱茵河和多瑙河成为罗马北部的永久性边界，罗马人再也没能像恺撒那样把日耳曼人"领进"元老院，使他们成为自己的"兄弟"或

---

① Ammianus Marcellinus, *The Later Roman Empire* (*A. D. 354 – 378*), translated by Walter Hamilton, London: Penguin Books, 1986, 18.9.2 – 7.
② 凯撒：《高卢战记》，第142—144页。
③ 塔西佗：《日耳曼尼亚志》，马雍、傅正元译，商务印书馆1959年版，第55—59页。

"亲人",从而成为罗马人眼中永久性的"野蛮人"。

从总体上讲,罗马人认为作为野蛮人的埃塞俄比亚人很落后,与其他种族的野蛮人并没有什么区别。公元前1世纪的狄奥多罗斯在描述埃塞俄比亚国王的残暴时说:"不管他们国王的身体的某部分因为什么受伤,所有随从都要自己选择而受到同样的伤害。"[1] 不但国王残暴,埃塞俄比亚人在精神文化方面也很野蛮,"至于他们的精神方面,他们完全是野蛮的,展示着野兽的本性……他们的全身都很脏,他们就像野兽一样留着很长的指甲,相互之间尽可能地去除人类友善,说话声音尖锐刺耳,完全没有培养出与其他人类一样的文明生活的习惯,如果按照我们的习惯去考虑他们的习惯,那简直就是天壤之别"。[2] 斯特拉波说埃塞俄比亚人是"乌合之众","武器很差","有些人一丝不挂在外面行走,或在生殖器周围挂一小块绵羊皮或用羊毛编织成的腰带"。[3] 托勒密描写得更形象:"他们头顶太阳,被烈日暴晒,皮肤又黑又厚,头发卷曲,体形收缩,身材萎缩,本性乐观,在习惯方面大多野蛮,因为他们的家乡被太阳的热量一直炙烤着,通常我们把他们称为埃塞俄比亚人。"[4] 埃塞俄比亚人表演冥间场景的夜戏也被认为是凶兆。[5]

另外,罗马作家在描述埃塞俄比亚人时又延续着"荷马式童话",对其赞誉有加,甚至把他们描绘成"文明"的典范。狄奥多罗斯说:"他们(希腊历史学家)说他们(埃塞俄比亚人)是最先得到诸神荣誉的人,是最先举行人类拥有神的荣誉的献祭、列队游行、节日和其他仪式的人,因此他们的虔敬传播到了所有人类之

---

[1] Apollodorus, *The Library*, III. 7.
[2] Apollodorus, *The Library*, III. 8.
[3] Strabo, *Geography*, XVII 1.54; XVII. 2.3.
[4] Claudius Ptolemy, *Ptolemy's Tetrabiblos*, translated by J. M. Ashmand, Seattle: Pacific Publishing Studio, 2011, II, 2.
[5] 苏维托尼乌斯:《罗马十二帝王传》,第188页。

中，通常认为，埃塞俄比亚人所举行的献祭是最取悦天庭的。"[1]住在麦罗埃之上的埃塞俄比亚人，"由于他们赐予全人类的美德和慈善而获得了不朽的荣誉，比如，他们尊崇伊西斯女神和潘神，以及赫拉克勒斯和宙斯，特别认为这些神是全人类的恩主"。[2] 鲍桑尼亚斯说居住在麦罗埃城和被称为埃塞俄比亚平原地方的埃塞俄比亚人是"最公正的人"。[3] "历史"上的埃塞俄比亚王国一直是希腊罗马人歌颂的典范，"它直到特洛伊战争时期都是一个著名而强大的国家，当时的国王叫门农"。[4] 斯特拉波则称埃塞俄比亚女王干大基是"女人中颇有男子气概"的能人。[5] 由此可见，罗马民众对埃塞俄比亚人的态度既非完全否定，也非完全肯定，判断标准是只要他们认同罗马（人）与罗马（人）的价值观念（如信奉罗马诸神）就予以肯定，否则就会被认为是野蛮的、没有教化的，这种以罗马（人）为中心的态度取舍与以身体特征为标准的种族判断并没有必然联系。

一般认为，现代种族主义兴起于近代，但在具体的时间界定上出现了严重的意见分歧。有学者认为现代种族主义产生于1590年的英国，在这之前，黑人在英国受到欢迎，但到1590年，英国出现农业歉收等经济问题和社会危机，英国女王认为黑人的到来会加重经济负担，于是出现了袭击黑人群体的现象，从而产生了种族主义分子。更多学者则认为种族主义与奴隶贸易有关，但到底是奴隶贸易产生种族主义，还是种族主义是奴隶贸易的基础，又出现了严重的分歧。[6] 中国学者张宏明认为，反黑人的种族主义作为一种理

---

[1] Apollodorus, *The Library*, III. 2–3.
[2] Apollodorus, *The Library*, III. 9.
[3] Pausanias, *Description of Greece*, I. XXX. 4.
[4] Pliny, *Natural History*, VI. 182.
[5] Strabo, *Geography*, XVII. 1. 54.
[6] 杨阳：《种族主义：奴隶贸易与当代种族冲突》，《重庆教育学院学报》2010年第5期。

论形成于大西洋奴隶贸易时期已是不争的事实,但奴隶贸易的时间绵延约400年,针对非洲黑人的种族主义究竟产生于何时,大致有三种观点:(1)认为种族主义产生于奴隶贸易初期;(2)认为种族主义理论是在18世纪中期逐步形成的;(3)认为种族主义作为一种理论诞生于19世纪30年代北美为废除奴隶制而斗争的时期。欧洲人为了维护奴隶贸易和奴隶制度,从经济方面强调了其合法性,同时还提出了文化或宗教方面的理由,当这些理由都缺乏说服力时,他们便用白人优越论神话来为虐待非洲人及其后裔的行为进行辩解,如托马斯·汤普逊公然宣称黑人是劣等种族,命中注定要成为优等种族欧洲人的奴隶。17—18世纪的"科学"发展,特别是生物学的发展,力图证明黑人智力低下,是劣等种族,只配做奴隶。[1] 现代种族主义极其复杂,但现代学者对种族主义的研究大多倾向于关注黑人与白人之间的对立或聚焦于犹太人与非犹太人的抗争。[2] 19世纪末20世纪初,种族主义思潮大行其道,种族主义术语正式出现,[3] 20世纪上半叶纳粹对犹太人的迫害和屠杀更把它发挥到登峰造极的地步。

从现代种族主义兴起和发展的过程来看,它与古代罗马人对黑人(埃塞俄比亚人)的看法并没有任何实质性联系,但是在19世

---

[1] 张宏明:《反黑人种族主义思潮形成过程辨析》,《西亚非洲》2008年第1期。

[2] 刘泓:《欧洲现代种族主义的历史透视》,《内蒙古财经学院学报》(综合版) 2008年第5期。关于反犹主义,可参见徐新《反犹主义解析》(上海三联书店1996年版)。

[3] 关于种族主义(Racism)术语出现的时间,有学者认为是在20世纪二三十年代,如乔治·弗雷德里克松(George M. Fredrickson, *Racism: A Short History*, New Jersey: Princeton University Press, 2002, pp.1-48)即持此看法。他认为种族主义这一术语直到20世纪才出现,并且在介绍它出现的时间时出现了表述上的矛盾,如第5页说该术语第一次出现是在20世纪30年代用于纳粹迫害犹太人,而在第12页中又说该术语第一次使用是在20世纪20年代。根据笔者的调查,Racism这一术语最早使用是在1902年(Isabel C. Barrows, *Proceedings of the Twentieth Annual Meeting of the Lake Mohonk Conference of Friends of the Indian 1902*, published by the Lake Mohonk Conference, 1903, p.134)。

纪末20世纪初现代种族主义大行其道的时候,西方学术界正在为其找寻古代渊源和依据,并且不出意外地似乎找到了理论根据。于是,希腊罗马世界中的埃塞俄比亚人(黑人)问题成为种族主义学者为种族主义辩护的依据。1897年,法国学者雷纳克说:"古代黑人和奴隶都是有色人,黑人被称作埃塞俄比亚人。"[1] 韦斯认为昔兰尼的黑人头像更像是种族类型的理想代表,而泰里亚替斯的大理石黑人头像符合希腊的"黑人模式"。[2] 贝茨认为希腊罗马艺术品对黑人的描绘非常"荒诞"。[3] 塞尔特曼则说:"黑人的丑陋好像很能吸引雕塑家、刻画工和画家。"[4] 系统论证埃塞俄比亚人(黑人)在希腊罗马社会的低贱种族地位的比尔兹利在其著作的前言中明确说,埃塞俄比亚人是"野蛮种族",他们在希腊的"地位卑贱",艺术家没有把他们作为高贵或重要的主题。[5] 她还认为,黑人在古代社会几乎全是奴隶或者地位低下之人,突出的表现就是埃塞俄比亚人在各艺术场景中是作为低贱劳动者出现的,而且他们能出现在艺术品中是因为"主人发现他们很有趣、很好玩","具有滑稽性"。[6] 这也反映出种族主义思潮盛行下的学术研究其实是在为种族主义找寻古代的理论渊源,而且似乎获得了成功。

但是,正如前文罗马作家对黑人的描述所揭示的那样,最初的罗马国家对居民的等级划分是以血缘关系为基础的,后来虽然有所

---

[1] S. Reinach, *Répertoire de la statuaire grecque et romaine*, Paris, 1897, III, p. 158.

[2] Alan J. B. Wace, "Grotesques and the Evil Eye", *The Annual of the British School at Athens*, Vol. 10, 1903/1904, p. 108.

[3] E. G., W. N. Bates, "Scene from the Aethiopis on a Blackfigured Amphora", *Transactions of the Department of Archaeology*, University of Pennsylvania Free Museum of Science and Art, I, pts. I and II, 1904, p. 50.

[4] C. T. Seltman, "Two Heads of Negresses", *American Journal of Archaeology*, XXIV (1920), p. 14.

[5] G. H. Beardsley, *The Negro in Greek and Roman Civilization: A Study of the Ethiopian Type*, Preface, p. ix.

[6] G. H. Beardsley, *The Negro in Greek and Roman Civilization: A Study of the Ethiopian Type*, p. 66.

变化，但这并不会动摇罗马国家的等级基础。罗马国家的等级划分与现代种族主义没有任何联系，罗马民众对所谓的野蛮人的看法并不只是针对黑人，而是以自己为文明的标准，以此来衡量所有民族是否与自己的标准相符合，凡符合自己标准的都是文明人，否则就是野蛮人。这样，曾经是野蛮人的高卢人由于成为罗马公民，符合自己的标准，也就变成了文明人；那些符合自己标准的埃塞俄比亚人是文明人，而不符合自己标准的则是野蛮人。很显然，罗马民众对所谓的文明人与野蛮人的划分，与兴起于近代的现代种族主义并无实质性联系，现代种族主义企图从罗马文化中找寻其古代渊源的做法是不可能成功的。

四　罗马文学中的"罗马中心主义"

从前文罗马作家对黑人的描写中可以看出，他们在对黑人身体特征的描述中既有大量贬损性（负面性）的内容，也有大量褒扬性（积极性）的内容；在对黑人社会关系的描写中，强调的是罗马社会等级制度的神圣不可侵犯性，并无针对黑人的贬损性特写；罗马国家的等级划分是以血缘关系为主要的传统依据，罗马民众对野蛮人的划分是以罗马（人）为标准，与现代种族主义歧视没有任何实质性联系。

事实上，罗马作家在描写各种族身体的自然特征时，不只针对黑人，对于其他人种、种族都有描述，而且既有积极性的描写，也有消极性的描写。这些差异来源于各个种族身体特征的差异，尤维纳尔明确地描述过这些差异：

> 你理所当然地偶尔鄙视不好战的罗得斯岛人和有浓郁香味的科林斯人，他们脱毛的青年对你有什么害处？整个种族都是光滑不长毛的腿对你有什么害处？但躲开崎岖的西班牙，避开高卢的土地和达尔马提亚海滨，还有，宽恕那些让这个城市填

饱肚子的人吧！他们没有闲暇时间观看马戏和戏剧！①

在作者看来，每个种族的人都有自己的身体特征、生存环境、生活习俗和贫富差别，我们不应该因为这些差别而区别对待他们，也没有什么可以觉得奇怪的。罗得斯岛人不好战，科林斯人身上有浓郁的香味，他们的腿不长毛，很光滑；西班牙人、高卢人、达尔马提亚人、城市里的穷人，他们各自生活的环境不一样，其性格、习惯可能也不一样，这些对于罗马人来说没有什么奇怪的，都是很正常的现象。当然，罗马人对各种族和民族的身体区别有明确的意识，只是他们没有得出结论认为那些与生俱来的、不可磨灭的文化与心理差别一定与身体特征的差别有关，因为气候也可能成为种族间身体、文化和心理差别的原因。② 尤维纳尔抱怨说非洲人的气味很难闻，其原因是波卡使用了一种从他家乡带来的廉价而肮脏的油，"主人把他的鱼用维纳弗兰油进行腌制，可怜的家伙，他给你的令人作呕的蔬菜把你的灯都要熏灭了"。③ 正因为如此，所以"毫不奇怪，他们的食物和生活方式以及居民的身体都应该与我们完全不同"。④ 公元3世纪哲学家恩皮里库斯也说："现在，我们每一个都反对自己，也反对其他人。例如，我们以这种方式用一种习惯反对另一种习惯：一些埃塞俄比亚人给他们的孩子文身，但我们不文身；波斯人认为穿一件到脚的颜色鲜艳的衣服很合适，但我们认为这是不体面的；而印度人在公共场合与他们的妇女交往，大多数其他种族则认为这是可耻的。"⑤ 这说明不同地区、不同民族的生活习俗不一样，一个地区或民族的生活习俗对其他民族而言不仅很陌生，而且可能产生不适甚至厌恶，但这与特定的种族是没有任

---

① Juvenal, *Satires*, VIII, 112–118.
② W. J. Watts, "Race Prejudice in the Satires of Juvenal", p. 86.
③ Juvenal, *Satires*, V, 90.
④ Apollodorus, *The Library*, III. 34.
⑤ Sextus Empiricus, *Outlines of Pyrrhonism*, I, 148.

何关系的,更谈不上种族歧视。如果罗马人觉得奇怪甚至鄙视,那只是因为从罗马人的标准进行判断,其他现象与他们并不一致,显得奇特。

黑人的肤色在白人占统治地位的罗马社会,的确可能会引起普通民众的好奇甚至厌恶,原因在于不仅白人占据社会的绝对统治地位,而且人们习惯了白人的肤色和习惯,因此对于突然出现的黑人会感到好奇,而这种好奇并不能说明白人对黑人有什么偏见,更不用谈什么种族歧视。同样的道理,如果在黑人人口占统治地位的社会突然出现白人,可能黑人也一样对他们感到好奇。那些被认为是"典型的"中欧及北欧的蓝眼睛、黄头发、白面孔人同样不被其他人喜欢,"高加索"类型妇女的皮肤及头发的红色性以及黝黑和铜色的面色也一样不被外人喜欢。[1] 对此,尤维纳尔本人就做过很好的说明:

> 谁会在阿尔卑斯山地区对喉咙肿胀的人感到奇怪?或者,谁会对妇女的乳房比她结实的婴儿还要大感到奇怪?谁会对蓝眼睛、黄头发,把油腻腻的卷发扭成喇叭状的日耳曼人感到奇怪?我们不会感到奇怪,很明显是因为其自然特性对他们所有人而言是共有的。俾格米武士带着他那很小的武器前进,突然遇到了色雷斯尖叫俯冲的白鹤群,但很快,他就不再向敌人前进,他被凶猛的白鹤抓起并被其用弯曲的爪子抛向了空中。[2] 如果你在自己的国家看到这一现象,你一定会大笑着震惊不已,但是在他们那个国家,所有的人都只有一英尺高,因此尽管他们每天都看到这样的战争,也没有人会笑![3]

---

[1] Lloyd A. Thompson, *Romans and Blacks*, p. 35.
[2] 关于白鹤与俾格米人战斗的传说,参见荷马《伊利亚特》,第59页。
[3] Juvenal, *Satires*, VI, 159 – 173.

作者这里说得很清楚，每个民族都可能有自己的生理不足甚至"缺陷"：阿尔卑斯山地区的大脖子，妇女硕大的乳房，日耳曼人的蓝眼睛、黄头发、油腻腻的卷发，俾格米人的矮小等。尽管每个民族都有在其他民族看来"可笑"的地方，但对他们自己来说没有什么可笑的，因为他们的"自然特性对他们所有人而言是共有的"，既是共有的，大家都习惯了，也就不会产生好奇，更谈不上种族歧视了。相对其他民族（种族）而言，这种共有的特征（特别是身体自然特性）是不可能改变的，"皮肤黝黑的利科里斯来到了赫拉克勒斯的提布尔，他以为在那里什么东西都能变成白色的"。① 但事实上利科里斯的想法是不可能实现的。

不仅如此，罗马作家甚至还把人类的自然差别（包括身体特征及其衍生的相关差异）进行了较为系统的归纳和概括：

> 而且，我们必须考虑我们人类状况的基本条件，以便我们可以判断降临到我们身上的一切：那些责备我们都具有的缺点的人是不公平的。埃塞俄比亚人的肤色在他们自己种族中并不是一种显著的特征，打成结的红头发对日耳曼男人来说也没有什么不相称的地方；你不应在已经成为民族共有的任何特征中去判断任何显著的或者令人厌恶的个体特征；甚至我引述的那些例子也可以为世界某些地区和角落里的人的习惯作辩护。想一想，可以有多么更为公正的理由来为整个人种所共有的品质辩解啊！②

在作者看来，人类状况的基本条件不一样，在判断世界"整个人种"时也应当区别对待，对于世界各地人种的不同身体特征

---

① Martial, *Epigrams*, IV, 62, 1.
② Seneca, *On Anger*, translated by Robert A. Kaster and Martha C. Nussbaum, Chicago: The University of Chicago Press, 2010, III, 26.3（参见《强者的温柔——塞涅卡伦理文选》，包利民等译，中国社会科学出版社 2005 年版，第 86 页）。

和习惯，可能在其他人种看来是"缺点"，对于这些"缺点"，我们不应该去责备，否则就是不公平。作者的阐述高屋建瓴，极具说服力，甚至可以说是上升到全人类高度的理论化探讨。

人类自然差别的存在自然导致不同人的审美意识的差别：

> 尽管男人们同意（我们可以说吗？）身体的美貌是存在的，但是他们对美丽的女人有不同的看法，埃塞俄比亚人喜欢最黑最翘的鼻子，波斯人喜欢最白最钩的鼻子，还有人宣称她在外貌和肤色上都是折中的，是所有女人中最美的；同样，外行人和哲学家都有着相同的先入之见，都相信善与恶是存在的，善是吸引他们的，是有用的，恶是性质相反的，但在某些特定的情况下，他们是在互相争斗。[1]

无论是罗马作家对黑人的贬损性描述还是对黑人的褒扬性表达，我们都不应进行过分解读甚至夸张性延伸，不能把它们与现代种族偏见、种族歧视或种族主义等概念相提并论甚至对号入座。其实，就罗马作家对黑人的描写而言，在他们的思想中，罗马（人）才是中心主题，一切以罗马（人）为中心，并以这个中心及其衍生的习惯、风俗、伦理、社会关系为对外观察的起点，自觉不自觉地以符合或者离异于这个中心而表现出对外界的认同或否定。正因为如此，他们在看待任何非"罗马式"的人与物的时候，总会自觉不自觉地带着自己早已熟悉的标准去衡量，如果与自己的标准有差异，他们会自然而然地产生距离感或陌生感。这样，在他们看来，黑人肤色与自己完全相反，嘴唇厚大、头发卷曲、鼻子扁平、乳房硕大；高卢人的皮肤白得只有自己的母亲才能认出；阿拉伯人耳朵要穿孔；犹太人要施行割礼。所有这些，都与罗马人习惯的标

---

[1] Sextus Empiricus, *Against the Ethicists*, with an English translation by R. G. Bury, London: Heinemann, 1933, pp. 43–44.

准不一样，因此显得很"特别"。不仅如此，就是罗马人自己，也会因为面相与普通标准差异太大而引起特别关注甚至反感。格吕刻拉的老相好阿卡尔那尼亚的一个士兵爱上自己的朋友戈耳戈后，塔伊斯在安慰格吕刻拉的时候，是这样贬损戈耳戈的："但是，我觉得奇怪的是，那个兵赏识她是为了哪一点呢？如果他不是完全瞎了眼睛。她的嘴唇是青白色的，脖子细瘦，而且青筋绽露，鼻子还很大哩。只是有一件，她身材高大笔直，她的那一副笑容也是的确很迷人的。"① 在塔伊斯看来，戈耳戈这位罗马本土人是很丑陋的，"嘴唇青白""脖子细瘦""青筋绽露""鼻子很大"等特征都是丑陋的表现，其基本标准就是罗马人已经熟悉和习惯的身体特征。对罗马人而言，黑嘴唇、扁平鼻子的黑人不符合他们习惯的身体特征，罗马人能感受到他们与自己的区别。对于与罗马人习惯的身体特征不相符的白嘴唇、大鼻子的长相丑陋的人，罗马人同样能感受到他们的异样；"身材高大""笑容迷人"是符合罗马人标准的，故会觉得很美。罗马人习惯的，在他们看来就是美的，否则即相反。正如诗人奥维德所说的那样，柔嫩的美，不管是白色还是黑色，都很吸引人。② 因此，罗马人对任何人的身体特征的差异，不是以种族或人种为标准，而是以自己习惯的身体特征为标准在进行裁量和评判。

在社会关系方面，罗马人同样是以自己习惯的传统标准进行判断。尤维纳尔建议白人丈夫给其妻子打胎药，以免她与黑人男子偷情所生的孩子成为其财产继承人，从表面看，似乎是作者对黑人的偏见，但作者所反映的真实意图可能在于以下两方面：第一，去肤色（decolor）的继承者和半黑的非法孩子的身体外表不是关键，关键是对这位罗马母亲的不忠行为的愤怒。与黑人通奸所生的孩子，很可能是半黑的孩子，这在罗马人习惯的身体特征社会中很明显就

---

① 《路吉阿诺斯对话集》，周作人译，中国对外翻译出版公司2003年版，第238页。
② Ovid, *Amores*, II. IV. 39–40.

能反映出来，就能暴露自己的不忠行为，就会受到道德谴责。因此，对于罗马妇女来说，最好是能对丈夫和家庭忠诚，如果做不到，就算有通奸行为，作者可能对罗马妇女的真正建议是至少要找一个白人情人，以便自己的通奸行为不至于暴露。① 第二，作者对罗马社会等级制度的维护。在罗马等级社会中，人种的差别并不具有决定性，真正决定人们在社会生活中的地位的是身份和财产。"错误肤色的继承人"的父辈血统很明显不是高等级社会地位者，而他的到来和对财产的继承，很明显会造成整个罗马社会等级制度的混乱。为了不至于使社会等级制度混乱，为了维护罗马社会传统，最好的办法就是让妻子打胎，把"错误肤色的继承人"扼杀在子宫里，而不是任其破坏。"我的确满意把自己的心交给一名奴隶"，虽然是对罗马等级制度的破坏，但责任并不在"我"；马鲁拉与罗马白人通奸同样受到谴责，其原因在于卡尔普斯是一位低级长官，属于低等级地位者；基尔多本人是罗马高级长官，是罗马贵族的代表，他的行为之所以遭到罗马人的猛烈抨击，不仅是因为他与黑人女性的乱性行为，更重要的原因是他把"最高贵的女士"随意地下嫁给地位低下之人，从而破坏了罗马等级秩序，破坏了罗马价值观。所有这些，都反映出作者们对罗马等级制度和社会秩序的维护是以罗马为中心的，是对罗马传统的延续。

　　罗马国家对人民的划分是从最初的氏族血缘关系演变而来的，后来虽然有所变化，但它从来没有以肤色、体貌特征等为依据进行划分。黑人虽然在罗马国家中没有传统权利，总体地位比较低下，但这与他们的肤色没有任何关系，真正原因在于他们是"外族人"，而这样的外族人在罗马社会非常多，地位同样比较低下。

　　在罗马民众中，确实存在把黑人作为野蛮人的看法，他们依据对方的饮食习惯、生活模式、宗教信仰与习俗、物质发展或落后程

---

① W. J. Watts, "Race Prejudice in the Satires of Juvenal", p. 94.

度、社会宗教组织、衣着、身体外表等,形成了自己的判断,观察黑人的物质和精神文化的各方面(就像对其他外族群体那样),并根据自己的标准形成对他们的羡慕和赞同的,或者蔑视和反感的认识模式。正因为如此,他们才把征服前的高卢人称为"野蛮人",而把征服后的高卢人称为"兄弟",同样,对某些符合自己文化和习惯的埃塞俄比亚人推崇备至,而把相反的埃塞俄比亚人认定为极其粗野的野蛮人。正如有学者指出的那样,罗马人使用的野蛮主义(barbarism),在两层意义上与文明观念相对应:就文明的意义是城市定居者而言,野蛮主义意味着非城市定居者,特别是那些生活在边缘地区的人;就文明代表法律和文化的统治而言,野蛮主义代表这两者的缺乏和残忍的统治。罗马人划分文明与野蛮的关键因素是彼此的生产(生活)模式。事实上,当罗马人把"生产(生活)模式"介绍给野蛮人时,某些野蛮人就"不再是野蛮人",而是文明化地"转向罗马人的模式"的人了。[①] 这里的"城市"是罗马人的城市,这里的"法律"和"文化"是罗马人的法律和文化,对罗马人来说,他们对文明人与野蛮人的划分并不是像现代种族主义那样以肤色、身体特征为首要标准,而是以罗马(人)为标准。

罗马人是白人,在整个社会占据绝对统治地位,他们习惯自己的肤色和身体形象,因此在看待包括黑人在内的外族人时,他们会以自己习惯的肤色和身体特征为标准,对他人做出贬损性或褒扬性的价值判断。在罗马社会关系中,罗马人以自己的等级制度为中心,对包括黑人在内的其他等级按自己的标准进行评判,从而形成维护自己等级特权的制度藩篱。罗马国家和罗马民众在对待包括黑人在内的外族人时,以罗马国家的制度、法律、道德、文化、生产生活模式、习俗等为中心,形成了所谓的文明人与野蛮人的划分。罗马人的这些标准,我们可以称之为罗马中心主义

[①] John Bellamy Foster and Brett Clark, "Empire of Barbarism", *Monthly Review*, December, 2004, pp. 2 – 3.

(Romanocentrism)。在罗马中心主义视野下，无论罗马人对黑人的对外观察具有贬损性还是褒扬性，它们所反映的最重要的本质是，罗马（人）是中心主题，而对其他民族和地区的贬损性与褒扬性的观察相对来说不重要。既然罗马作家对黑人的描写所反映的实质内容是罗马中心主义，那么，现代种族主义者在这里寻求古典渊源和传统也就找错了地方。

第五节　罗马艺术中的黑人形象

起源于台伯河畔的罗马国家，通过经年累月的争战，终于在公元前31年使地中海变成了它的内湖。但是，正如奥古斯都的桂冠诗人贺拉斯所注意到的那样，"被征服的希腊人，把他们的艺术带到了土气的拉丁姆，用这种方式征服了他们野蛮的征服者"。[1] 无论人们怎样理解这段话，[2] 希腊文化对罗马的影响是毋庸置疑的。罗马艺术既是对希腊艺术风格的继承，也有新的发展。

古罗马艺术在很大程度上是罗马人生活与现实的反映。古罗马表现黑人的艺术品不仅数量众多，主题也非常丰富，因此，它是我们研究古罗马人对黑人态度的重要材料，其价值有时候甚至比文献资料的价值还要高。古罗马艺术品中的黑人绘画主题反映了罗马人对待黑人的态度，这对于考察西方古代社会是否存在种族主义歧视具有重要意义。这里拟就考古发现的涉及黑人内容的古罗马艺术品进行探讨，分别考察罗马共和国时期和罗马帝国时期艺术品中所表现的黑人主题及罗马人对待黑人的态度。

---

[1] Horace, *Epistles*, in H. Rushton Fairclough, ed., *Satires, Epistle and Ars Poetica*, Cambridge, MA: Havard University press, 1942, I, I, 156-157.
[2] 比如岳成《贺拉斯"希腊文化征服罗马"说考释》，《山东理工大学学报》（社会科学版）2015年第3期。

一　罗马共和国时期艺术品中黑人形象

当希腊文明特别是雅典文明走向辉煌的时候，罗马国家还在意大利半岛徘徊，"实事求是地说，只是在亚历山大大帝以后，希腊人才发现了罗马人、克尔特人和犹太人"。[①] 但是，一旦罗马人与希腊人接触，他们即被希腊文化熏陶，而此时恰巧是希腊化时代，因此，罗马共和国时期的艺术在很大程度上继承了希腊化时期希腊的艺术形式和风格。罗马艺术品中关于黑人的形象也与希腊化时期的黑人艺术风格直接相关。

公元前1世纪的罗马无釉赤陶小面具是一件描绘黑人的写实艺术品。[②] 该头像虽然头发卷曲程度不突出，但扁平的鼻子、厚厚的嘴唇是黑人典型的面部特征表现。黑人在古代世界里经常以杂技演员的形象出现，希腊化风格的罗马大理石雕像表现了他们用胸和手保持平衡，而把双脚倒立于空中的姿态。老普林尼曾告诉我们："在尼罗河的右岸有一支人类部落，他们因其所居住的腾提鲁斯岛（即现在的邓德拉）而被称为腾提鲁斯人，他们是这一怪物（鳄鱼）的天敌。他们身材矮小，但唯有在这件事上能头脑清醒且很有名。这里说的这个动物（鳄鱼）对于面对它就逃跑的人来说是很可怕的，但它会在追逐它的人面前逃跑。但是，这些腾提鲁斯男人敢独自面对这些鳄鱼，事实上，他们会跳到水里骑在它们的背上，就像骑在马上一样。当它们张开大口，头向后咬的时候，他们就在它们的嘴里插上一根木杆，并用双手紧紧抓住木杆的两端，就像用缰绳一样把它们往岸上拖；或者只是通过大声喊叫吓唬它们，迫使它们从嘴里吐出刚刚吞食的尸体，以将其埋葬。"[③] 可能正因为如此，黑人爬在鳄鱼背上的场景成为艺术家

[①] 阿纳尔多·莫米利亚诺：《外族的智慧：希腊化的局限》，晏绍祥译，三联书店2013年版，第3页。

[②] Frank M. Snowden, Jr., *Blacks in Antiquity: Ethiopians in the Greco-Roman Experience*, pp. 162, 238.

[③] Pliny, *Natural History*, VIII, XXXVIII, 92–93.

们的重要表现主题之一。有两尊符合希腊化风格的罗马雕塑,其造型几乎完全一样,都描绘了一名黑人男孩杂技演员倒立在鳄鱼背上的场景。① 两名黑人男孩头发呈螺旋状卷曲,有宽阔扁平的鼻子,高颊骨,厚嘴唇,属于典型的黑人。当然,是不是属于老普林尼所描述的腾提鲁斯人,我们只能进行推测了。发现于意大利佩鲁甲的小男孩青铜雕像,制作于罗马共和国晚期或者帝国早期,该青铜雕像在一座基座上,皮肤漆黑,身材苗条,体格健硕,头发卷曲,鼻子扁平,嘴唇较厚但并不外翻,属于尼格罗类型的黑人。该男孩手持灯笼,很明显是一位主人的侍从。②

罗马共和国时期关于黑人的艺术品的典型特征是它对希腊化时代的描绘主题和风格的延续。从描绘主题看,这一时期的黑人艺术品基本上集中于现实世俗世界,与早期希腊、古典时期的希腊大异其趣,与希腊化时期一脉相承,如对普通民众(甚至低贱阶层)的关注、描述对象的多样化等。在风格上也是对希腊化艺术的延续,如前述的面具、雕像等,无论是制作尺寸还是制作手法,都与前述的希腊化风格极为相似。在具体内容方面,这一时期的黑人艺术品也与希腊化时代如出一辙,它特别强调对现实生活中的人物形象的关注。如两件极为相似的描绘倒立于鳄鱼身上的杂技演员的雕像,虽然捕捉鳄鱼的场景在罗马不一定能见到,但老普林尼所描述的情形在罗马社会生活中广为人知;③ 再如位于基座上的小男孩青铜雕像,从其动作判断,应该是演说者或者舞者,这些都是罗马现实生活中的人物形象。

---

① Frank M. Snowden, Jr., *Blacks in Antiquity: Ethiopians in the Greco-Roman Experience*, pp. 79, 166, 244.

② Frank M. Snowden, Jr., *Blacks in Antiquity: Ethiopians in the Greco-Roman Experience*, p. 90, 187.

③ 这种罗马人从未见过但在罗马社会广泛流传的传说很多,如对特洛伊城的好奇,对介于神话传说与历史事实之间的俾格米人的兴趣,对塔西佗提到的埃及巨大石像门农的向往等(冯定雄:《罗马道路与罗马社会》,第 241—254 页)。

二 罗马帝国时期艺术品中的黑人形象

到帝国时代，罗马艺术中关于埃塞俄比亚人（黑人）的描绘延续了希腊化及罗马共和国时代的特征，只是到帝国中后期，其主题范围更加广泛，特别是基督教在罗马社会日益流行后，越来越多的基督教宗教艺术占据了罗马社会和民众生活的主流位置，其主题与风格与此前的希腊罗马宗教艺术相比均有较大变化。作为基督教艺术重要组成部分的黑人主题艺术也逐渐地走上了为基督教艺术和宗教服务的道路，体现了罗马艺术的转型。

与希腊黑人艺术一样，罗马帝国时代的艺术中，宗教神话始终是重要描绘主题之一。伊西斯不管是在埃塞俄比亚本土还是在埃及，都受到埃塞俄比亚人的高度崇敬，因此，那些身居异乡（包括罗马）的埃塞俄比亚人在仪式中延续他们的兴趣是理所当然的。如前文提到的发现于雅典的公元前1世纪后半期或公元1世纪前半期的黑白混血人种的头像，就被认为是埃及异族人为自己的崇拜设置的本土祭司；希腊化时代的阿芙罗狄西亚闪长岩或大理石小雕像，也是一位伊西斯祭司（*Isiacus*）。尼禄时代的赫库兰尼姆的壁画中，有描绘伊西斯仪式的雕像群，他们当中有些人是白人，还有一些人是黑人。除了其中的一个，其他的很难仅从面部特征看出艺术家准确的创作意图，因为他们只是大致被勾勒出了脸型。但是，这些半身雕像其中的一个很明显来自黑人类型或者埃及类型的整体场景。罗斯托夫采夫认为这些黑人是祭司的侍者，[①]他们穿着从腋窝到脚的长袍，而白人崇拜者的长袍则是从肩到脚。在这尊雕像中，这位黑人崇拜者右臂向前伸出，站立在人群中央，这些人站在两旁，做着崇拜的姿势或者手持摇鼓。[②] 阿里恰附近的阿

[①] M. Rostovtzeff, *A History of the Ancient World*, Vol. II: *Rome*, Oxford: Clarendon Press, 1927, plate XC, No. 2 and commentary on p. 342.

[②] Frank M. Snowden, Jr., *Blacks in Antiquity: Ethiopians in the Greco-Roman Experience*, pp. 252, 189–190.

庇安大道上的公元 2 世纪早期的坟墓①中，大理石浮雕也明显地与伊西斯和塞拉皮斯崇拜紧密相连。② 浮雕中有三位臀部特别肥大的黑人妇女，她们正在翩翩起舞，神情甚是陶醉，很明显是祭祀仪式中的场景。这些黑人妇女的夸张舞蹈动作包括屈膝和向后摇头，她们的动作毫无疑问在喜剧中是很普遍的，这也与古典作家的记载相吻合。据说，舞蹈在埃塞俄比亚人中很盛行，在战争中，在他们跳舞前是不会射出箭的。除了与埃塞俄比亚人关系非常密切的伊西斯崇拜外，在罗马宗教的其他崇拜中，也有被认为是关于黑人宗教崇拜的艺术表现。如在公元 180—200 年的大理石棺上巴库斯胜利的绘画中，有两个黑人男孩骑着一对豹子，乘着巴库斯的胜利马车。该石棺来自一个家族墓地。左边这两个穿着神的豹皮的年轻人被认为是为巴库斯神服务的新成员，是天真无邪的年轻人的象征。艺术家选择黑人男孩作为胜利之神的侍者是有原因的，据狄奥多罗斯说，狄奥尼索斯在取得战争胜利的时候，"他还给所有虔诚于他的男人以指示，并在他的仪式范围内培养这些人的公正的生活，还使他们理解他的神秘，而且，他还在各地举办盛大的节日集会和音乐竞赛。总之，他调解各国和各民族之间的争吵，并在有民事冲突和战争的地方建立和睦与平安。……因为在某些情况下，他给那些遵从他的神圣天理的人以优越权力，惩罚那些对他不虔敬的人，要么使这些人疯狂，要么就让这些人依靠女人的双手生活在痛苦中；在

---

① 从罗马共和国时代起，罗马人就喜欢把自己家族的墓葬群集中在主要的罗马大道沿路。如沿着通往伊达拉里亚各城镇的路上，家族墓葬群排列得十分规整；在阿尔通往意大利的道路上，有罗马西部地区最为著名的墓葬群之一阿里斯坎普墓葬群；邻近罗马的阿庇安大道和诺门塔纳大道的地下墓葬群则颇有特色，它与跨台伯河地区的蒙特韦尔德地下墓葬群形成了鲜明的对照，前者深受希腊化和罗马化的影响，后者则是保守的传统犹太风格。罗马墓葬群成为罗马道路上很独特的景观（冯定雄：《罗马道路与罗马社会》，第 110—112 页）。

② Frank M. Snowden, Jr., *Blacks in Antiquity: Ethiopians in the Greco-Roman Experience*, pp. 23, 36, 165, 242.

另外的情况下，他会通过令人吃惊的军事装备打败那些反对他的人"。① 在希腊罗马传统（或者说荷马传统）中，埃塞俄比亚人是世界上对诸神最虔敬的民族，因此，石棺上的黑人可能正是艺术家受到了埃塞俄比亚人虔诚与公正这一传统的启发。浮雕中的那些野蛮人的小孩子与石棺上的罪人形成了鲜明的对比，这些罪人与劫掠品一起被绑在大象身上。该浮雕把埃塞俄比亚人作为虔诚与公正的象征，可能是因为狄奥尼索斯神在取得胜利后，在从世界最南极返回欧洲的途中，给予了这两个黑人男孩特别的荣誉地位。②

在表现传统的宗教神话题材之外，罗马帝国时期关于埃塞俄比亚人（黑人）的艺术更多的是反映社会现实生活。在罗马把地中海变成内海的过程中，罗马的"伟大"得到了彰显，反映罗马使臣、高级官吏等上层贵族阶级外交活动的艺术作品也不少。现存于法国国家图书馆的一个罗马青铜像，卷发长条梳理，宽鼻子，高颊骨，鼻下前突，厚嘴唇，拥有八字胡和络腮胡子，它的身份应该是罗马的一位高官。弗拉维王朝时期真人大小的大理石半身雕像，身披一件衣物，头发卷曲，目光有神，嘴唇很厚，面带微笑，该男子被认为是作为使臣或者人质来到罗马的黑人；艺术家可能是在他停留罗马期间制作了他的雕像。约公元100年的麦罗埃的道路里程碑上的黑人头像，有白色的眼睛，嘴唇有疤痕；该黑人被认为是罗马官员送给麦罗埃国王的礼物。在泰里亚替斯发现的公元160—170年的潘泰列克大理石头像，可能是阿提库斯的被监护人门农。该头像头发短而卷曲（羊毛性效果），鼻子虽然已经被破坏，但明显很

---

① Diodorus of Sicily, *Library of History*, with an English translation by C. H. Oldfather, Cambridge, MA: Harvard University Press, 1935, III. 64. 7 – III. 65. 3.

② Frank M. Snowden, Jr., *Blacks in Antiquity: Ethiopians in the Greco-Roman Experience*, pp. 149 – 150, 229.

宽阔，厚嘴唇。① 门农被认为是希罗德·阿提库斯②的一个儿子，阿提库斯是继基督之后，公元 2 世纪最有国际影响力的贵族人物。他是著名的智者和悼念门农的资助人，也是他视为己出的另外两个养子的庇护人，因为这两个孩子是高尚的、具有荣誉的青年，他们喜爱学习，有资格在他的家庭长大成人。③ 另一个来自雅典的公元 250—260 年的年轻男子潘泰列克大理石头像，头发短平，因此看上去不是特别卷曲，鼻子被破坏了，嘴唇略厚，但可以肯定的是他是一个黑人；其身份不能确定，但他可能代表了上层社会阶级的一位绅士。④

在描绘上层贵族生活的艺术题材中，上层妇女的生活也是艺术

---

① P. Graindor, "Tête de nègre du Musée de Berlin", *Bulletin de correspondance hellénique*, XXXIX (1915), pp. 402 - 412 认为，这是混种题材，但偏向于北非、努比亚或阿比西尼亚的黑人类型；C. Picard, *La Sculpture antique de Phidias à l'ère byzantine*, Paris, 1926, p. 444 把该头像描绘成黑人或白黑混血儿；G. Sena Chiesa, s. v. *Memnone*—2^0 *Enciclopedia dell'arte antica IV*, Rome, 1961, p. 1001。

② 希罗德·阿提库斯（Herodes Atticus，公元 101—177 年）是一位著名且富有的希腊贵族和智者，罗马元老院议员，公元 143 年被任命为罗马执政官。他是第一位被正常选出作为罗马执政官的希腊人。据斐洛斯特拉图斯说，阿提库斯是第二次智者运动的著名倡导者（Philostratus, *Lives of the Sophists*, 2.1, http：//thriceholy. net/Texts/Lives. html, 2016 年 6 月 5 日）。芬利把他描写成艺术和文学的赞助人，帝国大规模公共慈善的资助者，不仅在雅典，而且在希腊的其他地方以及小亚细亚，他都拥有很多重要的职位，是皇帝的朋友和亲戚（M. I. Finley, *The Ancient Economy*, Berkeley：University of California, 1973, p. 100）。

③ "他们准备在邻近的村庄暂歇下来，那个村庄离被贤人占领的高地没有几个斯塔特（1 斯塔特 = 167 米）。他们看到一个年轻人向他们跑来，这是他们见过的最黑的印度人，在他的眉毛之间有一个闪闪发光的新月状的斑点。但我知道，后来，同样的特征也出现在智者希罗德的养子门农的身上，他是一个埃塞俄比亚人。他的这一特征在他青年时表现了出来，但当他长大后，这一特征逐渐减弱并最终随着他青春的逝去而消失了。" Philostratus, *The Life of Apollonius of Tyana*, *The Epistles of Apollonius and the Treatise of Eusebius*, with an English translation by F. C. Conybeare, Cambridge, MA.：Harvard University Press, 1989, III, XI; Philostratus, *Lives of the Sophists*, 2.558, http：//thriceholy. net/Texts/Lives. html, 最后访问时间：2016 年 6 月 25 日。

④ Frank M. Snowden, Jr., *Blacks in Antiquity：Ethiopians in the Greco-Roman Experience*, pp. 81, 187; 249, 187; 92; 96, 187 - 188; 97, 188.

家们乐此不疲的重要内容。罗马文献及其他材料中对黑人妇女的赞美性描绘是很丰富的,如前文提到的维吉尔对黑人梅那伽的爱慕,对黑人阿敏塔的爱情;奥维德与黑人西帕西斯的爱情;马尔提亚明确地写道他宁愿喜欢黑人姑娘,也不喜欢白人姑娘:"我想要的女孩是要比夜晚还要黑的,比蚂蚁还要黑的,比沥青还要黑的,比乌鸦还要黑的,比蟋蟀还要黑的。"卢克索里斯称赞迦太基竞技场的黑人英雄奥林庇乌斯具有"珍贵的乌黑""宝石之光"。在庞贝城郊区一个农庄的墙壁画中,作者宣称:"无论谁喜欢黑人,就像烧成漆黑的木炭的黑人,反正当我看到黑人时,我都很高兴吃黑莓。"公元2世纪下半叶,富裕的罗马人可能通过制作黑人妇女雕像的方式来表达他们的爱,这些黑人妇女美好的身材在黑色大理石雕像中得到了很好的表现。1947年发现于希腊广场的妇女大理石头像,长头发,头发盘成卷用以修饰脸,两端拧成绳链一样,鼻子有些扁平,嘴唇很厚。这应该是一位被处决的雅典黑人妇女的头像。有学者认为:"这个小型的大理石头像……揭示了手艺精巧的艺术家以熟练的技能和丰富的同情心对待外来类型的情形。宽阔的鼻子、很厚的嘴唇以及凸出的颊骨都标志着这位妇女具有黑人血统。软帽式的发型是图拉真时期宫廷女士的打扮风格。"[1] 斯诺登则认为:"对该大理石雕像的考察使我坚信,这是黑人混种人。"[2] 不管怎样,该黑人妇女应该是罗马上层社会女性的代表之一。另一尊黑人妇女大理石头像可能属于哈德良时期,该头像头发浓密卷曲,鼻子略宽,嘴唇很厚。该妇女如果不是贵族,至少也是富人。[3]

---

[1] H. A. Thompson, "The Excavation of the Athenian Agora Twelfth Season: 1947", *Hesperia*, Vol. XVII, 1948, p. 178 and plate LV; Evelyn B. Harrison, *The Athenian Agora, Results of Excavations Conducted by the American School of Classical Studies at Athens*, Vol. I: *Portrait Sculpture*, p. 32 and plate 15.

[2] Frank M. Snowden, Jr., *Blacks in Antiquity: Ethiopians in the Greco-Roman Experience*, p. 93.

[3] Frank M. Snowden, Jr., *Blacks in Antiquity: Ethiopians in the Greco-Roman Experience*, p. 254, 193; 93, 188, 193; 96, 188, 193.

罗马帝国时代关于黑人（埃塞俄比亚人）的艺术品最多的是对他们作为日常生活中的各类职业者的反映。亚历山大里亚港口作为地中海世界与东方海域的中转站，极大地加强了希腊罗马人与埃塞俄比亚人之间的联系。包括埃塞俄比亚人在内的各种人聚集到亚历山大里亚港口，这些埃塞俄比亚人参与到说着各种语言的人群生活之中。他们还可以乘坐从亚历山大里亚港口定期出发到地中海世界的各港口的船只，抵达意大利和希腊。亚历山大里亚的希腊罗马博物馆中的无釉赤陶曾是古老海港的房屋和坟墓中的装饰品，它们生动地展示了罗马时代亚历山大里亚城的生活。这些描绘黑人的收藏品不仅生动地反映了黑人的各种职业，而且对研究他们的历史与文化具有重要意义。其中，有好几尊雕像反映的是黑人持灯人；还有一尊由提着灯笼的奴隶陪伴的年轻醉酒者雕像，该雕像制作于公元前 30 年之后，黑人奴隶一手持着灯笼，一手吃力地扶着醉酒的主人，形象生动逼真，真实地反映了当时的生活场景。比较有特色的艺术品是一个潜水者雕像，它生动地描绘了一位黑人潜水者在水下的动作。帝国时期，罗马境内还有大量描绘其他黑人职业的艺术品，如公元 2 世纪早期的阿里恰的大理石浮雕，描绘了舞蹈和鼓掌场景，其中黑人妇女的夸张舞蹈动作，包括屈膝和向后摇头，在希腊罗马喜剧中是很普遍的。发现于那不勒斯附近的一尊白色大理石的黑人半身雕像，身披短托袈，下身裸露，表情自然，被认为是公元 2 世纪的一位歌手或者演员。公元前 30 年之后的一尊雕像，描绘了一位黑人小男孩站立在葡萄藤中，双脚在踩阿基米德螺线（Archimedean screw）。来自赫库兰尼姆、大约公元 1 世纪的大理石浮雕，描绘了一位正在驱赶双马双轮战车（biga）的黑人，他的卷发紧贴头，鼻子宽阔、扁平，嘴唇厚，鼻下前突，是典型的黑人肖像，其神情严肃专注，手臂肌肉发达，明显地正在用力；另一位武士则手持武器走在马前。来自庞贝城的无釉赤陶描绘了一位正骑着大象的黑人象夫。① 公元 1 世纪的罗马诗人西利乌斯·伊塔利库斯比较详细地描述了迦太基军队中的埃塞俄比亚人和努比亚人。② 因此，这里无釉赤陶雕像可能是受到了第二次布匿战争中埃塞俄比亚象夫的影响，但是，我们不能简单地认为黑人（埃塞俄比亚人）只在汉尼拔的迦太基军队中才有，在整个地中海世界，其他类型的黑人象夫同样存在。

在古代社会，战争是政治生活的常态，它不仅贯穿整个国家的政治和经济，在文化中也有明显反映。战俘作为战利品，通常也会成为艺术家们的创作题材。罗马帝国的艺术品也一样，有大量作品反映战争场面和战俘情况。在罗马征战埃塞俄比亚人的过程中，那些被佩特罗尼乌斯作为犯人出售的埃塞俄比亚人到了罗马世界的各地区。全副武装的黑人武士的无釉赤陶为罗马帝国早期的埃塞俄比亚人的身体类型提供了重要证据。亚历山大里亚的希腊罗马博物馆中的无釉赤陶藏品包括这些方面的生动例子。藏品中最大的一件表现的是一位穿着短衣（可能是皮制品）的人物形象，短外套搭在肩上，右手握着双面斧的手把，扛在右肩上；另一个人物则左手拿着椭圆盾牌，右手拿着双面斧；第三个人物被描绘成一位角斗士或者士兵，穿着长袖拖袈，身上穿着胸甲，手拿宽阔的双刃短剑或匕首以及方形盾牌。③ 在柏林的一对铜像可能是受到了佩特罗尼乌斯战役的启发，它们可能代表了埃塞俄比亚战俘。这些埃塞俄比亚战俘双手被反绑，神情紧张。发现于迦太基的安托尼努斯温泉的道路里程碑，很可能是凯旋性质的纪念碑，其上的黑人被认为是公元 2

---

① Frank M. Snowden, Jr., *Blacks in Antiquity*: *Ethiopians in the Greco-Roman Experience*, p. 247, 187; 248, 185, 187; 248, 187; 80, 187; 242, 165; 250; 246, 187; 78, 167; 224, 131.

② Silius Italicus, *Punica*, 3. 265 – 273.

③ Frank M. Snowden, Jr., *Blacks in Antiquity*: *Ethiopians in the Greco-Roman Experience*, p. 134.

世纪中期被罗马人在奥兰·撒哈拉北部俘获的士兵。[1]

罗马帝国时代的黑人艺术品仍然延续了希腊罗马的宗教神话传统。宗教在古代社会中占首要地位，这几乎是整个人类社会的普遍规律。希腊罗马社会宗教的一个显著特征是它们没专门的、显赫的祭司阶层，但宗教在国家中仍然占据重要地位，甚至决定着国家的征战、媾和。罗马文化在很大程度上是对希腊文化的继承，帝国时代的艺术品同样延续着希腊艺术的特征，宗教神话主题在其中占有重要地位。同样，这一时期涉及黑人的艺术品也与罗马宗教题材紧密相连，如前文提到的与伊西斯女神和塞拉皮斯神的崇拜相关的艺术品，不仅在艺术主题，而且在艺术形式、表现风格等方面都直接沿袭了希腊传统。

三 罗马黑人艺术形象与种族主义

无论是罗马共和国时期还是罗马帝国时期，关于黑人的艺术品的典型特征都是对希腊化时代描绘主题和风格的延续，但其主题选择更加广泛多样，从而使得这些宗教题材的艺术作品在整个艺术作品中的比例有所下降。这并不是说宗教题材的艺术品绝对数量在减少，而是由于其他题材的艺术作品在不断地出现和增加，宗教艺术作品在整个艺术作品中的比例显得不如最初的希腊艺术作品那么高。

罗马时代（特别是帝国时代）关于黑人的艺术品中，反映罗马现实社会生活的作品数量在不断地增加。这不仅体现在其绝对数量的增加，还体现在其主题的更加多样化，如反映罗马使臣、高级官吏等上层贵族阶级的外交活动，反映上层贵族生活等，特别是关于帝国日常生活中的各类职业者，如持灯笼者、潜水者、歌手（演员）、武士、驾车者、象夫、战俘等的作品。这些广泛的艺术

---

[1] Frank M. Snowden, Jr., *Blacks in Antiquity: Ethiopians in the Greco-Roman Experience*, p. 226, 134; 227, 142.

品描绘对象，一方面反映出艺术对罗马社会生活的丰富写照，展示出罗马社会生活的多面性，另一方面反映出黑人（埃塞俄比亚人）在整个罗马社会生活中的广泛分布，从而体现出他们这样一个在罗马社会不占主流和主导地位的人群（族群）已成为整个罗马社会的重要组成部分。

另外，在罗马时代关于黑人（埃塞俄比亚人）的艺术作品中，我们既可以看到与罗马诸神共生的黑人，也可以看到作为罗马高官的贵族或富有的黑人，还有各行各业的从业者，当然也包括奴隶和战俘。从这些黑人（埃塞俄比亚人）的地位，我们并不能得出在黑人并不占主流和主导的罗马社会中，他们作为少数民族（亚民族）在整个罗马社会受到了歧视或偏见的结论。

从前文关于罗马艺术中反映的黑人形象的实际情况可以明显地看出，历史实际与种族主义者的认识大相径庭。如比尔兹利认为"与真人一样大小的头像和雕像几乎是没有的"结论本身就是错误的，因为罗马时期涉及埃塞俄比亚人（黑人）的真人大小的艺术品是有的，如弗拉维王朝作为使臣或人质的大理石半身雕像。再如，她认为"伟大的雕刻家没有把埃塞俄比亚人作为一个足够高贵或足够重要的主题"的结论也是明显错误的。从前文关于黑人（埃塞俄比亚人）的艺术品的主题看，黑人贯穿整个罗马社会的方方面面，从与诸神共舞到成为达官贵人，从市井小人到战俘罪犯，而且他们经常与罗马原住民（罗马人）同时出现，除去战俘、罪犯、奴隶，难道与伊西斯女神或塞拉皮斯神一起出现不算是"足够高贵或足够重要的主题"吗？因此，试图从艺术品的描绘中找寻种族主义的古代渊源的研究，得出的结论可能与历史真相完全相反。

第 四 章
基督教与埃塞俄比亚人

基督教诞生之初对罗马人的影响并不明显,罗马人对它的反应多是漠不关心,甚至是误解。[①] 但是,经过一两百年的艰难曲折发展,特别是到公元 4 世纪初,基督教在罗马社会取得合法地位后,发展速度大大加快,而在得到统治阶级的支持,与罗马国家政治逐渐结合后,其地位越来越突出。到公元 4 世纪末,罗马帝国关闭传统的罗马宗教神庙,宣布基督教为帝国唯一合法的宗教,其独特的意识形态逐渐占据帝国的统治地位。

就基督教与黑人的关系而言,无论是《旧约》还是《新约》,无论是希腊教父还是拉丁教父,都没有专门针对黑人人种或种族的描述。但是,不管是《圣经》还是教父论述,都或多或少涉及与黑人有关的内容,这些内容在一定程度上也体现了基督教文化对黑人的态度。无论是《圣经》还是教父叙述,它们往往把埃塞俄比亚人作为黑人的典型加以描写,因此,在接下来的讨论中,我们也依据基督教传统对埃塞俄比亚人和黑人两个概念同时使用,甚至直接通用。

第一节　基督教的兴起及早期发展

长期以来,我们对于基督教的兴起习惯用马克思主义的阶级观

---

① 参见王晓朝《基督教与帝国文化》,东方出版社 1997 年版,第 1—110 页。

点及分析方法进行机械的、教条式的探讨，常对其预先设定的相关理论进行套用。如有学者在分析基督教产生的原因时，借用恩格斯的论述认为："正像恩格斯指出的那样，它（基督教）是在当时的'经济、政治、智力和道德的总解体时期'出现的。"于是按照恩格斯的所谓"经济、政治、智力和道德"三方面进行解释："首先，社会经济的原因。19世纪以来，对比较宗教史所作的研究结果，使一些西方学者也越来越清楚地认识到，一切伟大宗教的建立，与其说是由于某个释迦牟尼、耶稣、穆罕默德的努力，不如说是由于社会原因和经济条件所致；基督教的产生和传播也不例外。""第二，被征服地区的东方的阶级矛盾和民族矛盾的上升。在罗马帝国统治下的巴勒斯坦、小亚细亚、埃及等地区，除了阶级矛盾外，还夹杂着统治民族和被统治民族之间的民族矛盾。在这些地区中所有被征服的国家，随着罗马的占领，首先直接破坏了过去的政治秩序，其次也间接破坏了旧有的生活秩序。以罗马公民与非公民（或国家臣民）之间的简单区别，代替了从前的等级划分（奴隶制度除外）；再其次是，以罗马国家的名义进行的压榨，起到可怕的破坏作用。以致这些被压迫民族中间的最强有力的部分，不是被消灭，便是沦为奴隶。这种情况，在巴勒斯坦也同样如此。""第三，宗教和思想方面的原因。罗马帝国在消灭各民族政治和社会的独特性的同时，也消灭了他们独特的宗教。……""基督教，正是在这经济、政治、智力和道德的总解体时期出现的。"[①]姑且不说其中相关史实表述是否准确，如"罗马帝国在消灭各民族政治和社会的独特性的同时，也消灭了他们独特的宗教"等就值得推敲，就算史实表述准确，这种教条式理论的削足适履式的套用，固然也算是对基督教的兴起做出的一种解释，但它在多大程度上与历史的事实相接近，是非常值得商榷的。因此，这里对

[①] 范明生：《晚期希腊哲学和基督教神学：东西方文化的汇合》，上海人民出版社1993年版，第241—244页。

于基督教兴起的介绍,并不打算以理论为框架去分析,而是尽可能以描述(至少来自福音书①及相关材料的)事实和历史为主。

基督教的兴起与犹太教密不可分。希腊化时代,在异族的统治和希腊文化的冲击下,犹太教发生了分裂,产生了不同的派别,主要包括撒都该派、法利赛派、艾赛尼派、奋锐党人等。对于后来的基督教而言,艾赛尼派的出现似乎显得尤为重要,原始基督教的一些信徒与艾赛尼派的"库姆兰社团"极为相似。②基督教很可能直接脱胎于犹太教的艾赛尼派。艾赛尼派被认为是犹太教中的"虔诚派"。在思想上,犹太教启示派的末世论在这一时期流行并得到较大的发展。根据犹太教的观点,当犹太人遵从上帝的意志时,得到的是和平与繁荣;当违背上帝的意志时,遭受的是上帝的惩罚,即异族的迫害。由于整个世界的历史都在上帝的安排之中,它将在最后的救赎时刻实现其目的和终极意义。犹太人在对这一历史终结的期盼中产生了对救世主弥赛亚的信仰,相信他的到来将解救犹太民族,结束其受难的历史,建立神的正义、和平和繁荣昌盛的王国。这种希望在犹太会堂诵读和讲解的《圣经》经文以及各种启示中,一直得以流传。因此,在各个时期,先知更迭出现,宣称重大的时刻即将到来,有时还吸引大批民众,跟随他们涌向旷野,普遍流传的信念认为,在那里弥赛亚将会降临。

公元28年或29年,一位名叫约翰的先知宣称上帝的统治临近了,在那里,上帝将进行审判,罪人都将灭亡。约翰敦促他的听众,准备迎接这个重要关头,要忏悔他们的罪,取得上帝的宽恕。凡忏悔自己罪过,并用约旦河的水沐浴的人,就可以获得上帝的赦免。因此他得到"施洗者约翰"的称号。那些聚集在约翰周围并由他施洗的人当中,有一个就是耶稣,他是加利利南部拿撒勒的青

---

① 尽管福音书是否就是历史的真实或者是否可以作为史料使用本身就值得推敲,但在没有更可靠史料的情况下,批判性地选择它也许是更合理的选择。

② 1947—1956年发现的《死海古卷》进一步证明了它们之间的密切联系(西奥多·H.加斯特:《死海古卷》,王神荫译,商务印书馆1999年版)。

年。他的父亲约瑟是木匠,耶稣长大后也干这行。耶稣有四个兄弟,分别是雅各、约西、犹大、西门,他还有几个姐妹,但没被命名或排序。① 耶稣从小生活在正统的犹太教环境中,犹太会堂中的讲道,使他不仅熟悉了律法和先知书的词句,也熟悉了经书的传统解释,以及犹太教教法师们根据《圣经》和传统宣讲的教义与教规。教师形成一个阶层,他们属于公认的宗教权威法利赛派②。耶稣的思想和信仰就是在这些影响下形成的。

相信约翰的群众聚集在他周围,这引起了犹太王大希律的疑忌,为了防止发生骚乱,他逮捕了约翰。约翰入狱后,耶稣回到加利利,开始了他的传道活动。耶稣身边很快就有了一群门徒,他们跟随他传播福音。虽然耶稣宣告天国近了,但他从来没有提过弥赛亚,而在众人的期望中,弥赛亚的到来,就是上帝在这个世界显示他的统治的开始。耶稣从未公开或私下有过任何暗示,表示自己就是弥赛亚。最早提到耶稣是弥赛亚(基督)的是他的门徒彼得。耶稣被称为弥赛亚和先知引起了罗马总督的担心,于是夜里在门徒的带领下耶稣被逮捕,并被送到大祭司那里。第二天一早,他被带到罗马总督彼拉多的法庭上,罪名是他自称为犹太人的王。根据这个罪名,按照罗马对罪犯的处罚方式,他被处死,于当日被钉在十字架上。"耶稣没有认为自己是新宗教的创立者,听他讲道的人也没有这种想法。不论他的传教与学校和会堂所强调的多么不同,但在关于上帝的性质与特征,关于他对人的要求,或者他与民众的关系和对他们所抱的目的,或者关于个人和世界的未来等问题上,耶稣没有提出过当时有教养的犹太人所不熟悉的教义。他也不像近代某些人所说的,是什么社会改革的鼓吹者,是站在穷人和被蹂躏者一边,谴责他们的压迫者,抨击造成这种不公正现象的社

---

① 《马太福音》13:55。
② 犹太教中的一派,原意为"分离主义者",因这派主张严格遵守犹太教律法和传统礼仪,与一般教徒有别。《圣经》中一般称为法利赛人。该派自称是亚伯拉罕的子孙,是犹太教中的正统,因此独占了犹太会堂内的讲道权。

会结构的人。"① 耶稣虽然完全没有想到要提出"宗教的本质""宗教的教义"等理论，但他要求人们虔敬、道德、仁爱，要求人们纯朴而自然地虔敬，纯洁而正直地生活，而这正是宗教的本质所在。他在基督教兴起的过程中，不是用理论阐述了基督教的基本原理，而是身体力行地实践着它的基本教义。

耶稣被捕后，他的门徒逃到了加利利，不久又重返耶路撒冷。他们相信，上帝已使耶稣复活，将他接到天上，不久他又要带着权力和荣耀降临。他自己就是人子，就是他说的要在末日来审判的人。这样，他们又重新确立了耶稣即弥赛亚的信念。耶稣的门徒在耶路撒冷等候弥赛亚从天上降临，他们利用各种场所向别人宣讲耶稣就是弥赛亚。在这些信徒中，为首的是彼得、雅各和约翰。在耶路撒冷盼望弥赛亚降临的希望破灭后，他们便把活动区域扩大到周围各地乃至更远的地方。无论在巴勒斯坦还是在他地，耶稣的门徒都只向犹太人宣讲福音。在各族杂居的社会中，不仅有皈依犹太教的人，也有许多其他"信教的人"接受了犹太教的基本思想，但还没有成为犹太教徒。福音在这些地方渗入异教徒中，为向外邦人直接传教准备了条件。

向外邦人传教不仅扩大了布道的范围，也是外邦基督教的开始。从异教皈依的人对福音的理解与耶路撒冷的犹太门徒大不相同，如按律法生活、犹太人对弥赛亚的期望、犹太人的末世论等观念是外邦人所不具备的。另一方面，这些外邦人带来了他们自己的宗教思想方式，对听到的经文用自己的语言来做理解和说明。最大的差别是，在他们看来，主耶稣的福音是一种新的宗教，而这种想法在犹太信徒中是不会有的。他们把信仰主耶稣作为得救的条件，不分犹太人和外邦人，一视同仁，这不仅与犹太教不同，也与其他异教各异，形成了自己独具特色的宗教。

---

① G. F. 穆尔：《基督教简史》，郭舜平等译，商务印书馆2003年版，第11页。

基督福音在对外邦人的传播过程中，关于外邦皈依者与犹太律法产生了分歧，如这些外邦皈依者要不要行割礼，要不要遵守犹太教的全部律法等。以耶稣兄弟雅各为首的保守派坚持外邦人必须行割礼，立誓遵守全部律法，凡要分享上帝对犹太人的应许的人，必须皈依犹太教。受希腊化影响较多的犹太人则在理论上没有那么严格，在实践上也较为自由，所重视的是犹太教与他们周围的异教之间的根本差别，如一神论，反对偶像崇拜，废止异教恶习等，他们认为这些才是犹太教作为未来的世界性宗教的重要方面，不管信教的人有没有施行过割礼，只要做到犹太教的根本内容，就一定能得救。这种分歧其实是关于犹太教的使命和命运的两种不同观念：前者只着眼于一个特定民族，后者则把它扩大到全人类，逐渐体现出其普世性特征。

在基督教传向外邦人的过程中，保罗对基督教教义和传统的形成和发展起了非常重要的作用。保罗在传教的过程中就已经考虑福音的基本教义了。在游历途中，他针对新的情况，不断地思索，并在大量的书信中对这些问题进行回答，从而奠定了基督教的一些基本教义。保罗声称他所宣讲的福音是他自己的，是出于耶稣基督的启示。保罗认为主耶稣基督是神，是上帝的儿子，他是世界的创造者。基督徒与异教徒不同，没有许多的神和主，只有一位上帝，就是天父，宇宙万有都本于他。为了从束缚人类的罪与死中拯救人，上帝之子基督降生人间，死在十字架上，从而以基督之死救赎了世人；基督完成救世工作后又回到天上，坐在上帝的右边，不久之后，他又将从那里降临，把圣徒接到天上。保罗的福音是十字架的福音，基督的死与复活是基督教的基础；没有基督的死与复活，便没有犹太人与外邦人的得救，全人类亦无从获得拯救。保罗竭力要证明的是，不但人人能靠基督得救，而且除此以外别无得救之道。

保罗的书信和其他《新约》经文（如《希伯来书》）对基督的特性做了较多的阐述，但远远不够。为了从哲学上理解基督与上帝的关系，斐洛借用斯多葛派流行的逻各斯（Logos）（和合本中文

《圣经》译为"道")概念，糅合进了柏拉图主义因素，在上帝和他所创造的世界之间，安置了一位神性的逻各斯，即"上帝之子""首生者""第二位神"。逻各斯概念在超验的上帝与自然及人类世界之间架起了桥梁。

在逐渐脱离犹太教的过程中，基督教的教义不仅是对犹太教教义的偏离，更重要的是它逐渐形成了一种新的教义，并在实践的过程中逐渐摆脱了犹太教民族宗教的藩篱，成为普世性的公教神学。

公元1—2世纪，基督教迅速而广泛地传播开来，这引起了罗马政府的注意，特别是当时谣言很多，说基督徒在秘密集会中纵酒作乐，丑态百出，吃人肉，乱搞男女关系，血族通奸等。对罗马国家而言，更糟糕的是基督徒不但不崇拜罗马的神，而且不肯在罗马皇帝雕像前烧香，奉他的名发誓，或通过其他办法承认他的神性。[1] 这是大逆罪，从政治上、宗教上都可判处死刑。面对基督教受到的种种误解甚至迫害，基督教徒中相继出现了一批护教士（教父），他们站在基督教立场上，驳斥对基督徒的种种卑鄙诽谤，以及加在他们身上的不忠的罪名。护教士还利用各种机会，为基督教提供证据，证明它是唯一真正的宗教。[2]

更多的时候，罗马对基督教还是比较宽容的。公元313年，君士坦丁会同东部的共治者李锡尼乌斯在米兰发布了著名的《米兰敕令》，正式宣布给予基督教完全的自由，同其他合法宗教处于平等地位，并发还迫害时期没收的全部教会财产。公元325年，君士坦丁皇帝召集尼西亚会议，统一了基督教教义，即著名的尼西亚信经。

上面对基督教的诞生进行了比较冗长的介绍，一则是为下面的

---

[1] 罗马国家对外来宗教的审查标准主要有三条：第一，它们是否会动摇罗马宗教的主宰地位；第二，它们在政治上是否安全；第三，它们是否合乎道德（参见R. H. 巴洛《罗马人》，黄韬译，上海人民出版社2000年版，第160页）。

[2] 护教士根据其写作时使用的文字可以分为两类，用希腊文写作的称为希腊护教士，用拉丁文写作的称为拉丁护教士。国内关于部分拉丁护教士的研究，参见王晓朝《基督教与帝国文化》，东方出版社1997年版，第1—111页。

讨论奠定背景，再则，也是更重要的，是希望能对国内学界关于基督教起源的教条式曲解有所矫正，而绝非单纯的画蛇添足之举。

第二节　希伯来传统中的"古实"（埃塞俄比亚）

"古实"在《希伯来圣经》（本节以下的《圣经》均指《希伯来圣经》）[1]中被提到30多次。根据基督教圣经地理传统，现在得到公认的作为地名的古实指两个地方，一是指公元前1800年至公元前1300年两河流域的底格里斯河东岸的地方；[2] 二是指埃及以南的广大地区，即埃塞俄比亚地区，[3] 古实人则通常指埃塞俄比亚人。[4] 对作为宗教经典的《圣经》进行的历史学的研究，似乎远不如对其进行的神学思考那么深入。对于时间跨度近2000年的《圣经》，其中对古实的记载到底是如何演变的，它与犹太人的历史到底有何关系，值得系统梳理。更重要的是，亚述学中新发现的楔形文献为进一步研究古实提供了有力的证据，不但印证了《圣经》

---

[1] 《希伯来圣经》相当于基督教《圣经》的《旧约》部分。本书引用的《圣经》均来自和合本中译本《圣经·旧约》。需特别说明的是，在希伯来原著中神的名称只是4个辅音符号"JHWH"（或YHWH），其读音应是Jahweh或Yahweh，可译作"亚卫""耶威""雅巍""雅赫维"等。犹太人因"不可妄称上帝的名字"（《出埃及记》20：7），遇到JHWH时不读Jahweh，而改读Adonai（阿东乃），意思是the Lord，即"主"。公元6—7世纪时，犹太教玛所拉学者创造出希伯来文元音符号，为表明上帝之名读Adonai，便将其3个元音符号e、o、a标注于JHWH之下。后人误将JHWH和e、o、a拼为一体，致使出现"Jehovah"之名。中文译者又据此翻译成"耶和华"，现代学者公认"耶和华"是一种误译。为行文方便，本书也直接采用"耶和华"这一译名。

[2] http：//biblegeography.holylight.org.tw/index/condensedbible_list/220，2019年2月14日，详解编号：0185-1。

[3] http：//biblegeography.holylight.org.tw/index/condensedbible_list/220，2019年2月14日，详解编号：0185-2。

[4] http：//biblegeography.holylight.org.tw/index/condensedbible_list/220，2019年2月14日，详解编号：0185-3。

的准确性，而且能补证它的缺失记载。这里就《圣经》中关于古实的记载进行梳理，把它与犹太历史相结合进行讨论，并根据新发现的楔形文献的相关记载进行补充分析。①

一 作为地名的古实

《圣经》第一次提到古实是在神造亚当后，描述伊甸园的环境："有河从伊甸流出来，滋润那园子……第二道河名叫基训，就是环绕古实全地的。"②《创世记》成书时间大约在公元前16世纪末，反映内容的时间是从"最初"到公元前17世纪中期。对于基训河和古实的具体地理位置，这里并没有更多信息。根据《圣经》成书时间及其所反映的时间范围，紧接着的记载来自《约伯记》："古实的红璧玺，不足与比较。精金，也不足与较量。"③《约伯记》反映的时间范围大约在公元前17世纪中期至前15世纪前期。不过，这里除了说明古实的红碧玺外，没有其他信息可以获得，但红碧玺主要产自非洲、南亚，这本身可能就是一种提示。

一般认为，《历代志》是具有较高史学价值的篇章，它对古实的记载可能更具意义："以后，耶和华激动非利士人和靠近古实的亚拉伯人来攻击约兰。他们上来攻击犹大，侵入境内，掳掠了王宫里所有的财货和他的妻子、儿女，除了他小儿子约哈斯（又名亚哈谢）之外，没有留下一个儿子。"④ 非利士人是一支重要的"海上民族"⑤，它在以色列民族与国家形成过程中产生过重要影响。

---

① 这里的楔形文献及相关讨论均来自浙江师范大学人文学院刘昌玉博士关于"麦鲁哈"的讨论，参见《古代两河流域的"文化记忆"：从"印度 Meluhha"到"东非 Meluhha"》，"中国世界古代史研究会 2018 年年会"论文集。特此致谢！
② 《创世记》2：10—13。
③ 《约伯记》28：19。
④ 《历代志下》21：16—17。
⑤ 关于"海上民族"的介绍，参见袁指挥《海上民族大迁徙与地中海文明的重建》，《世界民族》2009 年第 3 期；郭丹彤《论海上民族对埃及的移民及其对近东世界的影响》，《社会科学战线》2009 年第 8 期。

以色列民族正是在与非利士人斗争的过程中，逐渐形成了统一的希伯来王国。希伯来统一王国的第一位王是扫罗，其在位时间是公元前1030—前1013年。扫罗正是在与非利士人的斗争中逐步完成统一大业的，这与"海上民族"在公元前12世纪向东地中海世界的大迁徙的时间大致吻合。这也说明，公元前12世纪"海上民族"非利士人对巴勒斯坦的入侵是可以肯定的历史事实，这里提到的古实就是当时的历史存在。如果根据一般认为的《历代志上》第9章第44节以后反映的时间范围是公元前1077—前537年的话，那么，甚至可以确定这里的记载就是反映扫罗在世时期的历史。当然，对于古实的确切位置，单从这里的记载是很难确定的，但可以确定它在以巴勒斯坦为中心的周边地方。这可能与从伊甸园流出的第二道河（基训）所环绕的古实不是同一个地方。这种地理位置的确定仍然比较模糊，但可以肯定，到公元前11世纪，古实就在以巴勒斯坦为中心的地理范围之内，而且可能与《创世记》中的古实不是同一个地方，这一点很重要。

成书于公元前732年后的《以赛亚书》对于古实也有多处记载，如"当那日，主必二次伸手救回自己百姓中所余剩的，就是在亚述、埃及、巴忒罗、古实、以拦、示拿、哈马，并众海岛所剩下的"，① "唉，古实河外翅膀刷刷响声之地，差遣使者在水面上，坐蒲草船过海"。②《以赛亚书》所反映的时间范围在公元前778—前732年。据现代圣经学者考证［其实早在12世纪犹太圣经学者伊本·以斯拉（1092—1167年）就已指出］，《以赛亚书》是在不同的时期完成的，其中第一部分，即第1—39章的内容才符合公元前8世纪以赛亚先知工作的历史时代背景，由于作者生活在耶路撒冷，故称"耶路撒冷的以赛亚"；第二部分，即第40—55章的作者生活在巴比伦之囚以后，他不是公元前8世纪的以赛亚先知，不

---

① 《以赛亚书》11：11。
② 《以赛亚书》18：1—2。

住在耶路撒冷，可能住在巴比伦、埃及或其他地方，对巴比伦很熟悉，故被称为"巴比伦的以赛亚"、"第二以赛亚"或"申命以赛亚"；第三部分，即第56—66章，成书时间和反映的内容可能更晚。因此，从章节判断，我们可以确定，上面两处描写的古实的内容应该出自"耶路撒冷的以赛亚"之手，反映的应该是公元前8世纪的古实。只不过这里的描写与《历代志》中的描写相比，并不能对古实的地理方位的判断带来实质性变化。但埃及、巴忒罗都位于西南的非洲，而以拦则完全在它们的相反方向，即西北方，因此把埃及、巴忒罗和古实并称，会使人产生很多遐想。

　　写作于犹大地且成书于公元前648年的《西番雅书》反映的是北方以色列王国灭亡后，南方犹大王国的"巴比伦之囚"之前的情景，其中对古实的描写明显是为了说明它很遥远："祈祷我的，就是我所分散的民，必从古实河外来，给我献供物。"① 几乎同时代的描写还有写作于犹大、成书于公元前7世纪末的《那鸿书》："古实和埃及是她无穷的力量。弗人和路比族是她的帮手。"② 紧接着是成书于大约公元前591年、反映公元前7世纪末6世纪初的古实地方的《以西结书》："埃及地必荒废凄凉，他们就知道我是耶和华。因为法老说，这河是我的，是我所造的，所以我必与你并你的江河为敌，使埃及地，从色弗尼塔直到古实境界，全然荒废凄凉。"③ 这里对古实的描写的重要性在于它指出了古实很可能位于埃及之外，色弗尼塔是埃及的阿斯旺，位于尼罗河第一瀑布西岸。"从色弗尼塔直到古实境界"很可能就是指从阿斯旺往南直到古实地。这为我们确定古实的地理方位提供了更为明晰的依据。

　　《以赛亚书》中还有两处描写古实的地方："我已经使埃及作你的赎价，使古实和西巴代替你。"④ "我凭公义兴起古列，又要修

---

① 《西番雅书》3：10。
② 《那鸿书》3：9。
③ 《以西结书》29：9—10。
④ 《以赛亚书》43：3。

直他一切道路。他必建造我的城，释放我被掳的民，不是为工价，也不是为赏赐。这是万军之耶和华说的。耶和华如此说，埃及劳碌得来的，和古实的货物必归你，身量高大的西巴人，必投降你，也要属你，他们必带着锁链过来随从你。又向你下拜祈求你说，神真在你们中间，此外再没有别神；再没有别的神。"① 这两处内容，从其章节看应属于学者们指出的第40—55章的范围，即属于"第二以赛亚"之作，时间应该在巴比伦之囚以后。从具体反映的对象看，明显是对波斯帝国国王居鲁士（即古列）的歌颂，而且发生在居鲁士释放巴比伦之囚，允许他们回归耶路撒冷并重建他们的圣殿之后。这里描写的情况与历史事实是完全吻合的，埃及与古实再次并列出现。

此后，写作于埃兰的书珊（今多译为苏萨）城、成书于公元前5世纪上半叶的《以斯帖记》对古实有两处雷同的记载："亚哈随鲁作王，从印度直到古实，统管一百二十七省。亚哈随鲁王在书珊城的宫登基。"② "按着末底改所吩咐的，用各省的文字，各族的方言，并犹大人的文字方言写谕旨。传给那从印度直到古实一百二十七省的犹大人和总督省长首领。末底改奉亚哈随鲁王的名写谕旨，用王的戒指盖印，交给骑御马、圈快马的驿卒，传到各处。"③ 由于很难找到佐证材料证明末底改与波斯国王的故事的真实性，因此，对于末底改的故事我们很难下结论。但是，这里描写的某些内容是真实的，如亚哈随鲁王（即薛西斯）是当时波斯帝国著名的国王，公元前521—前486年在位；再如，"用王的戒指盖印，交给骑御马、圈快马的驿卒，传到各处"，也与当时波斯帝国发达的御道和邮驿制度高度吻合。如果这里的记载是真实的，那么，这里提到的地名"印度"和"古实"也应该是存在的，至少在当时是

---

① 《以赛亚书》45：13—14。
② 《以斯帖记》1：1—2。
③ 《以斯帖记》8：9—10。

人们熟悉的地名，而且，很可能古实就是波斯帝国的"一百二十七省"之一。

从《圣经》对作为地名的古实的描写看，众多的内容都与当时的历史实际相吻合，因此，作为地名的古实不可能是编造出来的，可以肯定古实就是当时的真实地名。虽然《圣经》对古实地理方位并没有明确指出，但众多的线索显示出它就位于埃及南部，而且很可能就是埃塞俄比亚之地。

二 作为人名或部族名的古实

在《圣经》中，古实最早作为人名出现是在《创世记》中，他是含的儿子，挪亚的孙子，具体世系如下："挪亚的儿子闪、含、雅弗的后代，记在下面。洪水以后……含的儿子是古实、麦西、弗、迦南。古实的儿子是西巴、哈腓拉、撒弗他、拉玛、撒弗提迦。拉玛的儿子是示巴、底但。古实又生宁录，他为世上英雄之首。"① 这里对古实的身份和世系说得很清楚，古实就是含的儿子，是人名。或许，这里的人名是指当时的部落、部族或民族。无论如何，这个部族（或民族）是非常古老的。在《历代志上》中，这种世系又得以重复："含的儿子是古实、麦西、弗、迦南。古实的儿子是西巴、哈腓拉、撒弗他、拉玛、撒弗提迦。拉玛的儿子是示巴、底但。古实生宁录，他为世上英雄之首。"②

根据《民数记》的记载，摩西的妻子就是古实人："摩西娶了古实女子为妻。米利暗和亚伦因他所娶的古实女子就毁谤他。"③ 对于摩西所娶的这位古实女子，在《出埃及记》中有非常详细的记载："一日，他在井旁坐下。米甸的祭司有七个女儿，她们来打水，打满了槽，要饮父亲的群羊。有牧羊的人来，把她们赶走了，

---

① 《创世记》10: 1—8。
② 《历代志上》1: 8—10。
③ 《民数记》12: 1—2。

摩西却起来帮助她们,又饮了她们的群羊。她们来到父亲流珥那里。他说,今日你们为何来得这么快呢?她们说,有一个埃及人救我们脱离牧羊人的手,并且为我们打水饮了群羊。他对女儿们说,那个人在哪里,你们为什么撇下他呢?你们去请他来吃饭。摩西甘心和那人同住,那人把他的女儿西坡拉给摩西为妻。西坡拉生了一个儿子,摩西给他起名叫革舜,意思说,因我在外邦作了寄居的。"① 这里说得非常清楚,摩西的这位古实妻子名叫西坡拉。而且据后来的《耶利米书》记载,摩西妻子(即古实人)的肤色是明显不同于其他以色列人的,"古实人岂能改变皮肤呢?豹岂能改变斑点呢?若能,你们这习惯行恶的便能行善了"。② 那么,摩西的这位古实人妻子到底是什么肤色?生活于公元前2世纪的伊齐基尔是一位悲剧家,在其悲剧作品《出走记》中,西坡拉向摩西描述自己是一位米甸大地上的外乡人,接着她描述了生活在非洲的祖先土地上的居民:"外乡人,这片土地被称为利比亚,上面居住着不同的民族的诸部落,其中有黑色的埃塞俄比亚人。这片土地上的统治者只有一个人,他既是国王,又是将军,他统治国家,裁决人民,也是祭司。这个人就是我父亲(流珥)及其他人。"③ 这里的"利比亚"很明显是古代对非洲大陆的称呼,而上面居住的居民中有埃塞俄比亚人,埃塞俄比亚人是黑人。这至少表明,根据公元前2世纪的犹太人记忆,摩西的妻子西坡拉这位古实人就是埃塞俄比亚人。如果这种记忆是可靠的,那么说明,至少在公元前2世纪,根据圣经传统,古实就是埃塞俄比亚,古实人就是埃塞俄比亚人的事实就可以得到确定。

成书于约公元前9世纪末的《阿摩司书》也提到过古实人:"耶和华说,以色列人哪,我岂不看你们如古实人吗?我岂不是领

---

① 《出埃及记》2:16—22。
② 《耶利米书》13:23。
③ Howard Jacobson, ed., *The Exagoge of Ezekiel*, Cambridge: Cambridge University Press, 1983, pp. 54 – 55.

以色列人出埃及地,领非利士人出迦斐托,领亚兰人出吉珥吗?"①把古实人、以色列人、非利士人、亚兰人并称,说明它们之间是有密切关系的。在《以赛亚书》中,第一以赛亚提到古实人说:"耶和华说,我仆人以赛亚怎样露身赤脚行走三年,作为关乎埃及和古实的预兆奇迹。照样,亚述王也必掳去埃及人,掠去古实人,无论老少,都露身赤脚,现出下体,使埃及蒙羞。以色列人必因所仰望的古实,所夸耀的埃及,惊惶羞愧。"② 这里有几点特别值得注意:第一,它明确提到了古实和古实人,说明古实人是生活在古实之地的人;第二,从《以赛亚书》成书的时间看,这里的亚述应是指亚述帝国(公元前 935—前 612 年);第三,从以赛亚所描述的情况看,它很可能反映的是公元前 722 年亚述帝国灭亡北国以色列王国,并把以色列十支派迁徙到其他地方的事件。③ 因此,在很大程度上,这里对古实及古实人的记载是可信的。

成书于公元前 7 世纪中期的《西番雅书》在提到古实人时说:"古实人哪,你们必被我的刀所杀。耶和华必伸手攻击北方,毁灭亚述,使尼尼微荒凉,又干旱如旷野。"④《西番雅书》成书后不久(30 多年后),亚述帝国的确被灭,真正实现了"毁灭亚述,使尼尼微荒凉",很明显,这是可信的历史记载。从描述中可以看出,此时古实人不但存在,而且可能还很强大,其记述亦应当是可信的。如果我们再联系前面埃及第 25 王朝的历史,会发现它们在时间上是非常吻合的。

《以西结书》成书于犹大王国灭亡前后,所反映的内容基本上是犹大王国最后二三十年的情况。"在埃及被杀之人仆倒的时候,古实人就有痛苦,人民必被掳掠,基址必被拆毁。古实人、弗人(或作吕彼亚人)、路德人、杂族的人民,并古巴人,以及同盟之

---

① 《阿摩司书》9:7。
② 《以赛亚书》20:3—5。
③ 这就是著名的历史之谜"丢失的十支派"。
④ 《西番雅书》2:12—13。

地的人,都要与埃及人一同倒在刀下。"① 这里只是对古实人的诅咒。"波斯人、古实人和弗人(又作吕彼亚人),各拿盾牌,头上戴盔。歌篾人和他的军队,北方极处的陀迦玛族和他的军队,这许多国的民都同着你。"② 弗,即吕彼亚,也就是利比亚,位于北非,那么古实也很可能在非洲。

《但以理书》中也把埃及、吕彼亚和古实并提:"他必把持埃及的金银财宝和各样的宝物。吕彼亚人和古实人都必跟从他。"③ 这里把埃及、利比亚和埃塞俄比亚联系在一起,是具有合理性的。《耶利米书》多次记载一位古实人太监以伯米勒,这个太监救助过耶利米:"在王宫的太监古实人以伯米勒,听见他们将耶利米下了牢狱(那时王坐在便雅悯门口),以伯米勒就从王宫里出来……王就吩咐古实人以伯米勒说,你从这里带领三十人,趁着先知耶利米未死以前,将他从牢狱中提上来。于是以伯米勒带领这些人同去,进入王宫,到库房以下,从那里取了些碎布和破烂的衣服,用绳子缒下牢狱去到耶利米那里。古实人以伯米勒对耶利米说,你用这些碎布和破烂的衣服放在绳子上,垫你的胳肢窝。耶利米就照样行了。这样,他们用绳子将耶利米从牢狱里拉上来。耶利米仍在护卫兵的院中。"④ "耶利米还因在护卫兵院中的时候,耶和华的话临到他说,你去告诉古实人以伯米勒说,万军之耶和华以色列的神如此说,我说降祸不降福的话必临到这城,到那时必在你面前成就了。"⑤ "埃及像尼罗河涨发,像江河的水翻腾。他说,我要涨发遮盖遍地。我要毁灭城邑和其中的居民。马匹上去吧。车辆急行吧。勇士,就是手拿盾牌的古实人和弗人,并拉弓的路德族,都出去

---

① 《以西结书》30:4—5。
② 《以西结书》38:5—6。
③ 《但以理书》11:43。
④ 《耶利米书》38:7—13。
⑤ 《耶利米书》39:15—16。

吧。"① 这里既没有说明以伯米勒是如何成为王宫太监的，也没有说明他是不是黑人，只说他是古实人。如果以伯米勒是埃塞俄比亚人，那么毫无疑问，他就是黑人。

《诗篇》中也有几次提到古实人。尽管《诗篇》成书时间约在公元前5世纪中叶，但它所反映的内容很古老："（大卫指着便雅悯人古实的话，向耶和华唱的流离歌。）耶和华我的神阿，我投靠你。"② 这里说得很清楚，便雅悯支派有一个叫古实的人，因此，这里的古实既不是地名，也不是部族名，可能只是与挪亚的孙子古实同名的一个人。"埃及的公侯要出来朝见神。古实人要急忙举手祷告。"③ "我要提起拉哈伯和巴比伦人，是在认识我之中的。看哪，非利士和推罗并古实人，个个生在那里。"④ 这里可以大致确定，大卫、非利士、推罗都是公元前12—前10世纪著名的人物或地方，古实人与它们并列，很有可能当时古实部族也是非常强大的民族之一。

以上罗列了《圣经》中关于古实人的记载。从时间范围看，这些记载囊括了公元前17世纪至公元前5世纪的内容。无论是《圣经》中作为地名的古实，还是作为人名、部族名的古实，都指向埃及南部地区（很可能是埃塞俄比亚），但都没有明确说明它就位于埃及南部。如果进一步结合犹太人的历史及其与周边地区的关系进行分析，可能会更接近历史真相。

三　犹太历史与古实人的关系

公元前933年，统一的希伯来王国分裂为北方的以色列王国和南方的犹大王国。南方的犹大王国领土范围不如北方以色列王国大；在地理位置上，南方亦不占优，因为以色列王国曾控制从

---

① 《耶利米书》46：8—9。
② 《诗篇》7：1。
③ 《诗篇》68：31。
④ 《诗篇》87：4。

奥伦梯河往下直到红海的广大地区，约旦河两岸的通商大路被置于以色列控制之下，这有利于促进贸易和工业的发展，使得大量财富源源不断地流入以色列。但是，南方犹大王国能拥耶路撒冷自重，因为耶路撒冷不仅是原来统一希伯来王国的首都，拥有尊贵的地位，而且是全民族的约柜所在地，在人们心中的神圣地位不可动摇。①

统一王国分裂之时，以色列王国面临着内部众多部落的离析，耶罗波安采取了一系列措施恢复或强化对国内的统治，如恢复了以前对摩押人的宗主权。为了发展商业，也为了在日益强大的大马士革王国面前保护自己，他同腓尼基人结成了联盟，他的儿子亚哈同推罗国王的女儿耶洗别联姻。面对北方强大的亚述帝国，以色列王国力图通过维持同叙利亚边境各国组成的"大联盟"以反对亚述。到耶户王朝时期，以色列王国放弃了"大联盟"战略，而同亚述帝国建立友好关系。

相比之下，偏居西南角落的南方犹大王国在国际事务中所起的作用要小得多。在北方，有以色列王国作为强大亚述帝国的缓冲带，而且其内部没有像以色列王国内部那样众多的反叛势力。犹大王国需要面对的主要是南方的埃及，而北方以色列王国与埃及保持着友好关系。②犹大王国的第一位国王是罗波安（公元前933—前917年在位），此时与之对峙的是埃及第三中间期利比亚王朝统治者舍尚克一世（公元前945—前924年在位），即《圣经》中的示撒。据《圣经》记载："罗波安的国坚立，他强盛的时候就离弃耶和华的律法，以色列人也都随从他。罗波安王第五年，埃及王示撒上来攻打耶路撒冷，因为王和民得罪了耶和华。示撒带战车一千二百辆，马兵六万，并且跟从他出埃及的路比人、苏基人，和古实

---

① 关于犹太民族早期历史，这里主要参考塞西尔·罗斯《简明犹太民族史》，黄福武、王丽丽等译，山东大学出版社1997年版，第15—58页。

② 由于王室纠纷，所罗门曾要杀死耶罗波安，耶罗波安逃往埃及法老示撒（即舍尚克一世）处避难，直到所罗门死后才返回（《历代志上》，11：40）。

人，多得不可胜数。他攻取了犹大的坚固城，就来到耶路撒冷。"①这里的罗波安王第五年即公元前 927 年。面对埃及的进攻，罗波安不得不用巨额贿赂收买示撒，最后示撒将耶路撒冷圣殿和王宫洗劫一空而归。② 这里明确提到示撒带领的大军中包括路比人、苏基人、古实人，但并没有说古实人等是从其他地方对耶路撒冷进行夹击，也没有任何其他佐证材料说明是埃及军队与古实人等军队对耶路撒冷进行夹击，那么，这些军队最大的可能性就是来自非洲。因此，后世通常认为的古实人很可能就是埃塞俄比亚人是具有很大合理性的。

为了确保国家的军事地位，罗波安的儿子亚比央（公元前 917—前 915 年在位）同大马士革王国结成了联盟，从而开始了对巴勒斯坦的不断蚕食。在亚比央的儿子亚撒（Asa，公元前 915—前 875 年在位）的漫长统治时期，犹大王国终于实现了独立。据《历代志下》记载，亚撒王统治时期曾与古实人有一场大战并取得了战争的胜利："亚撒的军兵，出自犹大拿盾牌拿枪的三十万人。出自便雅悯拿盾牌拉弓的二十八万人。这都是大能的勇士。有古实王谢拉率领军兵一百万，战车三百辆，出来攻击犹大人，到了玛利沙。于是亚撒出去与他迎敌，就在玛利沙的洗法谷彼此摆阵。亚撒呼求耶和华他的神说，耶和华阿，惟有你能帮助软弱的，胜过强盛的……于是耶和华使古实人败在亚撒和犹大人面前，古实人就逃跑了。亚撒和跟随他的军兵追赶他们，直到基拉耳。古实人被杀的甚多，不能再强盛……犹大人又将所有的城掳掠一空，因其中的财物甚多，又毁坏了群畜的圈，夺取许多的羊和骆驼，就回耶路撒冷去了。"③ 对于这场规模庞大的战争，我们只能从这里得到犹大战胜、古实人战败的信息，更多情况并不清楚。如果历史上真有这场战

---

① 《历代志下》12：1—4。
② 《历代志上》14：25—27。
③ 《历代志下》14：8—15。

争，那么它发生的时间应该是在公元前915—前875年。这场犹大与古实的战争，关于古实到底在哪里，这里并没有明确交代。不过，这里提到双方交战的地点在玛利沙（耶路撒冷西南），换句话说，犹大军队是从耶路撒冷向西南迎战，那么古实军队则是从西南向东北方向迎战，即他们来自耶路撒冷西南方向。亚撒和他的军队追击古实人到基拉耳，而基拉耳位于迦南境内，处于西顿和迦萨之间，亚伯拉罕和以撒都曾在基拉耳居住，掘井而饮；而且基拉耳坐落于"非利士人之地"。① 这也同样说明，亚撒的军队与古实人的基拉耳之战发生在耶路撒冷西南方向。在《历代志下》中曾提到"古实人，路比人的军队不是甚大吗？战车马兵不是极多吗？只因你仰赖耶和华，他便将他们交在你手里"。② 这里的古实人"交在你手里"，很可能就是指亚撒王与古实人的这场战争。

公元前745年，北方以色列王国国王耶罗波安去世，第二年，耶户王朝被推翻。此后，犹大王国不再追随同撒玛利亚和大马士革组成的反亚述"集团"，结果撒玛利亚和大马士革对耶路撒冷展开讨伐，以图在那里扶持一个它们信任的傀儡国王。在南方，以东人收复了埃拉特港。于是，犹大国王亚哈斯（公元前735—前720年在位）向亚述求援。在北部，亚述援兵打败了撒玛利亚和大马士革的联合进攻，大马士革被占领，撒玛利亚也失去了它北方的各行省。从此，犹大王国成为亚述帝国的附庸国。在被占领的大马士革，亚哈斯向亚述国王提革拉毗列色公开表示效忠。他还利用这次机会复制了他在那里看到的祭坛，并送回耶路撒冷，然后把它立在圣殿里；与此同时，他还把为纪念太阳神而造的圣马像安放在圣殿的围地上，以表达对亚述人全能神祇的崇拜，同时也表达对那位"王中之王"本人的忠诚。

---

① 分别参见《创世记》10∶19；20∶1；26∶1，6，17，20；26∶32，34；26∶1，8。

② 《历代志下》16∶8。

亚哈斯目睹了撒玛利亚的灭亡（公元前721年），两年后他去世，接替他的是他的儿子希西家（公元前720—前692年在位）。北方以色列王国灭亡后，犹大必须单独面对亚述帝国这个强大的国家。由于犹大王国对亚述的忠诚，因此它不用担心亚述的威胁，甚至可以得到亚述的保护，"亚述王听见人论古实王特哈加说，他出来要与你争战。于是亚述王又打发使者去见希西家，吩咐他们说，你们对犹大王希西家如此说，不要听你所倚靠的神欺哄你说，耶路撒冷必不交在亚述王的手中"。[①] 这里的描述可以肯定就是指当时亚述对犹大的保护，时间是公元前716—前687年。犹大受到古实国王特哈加的威胁，说明古实的力量并不弱小，至于事件的前因后果，我们不得而知。这里也没有说明古实的位置到底在哪里，但这里的记载很重要，因为它得到了亚述学文献的证明，后面会讨论到。

希西家统治的很长时间里，犹大王国都在坚定地抵制加入由埃及支持的南部国家组织联盟的诱惑。公元前705年，亚述国王西拿基立登基后，从巴比伦几乎直到尼罗河的整个亚述帝国都爆发了起义，犹大王国也改变了原先的政策，成为巴勒斯坦各诸侯国组成的新联盟的主要成员。但亚述很快平息了内乱，并一个接一个地征服了沿海的各个腓尼基城市，并在埃特利重创一支埃及军队，同时接受了许多小统治者的归顺，然后直扑犹大王国。犹大王国的城堡一个接一个地打开城门，在耶路撒冷西南25英里处的腊切什遭到围困后被洗劫一空（公元前701年）。西拿基立派遣自己的重要将领罗沙基率军围攻首都耶路撒冷，并扬言城中的希西家已经无路可逃。全体国民惊慌失措，被派往城中劝降的亚述使臣公开用希伯来语不断威逼。亚述开始了对耶路撒冷的长期围困。但不知什么原因，亚述突然改变了策略，匆忙与埃及讲和，围困耶路撒冷的军队撤走，犹大王国终于得以保全，尽管在后来的一次战役中，西拿基立征服了南巴勒斯坦，甚至掠夺了希西家的一些领土，但耶路撒冷没有受到威胁。

---

① 《列王纪下》19：9—10；《以赛亚书》37：9—10。

此后，在玛拿西统治时期，亚述一直保持着宗主国地位。在此期间，埃及最终被亚述王亚述巴尼拔占领。到约西亚（公元前637—前608年在位）摄政和统治时期，周边的国际形势发生了巨大变化，其中最重要的是亚述帝国由于时常受到北方斯基泰人和西玛利人游牧部落的劫掠而一蹶不振。当时，巴比伦王子那波帕拉萨尔同米底人联合起来，举起了起义的大旗。公元前614年，阿舒尔陷落。公元前612年，尼尼微也在希伯来预言家们近乎疯狂的欢呼声中崩溃了。公元前608年，埃及派出远征军，在尼哥的领导下帮助亚述平息叛乱（此时叛军早已同犹大国建立了外交关系），约西亚竭力阻止他们前进，结果在米吉多的一次战役中，他被打败并受了致命伤。约西亚次子约哈斯在位前后仅3个月时间，后被亚述－埃及联盟废黜并押解到埃及，死在那里。约哈斯的哥哥约雅敬（公元前608—前598年在位）继位后，企图挽救他的联盟，但国际形势变化迅速。公元前605年，埃及军队在试图跨过幼发拉底河时，在卡尔赫米什被打垮，几个月后，亚述帝国灭亡了。尼布甲尼撒成为新巴比伦王国的国王，俨然以控制整个中东地区的军事、世俗事务而傲视群雄。迫于形势，约雅敬背离了自己的初衷，承认了新巴比伦王国的宗主权。

关于这段历史，在《圣经》中多有描写，其中提到"古实人"的主要是《以西结书》：

> 必有刀剑临到埃及。在埃及被杀之人仆倒的时候，古实人就有痛苦，人民必被掳掠，基址必被拆毁。古实人，弗人（或作吕彼亚人），路德人，杂族的人民，并古巴人，以及同盟之地的人都要与埃及人一同倒在刀下。耶和华如此说，扶助埃及的也必倾倒。埃及因势力而有的骄傲必降低微。其中的人民，从色弗尼塔起必倒在刀下。这是主耶和华说的。埃及地在荒凉的国中必成为荒凉。埃及城在荒废的城中也变为荒废。我在埃及中使火着起。帮助埃及的，都被灭绝。那时，他们就知

道我是耶和华。到那日,必有使者坐船,从我面前出去,使安逸无虑的古实人惊惧。必有痛苦临到他们,好像埃及遭灾的日子一样。看哪,这事临近了。①

从行文中可以明显看出,这里反映的是犹大国与亚述结盟共同对抗埃及的情况,而古实人等"以及同盟之地的人都要与埃及人一同倒在刀下",也说明古实人等都是埃及的同盟者,是亚述及其同盟的敌人。从对古实人的描述"使安逸无虑的古实人惊惧"似乎还可以看出,此时的古实国家稳定、人民安定,甚至可能国富民强。

从《以西结书》成书的时间和所反映的内容的时间范围看,书中还有反映这一时期古实人的内容:"波斯人、古实(即上尼罗河地区)②人和弗人(又作利比亚人),各拿盾牌,头上戴盔。歌篾人和他的军队,北方极处的陀迦玛族和他的军队,这许多国的民都同着你。"③ 这里的描写很可能是约西亚统治时期,犹大国建立的同盟强大时期的情况。从描写本身可以看出,从"北方极处"直到非洲的广袤地带都有犹大国的同盟者。"北方极处"是指以色列人认识的地理范围的最北处,具体有多远姑且不管,但至少可以肯定在曾经的以色列王国及波斯帝国的北部。往南,包括埃及西部的利比亚,从地理范围的广袤程度上看,如果这里的古实就是埃及南部的埃塞俄比亚不仅完全可能,而且完全与历史事实相符合。

犹太人的历史线索清晰,通过梳理犹太人历史与古实人的关系,特别是与古实人相关的国际关系史,可以发现,《圣经》中关于古实及古实人的记载与犹太历史是完全吻合的。这也为确定古实地理方位提供了重要依据。事实上,从上面的讨论可以看出,在很大程度上,《圣经》所反映的古实就是埃及南部的埃塞俄比亚。

---

① 《以西结书》30:4—9。
② 此说明为新国际版《圣经》英文译本所加。
③ 《以西结书》38:5—6。

四　后世的记叙与研究

《圣经》中对古实（人）及其历史有明确而详细的记载，而且可以明显看出，古实在很长时间里是东地中海世界非常强大的国家。虽然《圣经》没有直接指出古实位于埃及南部，但从众多的描述，特别是公元前8世纪以后的描述中可以明显看出，古实就是埃及南部的埃塞俄比亚。事实上，依据圣经传统，至少从公元前3世纪起，就有明确说明古实是埃及南部埃塞俄比亚的记载。

早在公元前3世纪，在《圣经》的七十子译本中，所有的"古实"都被译为"埃塞俄比亚"。这明确表明，在公元前3世纪，人们（至少是犹太人）对《圣经》中的古实的认识是没有异议的。生活于公元前2世纪的伊齐基尔关于外乡人对自己的非洲祖先"黑色的埃塞俄比亚人"的描写，不能只被作为文学想象看待。

生活于罗马帝国之初的犹太史家约瑟夫斯曾描述挪亚的孙子、含的儿子古实的国家，他说："对于含的4个儿子，时间一点也没有伤害到古实的名字；对于他统治下的埃塞俄比亚人，即使到今天，不管是他们自己还是亚洲所有的人类，都称他们为古实人。"[1]约瑟夫斯说得很清楚，古实就是埃塞俄比亚，古实大地上生活的人叫埃塞俄比亚人。

公元8世纪，阿拉伯/犹太学者瓦哈布·伊本·穆纳巴把盖兰、扎加瓦、哈贝沙、奥伊比特和柏柏尔归为古实的后代，这些人都不是操古实语者。[2]

公元10世纪，波斯史学家塔巴里比较详细地叙述了挪亚家族后代的繁衍情况，他认为："古实与巴塔韦尔的女儿盖尔奈比尔结婚，据称她为他生育了阿比西尼亚人、辛迪斯人和印度人的祖先；

---

[1] Flavius Josephus, *Antiquities of the Jews*, translated by William Whiston, Teddington: Echo Publisher, 2006, 6.2.

[2] Andrew Paul, *A History of the Beja Tribes of the Sudan*, Cambridge: Cambridge University Press, 2012, p. 20.

含与巴塔韦尔的另一个女儿巴赫特结婚，据说她为他生育了科普特人——埃及的科普特人的祖先；迦南与巴塔韦尔的另一个女儿阿萨尔结婚，她为他生育了黑人（Blacks）、努比亚人、费赞人、赞尼人、扎加瓦人以及苏丹的所有民族的祖先。"① 几乎与塔巴里同时代的阿拉伯著名史学家马苏第在其名著《黄金草原》中说："迦南的儿子库什（古实）的后裔们则西迁并渡过了尼罗河。他们在那里分散开了：其中的一部分人，即努比亚人、贝杰（布杰）人和僧祇人转向右部（转向南方），位于东方和西方之间。"② 作者明确指出努比亚人、贝杰人、僧祇人等都是讲古实语的民族，他们具有古实后代的特殊系谱传统。尽管马苏第并没有说明他的资料来源，但毫无疑问，他是延续了《希伯来圣经》传统说法。

16 世纪著名犹太学者埃利亚·莱维塔在意第绪语、希伯来语、拉丁语和德语词典中，罗列了一系列民族名称，其中包括希伯来语的 "כושי"，即古实（Cushite or Cushi），译为拉丁语即 "Aethiops"，德语即 "Mor"。③

18 世纪，德国著名的圣经学者约翰·米凯利斯和罗森米勒都指出，古实这一名称被应用于红海两岸的阿拉比亚（即也门）和非洲的广袤范围之内。④

大约 1770 年，英国著名的探险家詹姆斯·布鲁斯（1730—1794 年）前往非洲探寻尼罗河的源头，他深入埃塞俄比亚高原，历尽艰辛，终于揭开了青尼罗河的神秘面纱。1790 年，他出版了《探寻尼罗河源头旅行记》，在描述埃塞俄比亚人的时候，他写道：

---

① Muhammad ibn Jarir al-Tabarī, *The History of al-Tabarī*, Volume II, *Prophets and Patriarchs*, translated by William M. Brinner, New York: State University of New York Press, 1987, 212.

② 马苏第：《黄金草原》，耿昇译，青海人民出版社 1998 年版，第 465 页。不过，在第 618 页，马苏第又说库什（古实）是含的儿子。

③ http://www.thefullwiki.org/Biblical_Cush#cite_note-0，2019 年 2 月 14 日。

④ http://www.thefullwiki.org/Biblical_Cush#cite_note-0，2019 年 2 月 14 日。

当时，在非洲这个广袤的大陆上，其居民需要供给生活必需品及奢侈品，但他们既没有阿拉比亚想要的物品，也没有他们在印度想要的物品，至少他们曾经是这样认为的。长期以来，他们都不是一个贸易民族。阿比西尼亚人有一个传统，他们说自己来自无法追忆的时代，该传统同样被犹太人和基督徒接受，就在洪水之后，挪亚的孙子古实和他的家人，从埃及的低地穿越阿特巴拉，并没有中途定居，而是来到把阿特巴拉平地和阿比西尼亚高地相分隔的山脊。根据他们传统的说法，他们害怕洪水之后的可怕事件，直到最近他们都还心有余悸，害怕再次卷入一场灾难，他们选择了这些山区作为栖身之所，他们不再居住在平原上。更可能的是，就在他们到达后不久，他们遇到了热带雨季，雨季持续的时间超过了曾经的洪水时间，他们通过观察发现，穿过阿特巴拉就是位于尼罗河和阿斯塔布拉斯之间的努比亚的部分土地，这里后来被称为麦罗埃。这里最初气候干燥，此后他们又遇到雨季，而且雨量与往南推进成正比，于是他们就停留在了最初的山区，那里土地肥沃、气候宜人，而不是冒着可能会使自己陷入洪水之地的风险继续前进，这种风险对于他们的后代来说可能是致命的，就像诺亚曾经对他的先辈们那样。①

布鲁斯的记载非常重要，它说明了当时古实人一定要离开平原低地而选择高地山区居住的原因，而这个原因不但与其先祖历史相对应，而且颇具合理性。

---

① James Bruce, *Travels to Discover the Source of the Nile, in the Years 1768, 1769, 1770, 1771, 1772, and 1773*, Edinburgh: J. Ruthven, 1790, Vol. I, pp. 376 – 377. 布鲁斯在埃塞俄比亚王国最重要的收获之一是他离开贡达尔的时候，国王塔克拉·哈伊马诺特的重臣"维齐尔"拉斯·米迦勒给了他部分最珍贵的吉兹语手稿，而这些手稿中有埃塞俄比亚最重要的文化元典《列王的荣耀》(*The Kebra Nagast, Glory of the Kings*)，该文化元典在《探寻尼罗河源头旅行记》第三版中有对它的原始手稿内容的描述。后来，他的这些文献收藏于牛津大学的博德利图书馆。

直到最近，还有学者从语言学的角度对其进一步肯定，认为历史上古实存在于现在的非洲是毋庸置疑的，甚至在今天还能在非洲找到众多的古实语群。"在今天的语言学分类中，闪和含的名字在中东（闪语族）和北非（阿姆族语）各自主导的语言家族的名称中，仍然很盛行。我们甚至可以在含的儿子古实之后的非洲发现库什（古实）语系，根据某些传统叙述，印欧民族是雅弗的后代。《圣经》故事甚至可以用来为种族主义和非洲黑奴制进行辩护，因为挪亚诅咒含的后代，并指定他们为奴仆或奴隶。这样，在圣经传统中，人类语言和种族就真正来源于一个谱系了。"①

后世对《圣经》的神学解释浩如烟海，但神学解释毕竟不是历史研究，以上的研究都不包括神学的隐喻化解释。从后世学者的研究看，至少从公元前3世纪起，人们已经一致认为《圣经》中的古实就是位于埃及南部的埃塞俄比亚，这种认识不仅延续到今天，被多数学者接受，而且得到了前文叙述的希腊传统的佐证，以及亚述学的印证。

五　亚述学中的埃塞俄比亚人

希伯来文明与亚述文明、希腊文明虽然同为地中海世界的古老文明，但它们是完全异质的，无论其语言、文字还是文化特征，都迥然不同。颇有意义的是，圣经传统中的古实问题不仅在前文叙述的希腊传统中得到了很重要的体现，而且在亚述学中也得到了直接有力的证明。②

公元前三千纪，在古代两河流域的苏美尔楔形文字文献中，十

---

① David F. Armstrong, *Original Signs: Gesture, Sign, and the Sources of Language*, Washington, D. C.: Gallaudet University Press, 1999, p. 155.

② 与埃塞俄比亚（人）关系更为密切的埃及不在这里讨论，主要原因有二：其一，埃及与埃塞俄比亚（人）的关系非常复杂，远非有限的篇幅能厘清；其二，埃及无论是对作为地名的埃塞俄比亚的认识，还是对作为部族名的埃塞俄比亚人的认识，都不存在地理方位的争论。

分有规律地记载了三个与两河流域有着密切贸易往来的异域地名——狄勒蒙、马干、麦鲁哈，学术界经过一个多世纪的讨论与争议，基本达成共识，即早期苏美尔文献中的麦鲁哈位于印度河流域，具体为今印度西部沿海地区（古吉拉特邦）以及巴基斯坦的信德省。[①] 此后，到公元前二千纪上半期的很长时期都没有关于麦鲁哈的文献记录，而到公元前14世纪麦鲁哈地名再次出现时，它不再指印度河流域，而是指东非的埃塞俄比亚。当时位于叙利亚、巴勒斯坦北部的小国毕布罗斯的统治者利布哈达写给其宗主国埃及的书信中，七次涉及麦鲁哈，有的书信作者不是用"麦鲁哈"，而是使用"古实"（ka-ši）。楔形文献中对麦鲁哈的地理位置的记载与《圣经》的早期记载是非常吻合的。在《圣经》中，最早出现对古实的记载是《创世记》，而它所反映的时间范围是从"最初"到公元前17世纪中期，而在《创世记》中第一次出现的古实可能指的是两河流域南部地区。在很大程度上，这不仅与亚述学中的公元前三千纪至前二千纪上半叶在时间上是吻合的，而且在地理位置的指代上也是比较吻合的。这种吻合不是巧合，因为此后麦鲁哈再次出现时，它已经不是指印度河流域了，而是指埃及南部的埃塞俄比亚，这与《圣经》的记载几乎完全一致。两种完全异质的文明，对古实的记载几乎完全一致，仅用巧合加以解释，实在草率，更为科学的结论是，它们各自的记述不是巧合，而是相互印证且相互补充。

此后，"麦鲁哈"地名再次出现在楔形文字文献中是在新亚述时期（公元前911—前612年），在众多的王室铭文中，它不仅与埃及同时出现，在阿淑尔巴尼拔（公元前668—前627年在位）王室铭文中更是明确指出麦鲁哈就是古实（埃塞俄比亚）。如辛那赫里布（公元前705—前681年在位）的铭文中如此记载麦鲁哈：

[①] Leemans, *Foreign Trade in the Old Babylonian Period*, 1960, p. 164. 关于将麦鲁哈定位于南阿拉伯，参见 Ernst Weidner, "Das Reich Sargons von Akkad", *Archiv für Orientforschung*, 16 (1952–1953), pp. 1–24.

他们（我征服地区的总督与贵族）与埃及国王建立同盟，麦鲁哈国王的弓箭、战车和战马等装备数不胜数，他们过来援助。①

在紧张的战役中，我俘虏了埃及的战车兵及王子，连同麦鲁哈国王的战车兵。②

从时间范围看，"麦鲁哈"名称的出现与《圣经》中古实的第二次出现（公元前 11 世纪末）是高度吻合的。

更有力、更直接的证明是，在埃萨尔哈东（公元前 681—前 669 年在位）的铭文中，不仅清楚地写着"它们（麦鲁哈和马干）在本地被称为古实和埃及"，而且记录的古实国王塔哈尔卡的名字与《列王纪下》和《以赛亚书》中记载的名字（特哈加）是相同的，它反映的历史事件也与前文叙述的事件完全吻合。埃萨尔哈东的铭文说：

在我的第十次远征中，阿舒尔神指引我进军麦鲁哈和马干，它们在本地被称为古实和埃及。我集结了大量阿舒尔神的军队。在尼萨努，第一个月，我从我的城市阿舒尔动身，穿过正处于洪水期的底格里斯河和幼发拉底河，翻山越岭。在我远征的过程中，我建立防御推罗国王巴亚鲁的堡垒，他相信他的

---

① RINAP 3/1, pp. 64（Sennacherib 4 43），96（Sennacherib 15 iii 15'），115（Sennacherib 16 iii 47），132（Sennacherib 17 iii 12），166（Sennacherib 21 i' 4'），176（Sennacherib 22 ii 80），193（Sennacherib 23 ii 75）. RINAP 3/2, pp. 80（Sennacherib 46 23），184（Sennacherib 140 rev. 7），189（Sennacherib 142 obv. 13'），238 - 239（Sennacherib 165 iii 30）.

② RINAP 3/1, pp. 65（Sennacherib 4 45），96（Sennacherib 15 iii 24'），115（Sennacherib 16 iii 57），132（Sennacherib 17 iii 19），150（Sennacherib 18 ii 2'''），176（Sennacherib 22 iii 4），193（Sennacherib 23 iii 4），218（Sennacherib 32 ii' 3'）. RINAP 3/2, pp. 80（Sennacherib 46 24 - 25），184（Sennacherib 140 rev. 9），189（Sennacherib 142 obv. 16'）.

朋友、古实国王塔哈尔卡能够摆脱我主阿舒尔神的束缚,所以傲慢无礼地回复我。我切断了他们的食物和水源供应。我将营帐从埃及移到麦鲁哈,共30个军团驻扎在从萨尔马提亚地区的阿费克(又译亚弗)到纳哈儿麦西("埃及之河")地区的拉菲亚。①

埃萨尔哈东,强大的国王,世界之王,亚述之王……其击败了麦鲁哈之王……是世界之王和亚述之王萨尔贡二世之后裔。②

古实,黑色的麦鲁哈人。③

这里说得非常明确,麦鲁哈就是古实,而且从埃萨尔哈东的进军路线看,古实就位于埃及南部,古实人是黑人。至此,我们可十分肯定地说,《圣经》中的古实至少从公元前11世纪起就是指埃及南部的埃塞俄比亚,而《创世记》中的古实与后来的古实不是同一地方,很可能与楔形文献中公元前三千纪的麦鲁哈是同一地方,即印度河流域。圣经地理中把它定在两河流域也是有道理的,至少它离印度河流域要近得多。

《圣经》中无论是关于古实作为地名还是作为人名(部族)的记载都非常详细。除了《创世记》中的古实与后面的古实不是指同一地方外,其他的"古实(人)"都是指同一地方或部族。尽管《圣经》中没有明确说明古实就是埃及南部的埃塞俄比亚,但《创世记》之后关于古实的记载都在不同程度上指向这里。结合犹太人的古代历史与《圣经》古实记载考察,可以明显看出《圣经》中关于古实的记载与犹太历史是完全吻合的,这也为确定古实(人)就是埃塞俄比亚(人)提供了重要依据。

---

① RINAP 4,p. 87(Esarhaddon 34 7',15').
② RINAP 4,p. 167(Esarhaddon 84 5),168(Esarhaddon 85 6),169(Esarhaddon 86 3).
③ RINAP 4,p. 89(Esarhaddon 35 rev. 4').

后世学者关于"古实"的叙述与讨论至少已持续了 2000 多年，尽管叙述的方式不一样，讨论细节有差异，但毫无疑问，他们得出的结论是高度吻合的，即希伯来传统中的古实（人）就是埃塞俄比亚（人），这也进一步加深了人们对这一问题的认识。

亚述学的发展，特别是新发现的楔形文献为研究《圣经》中的古实问题提供了可靠的证据，它不仅明确了古实就是埃及南部的埃塞俄比亚，而且在《创世记》的古实与之后的古实的区分问题上填补了空白。在一定程度上，它为《圣经》的古实之争画上了圆满的句号。希腊传统中的埃塞俄比亚（人）认识虽然一直延续着"荷马式童话"，始终未就埃塞俄比亚（人）的准确地理位置做出定位，但最终通过罗马人的传承找到了埃及南部的埃塞俄比亚（人）。虽然在希腊传统中从未出现过古实这一称号，但它对埃塞俄比亚地理位置的一步步定位，也为希伯来传统中的古实研究提供了重要参照和佐证，其重要意义不言而喻。

正是由于圣经传统中挪亚的儿子含的后代古实移居非洲，近代以来，欧洲殖民主义者在为其殖民理论寻找依据时，在为欧洲中心论及白种人优越论进行辩护时，古实历史被歪曲利用而沦为所谓的"含米特理论"的荒唐证据。这里的讨论绝不是为任何理论提供证据支持，而是仅就历史问题进行实事求是的客观考察。

第三节　基督教在埃塞俄比亚的传播

关于基督教传入埃塞俄比亚的时间，有很多种说法。这些说法不仅十分混乱，而且大多具有争议，有的说法甚至完全只是传说而已，但不管怎样，这些说法都反映出犹太－基督传统在埃塞俄比亚的形成与发展，同时它们也成为后来作为一个基督教王国的埃塞俄比亚民族传统文化的重要组成部分。下面我们依据犹太－基督传统的时间先后并结合这些传统在埃塞俄比亚的流行时间渐次展开，以期梳理清楚犹太－基督传统在埃塞俄比亚的形成与发展，尤其是基督教传统在埃塞俄比亚的形成及其对埃塞俄比亚民族传统形成的影响。

一　关于示巴女王与所罗门王的传说

最早描述犹太－基督传统与埃塞俄比亚的关系的是埃塞俄比亚王国的示巴女王与希伯来王国著名国王所罗门之间的故事。这一故事最早出现在《列王纪上》和《历代志下》中，其中，《列王纪上》的记载如下：

> 示巴女王听见所罗门因耶和华之名所得的名声，就来要用难解的话试问所罗门。跟随她到耶路撒冷的人甚多，又有骆驼驮着香料、宝石和许多金子。她来见了所罗门王，就把心里所有的对所罗门都说出来。所罗门王将她所问的都答上了，没有一句不明白，不能答的。示巴女王见所罗门大有智慧，和他所建造的宫室，席上的珍馐美味，群臣分列而坐，仆人两旁侍立，以及他们的衣服装饰和酒政的衣服装饰，又见他上耶和华殿的台阶（或作他在耶和华殿里所献的燔祭），就诧异得神不守舍。对王说，我在本国里所听见论到你的事和你的智慧实在是真的。我先不信那些话，及至我来亲眼见了才知道人所告诉我的还不到一半。你的智慧和你的福分越过我所听见的风声。你的臣子，你的仆人常侍立在你面前听你智慧的话是有福的。耶和华你的神是应当称颂的。他喜悦你，使你坐以色列的国位。因为他永远爱以色列，所以立你作王，使你秉公行义。于是，示巴女王将一百二十他连得金子和宝石，与极多的香料，送给所罗门王。她送给王的香料，以后奉来的不再有这样多。……示巴女王一切所要所求的，所罗门王都送给她，另外照自己的厚意馈送她。于是女王和

她臣仆转回本国去了。①

《历代志下》中完全重复了《列王纪上》的内容。② 有学者认为，《圣经》中关于示巴女王拜见所罗门王的传说的起源在于，犹太教使埃塞俄比亚当地部落皈依，而他们的后代仍然生活在今天的阿姆哈拉州的绝大部分地区，这些人被称为"法拉沙人"。③ 埃塞俄比亚的犹太人是什么时候到来的，我们并无确切的资料。如果后来布鲁斯考察的结果是正确的话，那么，用埃塞俄比亚人自己的说法是在"无法追忆的时代"，④ 即远古时代，而事实上这些埃塞俄比亚人只不过是指皈依了犹太教的埃塞俄比亚人。尽管《圣经》中所记载的示巴女王拜访所罗门王之事到底是否存在，并没有其他佐证材料，从而无从得知，但这一传说在后来的埃塞俄比亚文化中形成了传统，从而使犹太传统成为埃塞俄比亚人的重要民族传统。公元 14 世纪，在埃塞俄比亚出现了其文化元典《列王的荣耀》⑤，该元典描述的正是示巴女王拜见所罗门王并与之偷情生下了具有犹太血统的埃塞俄比亚国王的事情（详见第五节）。

二 基督使徒与基督教的传入

根据基督教传统，一般认为基督教传入埃塞俄比亚是基督使徒或耶稣门徒的福音传播力量使然。

---

① 《列王纪上》10：1—10：13。

② 《历代志下》9：1—9：12。

③ Aloys Grillmeier Sj, Theresia Hainthaler, *Christ in Christian Tradition*, Vol. 2, *From the Council of Chalcedon (451) to Gregory the Great (590 – 604)*, Part 4, *The Church of Alexandria with Nubia and Ethiopia after 451*, Louisville, KY：Westminster John Knox Press, 1996, p. 295; *The Kebra Nagast*, translated by E. A. Wallis Budge, Oxford University Press, London：Humphrey Milford, 1932.

④ James Bruce, *Travels to Discover the Source of the Nile, in the Years 1768, 1769, 1770, 1771, 1772, and 1773*, Vol. I, p. 376.

⑤ *The Kebra Nagast*, *Glory of the Kings*, translated by Sir E. A. Wallis Budge, New York：Cosimo Inc, 2004.

在圣经传统中，一般把基督教传入埃塞俄比亚归功于腓利使徒及其与埃塞俄比亚太监的相遇。《使徒行传》详细记载了这一传统：

> 有主的一个使者对腓利说："起来！向南走，往那从耶路撒冷下迦萨的路上去。"那路是旷野。腓利就起身去了。不料，有一个埃提阿伯（即"古实"，见以赛亚十八章一节）人，是个有大权的太监，在埃提阿伯女王干大基的手下总管银库，他上耶路撒冷礼拜去了。现在回来，在车上坐着，念先知以赛亚的书。圣灵对腓利说："你去！贴近那车走。"腓利就跑到太监那里，听见他念先知以赛亚的书，便问他说："你所念的，你明白吗？"他说："没有人指教我，怎能明白呢？"于是请腓利上车，与他同坐。他所念的那段经，说："他像羊被牵到宰杀之地，又像羊羔在剪毛的人手下无声，他也是这样不开口。他卑微的时候，人不按公义审判他（原文作"他的审判被夺去"），谁能述说他的世代？因为他的生命从地上夺去。"太监对腓利说："请问，先知说这话是指着谁？是指着自己呢？是指着别人呢？"腓利就开口从这经上起，对他传讲耶稣。二人正往前走，到了有水的地方，太监说："看哪！这里有水，我受洗有什么妨碍呢？"（有古卷在此有腓利说："你若是一心相信，就可以。"他回答说："我信耶稣基督是神的儿子。"）于是吩咐车站住，腓利和太监二人同下水里去，腓利就给他施洗。从水里上来，主的灵把腓利提了去，太监也不再见他了，就欢欢喜喜地走路。后来有人在亚锁都遇见腓利，他走遍那地方，在各城宣传福音，直到该撒利亚。①

对于圣经传统中的"腓利"说法，在其他任何文献中都找不到佐证材料，考古学中也没有发现相关证据，因此，通常认为

---

① 《使徒行传》8：26—40。

"腓利"传统只不过是基督教的神学传道，并不能作为基督教传入埃塞俄比亚的真实证据。

不仅如此，这里关于埃塞俄比亚女王干大基的记载，很难令学术界信服。有学者考证，干大基这个名字在努比亚和古代埃塞俄比亚都被广泛使用，而在埃塞俄比亚真正的女王中是没有这个名字的。[1] 事实上，在公元1世纪的埃塞俄比亚国家是没有值得相信的关于基督教的记录的。这些传统在很大程度上可能是术语混乱导致的。早期历史学家根本不清楚埃塞俄比亚的地理边界，他们在使用埃塞俄比亚这一名字时可能是指努比亚，或者埃及，甚至是印度。事实上，埃塞俄比亚有时是指"隐秘的印度"（India ulterior）。[2] 甚至到了15世纪，这种混乱用法都还保留着。[3] 更多的学者则认为，《使徒行传》中所记载的故事指的是麦罗埃王国，而不是指阿克苏姆的古埃塞俄比亚王国。[4]

在基督教诞生后的最初几个世纪，还有一种传统认为，十二门徒通过抽签分配区域，在已知的世界进行传道。据说通过抽签，马太被分派到埃塞俄比亚布道。马太曾预言："这天国的福音要传遍天下，对万民作见证，然后末期才来到。"[5] 在评论这一预言的时

---

[1] Walter F. Adeney, *The Greek and Eastern Churches*, New York: Scribners, 1908, pp. 616 - 617; Dale H. Moore, "Christianity in Ethiopia", *Church History*, Vol. 5, No. 3, Sep., 1936, p. 271.

[2] Sir E. A. Wallis Budge, *A History of Ethiopia*, Vol. I, London: Methuen, 1922, p. vii.

[3] C. F. Rey, *The Romance of the Portuguese in Abyssinia*, London: H. F. & G. Witherby, 1929, p. 17; Dale H. Moore, "Christianity in Ethiopia", *Church History*, Vol. 5, No. 3, Sep., 1936, p. 271.

[4] Sergew Hable-Sellassie, *Ancient and Medieval Ethiopian History to 1270*, Addis Ababa: United Printers, 1972, p. 97; Steven Kaplan, "Dominance and Diversity: Kingship, Ethnicity, and Christianity in Orthodox Ethiopia", *Church History and Religious Culture*, Vol. 89, No. 1/3, Religious Origins of Nations? The Christian Communities of the Middle East (2009), pp. 291 - 305. Published by Brill.

[5] 《马太福音》24：14。

候，奥利金指出，在他所处的时代，基督教徒已经在埃塞俄比亚取得了某些联系。奥利金说，使徒马太还没有完全布道到整个世界，因为他没有宣称自己已经为所有的埃塞俄比亚人布道，特别是远离埃塞俄比亚河的那些人，更不要说布道到不列颠、日耳曼、达契亚、萨尔马提亚以及斯基泰的诸民族。[1] 但是，圣经这一传统在众多的教会史家那里得到了认同和不断强化，他们延续着这一记载，笃信埃塞俄比亚基督教来自圣经传统。

三 红海贸易网络与基督教的传入

一般认为，基督教传入埃塞俄比亚的最早记录是保留在鲁菲努斯《教会史》中关于公元4世纪的弗鲁门修斯在阿克苏姆的经历。此后，苏格拉底斯、索佐门、格拉修斯等基督教作家均在他们的教会史著作中延续了这种说法，因此，弗鲁门修斯在阿克苏姆的传教作为基督教传入埃塞俄比亚的标志得到了学者们的公认。不过，最近有学者指出，其实在弗鲁门修斯传教之前，包括埃塞俄比亚在内的东非、红海及印度洋地区，就已经有基督教徒存在。[2]

阿杜利斯港是埃扎纳时期阿克苏姆王国的主要港口，它至少从公元前1世纪起就卷入了红海贸易之中。在早期，来自阿杜利斯内陆高地的象牙似乎占据出口的主要地位。到埃扎纳时代，当阿克苏姆作为强大的地区政治体出现时，宫廷和社会精英的生活为进口特权商品提供了市场。公元3世纪，阿克苏姆王国扮演着西印度洋商业枢纽的角色，起着红海与阿拉伯海交流循环的中间作用。从罗马的视角看，在晚期古代，罗马在损失了穆奥斯港和

---

[1] Frank M. Snowden, Jr., *Blacks in Antiquity: Ethiopians in the Greco-Roman Experience*, p. 207.

[2] Eivind Heldaas Seland, "Early Christianity in East Africa and Red Sea/Indian Ocean Commerce", *The African Archaeological Review*, Vol. 31, No. 4, Special Issue: Africa and the Indian Ocean, December 2014, pp. 637–647. 以下关于弗鲁门修斯之前基督教在阿克苏姆传播情况的介绍均来自此文，特此说明。

拜莱尼克港这些南方港口后，红海北部港口如艾拉和苏伊士的重要性得到了加强。

在弗鲁门修斯时代，一性论派势力在红海和西印度洋地区不断增强。印度教会在传统上把它的起源追溯到公元1世纪，地中海教会史家尤西比乌斯记载道，公元2世纪后期到访印度的基督教徒旅行者发现，基督教信仰已经在那里牢固建立，这表明基督教已经通过波斯湾达到那里。罗马帝国时代的教会遗址已经在主要的红海港口得到了发掘，其中，在艾拉有一座教会被认为是世界上刻意建造的最古老的教会，而且已经得到了证明，该教会要比弗鲁门修斯的活动早几十年。

当弗鲁门修斯到达阿克苏姆时，基督教在这里已经不是什么新鲜事物。但是，在早期阶段，这里的宗教主要与海上贸易的人有关系。出于为定居的罗马商人提供崇拜场所与物质支持，从而使他们建立集会场所的需要，弗鲁门修斯在他们中间开始了传教的工作。只是他是在被任命为主教并返回阿克苏姆之后，才开始发展本地教会以及王国内大规模的皈依工作。古代世界的旅行是非常费力的，也颇危险，如果没有明确的目标，没有人会去旅行。除了商船，旅行没有其他可供选择的交通工具。商船会接收临时性的行人，比如外交使臣、旅行传教士、哲学家以及晚期古代文献提到的教会官员等，因此，穿越红海的绝大多数旅行者是直接通过贸易船只或者商船航行。旅行的漫长时间以及交流、信用和文化差异的挑战，导致古代世界的大多数旅行者永久或长期侨居海外，从而形成所谓的贸易散居。这些贸易散居成员在类似的自家文化中会形成自己的主见，以方便在海上和陆上的社会网络中交流。与进口货物可以看到被运输和被当地居民消费不一样，关于散居点，很难在考古学上进行追溯。贸易散居不是正式的组织，它是社会网络，依赖一定程度的社会凝聚力。这些社会网络共同起源于一种生活在外的人们所创造的"组群"（groupness），他们以诸如语言、文化、饮食、族群性以及宗教等共有的纽带为基础。但是，佛教、犹太教、伊斯兰教以及颇受争议的基督教等那些可以在主要社会群体和地区独立崇拜的宗教和信仰,已经在印度洋贸易网络中展示了它们重要的凝聚力。宗教可能为其支持者把公开的社会网络与成员之间的牢固团结联系起来,在如皈依基督教之前的阿克苏姆王国内基督徒占少数的情况下更是如此。由于在参加共餐和祭祀方面有规范化限制,基督徒将会被限制进入多神论者的社会网络。这将会在他们的共同体内培养出牢固的团结,相应的,他们也会接受弗鲁门修斯为了建立教会和集会自由而做出的努力。

基督教最初传播到阿克苏姆王国并不是出于罗马帝国教会的意图或使命,而是公元3—4世纪王国在印度洋贸易中的关键角色和地位的结果。相会于阿克苏姆各港口的贸易者往来穿梭于索科特拉岛、南阿拉伯、马拉巴尔以及波斯湾,在这些地方,基督教会早已存在,而在诸如印度西北和斯里兰卡地区,很可能也有基督教的社区存在。早期基督教传入阿克苏姆,是通过官方基督教渠道的外部方式(弗鲁门修斯正是在这些基督徒商人中开始他的工作),它的宗教背景是在尼西亚宗教会议(公元325年)之前,这些早期的基督教网络对于不同地理起源和宗教依赖的信奉同一宗教的人来说是相对开放和灵活的。鲁菲努斯在描述罗马商人建造的教会时,使用的都是复数。这就暗示着,因为弗鲁门修斯的支持,基督教徒个体越来越能够形成社区,这些基督徒不仅出现在阿杜利斯贸易港口,而且遍布王国各地。

塞兰认为,现代社会学关于宗教皈依过程的研究强调皈依过程绝不会在真空中产生,也绝不会发生大规模的皈依现象,它只是沿着社会网络逐渐展开的过程。人们皈依宗教是因为其朋友、同事或者家庭成员已经这样做了。弗鲁门修斯最终成功建立阿克苏姆教会并使埃扎纳皈依基督教,应归因于他成功地利用了两种社会网络,并有能力利用第三种网络。第一种是基督徒商人参与印度洋贸易的网络,该网络早在弗鲁门修斯到达这里之前就已经存在,但他通过获取特权和物质支持帮助该网络得到加强。第二种网络是阿克苏姆社会精英，弗鲁门修斯也由于他的地位而成为其中之一。这些社会精英通过弗鲁门修斯和爱德修斯，与基督教信仰有长期而规律的接触，久而久之，弗鲁门修斯和爱德修斯也成为受人尊敬的社会精英。至于阿克苏姆社会精英，他们与地中海世界具有持久性的意识形态联系，这种意识形态上的联系颇具意义。这一传统可能也有助于整个地中海世界宗教视野中对宗教变化的接受。第三种网络是官方的教会等级制度网络，弗鲁门修斯以奴隶身份获释后，就对它加以结合利用，这使他能够建立地方教会组织，并作为主教而返回。但是，这一网络视角也表明，埃扎纳对新信仰的接受只不过是阿克苏姆民众大规模皈依基督教的开始。以基督教作为象征的钱币也开始成为商业合伙人、社会精英、士兵及其他接受王室支付的人的主要媒介，这样，钱币也成为促进国内外社会精英网络建立的新宗教信仰的一种方式。

总之，在阿克苏姆诸王官方接受基督教之前，基督教已经在红海和西印度洋的所有沿岸地区建立。贸易方便了宗教的传播，首要原因与其说是传教士和教会官方的努力，还不如说是基督徒商人所组成的社会网络，这些社会网络适应了他们对社会安全和团结的需要，在他们所处的环境之中，他们远离自己的家乡并长期冒着极大的风险。当弗鲁门修斯在阿克苏姆开始他的传教工作时，他的首要目标群体是当时业已存在的散居基督徒。同时，他继续在社会精英网络中的工作，而他本人就是这个网络中的一部分。通过这个网络，他把整个地中海地区教会组织联结在一起。塞兰认为，这并不会对学术界一致同意的阿克苏姆的基督教皈依是一个自上而下的过程的观点提出挑战，也不会对诸如弗鲁门修斯和埃扎纳这样的个人所扮演的重要角色提出疑问，而仅仅是说明这一过程的出发点所描绘的图景的细节，没有这些细节很可能这一过程就不会发生。这种解释也与近年来学者关于基督教在地中海世界的传播的研究相一致，这些研究强调社会网络以及逐渐皈依过程的角色，而不仅是传教士和大规模皈依过程的作用。到阿克苏姆王朝末期，基督教在印度洋继续繁荣,红海和印度洋基督教对阿克苏姆教会的影响仍在持续。

以上观点对于研究基督教在埃塞俄比亚的传播具有重要意义。不过,虽然上述观点是最新的系统研究弗鲁门修斯在埃塞俄比亚建立教会之前的基督教传播情况的结论,但事实上早就有学者提出过类似看法:"弗鲁门修斯与基督徒商人在阿克苏姆的记载表明,公元4世纪之前,商业与贸易可能把某些基督徒带到了阿克苏姆沿岸和尼罗河贸易路线上。"① 只不过这里并没有对其展开深入的研究而已。

四　弗鲁门修斯与基督教在阿克苏姆的传播

尽管基督教可能很早就通过基督教商人在埃塞俄比亚阿克苏姆地区和红海沿岸地区传播,但正如前所述,一般公认的基督教传入埃塞俄比亚是以公元4世纪弗鲁门修斯在阿克苏姆的传教为标志。鲁菲努斯在《教会史》中留下了关于此事的最早记录,而且据说是弗鲁门修斯事件的亲历者爱德修斯亲口告诉他的。此后,苏格拉底斯、索佐门、格拉修斯等基督教作家均在他们的教会史著作中延续了这种说法,特别是苏格拉底斯几乎是逐字逐句地翻译了鲁菲努斯的叙述:

> 现在我们必须提一下基督教在这位皇帝统治时期是以怎样的方式传播的:因为在他统治时代,内陆的印度人(the Indians in the interior)以及伊比利亚人这些民族率先拥有基督教信仰。……当使徒们抽签前往各民族传教时,托马斯抽到了在帕提亚人中传教,马太被派往埃塞俄比亚,巴塞洛缪抽到邻近那个国家的印度一部分,但是,有许多还使用不同语言的野

---

① Frank M. Snowden, Jr., *Blacks in Antiquity: Ethiopians in the Greco-Roman Experience*, p. 207.

蛮民族的印度内陆,在君士坦丁时代之前还没有受到基督教义的教化。现在我要说说引导他们皈依基督教的缘由。有一个叫麦罗庇乌斯的哲学家,是推罗人种族,由于受到了哲学家麦特罗多鲁斯这个榜样的刺激,他决定让自己熟悉印度人的国家,麦特罗多鲁斯此前曾游览整个印度地区。他带着跟他有关的两个年轻人,这两个年轻人绝对不懂希腊语,然后麦特罗多鲁斯一行坐船来到了(印度)这个国家,正当他在查看他所希望的一切的时候,为了获取一些生活必需品,他到达了安全港口的一个地方。恰巧在那之前不久,罗马人与印度人之间的条约遭到了破坏。因此,印度人逮捕了哲学家及随他航行的人,他们屠杀了除两名年轻人外的所有人。由于怜悯他们年龄小,他们把这两个年轻人作为礼物送给了印度人的国王。国王很喜欢这对年轻人的外貌,留下了其中一个,他的名字叫爱德修斯,任命他为侍酒师,另一个名叫弗鲁门修斯,被委任为王室档案的掌管者。国王去世后不久,他们两人获得了自由,王室把王后及其幼小的儿子交给他们照料。现在,由于王后要照看她的儿子,让他生活在未成年人中,于是恳求两位年轻人照顾他,直到他成年。这样,两位年轻人接受了任务,并得以进入王国管理之中。弗鲁门修斯掌管着一切,并打听是否有罗马商人与该国进行贸易,是否可以发现基督徒,一旦发现有基督徒,他就会告诉他们自己是谁,并劝告他们选择并占据合适的地方以便举行基督教崇拜仪式。在很短的时间内,他就建了一所祈祷屋,并指导一些印度人学习基督教原理,他们按照基督教原则参加崇拜仪式。当年轻的国王长大成人后,弗鲁门修斯和他的助手们辞去了在宫廷中的公共事务,在他们被光荣地宣布无罪后,他们开始寻求返回自己的国家。国王及其母亲都恳求他们留下,但由于想念自己的故土,他们谢绝了挽留并离去。爱德修斯迅速回到了推罗,见到了自己的父母和亲戚,但弗鲁门修斯则来到了亚历山大里亚,向最近才被授予主教职位的阿塔纳修主教汇报了此事,阿塔纳修主教知悉了他流浪的细节,以及印度人希望接受基督教的细节。他还请求阿塔纳修主教派遣一位主教和神职人员前往那里,绝不可忽视那些可能得救的人。阿塔纳修主教认为这可能是最有利的时机,他要求弗鲁门修斯自己接受主教职位,并宣称他再也找不到比他更合适的人选了。就这样,弗鲁门修斯被授予主教职位并返回印度。在那里,他成为福音的传播者,在神的恩典下,他建立了几座教堂,并施行了各种神迹,治愈了许多人心灵及身体上的疾病。鲁菲努斯向我们保证说他是听爱德修斯说的这些事实,爱德修斯后来在推罗做了祭司。①

这些记录把弗鲁门修斯在埃塞俄比亚传播基督教的经过描述得非常详细。当然,正如前文所说,当弗鲁门修斯和爱德修斯滞留埃塞俄比亚的时候,基督教可能已经通过商人们被带到了这里,并已经在这里得到传播。弗鲁门修斯在埃塞俄比亚基督教历史上的重要地位在于,在他的努力之下,基督教得到了阿克苏姆王国的官方认可,并在埃塞俄比亚得以建立教会传播基督教。

关于弗鲁门修斯在阿克苏姆的具体时间,他本人并没有做出具体说明,后来的记录者也没有留下准确的时间。此后,有学者根据相关材料,整理了弗鲁门修斯和爱德修斯的经历及埃塞俄比亚的基督教化时间表。②

约公元 303 年:也许只有 10 岁的弗鲁门修斯和爱德修斯被囚禁。

约公元 320 年:弗鲁门修和爱德修斯接管了(大约 10 岁的)

---

① Socrates, *Ecclesiastical History*, in Philip Schaff, ed., *Nicene and Post-Nicene Fathers Series* (*NPNFS*) II, Vol. 2. 1. 19.

② Aloys Grillmeier Sj, Theresia Hainthaler, *Christ in Christian Tradition*, Vol. 2, *From the Council of Chalcedon (451) to Gregory the Great (590 – 604)*, Part 4, *The Church of Alexandria with Nubia and Ethiopia after 451*, p. 300.

王子的教育。

约公元 328 年：滞留并返回家园，前往亚历山大里亚主教阿塔纳修处。

公元 328/329 年：弗鲁门修斯与阿塔纳修在一起。

约公元 330 年：弗鲁门修斯重回埃塞俄比亚。

约公元 340/341 年或 347/348 年：人们可以说埃塞俄比亚是一片"皈依"的土地。

直到公元？年：继续基督教化，直到弗鲁门修斯去世。

虽然基督教得到了阿克苏姆王国的官方认可，教会也在埃塞俄比亚得以建立，并以官方教会的名义传播基督教，但这并不一定意味着阿克苏姆国王埃扎纳皈依了基督教，成了基督教徒。事实上，1969 年发现的铭文证实，埃扎纳并没有成为基督教徒。①

到公元 325 年的尼西亚会议之前，基督教内部各派别的争论已经非常激烈、尖锐，虽然尼西亚会议确立的"尼西亚信经"（Nicene Creed）信奉"三位一体"说为正统，并把阿里乌斯派②斥为异端，但是，阿里乌斯派并没有停止斗争，更不会消失。到君士坦提乌斯二世（公元 337—361 年在位）统治时期，阿里乌斯派得到了罗马皇帝的支持，十分活跃，他们极力反对尼西亚会议的决定，反对亚历山大里亚主教阿塔纳修。

弗鲁门修斯是阿塔纳修指派到阿克苏姆做主教的，阿塔纳修主教在尼西亚宗教会议后恪守信经，坚决反对阿里乌斯派，结果被君士坦提乌斯二世流放（阿塔纳修本人的第三次流放），接替阿塔纳

---

① Aloys Grillmeier Sj, Theresia Hainthaler, *Christ in Christian Tradition*, Vol. 2, *From the Council of Chalcedon (451) to Gregory the Great (590 – 604)*, Part 4, *The Church of Alexandria with Nubia and Ethiopia after 451*, p. 299.

② 阿里乌斯派认为，圣子是受造物中的第一位，强调基督既不是真神上帝，也不是真人，是天父与人之间的半神，是神与人中间的媒介，是被造者中的首先及最高者。基督在各方面都与天父的本体与特性不同，基督也与人不同，基督没有人的灵魂，耶稣次于天父。

修主教的是信奉阿里乌斯派的乔治乌斯主教。为了使阿克苏姆成为信奉阿里乌斯派的地区，君士坦提乌斯二世写信给阿克苏姆国王埃扎纳，希望在他的帮助下，使弗鲁门修斯主教回到亚历山大里亚由乔治乌斯主教重新对他任命。这封信完整地保存在阿塔纳修文集中：

> 传播至高无上的神的知识完全是我们最关心和担心的事情，我认为整个人类各方在这一点上理应受到我们的同等重视，以便他们通过对神的正确认识在正义与真理问题上没有任何分歧，从而可以在希望中度过一生。因此，考虑到你值得受到与罗马人同样的卓有远见的照顾，渴望你平等地得到关心你的福祉，我们应当在你们的教会里信奉与他们同样的教义。因此，请迅速将弗鲁门修斯主教送到最令人尊敬的乔治乌斯主教那里，弗鲁门修斯主教之下的其他人也有权获得他们的职位，并请迅速决定涉及他们的问题。当然，因为你知道并记得（除非你对大家都知道的事装聋作哑），这位弗鲁门修斯是阿塔纳修把他晋升到现在的职位的。阿塔纳修是一个罪孽深重的人，因为他自己没能很好地澄清针对他的任何指控，并被立刻剥夺了主教权，他现在流离失所，从一个地方到另一个地方，似乎这样他就可以逃离他的罪恶一样。现在，如果弗鲁门修斯很乐意遵守我们的命令并提交关于他的任命的所有情况的调查询问报告，他将会向所有人坦诚，他绝对没有反对教会和已确立的信仰的律法。如果提交审判，当他给出自己良好品德的证据，并向判断其所作所为的人提交自己的生活陈述时，如果真的显示他有获取主教职位的任何能力，他将会从他们那里获得新的委任。但是，如果他拖延和逃避审判，那就很明显，他是受到了邪恶的阿塔纳修信仰的引诱，沉溺于对神的不敬，选择追随他邪恶昭彰的行为。我们怕他会进入阿克苏姆，通过受到诅咒的和不敬的陈述来败坏你的人民，这不仅混淆和扰乱了教

会，亵渎了至高无上的神，还会因此为他所到访的国家带去彻底的颠覆和破坏。但我相信，弗鲁门修斯会迷途知返，完全了解教会的所有事务，并将会从最受人尊敬的乔治乌斯主教和其他主教那里获得许多指导，这些指导具有巨大而普遍的效用，这些指导完全有资格沟通这样的知识。最尊贵的兄弟，愿神保佑你！①

君士坦提乌斯敦促弗鲁门修斯撤离阿克苏姆的结果怎样，我们并不清楚。在希腊和叙利亚文献中，弗鲁门修斯和埃扎纳之后，关于埃塞俄比亚教会及其主教们直到公元5世纪末之前，再也没有任何地方提到过了。

据说，提奥菲鲁斯②在君士坦丁大帝统治时代被送给罗马人作为年轻的人质，在君士坦提乌斯二世时代，他作为传教士在希姆亚尔人和阿克苏姆人中非常活跃。这个提奥菲鲁斯被教父作家们当作印度人或被当作白来米人的代表。据说，提奥菲鲁斯在希姆亚尔人中的传教非常成功，在他返回后，他得到了来自君士坦提乌斯的极大荣誉。如果提奥菲鲁斯被派往白来米人之中传教是真实的，如果这位传教士出生在埃塞俄比亚，那么，他的被派遣就说明埃塞俄比亚人开始在教会中具有承担责任的职位。到公元4世纪末，来自埃塞俄比亚和埃及邻地的朝圣者已经朝拜过巴勒斯坦。杰罗姆于公元402/403年在一封信中描写过庆祝基督教胜利的场面，他注意到，在巴勒斯坦每天受到欢迎的僧侣都是埃塞俄比亚人。③ 这说明，到

---

① Athanasius, *Apologia Ad Constantium* (*Apology to the Emperor*), in Schaff Philip, ed., Nicene and Post-Nicene Fathers, Series 2, Vol. 4, Grand Rapids, Michigan: Christian Classics Ethereal Library, 1890, 31.

② 提奥菲鲁斯于公元385年成为亚历山大里亚的主教。他是那个时代最肆无忌惮的教士，反对约翰·克里索斯托姆，迫害奥利金信徒（Origenist），并采取暴力措施把他教区的所有异教徒赶走。他混乱的教会生涯直到公元412年才结束。

③ Frank M. Snowden, Jr., *Blacks in Antiquity: Ethiopians in the Greco-Roman Experience*, pp. 208–209.

公元 5 世纪初，埃塞俄比亚不仅已经被彻底基督教化了，而且在基督教世界中占有重要地位，这里与外部的基督教世界的联系也非常密切。

此外，教父们还有关于埃及沙漠中僧侣的记载，他们看到埃塞俄比亚人和僧侣们在一起，他们中的许多人品德高尚，因此，这就验证了《圣经》中关于"埃塞俄比亚将把她的手伸向上帝"（《诗篇》68：31）的话语。

五 "九圣徒"使命

阿克苏姆王国的基督教化的第二个阶段要从皇帝查士丁尼一世（公元 527—565 年在位）统治时期开始。可以确信的是，这里的传统是纯埃塞俄比亚式的，直到 14 世纪或 15 世纪才得以被记录下来。① 现在，埃塞俄比亚人把所谓的"九圣徒"作为他们教会的真正建立者。"九圣徒"分别是扎米卡尔·亚拉加瓦、潘塔里翁、加里马、雅夫塞、库巴、亚勒夫、耶马塔、利加诺斯、塞哈马。② 他们都被认为是僧侣，从罗马帝国各地来到埃塞俄比亚，时间是在耶拉·亚米达时期，也就是公元 5—6 世纪。事实上，这些传教士可能来自叙利亚。

据说"九圣徒"传播福音、建立修道院、翻译《圣经》，特别是扎米卡尔·亚拉加瓦使许多不信教的人皈依基督教。这也是他们的第一次传教使命，这次使命并不受支持或者反对卡尔西登会议的对立两派的支配。不过，在亚历山大里亚主教区频繁的宗教会议中，从未听说过有来自埃塞俄比亚的主教出席会议。这不

---

① 这里主要参考的是 Aloys Grillmeier Sj, Theresia Hainthaler, *Christ in Christian Tradition*, Vol. 2, *From the Council of Chalcedon (451) to Gregory the Great (590 – 604)*, Part 4, *The Church of Alexandria with Nubia and Ethiopia after 451*, pp. 302 – 306.

② Sir E. A. W. Budge, *The Book of the Saints of the Ethiopian Church. A Translation of the Ethiopic Synaxarium Made from the Manuscripts Oriental 660 and 661 in the British Museum*, I – IV, Cambridge: Cambridge University Press, 1928, I, 155.

能仅仅归咎于旅行条件的艰苦。在埃塞俄比亚宗教双折画和埃塞俄比亚圣贤书（Ethiopian Synaxarium）中，一方面，在亚伯里哈和亚斯贝哈之间没有什么重要的教会人物，另一方面，也没有"九圣徒"。

"九圣徒"取得了成功，这从科斯马斯那里可以得到证明。①埃塞俄比亚因反卡尔西登运动（the anti-Chalcedonian movement）而获胜。在尤士丁一世和查士丁尼时代，阿克苏姆人已经如基督教徒那样很强大了，以至于他们能够作为红海对岸南部大地上的基督教的强大保护者出现，并且能够坚持一段时间。

大约在公元5、6世纪之交，基督教在阿克苏姆王国建立后，它被卷入了发源于叙利亚和波斯地区的反卡尔西登运动的洪流之中。由皇帝尤士丁一世的信徒安条克的塞维鲁发动的迫害及在阿拉伯的几次严重事件，对这一地区，事实上是对整个王国造成了震动，并引发了被认为是由贝阿萨的主教西蒙发动的反击。除了安条克的塞维鲁和马布格的菲洛克斯诺斯，他成为对叙利亚-亚历山大里亚基督学（Syrian-Alexandrian Christology）最狂热的捍卫者之一，他的活动传播到遥远的阿克苏姆。正如中世纪的伯纳德一样，他成为宗教运动的传道者，阿克苏姆的基督教国王最终获胜。此后，阿克苏姆长期卷入阿拉伯半岛南部之争，并出现了著名的奈季兰大屠杀，此乃后话。

第四节 《圣经》与埃塞俄比亚人

如前所述，如果《圣经·旧约》中关于古实的记载属实，且

---

① Cosmas Indicopleustes, *The Christian Topography of Cosmas, an Egyptian Monk*, translated from the Greek, and edited with notes and introduction by J. W. McCrindle, Cambridge, MA: Cambridge University Press, 2010, III, 66.

《创世记》之后的古实（人）就是指埃塞俄比亚（人），那么，在《旧约》中关于埃塞俄比亚（人）的描写则有 30 多处。但很遗憾的是，《旧约》中关于埃塞俄比亚人的记载基本上都没有提到他们的具体肤色。《耶利米书》中提到过"古实人岂能改变皮肤呢？豹岂能改变斑点呢？若能，你们这习惯行恶的便能行善了"。① 这种提法虽然给人诸多想象，即它很可能暗示着古实人的肤色与其他民族或人种完全不一样，且是不可能改变的，也很可能暗示着这种肤色与以色列民族的肤色形成了鲜明的对照（比如黑色），但它确实没有明确说明古实人的肤色就是黑色。

在七十子译本《圣经》中，虽然所有的古实（人）都被译为埃塞俄比亚（人），但是由于《圣经》本身并没有明确说明古实人的肤色，因此，《圣经》译本也不可能对原文进行篡改而明确说明埃塞俄比亚人的肤色。但是，正如前文所述，在公元前 2 世纪，悲剧家伊齐基尔假摩西的妻子西坡拉之口说出了自己民族（即埃塞俄比亚）人民的肤色是"黑色的"。的确，至晚从公元前 2 世纪起，明确指出埃塞俄比亚人黑色皮肤的证据已经出现。至于为什么《圣经·旧约》中没有出现对埃塞俄比亚人肤色的"黑色"特征的明确说明，唯一的解释可能是，在《旧约》形成的 1000 多年时间里，埃塞俄比亚人的黑色皮肤，是众所周知且已经完全习惯的常识，完全没有必要特别说明。

相反，《使徒行传》倒是说西面是被称为"黑色的"："在安提阿的教会中有几位先知和教师，就是巴拿巴和称呼尼结的（黑色的，Νίγερ/Niger）西面、古利奈人路求与分封之王希律同养的马念并扫罗。"② 这里的"黑色的"是指西面的人肤色是黑色的，还是另有隐喻，我们不得而知。

在今天看来，虽然《旧约》中没有留下关于埃塞俄比亚人肤

---

① 《耶利米书》13：23。
② 《使徒行传》13：1。

色的明确记载确实有几分遗憾,但这并不是坏事,甚至反而令人觉得欣慰,因为至少可以说明,在圣经传统中,没有人会对不同人种的肤色问题在意,更不会有肤色歧视与偏见,当然,与现代意义上的种族主义更沾不上边了。摩西娶了古实女子西坡拉为妻,遭到了米利暗和亚伦的毁谤,不是因为他娶了黑色皮肤的妻子,而是因为他娶了外族祭司米甸人的女儿。我们知道,早期的犹太民族是反对与异族通婚的。如果说亚伯拉罕娶了自己同父异母的妹妹为妻、罗得与自己的两个女儿乱伦是早期人类社会杂婚现象的反映的话,①那么亚伯拉罕与妻子撒拉及其使女埃及人夏甲的故事就很能说明问题。在撒拉不能生育时,外族人夏甲为亚伯拉罕生育了一个儿子以实玛利,但亚伯拉罕在99岁与撒拉生育了以撒后,就把夏甲及其儿子赶走了,"因为从以撒生的,才要称为你的后裔"。② 虽然米甸人西坡拉是以实玛利的后代,但由于以实玛利本人就是亚伯拉罕与外族女子夏甲生育的后代,米甸人自然也就是外族人,摩西娶她自然就是娶了外族女子为妻,因此会遭到族人的反对。从中我们可以明显看出,摩西遭到毁谤,不是因为他妻子的肤色,而是因为他娶了外族人为妻,这与肤色歧视或偏见是没有任何关系的。

在《新约》中,明确提到埃塞俄比亚人的地方只有一处,那就是前文提到的使徒腓利与埃塞俄比亚太监相遇并使其受洗的记载。根据基督教传统的说法,埃塞俄比亚太监是埃塞俄比亚最早皈依基督教的基督徒。据说他是埃塞俄比亚女王干大基的银库总管,至于干大基女王到底是谁,埃塞俄比亚究竟有没有这个女王,姑且不管,在后来的埃塞俄比亚传统中,一般都认为干大基女王的太监是最早皈依基督教的信徒。如果该传说是真实的,那么可以肯定,基督对于埃塞俄比亚的基督教而言,那是基督福音的胜利,如果该

---

① "况且她也实在是我的妹子,她与我是同父异母,后来作了我的妻子。"(《创世记》20:12)罗得与自己两个女儿乱伦的记载,见《创世记》19:31—38。

② 《创世记》21:12。

传说不是真实的，那么说明基督教在其神学传播过程中，会用一些附会的甚至杜撰的故事对基督福音的传播进行宣传。无论是真实的还是虚构的，它都没有提及该太监的肤色，也没有提及他的种族等内容，很明显，所谓的种族偏见或歧视之类的观点，在这里是根本不存在的。

第五节　《列王的荣耀》与埃塞俄比亚所罗门世系传统

埃塞俄比亚历史上的圣经时代开始于塞巴时期（约公元前750—前650年），当时，埃塞俄比亚高原和沿海地区受到了来自阿拉伯南部的塞巴人的影响，这些影响包括星象宗教、神圣王权，以及埃塞俄比亚教会以吉兹语（埃塞俄比亚语）形式保留的语言和文字。也正是在塞巴时期，埃塞俄比亚文化中形成了示巴女王拜访所罗门王的古老传说，埃塞俄比亚人是所罗门的后裔，也就是以色列的神的子民的传统亦逐渐形成。如前所述，根据教会作家的说法，公元4世纪，弗鲁门修斯和他的同伴爱德修斯把基督教带到了埃塞俄比亚，从此，埃塞俄比亚成为真正意义上的基督教国家，犹太-基督传统成为其民族传统，但埃塞俄比亚教会仍然保持着古代基督教的闪米特特征。公元2—9世纪，新移民与在非洲土地上生活的人们混杂在一起，他们在阿克苏姆建立了以今天的提格雷省的高原为基础的独立国家，这里至今仍然是埃塞俄比亚的宗教中心。

如前所述，关于示巴女王与所罗门王的传说最早出现在《列王纪上》（10：1—13）和《历代志下》（9：1—12）中，但这两处都没有提到示巴女王与所罗门王结合而生下埃塞俄比亚王的事，即埃塞俄比亚国王是所罗门的后代，具有所罗门血统。

公元10世纪，篡权的扎格维王朝在埃塞俄比亚出现，具体过程并不清楚。此后，教会文献指责该王朝不具有"所罗门"血统，也就是说，他们不是所罗门与示巴女王相结合的后代。到公元13世纪晚期，埃塞俄比亚的所罗门王朝得以恢复。据说当时一个势力很强大的教区宣称，所罗门王子是阿克苏姆王朝的合法继承者，扎格维王朝的国王被扫地出门。得以恢复的所罗门王朝开始于叶库诺·阿姆拉克王（1270—1285年在位），他把王国的范围向南进一步延伸到今天的绍阿省。

大概在公元14世纪，埃塞俄比亚出现了记录其文化传统的著名元典，这就是用吉兹语写成的《列王的荣耀》①。该文献收录了《圣经》、《次经》、伪经、拉比文献、教父文献以及地方传统的相关内容，其中最核心的内容就是埃塞俄比亚的示巴女王拜访所罗门王以及以色列的约柜被盗运到埃塞俄比亚的故事。尽管现代学者几乎一致认为示巴就是阿拉伯西南部的古王国的塞巴，但是从晚期古代起，埃塞俄比亚人就坚持认为，《圣经·旧约》中所说的示巴在事实上就是埃塞俄比亚女王，埃塞俄比亚传统把女王的住处慢慢地从红海沿岸转移到了非洲内陆，在此过程中，埃塞俄比亚文化传统逐渐定型。

根据《列王的荣耀》的说法，所罗门运用他杰出的智慧，通过策略引诱埃塞俄比亚女王示巴与自己同房。之后，女王回到自己的国家，并生下了一个儿子，取名孟尼利克。当孟尼利克成年后，

---

① 《列王的荣耀》原文用吉兹语写成，最权威的英译本是巴奇爵士的《示巴女王及其独子孟尼利克》(*The Queen of Sheba and Her Only Son Menyelek*, translated by Sir E. A. Wallis Budge, London: The Medici Society, Limited, 1922)。该译本直接从吉兹语原文翻译过来。2004年，该译本得以重印 (*The Kebra Nagast*, translated by Sir E. A. Wallis Budge, New York: Cosimo Inc, 2004)。1995年，牙买加著名历史与圣经学者布鲁克斯出版了新的英译本 *Kebra Nagast* [*The Glory of Kings*], edited by Miguel F. Brooks, Asmara: Red Sea Press, 1995，该译本是以西班牙语译本和法语译本为底本，而且布鲁克斯本人也不懂吉兹语。"布鲁克斯（译本）无法取代巴奇（译本），它不是学术著作，它注定不是的。然而，布鲁克斯已经成功地使《列王的荣耀》比以前更容易为广大读者所接受。" Jack Fellman, "[Review] Kebra Nagast [The Glory of Kings]", *The International Journal of African Historical Studies*, 1999, Vol. 32, No. 1, 1999, p. 193.

他知道了自己父亲的身份，于是前往遥远的耶路撒冷拜访著名的所罗门。所罗门国王欣喜万分地会见了自己的儿子。这个儿子与自己出奇地相像，但是，所罗门没能劝服孟尼利克留在以色列成为统治者。

所罗门王让撒都祭司向孟尼利克受膏为埃塞俄比亚国王，并要求宫廷中的首领们派遣自己的头生子陪伴孟尼利克回家，此后便作为他的随从人员停留在埃塞俄比亚。当然，这些年轻人很不愿意离开他们在耶路撒冷的家庭和朋友，更不愿意离开珍贵的神的约柜（Ark of the Covenant），即"锡安的圣母玛利亚"（Our Lady of Zion）。于是，撒都祭司的儿子亚撒利雅策划了一场阴谋。他和所罗门王臣工们的儿子收买了一位木匠，制作了一个与约柜大小完全一样的匣子。在孟尼利克马队即将离开的前一天晚上，亚撒利雅进入了圣殿的至圣所，搬走了约柜并把同样形状的匣子放了回去。他用约柜的覆盖物把它盖好，看上去就像原封未动一样。第二天，孟尼利克和他的大队人马按计划出发前往埃塞俄比亚。直到他们到了埃及，以色列人才发现他们的约柜被盗。孟尼利克欣喜若狂，因为约柜是上帝神圣存在的外在象征。这样，埃塞俄比亚人就继承了"上帝选民"（God's Chosen People）的以色列外衣，埃塞俄比亚诸王就是以色列和犹大诸王的合法继承者。

约柜被带到了埃塞俄比亚首都阿克苏姆，它的到来点燃了民众的激情。埃塞俄比亚人民不再认同自己的本土神祇，而拥护以色列的上帝。埃塞俄比亚成为第二个锡安，阿克苏姆成为新耶路撒冷，约柜无疑是这种神圣恩典的地理转移的象征，也是埃塞俄比亚人从对太阳、月亮、星星崇拜到皈依以色列的上帝历程的最终解释。这种权威不仅体现在它确立了埃塞俄比亚民族文化传统，更体现在它是埃塞俄比亚王室统治的精神工具。1872年8月10日，埃塞俄比亚王国的卡绍王子写信给英国贵族格兰维尔伯爵说："有一本叫《列王的荣耀》的书，里面包含埃塞俄比亚的所有法律及首领的名字。我恳求您查找一下它在谁的手里，请归还我，因为在我的国家，没有这本书，我的人民将不会听从我的命令。"① 王子的信生动地说明了该书在埃塞俄比亚国家统治中的地位。

所有的《列王的荣耀》手稿都没有给出编者的身份及书写的时间，也没有说明编纂的背景。公元10—12世纪，穆斯林与基督徒在埃及和埃塞俄比亚争斗期间，许多教会、修道院及图书馆中的手稿被毁。但是，扎格维王朝统治的133年间（1137—1270年），位于绍阿省的所罗门系诸王设法保存了他们先祖的编年记录和系谱记录以及包含他们先祖年代记录的其他历史文献。因此，很多学者确信，《列王的荣耀》是在埃塞俄比亚王位被叶库诺·阿姆拉克夺取，"国王的所罗门世系"恢复之后不久编纂的。正如有学者指出的那样，由于材料的匮乏，目前要书写《列王的荣耀》的文献历史是不可能的，也不要指望能发现示巴女王传说的原初形式到底是什么，也不要指望能找到科普特文、阿拉伯文和埃塞俄比亚文的各种校对本的准确日期。唯一可以确定的是，《列王的荣耀》作为埃塞俄比亚所罗门世系传统的文化元典地位是毋庸置疑的。

《列王的荣耀》的绝大部分叙述基于极其古老的传说和传统，它们的来源丰富，可以追溯到《旧约》文献和迦勒底文献，以及叙利亚著述《蜜蜂之书》（Book of the Bee）和《古兰经》故事及其评注，还有《亚当和夏娃之书》、《禧年书》（Kufale）、《圣彼得对门徒克莱门的指示》（The Instructions of Saint Peter to His Disciple Clement）、《圣母玛利亚》（The Life of Hanna the Mother of the Virgin Mary）、《珍珠之书》（The Book of the Pearl）、《以赛亚升天记》（The Ascension of Isaiah）这样的圣经次经内容。除了对这些著作的摘取，它还引用了托名于君士坦丁堡牧首格雷戈里·塔马图古斯（Patriarch Gregory Thaumaturgus）② 著作的某些部分。该书的目的是

---

① Kebra Nagast［The Glory of Kings］, pp. xxiii – xxiv.
② 或译为创造奇迹者格雷戈里牧首。

通过讲述埃塞俄比亚的民族精神源自从耶路撒冷来到埃塞俄比亚的"圣灵与天堂的锡安"（以色列上帝律法的约柜），以及它的来临所带来的荣耀，清楚地说明埃塞俄比亚国王是以色列王、大卫之子所罗门的后代，并通过所罗门追溯到亚伯拉罕及早期大祭司那里。同时，它还力图使埃塞俄比亚人民认识到，他们的国家是上帝特选的"圣灵与天堂的锡安"的新家园。这个新家园最初是以无形的形式存在于神的居所天堂的，当所罗门完成圣殿的修建后，"锡安"就在至圣所确立，当神到访圣殿时，他的命令由此发出，这样，这个新家园就被视为全能的神的可见象征，被视为天堂中的无形"锡安"的有形复制。

所罗门王朝的统治延续到20世纪，中间只中断过几次。1974年，亲苏联的共产主义组织"德尔格"建立社会主义埃塞俄比亚临时军事政府，废黜国王海尔·塞拉西一世，所罗门王朝灭亡。

第六节　基督教父与埃塞俄比亚人

基督教对以埃塞俄比亚人为主的黑人的描述，除《圣经》外，更多更重要的是早期基督教父们的阐述。尽管在早期教父作家那里，黑人问题并不是他们探讨的宗教主题，但他们在对基督教教义、皈依等方面进行阐述的过程中，经常把黑人作为参照对象，作为其神学诠释的附带品，也正是在这一过程中，教父作家们对黑人的态度得到了深刻的反映。

一　世界上最遥远的地方（人）

正如前文所述，《圣经》中第一次提到埃塞俄比亚（古实）是在《创世记》中，据说上帝创造亚当后，在东方的伊甸建了一个园子，安置所造的人，有河从伊甸流出来，其中第二道河是环绕古实全地的基训河。① 尽管在后来的基督教传统中，这里的古实并不是后来的埃塞俄比亚，但在教父作家那里，他们并不在乎它的具体位置所在。毫无疑问的是，教父作家们在提到作为环绕古实地的基训河时，所有描述基本上没有什么区别。

公元 2 世纪教父作家提奥菲鲁斯在对天堂进行描述时说："第一道河是比逊，就是环绕哈腓拉全地的，在那里有金子，并且那地的金子是好的，在那里又有珍珠和红玛瑙。第二道河是基训，古实（埃塞俄比亚）的整个土地也是如此。第三道河是底格里斯河，它是朝向叙利亚的。第四道河是幼发拉底河。神将那人安置在伊甸园，让他修理看守。"② 从提奥菲鲁斯的描述中可以看出，他的叙述与《创世记》是有出入的，其中比较明显的变化是，他把古实直接认定为埃塞俄比亚，并且认为"埃塞俄比亚的整个土地"如同第一道河那样，即那里有金子，并且金子是好的，那里还有珍珠和红玛瑙。另一较大出入的地方是，他认为第三道河希底结河（即底格里斯河）"流在亚述的东边"，是"朝向叙利亚的"。这其实在一定程度上反映了提奥菲鲁斯的地理认知范围和信仰价值的地理倾向性。提奥菲鲁斯的这种认识并不是偶然或者随意的，因为紧接着他又用自己的话重复了上述认识："有迹象表明那里（天堂）有一条河从伊甸园流出，之后它分成四支，其中两支位于东部，叫比逊和基训，特别是基训，它环绕着整个埃塞俄比亚土地，据说，它在埃及又以尼罗河的名字重新出现。很明显，我们是认识另外两

---

① 《创世记》2：8—14。
② Theophilus, To Autolycus, II, XX, in Phillip Schaff, ed., *Ante-Nicene Fathers* (*ANF*) *02. Fathers of the Second Century*: *Hermas, Tatian, Athenagoras, Theophilus, and Clement of Alexandria* (*Entire*), Grand Rapids, MI: Christian Classics Ethereal Library, 1886, p. 160. 这里与《创世记》的记载有所出入："有河从伊甸流出来，滋润那园子，从那里分为四道。第一道河名叫比逊，就是环绕哈腓拉全地的。在那里有金子，并且那地的金子是好的。在那里又有珍珠和红玛瑙。第二道河名叫基训，就是环绕古实全地的。第三道河名叫希底结，流在亚述的东边。第四道河就是伯拉河。耶和华神将那人安置在伊甸园，让他修理看守。"

条河的——它们被称为底格里斯河和幼发拉底河——因为它们就在我们区域的边上。"① 在谈到弗里吉亚人和纳赛内派的共同崇拜时,提奥菲鲁斯用天堂的构成做比喻:

> 但他们认为,人类只有头部才是天堂,因此,"这来自伊甸园的河",也就是来自头部的河,"被分成四个头(《创世记》2:11—14)第一道河的名字叫比逊,就是环绕哈腓拉全地的,在那里有金子,并且那地的金子是好的,在那里又有珍珠和红玛瑙"。他说,这是眼睛,它通过自己(在余下的身体器官中)的荣耀和自己的颜色为所说的话提供证据。"但是,第二道河名叫基训,就是环绕古实(埃塞俄比亚)全地的。"他说,这是听觉,因为基训(是一条弯弯曲曲的小溪)像迷宫似的。"第三道河名叫底格里斯河,流在亚述的东边。"他(们)说,利用水流非常快速的急流(作为这种意义的类比),这是嗅觉。但是,它流过亚述人(的国家),因为每一次呼吸,都会从外部大气以更快的运动和更大的力量吸入。"但是,第四道河是幼发拉底河。"他们宣称,这是嘴巴,是祈祷的外在通道和营养滋养的内在通道。(嘴巴)会使精神完美的人(the Spiritual Perfect Man)快乐,会滋养、塑造精神完美的人。他说,这是"在穹苍之上的水"(《创世记》1:7),关于这一点,他说,救世主已经宣布:"你若知道神的恩赐,和对你说给我水喝的是谁,你必早求他,他也必早给了你活水。"(《约翰福音》4:10)他说,每一种自然/本质都通过选择自己的物质进入水中;他还说,它的独特品质来自水的每一本质,它比铁对磁铁更有用,比黄

---

① Theophilus, To Autolycus, II, XXIV, in Phillip Schaff, ed., *ANF 02. Fathers of the Second Century: Hermas, Tatian, Athenagoras, Theophilus, and Clement of Alexandria (Entire)*, p. 163.

金对于海隼的背脊①更有用，比谷壳对于琥珀更有用。②

提奥菲鲁斯在这里的比喻，对于埃塞俄比亚的叙述与前面的叙述并无二致，只是把它作为听觉进行比喻。

到公元 4 世纪时，教父们关于天堂的描绘比提奥菲鲁斯更进一步，也更详细。可能编纂于公元 388 年的《保罗异象》中，使徒保罗在天使的带领下来到了天堂，见到了四条河流的具体景象：

> 他（天使）对我（保罗）说：跟上我，我将带你去天堂，以便那里的人可以看到你。看呐！他们都希望见到你，他们准备在欢乐和喜悦中与你相遇。在圣灵的驱使下我追随天使而来，他把我安置在天堂中并对我说：这就是亚当和他的妻子犯错的天堂。然后，我进入天堂，看到了诸河之源，有一个天使向我做了个手势，并对我说：看！这是环绕哈腓拉全地的比逊，第二道河是环绕埃及和埃塞俄比亚全地的基训，第三道河是流遍亚述之地的底格里斯河，还有一条河是环绕美索不达米亚全地的幼发拉底河。当我进入天堂后，我看见一棵树，其根上有水流出，并从这里流出四条河流。神的灵就寄托于那棵树上。当神的灵吹气时，根上的水就流出四条河流，我说：主啊！是这棵树本身使水流动的吗？他对我说，从一开始，在天国和大地得以显现之前，这里的所有事物都看不到，圣灵（the Spirit of God）被带到了水面上，但是，自从上帝的命令使天地出现后，圣灵就寄托于这树上，所以当圣灵一吹，水就从树上流出。他拉着我的手把我带到善恶知识之树（the tree

---

① 这个词的字面意思是"杆"（κερκίς rod），后来意为固定在直立织布机上的梭子，以便拉动织物的线和使织网紧密平滑。它还用以指腿部或手臂的骨骼。

② Hippolytus, *The Refutation of All Heresies*, IV, VI, in Phillip Schaff, ed., *ANF 05. Fathers of the Third Century: Hippolytus, Cyprian, Caius, Novatian, Appendix*, Grand Rapids, MI: Christian Classics Ethereal Library, 1886, pp. 102 – 103.

of knowledge of good and evil）旁，并对我说：这是死亡进入世界的树，当亚当通过他的妻子接受了它，然后吃了它的果实，死亡就进入了世界。他还给我看了天堂中央的另一棵树，并对我说，这是生命之树。①

在这里，保罗不仅看到了环绕埃及和埃塞俄比亚的基训河，还看到了四条河流是从何发源和产生的。这在《圣经》中是没有提到的，可以说是教父们对《圣经》的解释或发挥。同时，这里关于基训河的表述还有一个明显不同的地方，它认为基训河环绕的不仅包括埃塞俄比亚，还包括埃及。与提奥菲鲁斯相比，这种不同其实在本质上并没有差别，事实上，公元4世纪时，整个地中海世界对当时世界的地理范围的认知情况与公元1世纪相比，并没有本质性差别。

到公元七八世纪的时候，大马士革的约翰（675—约749年）在描述天堂里的这四条河时，似乎简单轻松得多了。他并没有原文引用《圣经》内容，而是直接把它们对应到地球上的各大河流，在《论雨水》中，他写道：

> 这样，云层得以形成，阵雨得以发生，过滤使水变得甜美。这些水有四个部分，也就是四条河。第一条河的名字叫比逊，它位于印度的恒河；第二条河的名字叫基训，它是从埃塞俄比亚流向埃及的尼罗河；第三条河的名字叫底格里斯河；第四条河的名字叫幼发拉底河。还有很多其他的大河，有些河空

---

① *The Vision of Paul*, 45, in Phillip Schaff, ed., *ANF 09. The Gospel of Peter, The Diatessaron of Tatian, The Apocalypse of Peter, The Vision of Paul, The Apocalypse of the Virgin and Sedrach, The Testament of Abraham, The Acts of Xanthippe and Polyxena, The Narrative of Zosimus, The Apology of Aristides, The Epistles of Clement* (complete text), *Origen's Commentary on John, Books 1 - 10, and Commentary on Matthew, Books 1, 2, and 10 - 14*, Grand Rapids, MI: Christian Classics Ethereal Library, 1886, pp. 297 - 298.

虚地沉入大海，还有一些则在地球上把自己耗空。①

这里，约翰在描述四条河流的时候，直接把它们对应到地球上的四大河流，比逊河即印度的恒河，基训河即尼罗河。与公元2世纪的提奥菲鲁斯和公元4世纪的教父相比，生活在7—8世纪的大马士革的约翰在对地中海世界地理范围的认知上要明确得多（是否准确另当别论）。

在很多早期教父作家那里，埃塞俄比亚（河）只存在于天堂之中，虽然大马士革的约翰把它"搬"到了地上，在地上找到了它的对应之地，但这已经是很晚时期的情况了。换句话说，早期的基督教父作家与希腊罗马作家一样，对埃塞俄比亚（人）的认识其实是非常模糊的，很多时候都只是把它作为遥远的天堂之地的组成部分。在地上，埃塞俄比亚也通常作为地球上最遥远的地方出现。

殉道者查士丁（约100—165年）在谈到神将统治整个地球的时候说："他（神）将统治从海到海的地方，从诸河到地球末端的地方。埃塞俄比亚人将匍匐在他的面前，他的敌人将会舔土。他施和诸岛的国王们将会奉上礼物，阿拉比亚和西巴将会奉上礼物，地球上所有的国王都将崇拜他，所有的民族都将服侍他，因为他把穷人从掌权者手中拯救了出来。"② 这里的诸河显然是指从天堂流出的四条河流，而"地球的末端"则包括埃塞俄比亚、他施和诸岛、阿拉比亚和西巴，埃塞俄比亚是地球的一个末端，是地界上最遥远的地方之一。德尔图良（约155—240年）认为除了神之外，谁也

---

① John of Damascus, *An Exact Exposition of the Orthodox Faith*, IX, in Phillip Schaff, ed., *Nicene and Post-Nicene Fathers（NPNF）*, Series 2 - 9 Hilary of Poitiers, *John of Damascus*, Grand Rapids, MI: Christian Classics Ethereal Library, 1892, p. 607.

② Justin Martyr, *Dialogue with Trypho*, XXXIV, in Phillip Schaff, ed., *ANF 01. The Apostolic Fathers with Justin Martyr and Irenaeus*, Grand Rapids, MI: Christian Classics Ethereal Library, 1886, p. 335.

没有统治过"所有民族",他列举了波斯、法老、马其顿、日耳曼、不列颠的统治,以及统治了"从印度到埃塞俄比亚"的尼布甲尼撒,尽管这些王国或统治者统治了极其遥远或广袤之地,但都没能统治全世界。① 毫无疑问,德尔图良在这里列举"从印度到埃塞俄比亚"的尼布甲尼撒统治范围,一方面是为了说明其统治范围之广,另一方面是为了说明无论印度还是埃塞俄比亚,都是地球上非常遥远之地。

奥利金(约185—约254年)在提到埃塞俄比亚是遥远之地的时候,说得更清楚明白:"主自己都在福音书中提到这位女王说'她从地极而来,要听所罗门的智慧话'(《马太福音》12:42)。神称她是'南方的女王',是因为埃塞俄比亚位于南部,神说她'从地极而来',是因为它位于遥远之地,它确实位于遥远之地。"② 在谈到各遥远之地的人们皈依基督教时,奥利金特别提到:"从埃塞俄比亚河流之外,我将领受那些分散的人,他们必给我献祭。"③ 这里也是形容埃塞俄比亚的遥远。在一篇布道文中,奥利金不断强调埃塞俄比亚的遥远性,称它"来自地球末端",称南方的女王(埃塞俄比亚女王)"从地极而来"。④ 在《驳塞尔修斯》中,奥利金说:"遥远的埃塞俄比亚的诸河之外的恳请者,甚至主的散居者的女儿,他们都会给主带来祭品。"⑤

---

① Tertullian, *An Answer to the Jews*, in Phillip Schaff, ed., *ANF 03. Latin Christianity: Its Founder*, *Tertullian*, Grand Rapids, MI: Christian Classics Ethereal Library, 1886, p.251.

② Origen, *The Song of Songs Commentary and Homilies*, translated and annotated by R. P. Lawson, in Johannes Quasten, Joseph C. Plumpe, edited, *Ancient Christian Writers*, No. 26, Westminster, Maryland: The Newman Press, 1957, p.95.

③ Ibid.

④ Origen, *The First Homily*, translated and annotated by R. P. Lawson, in Johannes Quasten, Joseph C. Plumpe, edited, *Ancient Christian Writers*, No.26, Westminster, Maryland: The Newman Press, 1957, pp. 277 - 278.

⑤ Origen, *Against Celsus*, VII, LXXII, in Phillip Schaff, ed., *ANF 04. Fathers of the Third Century: Tertullian*, *Part Fourth*; *Minucius Felix*; *Commodian*; *Origen*, *Parts First and Second*, Grand Rapids, MI: Christian Classics Ethereal Library, 1886, p.1185.

《新约伪经》说:"历史学家们宣称印度被分为三部分:第一部分是在埃塞俄比亚的末端,第二部分在米底,第三部分包含整个国家,它的一端在黑暗的末尾,另一端则在海洋里。"① 这里描述的印度,其实是当时人们所知的世界的最远处,因此,在界定其范围时也用了当时人们所理解的世界最遥远的地方来形容,如埃塞俄比亚的末端、黑暗的末尾、海洋等。毫无疑问,埃塞俄比亚是当时人们所能认识的世界的最遥远地区的一部分。

　　奥古斯丁在论及外邦人对福音信仰的皈依时说:"这样,埃塞俄比亚这个似乎是外邦人遥远的极限却通过信仰而称义,并没有依靠律法的工作。"② 在谈到关于信仰的预言时,他说:"这不是关于世界上任何特定地区的预言,也不是对某些分裂教会的预言,而是对甚至延伸到可以结果实的埃塞俄比亚人那里——也就是整个人类最遥远、最肮脏的地方——的整个宇宙的预言。"③ 这里,奥古斯丁认为的埃塞俄比亚(人)是世界上最遥远的极限。这种认识在很大程度上也表明,甚至到了公元 5 世纪,地中海世界对于埃塞俄比亚的认识仍然是模糊的。在谈到先知西番雅关于基督的预言④时,奥古斯丁把埃塞俄比亚河与"列国海岛"并列,意指遥远

---

　　① *Apocrypha of the New Testament*, in Phillip Schaff, ed., *ANF 08. The Twelve Patriarchs, Excerpts and Epistles, The Clementia, Apocrypha, Decretals, Memoirs of Edessa and Syriac Documents, Remains of the First Age*, MI: Christian Classics Ethereal Library, 1886, p. 939.

　　② Augustin, *City of God*, XVIII, 33, in Phillip Schaff, ed., *NPNF Series 1 – 8 St. Augustine: Exposition on the Book of Psalms*, MI: Christian Classics Ethereal Library, 1892, p. 866.

　　③ Augustin, *Expositions on the Book of Psalms*, in Phillip Schaff, ed., *NPNF Series 1 – 8 St. Augustine: Exposition on the Book of Psalms*, MI: Christian Classics Ethereal Library, 1892, p. 662.

　　④ "那时,我必使万民用清洁的言语,好求告我耶和华的名,同心合意地侍奉我。祈祷我的,就是我所分散的民,必从古实(埃塞俄比亚)河外来,给我献供物。当那日,你必不因你一切得罪我的事自觉羞愧;因为那时我必从你中间除掉矜夸高傲之辈,你也不再于我的圣山狂傲。我却要在你中间留下困苦贫寒的民,他们必投靠我上帝的名。"(《西番雅书》3:9—12)

之地。① 尤西比乌斯称埃塞俄比亚人是"被广泛地划分的人类中最边远的人种"之一（还有白来米人和印度人）。② 杰罗姆（342—420年）说埃塞俄比亚太监"来自埃塞俄比亚，那里是世界的尽头"。③ 他在描述波斯帝国的统治范围时说："毫无疑问，从印度到北方和到埃塞俄比亚的整个东方都属于强大的（波斯）君主。"④ 在杰罗姆看来，埃塞俄比亚是地球上"整个东方"的最东极，是世界上最遥远的地方。耶路撒冷的西里尔（约315—386年）在描述耶稣死后第三天复活升入天堂，并坐在父的右边时写道："因为在复活后，当圣灵（Holy Ghost）被送出，语言的礼物被赐予时，'他们可以在一个轭下侍奉主'。他们应该在一个轭下侍奉主，那么在同一个先知中又有什么象征呢？'他们应当从遥远的埃塞俄比亚河之外为我带来燔祭。'你知道在《使徒行传》中所说的，当埃塞俄比亚太监来自遥远的埃塞俄比亚诸河之外时（《使徒行传》8：27），当经文讲述了时间和地方的特殊性的时候，当他们告诉你复活后的神迹，从此你对复活有坚定的信心时，谁也不要搅扰你，使你不承认基督是从死里复活的。"⑤ 西里尔重复两次"遥远的埃塞

---

① Augustin, *Expositions on the Book of Psalms*, in Phillip Schaff, ed., *NPNF Series 1 – 8 St. Augustine*: *Exposition on the Book of Psalms*, MI: Christian Classics Ethereal Library, 1892, p. 599.

② Eusebius, *Life of Constantine*, IV, in Phillip Schaff, ed., *NPNF Series 2 – 1 Eusebius Pamphilius*: *Church History, Life of Constantine, Oration in Praise of Constantine*, MI: Christian Classics Ethereal Library, 1892, p. 1160. 尤西比乌斯：《君士坦丁传》，第311页。

③ Jerome, *Letter LIII. To Paulinus*. 5, in Phillip Schaff, ed., *NPNF Series 2 – 6 Jerome*: *The Principal Works of St. Jerome*, Grand Rapids, MI: Christian Classics Ethereal Library, 1892, p. 261.

④ Jerome, *Against the Pelagians*: *Dialogue Between Atticus, a Catholic, and Critobulus, a Heretic*, III, in Phillip Schaff, ed., *NPNF Series 2 – 6 Jerome*: *The Principal Works of St. Jerome*, Grand Rapids, MI: Christian Classics Ethereal Library, 1892, p. 1018.

⑤ Cyril of Jerusalem, *Lecture XIV*, 7, in Phillip Schaff, ed., *NPNF Series 2 – 7 Cyril of Jerusalem, Gregory Nazianzen*, Grand Rapids, MI: Christian Classics Ethereal Library, 1892, p. 278.

俄比亚",理所当然地使用,本身就表明在他那里,埃塞俄比亚是世界上最遥远的地方。纳西盎的格列高利说:"埃塞俄比亚女王从地极升起并来到这里(耶路撒冷),要看看所罗门的智慧。"① 到公元7—8世纪,大马士革的约翰在列举"居住在世界末端的种族"时说:"欧洛斯人旁边是印度人,非利士人旁边是红海和埃塞俄比亚,利波罗图斯人旁边是西斯提斯人之外的加拉曼特人,阿非利加人旁边是埃塞俄比亚人和西毛里人。"② 在约翰看来,无论是埃塞俄比亚还是埃塞俄比亚人,它们都位于"世界末端",是极其遥远的。

由于埃塞俄比亚是世界上最遥远的地方,因此,对于地中海世界的人们来说,那里也是一个陌生的地方,一个产生各类神奇异物的地方。成书于公元3世纪或4世纪的教父著作借普罗布斯之口说:"我认为我站在一个不为人知的陌生国度,有位埃塞俄比亚国王坐在那里,他统治着整个地球,似乎从来没有过继承者。他的身边站立着很多仆人,他们都迅速地走向了毁灭,他掌控着很广大的地区。"③ 亚历山大里亚的克莱门(约150—215年)在描绘埃及人外表的华丽装饰时写道:"正如埃及人用的装饰一样,在那里,带门廊的庙宇和前厅都是精心建造的,毗邻树

---

① Gregory Nazianzen, *The Oration on Holy Baptism*, I, in Phillip Schaff, ed., *NPNF Series 2 - 7 Cyril of Jerusalem, Gregory Nazianzen*, Grand Rapids, MI: Christian Classics Ethereal Library, 1892, p. 735.

② John of Damascus, *Exposition of the Orthodox Faith*, VII, in Phillip Schaff, ed., *NPNF Series 2 - 9 Hilary of Poitiers, John of Damascus*, Grand Rapids, MI: Christian Classics Ethereal Library, 1892, p. 604.

③ *The Acts of Xanthippe and Polyxena: Life and Conduct of the Holy Women, Xanthippe, Polyxena, and Rebecca*, in Phillip Schaff, ed., *ANF 09. The Gospel of Peter, The Diatessaron of Tatian, The Apocalypse of Peter, The Vision of Paul, The Apocalypse of the Virgin and Sedrach, The Testament of Abraham, The Acts of Xanthippe and Polyxena, The Narrative of Zosimus, The Apology of Aristides, The Epistles of Clement (complete text), Origen's Commentary on John, Books 1 - 10, and Commentary on Matthew, Books 1, 2, and 10 - 14*, MI: Christian Classics Ethereal Library, 1886, p. 345.

木和神圣的田野，大厅用许多柱子支撑，墙上点缀着外国宝石，悬挂着艺术绘画，庙宇闪烁着黄金、白银、琥珀，闪耀着来自印度和埃塞俄比亚的彩色宝石，神龛上挂着镶嵌着金绣的帷幔。"①克莱门认为埃塞俄比亚盛产珍奇异宝。据尤西比乌斯记载，在暴君马克西米统治时期，他曾亲临在凯撒利亚举行的盛大表演，据说"当皇帝比其他时候出席的次数都多的时候，当传统的娱乐被诸如来自印度、埃塞俄比亚或其他地方的奇观代替的时候，当那些杂技演员能用熟练的杂耍使观众吃惊的时候，它就能为观众提供更多的精彩表演"。②很明显，尤西比乌斯也认为埃塞俄比亚是"奇观"的产生地。事实上，在整个罗马时代，罗马人都认为埃及及其南部的埃塞俄比亚是奇异现象的出产地，这也吸引了大批罗马人前往埃及探险旅行。③在前文提到的尤西比乌斯说，"最边远的人种"包括白来米人、印度人和埃塞俄比亚人，他们为君士坦丁大帝送上礼物，"有的献上黄金王冠，有的献上宝石王冠，有的献上金发儿童，有的献上用黄金织成并带有明亮色调的外国服装；有的献上马，有的献上盾、长矛、标枪和弓，这表明他们愿意为皇帝效力并被皇帝接受为同盟者"。④其中的"宝石王冠"可能来自埃塞俄比亚。

到罗马帝国晚期，地中海世界的人们对埃塞俄比亚的世俗认识，在很大程度上仍然延续的是希腊文化中的"荷马式童话"传

---

① Clement of Alexandria, *The Instructor*, II, in Phillip Schaff, ed., *ANF 02. Fathers of the Second Century*: *Hermas*, *Tatian*, *Athenagoras*, *Theophilus*, *and Clement of Alexandria (Entire)*, Grand Rapids, MI: Christian Classics Ethereal Library, 1886, p. 436.

② Eusebius, *Life of Constantine*, II, VI, in Phillip Schaff, ed., *NPNF Series 2 – 1 Eusebius Pamphilius*: *Church History*, *Life of Constantine*, *Oration in Praise of Constantine*, MI: Christian Classics Ethereal Library, 1892, p. 899.

③ 冯定雄：《罗马道路与罗马社会》，第244—245页。

④ Eusebius, *Life of Constantine*, IV, in Phillip Schaff, ed., *NPNF Series 2 – 1 Eusebius Pamphilius*: *Church History*, *Life of Constantine*, *Oration in Praise of Constantine*, MI: Christian Classics Ethereal Library, 1892, p. 1160. 尤西比乌斯：《君士坦丁传》，第311—312页。

统,认为埃塞俄比亚是人类最遥远的地方,是太阳升起和落下的地方,那里也是世界上最热的地方。阿尔诺比乌斯(?—约 330 年)质问"认为我们对耶稣基督的崇拜伤害他们的倾向的那些神祇是什么"时,连续用了十几个反问句,其中一句是"是被埃塞俄比亚的太阳晒焦的、哀悼失去的儿子和被肢解的丈夫的伊西斯(Isis)女神吗?"① 这里的"被埃塞俄比亚的太阳晒焦"显然是沿袭希腊人的认识,即埃塞俄比亚是太阳升起和落下的地方,因而是世界上最热的地方。正因为如此,在教父作家那里,埃塞俄比亚人也是世界上被太阳晒得最黑的人,当然,这种认识同样来自希腊传统。需要引起注意的是,前文提到的奥古斯丁在说埃塞俄比亚人是"整个人类最遥远"的人时,他还加上了另一个词,说埃塞俄比亚是"最肮脏的地方"。② 约翰·卡西安(约 360—435 年)曾多次说埃塞俄比亚人是"肮脏的",如"我们得知,生活在莱孔的修道院院长约翰最近受到了欺骗。当他在推迟吃饭,禁食两天的时候,他的身体疲乏无力。第三天,在他去找吃的以便补充体力的路上,魔鬼以一个肮脏的埃塞俄比亚人的形象(the shape of a filthy Ethiopian)出现了,跪在他的脚下"。③ "当他以眼泪结束他的祈祷时,他看到一个肮脏的埃塞俄比亚人站在他的牢房前。"④ 描绘黑

---

① Arnobius, The Seven Books of Arnobius Against the Heathen, I, in Phillip Schaff, ed., *ANF 06. Fathers of the Third Century: Gregory Thaumaturgus, Dionysius the Great, Julius Africanus, Anatolius, and Minor Writers, Methodius, Arnobius*, MI: Christian Classics Ethereal Library, 1886, p. 705.

② Augustin, *Expositions on the Book of Psalms*, in Phillip Schaff, ed., *NPNF Series 1 – 8 St. Augustine: Exposition on the Book of Psalms*, MI: Christian Classics Ethereal Library, 1892, p. 662.

③ John Cassian, *Cassian's Conferences*, I. First Conference of Abbot Moses, XXI, in Phillip Schaff, ed., *NPNF Series 2 – 11 Sulpitius Severus, Vincent of Lerins, John Cassian*, Grand Rapids, MI: Christian Classics Ethereal Library, 1892, p. 742.

④ John Cassian, *Cassian's Conferences*, II. Second Conference of Abbot Moses, XIII, in Phillip Schaff, ed., *NPNF Series 2 – 11 Sulpitius Severus, Vincent of Lerins, John Cassian*, p. 765.

人的肮脏最突出的代表可能是《伪经》中的叙述：

> 马尔克卢斯睡了一会儿。他醒来对彼得说："基督的使徒彼得，我们放胆去行我们的事吧。我刚才睡了一会儿，梦见你坐在高处，在你面前有一大群人，还有一个鬼气森森的妇人，长得像埃塞俄比亚人，不像是埃及人，她全身都黑，穿着污秽的衣服。她脖子上戴着铁领，手脚上戴着锁链在那里跳舞。你看见她，就大声对我说：'马尔克卢斯，西门和他神的大能，全在这舞者身上，把她的头摘下来！'但我对你们说：'彼得弟兄，我是尊贵家族的元老，从来没有弄脏过我的手，也从来没有杀过哪怕是一只麻雀。'你们听见这话，就更加大声地喊着说：'来吧，我们的真刀耶稣基督，不但要砍掉这鬼的头，还要在我所应许服事你的人眼前把她的四肢都砍断。'有一个长得像彼得你的人，手里拿着刀，立刻把她砍成肉块，我就看着你们两个，就是你和那个斩杀魔鬼的，他与你相像的模样使我大为惊奇。现在我醒了，将基督的这些征兆告诉你们。"彼得听见这话，就越发受到鼓舞，因为马尔克卢斯看见了这些事，主总是为自己的事谨慎。因此，听到这些话，他高兴极了，精神抖擞地走向会坛。①

在早期教父文献中，明确说埃塞俄比亚是肮脏之地、埃塞俄比亚人是肮脏之人的地方并不是叙述的重要部分，但这些提法应当引起我们的特别注意。

二　外邦人

与犹太教的"民族性"相比，基督教的普世性是最主要的差

---

① *New Testament Apocrypha*, Volume Two: *Writings Relating to the Apostles*; *Apocalypses and Related Subjects*, revised edition, edited by Wilhelm Schneemelcher, English translation edited by R. McL. Wilson, Cambridge: James Clarke & Co. Ltd, 1992, p. 305.

别之一。宣扬普世主义的基督教，主张全世界所有民族不分人种、性别、地位，都是基督福音的受惠者。耶稣曾跟他的门徒说："这天国的福音要传遍天下，对万民作见证。"① 随后，使徒保罗也说："这奥秘就是外邦人在基督耶稣里，借着福音，得以同为后嗣，同为一体，同蒙应许。"② 使不信仰基督福音的外邦人皈依基督耶稣是基督教的重要使命之一，教父作家通过各种各样的方式力劝外邦人皈依基督教。在此过程中，典型的非犹太人皈依基督福音常常成为极佳的宣传材料，遥远而陌生的蛮荒之地的野蛮人的皈依成为其典型。

《圣经》中关于"摩西娶了古实（埃塞俄比亚）女子为妻"③的记载成为教父们津津乐道的外邦人皈依基督教的例子，不断地被重复和引用。爱任纽认为，摩西娶埃塞俄比亚妇女为妻彰显了耶稣的教会在外邦人中的完善："摩西也就娶了一位埃塞俄比亚妇女为妻，这样，通过预知，将野生的橄榄树嫁接到栽培的橄榄树上，使其茁壮，他就使她成了一个以色列人。因为他以肉身诞生了基督，人们为了杀他而追逐他，但他在埃及，也就是在外邦人中获救，他要把那些处于婴儿状态的人神圣化。在那里，他还在外邦人中完善了他的教会（因为埃及从一开始就是外邦人之地，埃塞俄比亚也是）。由于这个原因，通过摩西的婚姻，它展示了神关于婚姻的话语，通过埃塞俄比亚新娘，外邦人的教会得以彰显。"④ 奥利金在论及那些攻击埃塞俄比亚新娘的人时说，"说话的新娘代表外邦人聚集的教会……这些是尘世中的耶路撒冷的女儿们，由于是外邦人的教会而鄙视和诋毁她卑贱的出身，因为她在她们眼中是天生的，

---

① 《马太福音》24：14。
② 《以弗所书》3：6。
③ 《民数记》12：1。
④ Irenaeus, *Against Heresies*: IV, XX, in Phillip Schaff, ed., *ANF 01. The Apostolic Fathers with Justin Martyr and Irenaeus*, Grand Rapids, MI: Christian Classics Ethereal Library, 1886, p. 823.

因为她不被认为具有亚伯拉罕、以撒和雅各的高贵的血统,因为她忘记了自己的亲人和她父亲的家系来到基督面前"。① 这里,奥利金把埃塞俄比亚新娘说成代表"外邦人的教会"。

德尔图良说:"来到神面前的有推罗人,甚至还有其他地区的人,还有跨海而来的大众。……看看外来民族的部落,推罗人,埃塞俄比亚的人民,他们都在这里。有人说西云山是我的母亲,有一个人从她而诞生(因为神/上帝的诞生),② 神以父的意志而造了她。你也许知道外邦人是如何聚集到他的身边的,因为他生下来就是根据圣父的意志建造教堂的神人(God-man),甚至对于其他种族而言也是如此。"③ 这里把推罗人、埃塞俄比亚人和其他地区的人作为典型的外邦人。

奥利金把埃塞俄比亚女王示巴与其他外邦人并列,"因此,这句话就实现了,和平的主没有向示巴女王和外邦人的教会宣布什么。如果你看看教会的组成,再看看她的命令和统治,那么你将会明白为什么女王会对所罗门王的灵明(prudence)感到惊奇。……如果你认为拯救是通过以色列的罪孽降临到外邦人身上的,也正是因为以色列的失败而为外邦人打开了通向拯救的道路,那么你就会发现,埃塞俄比亚人——外邦人——的手在接近神方面是如何超越和先于那些最先得到神谕的人的"。④ 接着,奥利金说神的正义之光照耀外邦人的时候,他同样以埃塞俄比亚人为参照。

---

① Origen, *The Song of Songs Commentary and Homilies*, in Johannes Quasten, Joseph C. Plumpe, edited, *Ancient Christian Writers*, No. 26, Westminster, Maryland: The Newman Press, 1957, p. 92.

② 《申命记》4:48。"从亚嫩谷边的亚罗珥,直到西云山,就是黑门山。"

③ Tertullian, *The Five Books Against Marcion*, IV, XIII, in Phillip Schaff, ed., *ANF 03. Latin Christianity: Its Founder, Tertullian*, Grand Rapids, Grand Rapids, MI: Christian Classics Ethereal Library, 1886, p. 251.

④ Origen, *The Song of Songs Commentary and Homilies*, in Johannes Quasten, Joseph C. Plumpe, edited, *Ancient Christian Writers*, No. 26, Westminster, Maryland: The Newman Press, 1957, pp. 96 – 103.

因为公义的日头（the Sun of Justice）现我并没有站直，因此神就没有把他的光辉直接照耀到我身上。我是外邦人的子民，以前未曾见过公义的日头，也没有站立在主的面前。因此神就不注视我，而是斜视我，神也不站在我身边，而是从我身边走过。但你这称为以色列的人，也是这样，你自己也经历过，会一次又一次地承认这是事实，并说："正如我从前不相信一样，你是被拣选的，并且得到了怜悯，公义的日头却视你为不顺从和不相信的人，也斜视着我，唾弃我；同样地，现在，当你变成不顺从和不相信的人的时候，我也希望你被公义的日头眷顾并得到怜悯。我要把高贵的保罗带给你，他知道天堂的秘密，他会见证，通过太阳的斜视而使我们得以分享，他会见证，当你仰望神的时候，由于我最初不顺从神而被神所鄙视，但是现在，公义的日头不仅是斜视着你，而且某些失明已经降临于你。这就是保罗所说的：'至于你们——他明显是在对外邦人说——你们从前不顺服神，如今因他们的不顺服，你们倒蒙了怜恤；这样，他们也是不顺服，叫他们借着施给你们的怜恤，现在也就蒙怜恤。他又在另一个地方说，弟兄们，我不愿意你们不知道这奥秘，（恐怕你们自以为聪明）就是以色列人有几分是硬心的，等到外邦人的数目添满了。'①"②

《约翰启示录》在论述复活时，认为所有人都将以同一的方式复活，"就像蜜蜂一样，它们彼此不同，但都是同样的外观和同样的大小，每个人也将一样要复活。这既不公平，也不可恶，既没有埃塞俄比亚人，也没有其他不同的面孔，但他们都会呈现出同一个

---

① 参见《罗马书》11：25 及以下和 11：30 及以下。
② Origen, *The Song of Songs Commentary and Homilies*, in Johannes Quasten, Joseph C. Plumpe, edited, *Ancient Christian Writers*, No. 26, Westminster, Maryland: The Newman Press, 1957, p. 108.

外貌和同一个身材。所有的人类都会在没有身体的情况下出现"。①换句话说，皈依基督教后，在复活之日，不管皈依之前是外邦人还是犹太人，所有信徒都将同等复活。这里的埃塞俄比亚人其实是指皈依之前的外邦人。

奥古斯丁在对"我见古珊（埃塞俄比亚）的帐篷遭殃，米甸的幔子战兢"（《哈巴谷书》3：7）进行解经时说："这就是说即使这些不受罗马统治的国家也会在听到他的奇迹之后感到惊慌，那里的民众也将成为基督的民众。"② 这里的"不受罗马统治的国家"（埃塞俄比亚、米甸）的民众指的是没有皈依基督教的外邦人。在讨论先知西番雅关于基督的预言"祈祷我的就是我所分散的民，必从古实（埃塞俄比亚）河外来，给我献供物"（《西番雅书》3：10）时，埃塞俄比亚河与前文的"列国""列邦""列国海岛"，都是指外邦人之地。③ 在对《诗篇》的解释中，奥古斯丁阐述道："以埃及或埃塞俄比亚的名义，从整体上看他（Him，神）已经通过对和解使者的传道者的号召，表明了万民的信仰。他说：'所以我们作基督的使者，就好像神借我们劝你们一般。我们替基督求你们与神和好。'（《哥林多后书》5：20）不单是使徒从他们那里拣选的以色列人，而且在其他民族那里，都应该有基督教和平的传道者，就是以这种方式被神秘地预言的。"④ 这里的"埃及或埃塞俄比亚"以及"其他民族"都是相对于犹太民族的外邦人。奥古斯

---

① *Revelation of John*, in Phillip Schaff, ed., *ANF 08. The Twelve Patriarchs, Excerpts and Epistles, The Clementia, Apocrypha, Decretals, Memoirs of Edessa and Syriac Documents, Remains of the First Age*, Grand Rapids, MI: Christian Classics Ethereal Library, 1886, p. 984.

② Augustin, *City of God*, XVIII, 32, p. 867；奥古斯丁：《上帝之城》，王晓朝译，人民出版社2006年版，第854页。

③ Augustin, *Expositions on the Book of Psalms*, in Phillip Schaff, ed., *NPNF Series 1-8 St. Augustine: Exposition on the Book of Psalms*, New York: Christian Literature Publishing Co., 1892, p. 599.

④ Ibid, p. 598.

丁接着说:"他通过埃及和埃塞俄比亚来表示整个世界的所有民族/国家,于是,他马上加了一句'对神而言是天下万国的神'。不是对撒伯流、阿里乌斯、多纳图斯以及其余的僵硬着脖子的牛犊,而是'对神而言是天下万国的神'。……因此,他说:'埃塞俄比亚要在神面前把她的手交给神'……因为这样,好的工作可以跟随,信仰可以先行,除了那些遵循信仰的人外,这里没有什么好的工作,'埃塞俄比亚要在神面前把她的手交给神'似乎没有别的意思,但是,埃塞俄比亚将信仰神。这样,她'要在神面前把她的手交出',那就是她的工作。……因为使徒说:'我认为,人凭着信仰而不是律法的工作就能称义。上帝只是犹太人的神吗?他难道不也是外邦人的神吗?'① 这样,埃塞俄比亚这个似乎是外邦人遥远的极限却通过信仰而称义,并没有依靠律法的工作。"② 这里,奥古斯丁把埃塞俄比亚人作为典型的外邦人来参照和阐释。在阐释魔鬼被信仰撕咬和消耗时,奥古斯丁同样把埃塞俄比亚人作为外邦人来参照:"这就是即将到来的,他被信仰他的外邦人吞噬了,他成为埃塞俄比亚人的肉。这可以再次被感受到,'你把他赐给埃塞俄比亚人吃',现在所有的男人该如何撕咬(bite)他。什么是撕咬他呢?那就是责备、指责和谴责。"③

奥古斯丁在阐释"尘世之城"遭到敌人的愤怒被摧毁,坠落在地上时说,"拉哈伯(Rahab)不属于犹太民族,巴比伦不属于犹太民族",同样,非利士人、推罗人和埃塞俄比亚人也不属于犹太民族,但是,"不仅包括从亚伯拉罕的肉身中诞生的犹太民族,还包括所有民族,其中一些民族的名字是为了让所有人都能理解"。巴比伦人、非利士人、推罗人、埃塞俄比亚人都是外邦

---

① 参见《罗马书》3:28 等内容。
② Augustin, *Expositions on the Book of Psalms*, in Phillip Schaff, ed., *NPNF Series 1 – 8 St. Augustine*: *Exposition on the Book of Psalms*, New York: Christian Literature Publishing Co., 1892, pp. 598 – 599.
③ Ibid, p. 692.

人，但只要他们顺从神的旨意，都能得救。不仅如此，就连耶利哥的妓女拉哈伯也能因对神的敬畏而得救，"她在那里得救，因此也代表了外邦人的教会，在那里，我们的主向骄傲的法利赛人说：'我实在告诉你们，税吏和娼妓，倒比你们先进神的国'（《马太福音》21：31）"。[1] 这里的埃塞俄比亚人很明显是外邦人的代表。

约翰·克里索斯托姆在讨论外邦人的皈依时写道：

> 没有什么东西存在于他的视野之中，即使是他现在正在做的也没有存在于他的视野之中，但是，他知道他们的思想秘密，因为神向他们揭示了这一点。从那时起，他们就开始向他们的先祖祈祷，这就好像证明了他们毁灭的原因，使他们陷入了冷漠状态，他也切断了他们骄傲的根源。因为这个原因，以赛亚先知也称他们是"所多玛的统治者"和"蛾摩拉的子民"（《以赛亚书》1：10）。另一位先知说："你们岂不是埃塞俄比亚人的子孙吗？"[2] 所有人都通过降低给他们带来无数罪恶的自尊心，从而从这种思维方式中解脱出来。[3]

对于克里索斯托姆来说，这里的"你们岂不是埃塞俄比亚人的子孙吗"的同义语就是"你们岂不是外邦人的子孙吗"。"先知们因为他们的方式而时常召唤他们顺从被大家都认可的国王大卫，

---

[1] Augustin, *Expositions on the Book of Psalms LXXXVII*, 5, in Phillip Schaff, ed., *NPNF Series 1－8 St. Augustine：Exposition on the Book of Psalms*, New York：Christian Literature Publishing Co., 1892, pp. 750－751.

[2] 《以赛亚书》9：7。和合本《圣经》为："我岂不看你们如古实人吗？"

[3] Jonn Chrysostom, *Homily XI*, *Matt. III. 7*, 2, in Phillip Schaff, ed., *NPNF Series 1－10 St. Chrysostom：Homilies on the Gospel of Saint Matthew*, New York：Christian Literature Publishing Co., 1892, p. 130.

时常召唤犹太人、'所多玛的官长'和'埃塞俄比亚人的子孙'。"① 先知召唤的不仅是犹太人，还包括埃塞俄比亚人在内的外邦人。只要对耶稣基督坚定信仰、虔诚信仰，听神所吩咐的一切，神就不会对任何人有偏待，包括外邦人埃塞俄比亚人在内。"在畏惧上帝并为正直而工作的每一个民族中，他都为人们所接受。那就是，他不施割礼或施行割礼。……（人们可能会问）波斯那边的人对耶稣有什么可以接受的呢？如果他被赋予信仰，他是值得的，在这点上他是可以接受的。就连来自埃塞俄比亚的太监，耶稣也没有忽略他。"② 当然，耶稣也没有忽视马古斯人，不仅如此，连小偷和妓女都没有忽视，因为"他们中的很多人为正义而工作，并愿意信奉耶稣基督，这样他（耶稣）无论如何也不会忽视他们"。③ 杰罗姆直接称埃塞俄比亚太监是外邦人："然后，她立即加快脚步，开始沿着旧路走。那条旧路通向加沙，这里有神的'权力'或'财富'，默想着埃塞俄比亚太监这样的外邦人，不管怎样，当埃塞俄比亚太监在阅读《旧约》，发现福音的源泉时，先知已经改变了他的肤色。"④

到公元 4 世纪时，基督徒已经遍布整个罗马世界，耶路撒冷的西里尔在论述各民族、各种族的皈依时，自豪地列举了众多的"外邦人"："再看看整个世界，波斯的各种族、印度的各民族、加尔比人和萨尔马提亚人、高卢人和西班牙人、毛里人、利比亚人、

---

① Jonn Chrysostom, *Homily LVII*, *Matt. XVII. 10*, 1, in Phillip Schaff, ed., *NPNF Series 1 – 10 St. Chrysostom：Homilies on the Gospel of Saint Matthew*, New York：Christian Literature Publishing Co., 1892, p. 617.

② Jonn Chrysostom, *A Commentary on the Acts of the Apostles*, *Homily XXIII*, *Acts. X. 23, 24*, in Phillip Schaff, ed., *NPNF Series 1 – 10 St. Chrysostom：Homilies on the Gospel of Saint Matthew*, New York：Christian Literature Publishing Co., 1892, p. 286.

③ Ibid, p. 288.

④ Jerome, *Letter CVIII：To Eustochium*, 11, in Phillip Schaff, ed., *NPNF Series 2 – 6 Jerome：The Principal Works of St. Jerome*, New York：Christian Literature Publishing Co., 1892, p. 490.

埃塞俄比亚人，以及其他我们不知其名的人，许许多多不知其名的民族都来到我们这里。"① 遥远的埃塞俄比亚人不出意外地名列其中。普瓦捷的希拉里在阐释"埃及劳碌得来的和古实的货物必归你，身量高大的西巴人，必投降你，也要属你，他们必带着锁链过来随从你"（《以赛亚书》45：14）时说：

> 他（以赛亚）讲述了埃及的劳碌之后，讲述了埃塞俄比亚人和西巴人的交易之后，那些有地位的人要到他跟前。我们该怎么理解埃及的劳碌、埃塞俄比亚人和西巴人的交易呢？让我们回想一下东方三博士（the Magi of the East）是如何崇拜和向主进贡的；让我估算一下去犹地亚的伯利恒的漫长朝圣之旅的疲劳程度。在东方三博士的艰苦旅程中，我们看到先知所提及的埃及的劳碌。因为当东方三博士以虚假的物质方式执行时，上帝的权力赋予他们的职责，是整个异教徒世界都对他们表示崇拜，表达最深切的敬意。同样是这三个博士，他们赠送了来自埃塞俄比亚和西巴的商人的黄金、乳香和没药这些礼物。另一位先知预言道：'埃塞俄比亚人必在他（神）面前下拜，他的仇敌，必要舔土。他施的国王将要进贡礼物，阿拉伯人和西巴人的国王将要带来礼物，将会为他带来阿拉比亚的黄金。'② 东方三博士及其奉献代表埃及的劳碌，代表埃塞俄比亚人和西巴人的货物，崇拜的东方三博士代表着异教徒的世界，他们把外邦人最好的礼物献给他们所仰慕的主。③

---

① Cyril of Jerusalem, *Lecture XVI*, 22, in Phillip Schaff, ed., *NPNF Series 2-7 Cyril of Jerusalem, Gregory Nazianzen*, New York: Christian Literature Publishing Co., 1892, p.317.

② 《诗篇》72：9—10。"住在旷野的，必在他面前下拜。他的仇敌，必要舔土。他施和海岛的王要进贡。示巴和西巴的王要献礼物。"

③ Hilary of Poitiers, *On the Trinity*, IV, 38, in Phillip Schaff, ed., *NPNF Series 2-9 Hilary of Poitiers, John of Damascus*, New York: Christian Literature Publishing Co., 1892, p.268.

对于《圣经》里同样的内容，约翰·卡西安也进行了几乎完全一样的论述："'埃及劳碌得来的和埃塞俄比亚人及身材魁梧的西巴人的货物必归你。'没有人可以怀疑，这些不同民族的名字，意味着将要接受信仰的各民族的到来。但是，你不能否认，列国都要归向基督，因为，基督教之名已经升起，他们不仅借着信心，而且借着名，来到主耶稣基督面前。"① 这里的"各民族"指的是皈依基督教的非犹太人，即外邦人。

叙利亚教父文献《关于信仰的七首赞美诗》中也曾把埃塞俄比亚人作为外邦人加以描写："正如经上所说，埃塞俄比亚的珍珠闪闪发光，他把你交给了黑人的埃塞俄比亚［土地］。他把光交给了外邦人，无论埃塞俄比亚人还是印度人那里，他（神）的明亮的光都得以到达。"②

三　野蛮人

野蛮人（或称蛮族人）是希腊罗马人对自我和他者划分时，对所有非希腊罗马人的称呼。在基督教父作家那里，他们延续了希腊罗马人对他者的看法，把不符合希腊罗马文明的外族人统统称为野蛮人，甚至希腊罗马人也成为他们笔下的野蛮人。作为外邦人的埃塞俄比亚人，不时地会成为教父作家笔下野蛮人的典型。

克莱门把罗马异教主神朱庇特描述成"不公正者、权利和法律的亵渎者、不虔诚者、不传道者、暴行者、诱惑者、通奸者、自恋者"，并说："他在埃塞俄比亚人中占据了一张人类桌子——一张野蛮且被禁止的桌子。他不知不觉地满足了自己对人肉的需要，

---

① John Cassian, *The Seven Books of John Cassian*, *On the Incarnation of the Lord*, *Against Nestorius*, IV, xi, in Phillip Schaff, ed., *NPNF Series 2 - 11 Sulpitius Severus*, *Vincent of Lerins*, *John Cassian*, New York: Christian Literature Publishing Co., 1892, p.1470.

② *The Pearl. Seven hymns on the Faith*, Hymn III, 2, in Phillip Schaff, ed., *NPNF Series 2 - 13 Gregory the Great (II)*, *Ephraim Syrus*, *Aphrahat*, New York: Christian Literature Publishing Co., 1892, p.525.

因为他不知道他的款待者阿卡狄亚人利康已经杀死了他的儿子（他的名字叫尼克提姆斯），并在宙斯面前招待他。"① 在克莱门这里，不仅埃塞俄比亚人是吃人肉的野蛮人，连罗马主神朱庇特也成为吃人肉的野蛮者。克莱门在描述希腊人是野蛮人、恶人时，借用希腊作家色诺芬尼的说法，不仅把希腊人的形体同埃塞俄比亚人的黑性和猿类性相比，而且认为他们的灵魂与其形体一样：

> 希腊人把神描绘成拥有人类的形体，他们也把神描绘成拥有人类的激情。正如色诺芬尼所说，当他们每个人描绘出与自己相似的形体时，"埃塞俄比亚人是黑人和猿类，色雷斯人皮肤红润黄褐"。因此，他们也将自己的灵魂同化于形成他们的那些人，比如，有使他们变得野蛮和狂野的蛮族人，还有使他们更加文明且受到热情影响的希腊人。这样，恶人对神的观念一定是坏的，好人对神的观念一定是好的，这是合乎情理的。真正的国王和诺斯替信徒以及虔诚而摆脱迷信的人就会信服灵魂，唯一的神上帝是荣耀的、可敬的、威严的、仁慈的、行善的、所有美好事物的创造者，而不是邪恶的根源。

克莱门在这里把埃塞俄比亚人与黑人、猿类、蛮荒的野蛮人、恶人、邪恶的制造者相类比。

奥利金不仅认为埃塞俄比亚人是"习惯吃人肉的野蛮人"，而且把他们与"法律认可弑亲的斯基泰人"和"把外邦人用于献祭的牛头人民族"相提并论。② 杰罗姆在对使徒教义进行注疏时，也

---

① Clement, *Exhortation to the Heathen*, II, in Phillip Schaff, ed., *ANF 02. Fathers of the Second Century: Hermas, Tatian, Athenagoras, Theophilus, and Clement of Alexandria (Entire)*, Grand Rapids, MI: Christian Classics Ethereal Library, 1886, p. 283.

② Origen, *De Principiis*, II, IX, 5, in Phillip Schaff, ed., *ANF 04. Fathers of the Third Century: Tertullian, Part Fourth; Minucius Felix; Commodian; Origen, Parts First and Second*, Grand Rapids, MI: Christian Classics Ethereal Library, 1886, p. 509.

引用《圣经》的话，把埃塞俄比亚人类比为"旷野的禽兽"，"大卫先知也说：'你打破了巨龙的头，你使他成为埃塞俄比亚的人们的食肉'①"。② 在希波吕托斯（170—235 年）那里，希腊人、迦勒底人和亚述人、埃及人和利比亚人、印度人和埃塞俄比亚人、凯尔特人、拉丁人以及所有居住在欧洲、亚洲和利比亚的非基督教徒，都是野蛮人。③

约翰·克里索斯托姆在描述埃塞俄比亚人时，直接称其为野蛮人：

> 因为犹大也是王国的孩子，门徒们对他说："你们也要坐在十二个宝座上。"④ 他却成为地狱之子，他像"来自东方和西方"的埃塞俄比亚人、野蛮人一样，将与亚伯拉罕、以撒和雅各一起享受皇冠。这种情况现在也发生在我们之间。……约翰一开始就宣布过，他说："神能从这些石头中给亚伯拉罕兴起子孙来。"（《马太福音》3∶9）既然如此，他早就宣告过了，没有人会因为这件事的奇怪而感到困惑。但事实上，他说这只是一种可能的事情（因为他是最先），另一方面，基督是必然存在的，他能从他的著作中提供证明。⑤

---

① 参见《诗篇》74∶14。"你曾砸碎鳄鱼的头，把他给旷野的禽兽为食物。""禽兽"原文作"民"。

② Jerome, *A Commentary on the Apostles' Creed*, 16, in Phillip Schaff, ed., *NPNF Series 2-3 Theodoret, Jerome, Gennadius & Rufinus: Historical Writings*, New York: Christian Literature Publishing Co., 1892, p.1410.

③ Hippolytus, *The Refutation of All Heresies*, X, XXX, in Phillip Schaff, ed., *ANF 05. Fathers of the Third Century: Hippolytus, Cyprian, Caius, Novatian, Appendix*, Grand Rapids, MI: Christian Classics Ethereal Library, 1886, p.276.

④ 《马太福音》19∶28。"耶稣说，我实在告诉你们，你们这跟从我的人，到复兴的时候，人子坐在他荣耀的宝座上，你们也要坐在十二个宝座上，审判以色列十二个支派。"

⑤ Jonn Chrysostom, *Homily XI, Matt. III. 7*, 6, in Phillip Schaff, ed., *NPNF Series 1-10 St. Chrysostom: Homilies on the Gospel of Saint Matthew*, New York: Christian Literature Publishing Co., 1892, p.322.

在《约翰一书》的布道文中，约翰·克里索斯托姆把埃塞俄比亚人、叙利亚人、埃及人、印度人、波斯人统称为野蛮人："愚昧无知的人所说的话并非如此，因为叙利亚人、埃及人、印度人、波斯人、埃塞俄比亚人以及成千上万的其他民族的人，把他所介绍的教义翻译成他们自己的语言，尽管他们都是野蛮人，但他们都学会了哲学。"①

著名教会史家尤西比乌斯也把埃塞俄比亚人描写成蛮族人：

> 可是我们这位皇帝却从这个马其顿人结束的地方开始，寿命是他的两倍，所获得的帝国范围则是他的三倍。他先是宽厚地和严肃地命令他的军队谨守敬神之道，接着便征服布立吞人的国度以及处于太阳降落的大洋地区的居民。他合并了整个斯基泰的人口，这些人口在遥远的北部以无数的蛮族部落为邻；他一度把自己的帝国拓展到极南，远达波列米亚人（白来米人）和埃塞俄比亚所居之地，他并不把在东方所获得的土地看作是处于自己的领土范围之外，相反，他用真正的宗教的光芒照亮所有有人居住的大地的顶端，远达最遥远的印度居民，以及生活在整个大地标度盘的边缘地带的人民，他臣服了所有各式各样的蛮族的将军、总督和国王们。②

---

① Jonn Chrysostom, *Homily II*, *John I. 1*, in Phillip Schaff, ed., *NPNF Series 1 – 14 St. Chrysostom*: *Homilies on Gospel of St. John and the Epistle to the Hebrews*, New York: Christian Literature Publishing Co., 1892, p. 21.

② Eusebius, *Life of Constanine*, I, in Phillip Schaff, ed., *NPNF Series 2 – 1 Eusebius Pamphilius*: *Church History*, *Life of Constanine*, *Oration in Praise of Constantine*, MI: Christian Classics Ethereal Library, 1892, p. 1160. 尤西比乌斯：《君士坦丁传》，第168—169页。

这里说得很明白，布立吞人、斯基泰人、白来米人、埃塞俄比亚人都是野蛮人。

阿塔纳修在论述节制的美德时写道："有什么人能够来到斯基泰人和埃塞俄比亚人，或者波斯人、亚美尼亚人、哥特人中间？或者来到我们听说过的海洋以外的地方？或者希尔卡尼亚人甚至埃及人和迦勒底人之外的地方？或者来到那些在他们生活方式上着迷于魔法、迷信于自然和野蛮的人的地方？就像万物之主、全力的神、我们的上帝耶稣那样，来到他们中间宣扬美德与自制力，反对偶像崇拜？"[①] 这里把斯基泰人和埃塞俄比亚人，或者波斯人、亚美尼亚人、哥特人、希尔卡尼亚人、埃及人和迦勒底人等同于野蛮人。

杰罗姆在考察野蛮民族的生活习惯时说："他（瓦伦斯皇帝）考虑到农业利益，希望检查一下那些模仿犹太人吞食小牛的肉而不是吃家禽和乳猪的肉的平民百姓的坏习惯。穴居人（埃塞俄比亚人）、斯基泰人以及我们最近认识的野蛮的匈奴人就是吃半生不熟的肉。……听说有一个叫阿提科图斯的不列颠部落，尽管他们能在森林里发现成群的猪和大小成群的牛，但他们还是要吃人肉，切下牧羊人的臀部和女人的乳房，把它们当作最美味的佳肴，这是他们的习惯。当我听到这一切的时候，为什么我还要谈论其他民族？苏格兰人似乎读着柏拉图的《理想国》并把加图当作他们的领袖，他们没有自己的妻子，他们中的男子没有任何人有自己的妻子，但是，他们就像野兽一样沉溺于自己的欲望之中。波斯人、米底人、印度人和埃塞俄比亚人，这些都是与罗马自身相当的民族，他们与自己的母亲和祖母、女儿和孙女交配。"[②] 在杰罗姆看来，埃塞俄

---

① Athanasius, Incarnation of the Word, in Phillip Schaff, ed., *NPNF Series* 2-4 *Athanasius*: *Select Works and Letters*, New York: Christian Literature Publishing Co., 1892, p. 329.

② Jerome, *Against Jovinianus*, II, 7, in Phillip Schaff, ed., *NPNF Series* 2-6 *Jerome*: *The Principal Works of St. Jerome*, New York: Christian Literature Publishing Co., 1892, pp. 867-868.

比亚人不仅是吃半生不熟的肉的野蛮人,而且同罗马人一样,与自己的血亲乱伦。大巴西尔把高卢人、凯尔特人及邻近的野蛮人的国家与埃塞俄比亚相提并论。①

作为外邦人或野蛮人,他们都为希腊罗马人和基督教父所不屑,埃塞俄比亚人也成为基督教作家们笔下的野蛮人。不仅如此,在约翰·克里索斯托姆那里,他们还与小偷、妓女并称,如"他(彼得)这样说,是要用犹太人的身份来证明自己。因为,正是为了向这些(外邦人)承诺神的话语,他首先进行辩护。那么,他以前是'人们偏待者'又是指什么呢?这是指上帝所禁止的!因为当他说'畏惧神并为正义工作的每个人都会接受神'时,以前也是一样的。当保罗说'没有律法的外邦人,若顺着本性行律法上的事'(《罗马书》2:14)时,他认为'畏惧上帝和为正义工作',既是教义,也是生活方式,是'接受他(耶稣)的',因为,他(耶稣)没有忽视马古斯人,也没有忽视埃塞俄比亚人,也没有忽视小偷,也没有忽视妓女,他们中的很多人为正义而工作,并愿意信奉耶稣基督,这样他(耶稣)无论如何也不会忽视他们"。②

不仅如此,在某些教父作家那里,埃塞俄比亚(人)还成为罪恶和邪恶的代名词。奥利金在论述耶稣基督接受了外邦人的皈依时,不仅认为埃塞俄比亚人是外邦人,而且认为其有"巨大的罪恶",是"邪恶的污水"。奥利金说:"我认为,我们从先知那里引用的陈述,即主也接受了那些'来自埃塞俄比亚的河流之外'并向神献祭的地方,也可以得到类似的解释。在我看来,它似乎是在

---

① Basil the Great, *Homily III*, 6, in Phillip Schaff, ed., *NPNF Series 2 – 8 Basil: Letters and Select Works*, New York: Christian Literature Publishing Co., 1892, p. 284.

② John Chrysostom, *A Commentary on the Acts of the Apostles*, *Homily XXIII*, Acts X. 23, 24, in Phillip Schaff, ed., *NPNF Series 1 – 11 St. Chrysostom: Homilies on the Acts of the Apostles and the Epistle to the Romans*, New York: Christian Literature Publishing Co., 1892, p. 288.

说，他是已经被许多巨大的罪恶所笼罩的'来自埃塞俄比亚的河流之外'的人，并且由于被邪恶的污水所玷污而变成了黑色和黑暗的人。但是，神并没有从自己身边驱赶那些为神献上焦虑精神和谦卑的心，并以忏悔和悔悟的口吻向神求助的任何人。正是在这样的情况下，我们的和平之主说：凡父所赐给我的人，必到我这里来。[1] 然而，那些居住在'埃塞俄比亚的河流之外'的人都带着牺牲来到主的面前，他们也可以被认为是那些必在全部外邦人之后归来的人——因为'埃塞俄比亚的河流'是一个人物，这样，所有的以色列人都将得救。在这种情况下，'埃塞俄比亚的河流之外'是指外邦人的拯救洪流将到来的地区之外。"[2] 尽管奥利金的本意并不是要攻击埃塞俄比亚（人），只是把它作为信仰神的人的对立面加以对比，但它使埃塞俄比亚（人）成为罪恶和邪恶的代名词。

四　外邦人的皈依典范

在早期基督教教义发展史中，外邦人的皈依是其非常显著的特点，这也反映出基督教作为普世宗教的重要特征。对于外邦人皈依基督教的教义阐释，基督教作家们进行了长期的艰苦探索，他们力图通过各种方式，借用各种可以利用的手段和介质，阐发其普世主义要义。就埃塞俄比亚人与基督教教义的关系而言，其最显著的特征，一是他们毫无疑问不是犹太人，而是外邦人，因此，他们皈依基督教毫无疑问属于外邦人的皈依，是基督教的普世性特征的重要体现；二是他们肤色的黑性，这种肤色的黑性在自然状态下首先给人的印象是其鲜明、强烈的反差，尤其是与白性呈鲜明对比。这种黑白对比在以白人为主流群体的希腊罗马人中显得异常耀眼，它常常成为人们描述自然状态、社会关系的重要参照。在基督教作家那

---

[1] 《约翰福音》6：37。

[2] Origen, *The Song of Songs Commentary and Homilies*, in Johannes Quasten, Joseph C. Plumpe, edited, *Ancient Christian Writers*, No. 26, Westminster, Maryland: The Newman Press, 1957, p. 103.

里，以埃塞俄比亚人为外邦人皈依的典范，从而对黑白关系进行神学教义的阐释似乎显得特别恰当。

(一) 摩西娶埃塞俄比亚女子为妻

> 摩西娶了古实（埃塞俄比亚）女子为妻。米利暗和亚伦因他所娶的古实女子就毁谤他，说，难道耶和华单与摩西说话，不也与我们说话吗？这话耶和华听见了。摩西为人极其谦和，胜过世上的众人。耶和华忽然对摩西、亚伦、米利暗说，你们三个人都出来，到会幕这里。他们三个人就出来了。耶和华在云柱中降临，站在会幕门口，召亚伦和米利暗，二人就出来了。耶和华说，你们且听我的话，你们中间若有先知，我耶和华必在异象中向他显现，在梦中与他说话。我的仆人摩西不是这样。他是在我全家尽忠的。我要与他面对面说话，乃是明说，不用谜语，并且他必见我的形象。你们毁谤我的仆人摩西，为何不惧怕呢？耶和华就向他们二人发怒而去。云彩从会幕上挪开了，不料，米利暗长了大麻风，有雪那样白。亚伦一看米利暗长了大麻风，就对摩西说，我主阿，求你不要因我们愚昧犯罪，便将这罪加在我们身上。求你不要使她像那出母腹，肉已半烂的死胎。于是摩西哀求耶和华说，神阿，求你医治她。耶和华对摩西说，她父亲若吐唾沫在她脸上，她岂不蒙羞七天吗？现在要把她在营外关锁七天，然后才可以领她进来。于是米利暗关锁在营外七天。百姓没有行路，直等到把米利暗领进来。以后百姓从哈洗录起行，在巴兰的旷野安营。①

摩西娶埃塞俄比亚女子为妻，遭到米利暗和亚伦的毁谤，结果米利暗遭到了神的惩罚。对《民数记》中的这段经文，教父作家

---

① 《民数记》12：1—16。

们多有论述和解释。爱任纽在讨论通过皈依耶稣基督从而使非基督徒变得圣洁时,首先举了先知何西阿娶一位"大行淫乱","离弃"神的淫妇为妻的例子,① 但是,由于"教会是一个与神子相交就可以成圣的地方",淫妇加入教会,通过与先知交配,获得了圣洁。正是由于这一原因,保罗宣称:"不信的妻子,就因着丈夫成了圣洁。"② 接着,爱任纽写道:

> 那些通常都是通过先知的行动来完成的,使徒已经证明在教会里是由基督来真正完成的。这样,摩西也就娶了一位埃塞俄比亚女子为妻。这样,通过预知,将野生的橄榄树嫁接到栽培的橄榄树上,使其茁壮,他就使她成了一个以色列人。因为他以肉身诞生了基督,人们为了杀他而追逐他,但他在埃及,也就是在外邦人中获救,他要把那些处于婴儿状态的人神圣化,在那里,他还在外邦人中完善了他的教会(因为埃及从一开始就是外邦人之地,埃塞俄比亚也是)。由于这个原因,通过摩西的婚姻,它展示了神关于婚姻的话语,通过埃塞俄比亚新娘,来自外邦人的教会得以彰显,那些诋毁、指责和嘲弄他的人将不再纯洁,因为他们满是麻风,并将从义人的阵营中被剪除。③

很明显,爱任纽是要证明,对于不圣洁的人,哪怕是淫妇,通过婚姻,只要皈依基督,加入教会,与神子(耶稣基督)相

---

① 《何西阿书》1:2—3。"耶和华初次与何西阿说话,对他说,你去娶淫妇为妻,也收那从淫乱所生的儿女,因为这地大行淫乱,离弃耶和华。于是,何西阿去娶了滴拉音(Diblaim)的女儿歌篾(Gomer)。"

② 《哥林多前书》7:14。

③ Irenaeus, *Against Heresies*, IV, XX, 12, in Phillip Schaff, ed., *ANF 01. The Apostolic Fathers with Justin Martyr and Irenaeus*, Grand Rapids, MI: Christian Classics Ethereal Library, 1886, pp. 822 – 823.

交，就可以成圣。对于埃塞俄比亚女子来说，通过与摩西的婚姻，只要她皈依基督，加入教会，与先知相交，同样可以成圣。这样，通过先知何西阿和摩西的婚姻，展示了神关于婚姻的话语，展示了神对于皈依耶稣基督的教诲。正如经上所说："因为不信的丈夫，就因着妻子成了圣洁。并且不信的妻子，就因着丈夫成了圣洁。（丈夫原文作弟兄）不然，你们的儿女就不洁净。但如今他们是圣洁的了。"（《哥林多前书》7：14）更重要的是，作为外邦人的埃塞俄比亚女子，通过成为摩西的新娘，从而成为教会里的人，这样，"来自外邦人的教会得以彰显"，从而体现出基督教在外邦人中的传播，彰显出基督教的普世性特征。

狄奥尼修斯强烈反对分裂教会，反对异端邪说，认为它们应受到严厉的惩罚。他写道："那些敢于制造分裂的人是逃离不了惩罚的。噢，主教，凡事都要避免悲伤、危险和无神论的异端邪说，要把它们当作靠近它就会被烧毁的火一样回避。还要避免分裂，因为把心思转向邪恶的异端邪说是不合法的，从野心中分离出同一种感情也是不合法的。因为那些敢于冒险规定这种陈旧习俗的人没有逃脱惩罚，大坍和亚比兰与摩西对立，被吞落阴间，而科拉及追随他的250人煽动反对亚伦，被火吞没，责备摩西的米利暗被驱逐出营地七天，因为她说摩西娶了一位埃塞俄比亚妻子。"[1] 在狄奥尼修斯看来，反对摩西娶埃塞俄比亚女子为妻就是对皈依教会的反对，就是一种异端邪说、陈旧习俗，因此，它逃不了神的惩罚，就像大坍和亚比兰被吞落阴间，科拉及追随他的250人被火吞没一样。它所歌颂的摩西娶了埃塞俄比亚女子为妻乃是神所喜悦的，是基督福音的胜利。

---

[1] Dionysius, *Constitutions of the Holy Apostles*, VI, I, in Phillip Schaff, ed., *ANF 07. Fathers of the Third and Fourth Centuries: Lactantius, Venantius, Asterius, Victorinus, Dion-ysius, Apostolic Teaching and Constitutions, Homily and Liturgies*, MI: Christian Classics Ethereal Library, 1886, pp. 668-669.

在安布罗斯那里，犹太教是一种民族宗教，与基督教的普世性格格不入，犹太会堂与基督教会自然也格格不入，犹太会堂代表的是狭隘的民族拯救，基督教会代表的是普世福音。为此，他以米利暗和摩西的埃塞俄比亚妻子作为对照写道：

> 由于她还不知道埃塞俄比亚女子的奥秘，女先知米利暗和她的同工们徒步穿越了海峡。米利暗喃喃自语地反对她的弟弟摩西，她长上了大麻风，除非摩西为她祈祷，否则她绝不会从这么大的疾病中解脱出来。尽管这喃喃自语的抱怨指的是犹太会堂的类型（the type of the Synagogue），这种犹太会堂的类型忽略了埃塞俄比亚女子的奥秘，埃塞俄比亚女子的奥秘是主的教会从各民族中聚集出来的，人们通过信仰，将会从这些抱怨和忌妒中把那没有信仰的麻风病人拯救出来，因为我们读到的是："我不愿意你们不知道这奥秘（恐怕你们自以为聪明），就是以色列人有几分是硬心的，等到外邦人的数目添满了。于是以色列全家都要得救。"①

在安布罗斯看来，对于基督福音来说，无论是犹太人，还是外邦人，只要信仰它，成为教会之人，都会受到神的保佑和祝福，即使是埃塞俄比亚女子这样的外邦人也不例外；但反过来，如果背叛信仰，诋毁福音，不是进入教会而是进入犹太会堂，即使是米利暗这样的犹太人也会遭到惩罚。

罗马主教大格列高利在写给墨西拿的主教菲利克斯的信中也提到摩西娶埃塞俄比亚女子为妻的事，他说："所有的忠实者在诋毁或辱骂他们的主教时都应该非常谨慎，无论是秘密地谨慎，还是公

---

① Ambrose, *Epistle LXIII*: *To the Church at Vercellae*, 57, in Phillip Schaff, ed., *NPNF Series 2 - 10 Ambrose*: *Selected Works and Letters*, New York: Christian Literature Publishing Co., 1892, p. 987.

开地谨慎,受膏的主在考虑到因埃塞俄比亚女子,米利暗就说反对神的仆人摩西的话时,就降下麻风病的惩罚,因为神说,'不可难为我受膏的人,也不可恶待我的先知'(《诗篇》105:15)。"① 格列高利认为主教是受膏之人,是不容诋毁、辱骂、反对的,米利暗反对神的仆人摩西所受到的惩罚就是前车之鉴。这里,埃塞俄比亚女子再次成为皈依耶稣基督的典型,任何人对福音的信仰都不容置疑。

从前文教父们关于《民数记》中摩西娶埃塞俄比亚女子为妻的例子的论述中可以看出,他们都充分肯定,任何外邦人,只要皈依基督,相信福音,其灵魂就可以得救,埃塞俄比亚女子其实代表了外邦人皈依后的教会;相反,由于米利暗反对摩西娶埃塞俄比亚女子,其实就是怀疑基督福音,哪怕她是犹太人,也会受到神的惩罚。教父们对埃塞俄比亚女子的描写完全没有任何偏见或诋毁,相反,是把她作为皈依福音的典型进行颂扬。

(二)腓利给埃塞俄比亚太监洗礼

有主的一个使者对腓利说:"起来!向南走,往那从耶路撒冷下迦萨的路上去。"那路是旷野。腓利就起身去了。不料,有一个埃提阿伯(即"古实",见以赛亚十八章一节)人,是个有大权的太监,在埃提阿伯女王干大基的手下总管银库,他上耶路撒冷礼拜去了。现在回来,在车上坐着,念先知以赛亚的书。圣灵对腓利说:"你去!贴近那车走。"腓利就跑到太监那里,听见他念先知以赛亚的书,便问他说:"你所念的,你明白吗?"他说:"没有人指教我,怎能明白呢?"于是请腓利上车,与他同坐。他所念的那段经,说:"他像羊被

---

① Gregory the Great, *Epistle XVII. To Felix, Bishop of Messana*, XIV, in Phillip Schaff, ed., *NPNF Series 2-13 Gregory the Great（II）, Ephraim Syrus, Aphrahat*, New York: Christian Literature Publishing Co., 1892, p. 262.

牵到宰杀之地，又像羊羔在剪毛的人手下无声，他也是这样不开口。他卑微的时候，人不按公义审判他（原文作"他的审判被夺去"），谁能述说他的世代？因为他的生命从地上夺去。"太监对腓利说："请问，先知说这话是指着谁？是指着自己呢？是指着别人呢？"腓利就开口从这经上起，对他传讲耶稣。二人正往前走，到了有水的地方，太监说："看哪！这里有水，我受洗有什么妨碍呢？"（有古卷在此有腓利说："你若是一心相信，就可以。"他回答说："我信耶稣基督是神的儿子。"）于是吩咐车站住，腓利和太监二人同下水里去，腓利就给他施洗。从水里上来，主的灵把腓利提了去，太监也不再见他了，就欢欢喜喜地走路。后来有人在亚锁都遇见腓利，他走遍那地方，在各城宣传福音，直到该撒利亚。①

埃塞俄比亚女王干大基的总管银库太监念先知以赛亚的书时，使徒腓利受主指使给太监施洗，从而使得外邦人埃塞俄比亚太监皈依主耶稣基督。《新约》中的这一记载，成为教父们进行教义解释和宣传的另一重要典型。

西普利安在讨论拯救与洗礼的关系时，认为在耶稣基督复活之前，耶稣还没有被赐予荣耀，没有被神赐予圣灵，给别人施洗的圣徒和门徒虽然受过神的洗礼，但还不能马上获得圣灵，因此，洗礼不会使灵魂得救。但是，耶稣复活之后，情况就不一样了，耶稣被神赐予荣耀，被神赐予圣灵，这样，受过洗礼的圣徒和门徒由于耶稣的荣耀而获得了圣灵，当他们受洗后，灵魂也就得救了。在耶稣复活之后，如果接受主教的洗礼，灵魂同样可以得救。为此，西普利安以腓利施洗埃塞俄比亚太监的记载进行证明：

在他复活之后，在那发生之前，没有一段时间流逝——

---

① 《使徒行传》8：26—40。

即使撒玛利亚人也是如此，当他们被腓利洗礼的时候，直到应邀从耶路撒冷到撒玛利亚的使徒们来到他们那里，把手伸向他们，并用手赋予他们圣灵之前，他们也没有获得礼物。因为在那段时间里，他们之中没有获得圣灵的任何人都可能已经被死亡切断，死于圣灵的恩典。这种事情在今天也是很常见的，这是毋庸置疑的，也不用去怀疑，许多接受洗礼之后的人，由于不强求于主教的手而离开了生命，但他们还是被尊崇为完美的信徒。正如那位埃塞俄比亚太监，当他从耶路撒冷返回并阅读了以赛亚先知的书后，本着从腓利执事那里听到的关于圣灵劝告的真相，他毫无疑问地相信并接受了洗礼，当他从水里上来，主的灵把腓利提了去，太监也不再见他了（《使徒行传》8：39）。正如你所看到的那样，因为他欢欢喜喜地走路，所以尽管主教并没有把他的手放在他身上，他可能也接受了圣灵。但是，如果你承认这一点并相信这就是拯救，如果你不否认所有忠诚者的意见，你就必须对此忏悔，当这一原则得到更大程度的讨论时，其他的也可以更广泛地建立，那就是，仅仅是主教之手伸过来——因为以我们的主耶稣之名的洗礼已经过去了——愿圣灵也赐予另一个悔改和信仰的人。因为《圣经》已经证实那些信仰基督的人必须在圣灵上受到洗礼，以便使这些人不比完美的基督徒要少什么，以免有人问他们以耶稣基督的名义获得的洗礼是什么样的。①

在西普利安看来，埃塞俄比亚太监毫无疑问是一位没有被主教施洗过的人，是没有资格接受圣灵之人，但是，他在相信了《圣

---

① Cyprian, A Treatise on Re-Baptism by an Anonymous Writer, in Phillip Schaff, ed., *ANF 05. Fathers of the Third Century: Hippolytus, Cyprian, Caius, Novatian, Appendix*, New York: Christian Literature Publishing Co., 1886, p.1158.

经》，接受了腓利的洗礼后，就接受了圣灵，尽管主教并没有把他的手放在他身上，但这并不影响他的受洗和接受圣灵，而且他也没有什么比完美的基督徒要少的。

狄奥尼修斯在阐述耶稣基督的神性时，认为耶稣基督的虔诚和热爱表现了对神的极大信仰和献身精神，而正是这位伟大而善良的人，精神饱满，复活之后坐在神的右边。对神的虔诚、对耶稣基督的虔诚都可以通过接受神的使者（也就是基督的使者）的洗礼而获得，"如果有人确实要责备我们的执事腓利和我们虔诚的兄弟亚拿尼亚，说一个是给太监施洗，另一个是给保罗施洗，① 那么，这些人完全没有理解我们所说的。因为我们只是坚信，没有人可以剥夺自己的神圣尊严，但是，他们要么是接受自神——正如麦基洗德和约伯一样，要么是接受自大祭司——正如亚伦接受自摩西一样。因此，腓利和亚拿尼亚并不是自己指派的，而是由无人可比的神的大祭司基督指派的"。② 对于受洗者来说，无论是外邦人埃塞俄比亚太监，还是曾经坚定地反对和迫害基督教的扫罗（保罗），一旦他们接受洗礼，虔诚信仰主，信仰耶稣基督，就没有人可以剥夺其神圣尊严。

奥利金在写给格列高利的书信中，讨论了福音的范围和开始时间的问题，他认为，耶稣基督的福音实际上存在于整个宇宙之中，存在于《旧约》中，"福音的开端是整个《旧约》，是约翰的人说的"，并且，"我们将要补充的是，在《使徒行传》中关于埃塞俄比亚女王的太监和腓利是怎样说的。据说，腓利以《以赛亚书》的段落开头：'他像羊羔被牵到宰杀之地，又像羊在剪毛的人手下无声，他也是这样不开口。'（《以赛亚书》53：7）就这样向他传

---

① 参见《使徒行传》9：10—18，22：12—16。
② Dionysius, *Constitutions of the Holy Apostles, Book VII. Concerning Gifts, and Ordinations, and the Ecclesiastical Canons*, XLVI, in Phillip Schaff, ed., *ANF 07. Fathers of the Third and Fourth Centuries: Lactantius, Venantius, Asterius, Victorinus, Dionysius, Apostolic Teaching and Constitutions, Homily and Liturgies*, New York: Christian Literature Publishing Co., 1886, p. 750.

耶稣基督的道。如果《以赛亚书》不是福音开始的一部分，他怎么能从先知开始传耶稣的道呢？从这里，我们可以得到最开始的断言的证据，那就是每一神圣经文都是福音"。① 显然，奥利金在引用埃塞俄比亚太监和腓利的事迹时，重点并不在于埃塞俄比亚太监本身，而是他所阅读的《以赛亚书》，通过《以赛亚书》开始传耶稣的道，从而证明《圣经》经文的所有内容都是福音。

约翰·克里索斯托姆认为腓利是七天使之一，他对埃塞俄比亚太监的洗礼是基督福音对异教徒的胜利。他认为腓利是一位崇高的男子，居住在埃塞俄比亚，事务缠身，他当时生活在一个迷信的城市里，没有节日，于是"来到耶路撒冷礼拜"。他的好学同样令人敬佩，据说他甚至"在车上坐着阅读"，"圣灵对腓利说，靠近点，坐上这辆车。腓利向他跑去，听他读以赛亚的书，并说，你最了解的是什么？他说，除非有人能引导我，否则我能了解什么呢？"再看看他的虔诚，尽管他不懂，但他会阅读，阅读后，他就会检验自己。"他希望腓利能上来和他坐在一起。他阅读的《圣经》的内容就在那里，耶稣被当作绵羊带入屠杀场，就像剪刀前的羔羊默不作声，这样耶稣没有开口说话，在对他羞辱中，他的判断力被带走了，谁来宣告他的时代？因为他的生命是从大地上被夺走的。太监回答腓利说，我恳求你告诉我，是谁告诉先知这件事的呢？是他自己还是其他人？腓利张开嘴，同时打开书，腓利向他传耶稣的道。"请看看，这是多么地符合天意的安排！首先，他阅读但并不理解，接着他阅读的正是那些充满激情、关于复活和礼物的经文。当他们在路上行走时，到了有水的地方，太监说："看哪！这里有

---

① Origen, *Letter of Origen to Gregory*, 15, in Phillip Schaff, ed., *ANF 09. The Gospel of Peter, The Diatessaron of Tatian, The Apocalypse of Peter, The Vision of Paul, The Apocalypse of the Virgin and Sedrach, The Testament of Abraham, The Acts of Xanthippe and Polyxena, The Narrative of Zosimus, The Apology of Aristides, The Epistles of Clement (complete text), Origen's Commentary on John, Books 1-10, and Commentary on Matthew, Books 1, 2, and 10-14*, New York: Christian Literature Publishing Co., 1886, p. 472.

水，我受洗有什么妨碍呢?"请标记出渴望，请标记出真正的知识。但是，为什么主的灵要把腓利提了去呢？这种情况被证明是更为精彩的事情。即使在那时，太监也不认识他。事情就这样发生了。此后，腓利对太监而言可能就成了奇迹的施展者。腓利就是七天使之一，因为他后来在凯撒利亚被发现。因此，主的灵把腓利提了去既是好的，也是合适的，太监一定渴望与他同行，如果腓利拒绝太监的要求，腓利会很伤心的，时光不会倒流。但同时，这对他们来说是一个令人振奋的保证，那就是他们将战胜异教徒。因为这样，(第一)信徒的高贵品质就会十足地降临他们。① 在克里索斯托姆看来，腓利是天使，是耶稣基督福音的代表，是神的灵的化身，他对埃塞俄比亚太监的洗礼，是神的灵，也就是耶稣基督的福音的传播。耶稣的福音是真正的知识，是人们渴望的知识，是人类的最终追求。福音传播的范围极其广泛，从耶稣的诞生地一直传播到南方世界最遥远的地方，也就是埃塞俄比亚，这也预示着福音会传播到整个已知和未知的世界。在此过程中，洗礼的作用极其重要，通过受洗，任何人都可以获得福音，获得神的灵，在一定程度上讲，受洗是非基督徒与圣灵交往的媒介，是获得福音的必经之路。另一方面，作为世界最遥远地区的异教徒，埃塞俄比亚太监通过受洗而获得基督福音，也预示着基督教对异教徒的胜利，预示着全世界的异教徒对福音的皈依。

尤西比乌斯在描绘使徒腓利时写道："救恩的福音一天天地在四处传开。由于天意的带领，埃塞俄比亚女王（当时，该国传统还是女人作王）手下的一名高级官员成为第一位领受圣道的外邦人。借着神的启示，这位官员从腓利那里领受圣道，之后回到母国，成为该国传讲福音的第一人。这事应验了先知预言：'古实

---

① John Chrysostom, *A Commentary on the Acts of the Apostles*, Homily XIX on Acts VII. 26, 27, in Phillip Schaff, ed., *NPNF Series 1 - 11 St. Chrysostom: Homilies on the Acts of the Apostles and the Epistle to the Romans*, Grand Rapids, MI: Christian Classics Ethereal Library, 1892, pp. 227 - 228.

（埃塞俄比亚）人要急忙举手祷告.'（诗篇 68：31）"① 按照尤西比乌斯的说法，腓利对埃塞俄比亚太监的传道是基督教传入埃塞俄比亚的开始，但正如前文所说，对于基督教最早传入埃塞俄比亚的具体时间，学术界还有很多不同的看法。或许，对于尤西比乌斯来说，腓利的传道是不是基督教在埃塞俄比亚的最早传播不是最重要的，最重要的是救恩的福音在外邦人中的传播，基督教的普世主义性质在这里的体现。

早期基督教对上帝与耶稣的关系有过不同的解释，来自亚历山大里亚的阿里乌斯认为只有"圣父"才是完全的上帝，"圣子"，也就是"道"，是在创造万物之先被造的。在阿里乌斯看来，如果圣子与圣父同样有完全的神性，那就变成了两位上帝。因此，他对信徒的教导是，耶稣基督虽然像上帝，但他并不全然是上帝。反对阿里乌斯派的人很多，著名的阿塔纳修就是其中之一，他的很多著作都是以反对阿里乌斯派为主要目标的，比如《阿里乌斯派信仰者的历史》。阿塔纳修在讨伐阿里乌斯派的主张时写道：

> 最明显的情况就是那些否认神子（the Son of God）的阿里乌斯异端，他们得到了太监们的支持，而这些太监既缺乏身体上的生产能力，又没有灵魂上的美德，他们甚至连儿子的名字都听不到。事实上，尽管埃塞俄比亚太监并不懂得他所阅读的是什么，但当腓利教导他关于救世主的内容时，他相信腓利的话。但是，君士坦提乌斯的太监不能忍受彼得的忏悔，不但如此，当圣父向圣子显现时，他们转身就走开了，并疯狂地攻击那些认为上帝的儿子是他真正的儿子的人，攻击那些宣称太监

---

① Eusebius, *Church History*, II. I, in Phillip Schaff, ed., *NPNF Series 2 - 1 Eusebius Pamphilius*: *Church History*, *Life of Constanine*, *Oration in Praise of Constantine*, New York: Christian Literature Publishing Co., 1892, p.172；优西比乌：《教会史》，瞿旭彤译，三联书店 2009 年版，第 66 页。

的说法是异端邪说的人，攻击真正的和真实的圣父的后代。①

很明显，阿塔纳修是用太监没有生育能力嘲讽阿里乌斯派对圣子与圣父同样具有神性的否认，但是，对于埃塞俄比亚太监和君士坦提乌斯的太监，他的态度截然相反，因为埃塞俄比亚太监在受到腓利的教导时，他相信腓利，而君士坦提乌斯的太监没有接受彼得的忏悔。因此，在阿塔纳修这里，埃塞俄比亚太监是其正面歌颂的对象，完全没有嘲讽和鄙视的含义。

杰罗姆在给特里尔的主教保利努斯的书信中讨论了《圣经》的隐含意义，他认为《圣经》是一部具有隐含意义的书，要想得救恩，必须通过拥有大卫钥匙的耶稣才能解开其中的奥秘，而一旦理解了其中的奥秘，信徒就可以称为神圣了。为此，他以埃塞俄比亚太监阅读《以赛亚书》和接受腓利的洗礼为例进行了生动的阐述：

> 在《使徒行传》中，神圣的太监（或者叫"人"吧，因为《圣经》中这样称呼他）正在阅读《以赛亚书》，腓利问他："你所念的，你明白吗？"太监回答说："没有人指教我，怎能明白？"这里，我要说点题外话。我既不比这位太监神圣，也不比他勤奋。这位太监来自埃塞俄比亚，那里是世界的尽头，他离开女王的宫殿来到圣殿，他对摩西律法和神圣知识是如此热爱，以至于他在车上都在阅读《圣经》。尽管他把书拿在自己手里并记念着主的话，不，他甚至把它们放在自己的舌头上，用嘴说出来，但他仍然不认识神，对他所崇拜的书中的神一无所知。腓利到来并向他显示隐藏在文字里面的耶稣。

---

① Athanasius, *History of the Arians*, V, 38, in Phillip Schaff, ed., *NPNF Series 2-4 Athanasius: Select Works and Letters*, New York: Christian Literature Publishing Co., 1892, p. 773.

他是多么出色的导师！就在那一时刻，太监相信了耶稣并被施洗，他就成了一位虔诚信仰者和圣徒。他不再是学生，而是一位大师，他在荒野的教堂里所发现的要比他在犹太会堂镀金的圣殿里多得多。①

在杰罗姆看来，要想真正理解隐藏在《圣经》文字里的救恩，要想成为真正的圣徒，只有通过洗礼，皈依基督，只有虔诚地信仰掌握了大卫钥匙的耶稣才有可能，埃塞俄比亚太监的皈依就是极好的例子。

（三）沙漠教父的典范摩西

公元3—4世纪，随着越来越多的人皈依基督教，教会逐渐世俗化，一些注重属灵生活的人为坚守贫穷、圣洁和顺服的誓言退居沙漠，到旷野修道，这些人被称为沙漠教父（Fathers of the Desert）。第一位修士叫安东尼，他的行为引起了许多人的仿效，此后，涌现了很多著名的沙漠教父。

最杰出的沙漠教父之一是高个子、黑皮肤的埃塞俄比亚人摩西，他的名声远播塞提斯沙漠，在那里，他获得了基督徒美德典范的声誉。据说，他早年曾是强盗和谋杀者，由于受到良心上的谴责，在塞提斯沙漠加入修道院。作为具有巨大力量和勇气的人，他的谦卑与智慧开始为人所知，他也为其他人带去巨大的鼓舞。后来他成为一位长老，在公元4世纪末或5世纪初，当他75岁去世时，他大约有70位追随者。他去世的时间，一般推断在公元391—409年。摩西的生活中曾有一个小插曲，这使他获得了更多的尊敬与更好的名声。有一次，他以前的4个同伙所在的盗贼团伙闯入了他的小屋里，摩西脚上绑着剑，游过尼罗河，把盗贼用袋子套住并把他

---

① Jerome, *Letter LIII. To Paulinus*, 5, in Phillip Schaff, ed., *NPNF Series 2-6 Jerome: The Principal Works of St. Jerome*, Grand Rapids, New York: Christian Literature Publishing Co., 1892, p. 261.

们带到他的同伴那里。在做出不会伤害他们任何人的承诺后，他开始寻找处理盗贼的办法。在认可摩西后，盗贼忏悔了，他们被摩西的行为感动，以至于抛弃了世俗世界，加入修道院并成为极受尊重的僧侣。据说，有一段时间，摩西受到了魔鬼的诱惑，他又回到了以前的不道德生活。他把自己关闭在小屋子里斋戒，连续6年整夜站着，并向上帝祈祷，寻求帮助，以便克服他那不受抑制的欲望。但仍然不能成功，他开始从事艰苦的体力劳动，包括从很远的地方为年老的僧侣们打水。在此过程中，他在井边用棒打自己，结果被自己打了个半死。他的精神导师伊西多尔试图安慰他，建议他停止这种斗争，但摩西回答说，他永远不会停止，直到魔鬼消失。①

埃塞俄比亚人摩西因为在面临惩罚和诱惑时，以极其谦卑的态度和极端的自我控制而成为"外邦人"皈依基督教的典范，在基督教发展史上占有重要地位。由于摩西是黑人，他的种族与肤色也成为基督教进行类比宣传的重点。

另一次，在塞特召开宗教会议。教父们想考验摩西，他们藐视他，说："这埃塞俄比亚人为什么到我们中间来呢？"他一听这话，就保持沉默。散会后，他们对摩西说："教父，你刚才不是忧愁吗？"摩西对他们说："我心里忧愁，却什么也不说。"有人指着摩西教父说，他成了神职人员，他们就给他穿上外衣。大主教对他说："摩西神父，看呐，你已经完全变白了。"老人对他说："教父啊，你外面真是白的，但愿里面也是白的！"大主教想要试探他，就对神职人员说："摩西教父进圣所的时候，把他赶出去，跟着他去听听他会说什么。"于是老人进来，他们责备摩西，把他赶出去，说："滚出去，埃塞俄比亚人。"摩西就走出去了，自言自语地说："灰皮，

---

① Frank M. Snowden, Jr., *Blacks in Antiquity: Ethiopians in the Greco-Roman Experience*, p. 209.

黑皮，他们这样对你是对的。你既然不是人，为什么要到人中间去呢？"①

对于外表是黑皮肤的摩西，老人当然一眼就能看出其肤色，但老人对摩西说"你外面真是白的，但愿里面也是白的"，很明显，这里的"外面"和"里面"的白，是指摩西皈依基督，使自己变白。摩西的谦卑使他对自己的全部精神转变表示怀疑，所以，当他被赶出去的时候，他觉得自己不配是（基督的）人，因此喃喃自责。摩西的自责和谦卑，更彰显其伟大，因此其值得被教父们大书特书。

叙利亚教父文献《关于信仰的七首赞美诗》把埃塞俄比亚珍珠的光描绘成上帝之光的化身，上帝之光照亮了黑色的埃塞俄比亚人，埃塞俄比亚太监就是典型："在自己马车上的埃塞俄比亚太监看到了腓利，光明的羔羊（the Lamb of Light）从水里遇到了黑暗的人。当他在阅读《圣经》的时候，这位埃塞俄比亚人就受洗了，满脸欢喜，并继续前行！他使人做了门徒，又教导人，又使人从黑人变成白色/白人，黑色的埃塞俄比亚女人们变成了圣子的珍珠，他（圣子）又把她们献给圣父，作为埃塞俄比亚人闪闪发光的王冠。"② 上帝之光不仅能照亮皮肤黑的人，而且能使黑人变成白人，即具有上帝光明的人。

第七节　基督教作家论黑人的黑性

作为黑人的埃塞俄比亚人，其皮肤的黑性是基督教父作家们关

---

① "Ethiopian Moses", in Vincent L. Wimbush, ed., *Ascetic Behavior in Greco-Roman Antiquity: A Sourcebook*, Minneapolis: Fortress Press, 1990, pp. 339–340.
② *The Pearl. Seven hymns on the Faith*, Hymn III, 2, in Phillip Schaff, ed., *NPNF Series 2–13 Gregory the Great (II), Ephraim Syrus, Aphrahat*, New York: Christian Literature Publishing Co., 1892, p. 525.

注的重要内容之一，他们对埃塞俄比亚人黑性的描写也成为后世研究者讨论的重要热点问题，即基督教/基督教父对待黑人是否具有种族主义性质的偏见或歧视。为此，我们回到基督教父作家那里，详细梳理他们对埃塞俄比亚的黑人/黑性的描写，以便观察其对黑人/黑性的真实态度。

埃塞俄比亚人的黑性当然不是基督教父作家作品的重大主题，也不是他们探讨的主要神学命题。但是，从公元 2 世纪至 6 世纪的整个罗马帝国时期，有不少教父都在其作品中讨论埃塞俄比亚人的黑性问题，而且其隐喻或比喻的含义多种多样。

一 被太阳晒黑的坏人/恶魔

同作为异教徒的希腊罗马人一样，基督教父们在对埃塞俄比亚人的认识上仍然延续了希腊罗马古典传统，即认为埃塞俄比亚是世界上最遥远的地方，埃塞俄比亚人是世界上最遥远的居民，生活在太阳升起和落下的地方，也是离太阳最近的地方，因此，他们受到太阳最炙热的灼烧，皮肤被烧得像木炭一样漆黑。

奥利金明确说道："埃及位于埃塞俄比亚人的旁边，埃塞俄比亚人的身体被太阳晒黑了。"[①] 在后来对埃塞俄比亚人的黑性的专门探讨中，奥利金明确写道："在整个埃塞俄比亚种族中，所有人都继承了某种天然的黑性，人们通常会说，太阳照射出强烈的光线到这些人身上，他们的身体曾被烤焦变黑，并把这种天生的乌黑传给他们的后代。"[②] 从奥利金对埃塞俄比亚人的描写中完全可以看出，他明显地继承了希腊罗马传统对埃塞俄比亚（人）的看法，

---

① Origen, *De Principiis*, IV, 22, in Phillip Schaff, ed., *ANF 04. Fathers of the Third Century: Tertullian, Part Fourth; Minucius Felix; Commodian; Origen, Parts First and Second*, Grand Rapids, MI: Christian Classics Ethereal Library, 1886, p. 641.

② Origen, *The Song of Songs Commentary and Homilies*, 2, in Johannes Quasten, Joseph C. Plumpe, edited, *Ancient Christian Writers*, No. 26, Westminster, Maryland: The Newman Press, 1957, p. 107.

当然，他在这里不仅是为了简单重复希腊罗马传统，更是为其神学上的解释而借用。

德尔图良借用希腊人的说法也称埃塞俄比亚人是黑人，并把皈依基督教之前的他们与异教者、野蛮人、希腊人、恶人、邪恶并称。德尔图良说埃塞俄比亚人是黑人，是猿类，是拥有人类体形的异教者，是把自己的灵魂同化成异教者的人，是恶人，这是因为这些人对神的观念是坏的，只有好人对神的观念是好的，因为神是荣耀的、可敬的、威严的、仁慈的、善良的实践者，所有美好事物的缔造者，不信仰神，与神对立者则一定是坏的。[1]

《新约伪经》在对真神的天使与魔鬼进行对比时写道：

> 当一切都回应到真实的神（Amen）的时候，突然出现了神的天使，是带翼的，闪耀着比太阳更明亮的光芒，其他四个天使支撑在神庙的四个角落，其中一个用手指封住神庙和人们说：差遣我的主如此说，你已经从你所有的虚弱中得到了净化，因此，这座神庙也将从所有的不洁中净化出来，也将从居住在那里的魔鬼中净化出来，神的使徒已经下令魔鬼进入荒野，因为神已经这样命令我，命令我可以向你显现他。当你看到神的时候，你就无所畏惧，但是，当我做十字架的标志时，你这样用你的手指捂住你的脸，那些邪恶的事情就会逃离你。接着，他（天使）给他们看了住在神庙里的恶魔/魔鬼，就像一个埃塞俄比亚人，黑得像煤炭一样；他的脸像狗脸一样细长，脸颊瘦削，头发下垂到脚边，眼睛像火一样，嘴里冒出火花；从他鼻孔里冒出来的烟就像硫黄一样，翅膀像豪猪的刺一样长出来；他的双手被火红的镣铐束缚，

---

[1] Clement, *The Stromata*, VII, IV, in Phillip Schaff, ed., *ANF 02. Fathers of the Second Century: Hermas, Tatian, Athenagoras, Theophilus, and Clement of Alexandria (Entire)*, Grand Rapids, MI: Christian Classics Ethereal Library, 1886, p. 885.

他被牢牢地控制住了。神的使者对他说：正如使徒所吩咐的那样，我让你走，让你去听不到人的声音的地方，待在那里，直到审判的伟大日子的到来。当他让魔鬼走的时候，魔鬼就逃走了，在呻吟和哭泣声中消失了。神的使者就在众人眼前上了天堂。①

从这里可以看出，首先，拥有魔鬼形象的埃塞俄比亚人是在与天使的对比中出现的，魔鬼是不洁的、邪恶的；其次，作为魔鬼的埃塞俄比亚人是十分丑恶的，黑得像煤炭一样，脸像狗脸一样，形象十分丑陋，总之，魔鬼的形象怎样丑化都不为过。不过，需要注意的是，作者以这种方式描述埃塞俄比亚人的形象，目的是突出天使的伟大和神圣，用埃塞俄比亚人的黑性反衬神的光明伟大。如果脱离语境，孤立地理解其描述对象，可能会有失偏颇。

佐纳拉斯在对亚历山大里亚的彼得的书信进行评注时，把那些拥有不变肤色（即黑色）的埃塞俄比亚人与"道德败坏"和"不思悔改"的人相提并论，并说他们是弯曲的人，是恶人。

对于那些道德败坏和不思悔改的人，以及对于那些拥有埃塞俄比亚人不变的肤色和豹的斑点的人，应该说，正如它和另一棵无花果树所说的话："从今以后，你永不结果子。那无花果树就立刻枯干了。"（《马太福音》21：19）因为传道者所说的话在他们身上应验了："弯曲的人不能变得正直，稀缺的不能被计算。"因为，除非弯曲的人必将首先变得正直，否则它是不可能被装饰的，除非稀缺的必将首先补足，否则它是不可能被计算的。最后将要发生在他们身上的正如以赛亚先知所说

---

① *Apocrypha of the New Testament*, in Phillip Schaff, ed., *ANF 08. The Twelve Patriarchs, Excerpts and Epistles, The Clementia, Apocrypha, Decretals, Memoirs of Edessa and Syriac Documents, Remains of the First Age*, MI: Christian Classics Ethereal Library, 1886, p. 945.

的那样："他们必出去观看那些违背我人的尸首。因为他们的虫是不死的，他们的火是不灭的。凡有血气的，都必憎恶他们。"(《以赛亚书》66：24）因为同样的内容也曾被预言："惟独恶人，好像翻腾的海，不得平静，其中的水，常涌出污秽和淤泥来。我的神说，恶人必不得平安。"(《以赛亚书》57：20，21）①

佐纳拉斯把"道德败坏"和"不思悔改"的人与埃塞俄比亚人并列，并"用弯曲的人"和"稀缺的"与其进行类比，说他们是"恶人"，而且"恶人"必不得平安。这很明显是与知道悔改、正直而"补足"者相比较，而后者都是皈依神、信奉基督者，其类比仅仅是出于神学目的，没有任何别的指代含义。

二 神的正义之光的俯视与斜视：奥利金对埃塞俄比亚人的黑性的神学解释

如前所述，对于埃塞俄比亚人的黑性的描写，教父作家很明显地吸收了希腊罗马传统认识，但他们对它进行了更系统、更深入的阐释。在所有的教父著作中，对埃塞俄比亚人的黑性及其隐喻性解释最全面、详细的当数奥利金对《雅歌》的评注与布道，以下叙述，除特别注明外，均来自他的这一著作。②

在对《雅歌》"不要因日头把我晒黑了，就轻看我"（1：6）的评注中，奥利金认为，埃塞俄比亚人（摩西的埃塞俄比亚妻子

---

① Peter of Alexandria, *The Canonical Epistle*, *with the Commentaries of Theodore Balsamon and John Zonaras*, Canon IV, in Phillip Schaff, ed., *ANF 06. Fathers of the Third Century: Gregory Thaumaturgus, Dionysius the Great, Julius Africanus, Anatolius, and Minor Writers, Methodius, Arnobius*, MI: Christian Classics Ethereal Library, 1886, p. 455.

② Origen, *The Song of Songs Commentary and Homilies*, 2, in Johannes Quasten, Joseph C. Plumpe, edited, *Ancient Christian Writers*, No. 26, Westminster, Maryland: The Newman Press, 1957, pp. 91 – 113, 276 – 279.

或示巴女王）的这种黑（dark or black）而美丽的人似乎为她的黑性（blackness or darkness）找到了很好的理由，也向那些因此而指责她的人做出了恰当的解释。她告诉他们，不是创造她的自然条件，而是某些东西使她遭受了环境力量的影响。她们的黑性"是因为太阳俯视我"。这样，她就表明，她所说的肉体的黑性，是因为当太阳俯视她而不是轻看任何人时会把她晒黑。奥利金认为，从自然情况来看，整个埃塞俄比亚种族都继承了某种天然的黑性，这是由于太阳照射出强烈的光线，他们的身体曾被烤焦变黑。相反的情况是灵魂的黑性，因为灵魂被烤焦并不是由于被太阳俯视，而是由于被轻视。因此，它的黑性不是通过出生而获得的，而是遭到轻视获得的，因为它来自懒惰，被勤劳排斥和驱赶。

接着，奥利金通过埃塞俄比亚女子之口，对埃塞俄比亚人的黑性进行了详细的神学寓意解释，即黑性是由于神的正义之光没有照耀到，是神的光辉的斜视，而不是神的光辉的俯视，如果是神的光辉的俯视，那么，神的正义之光就会照耀埃塞俄比亚人，尽管其皮肤仍然是黑色的，但其灵魂却是白色的。奥利金写道，她因为她的黑性而对耶路撒冷的女儿们进行辩解，说了如下的话：

噢，耶路撒冷的女儿们，你们千万不要认为你们在我脸上看到的黑性是自然的，你一定要理解，由于太阳对我的注视，它已经过去了。由于正义之光发现我并没有站直，因此神就没有把他的光辉直接照耀到我身上。我是外邦人，此前没有见过正义的阳光，也没有站立在主的面前。因此，神没有注视我，而是斜视我，神也不站在我身边，而是忽视我。但是，你也是一样的，你被称为以色列，你已经经历过这些，一次次地承认是这样的，当我年老时我不再相信，而你（做出正确的）选择并获得怜悯，正义之光就会注视着你，但由于我的不顺从和不相信而斜视我并唾弃我。现在也是同样的，当你变得不相信和不顺从，我还能希望你获得正义之光的注视并获得怜悯吗？

我会给你带来高贵的保罗来为你见证，他知道天堂的秘密，他会见证，通过太阳的斜视而使我们得以分享，他会见证，当你仰望神的时候，我由于最初不顺从神而被神鄙视，但是现在，正义的阳光不仅斜视着你，而且某些黑暗已经降临于你。这就是保罗所说的："至于你们——他明显是在对外邦人说——你们从前不顺服神，如今因他们的不顺服，你们倒蒙了怜恤。这样，他们也是不顺服，叫他们因着施给你们的怜恤，现在也就蒙怜恤。他又在另一个地方说，弟兄们，我不愿意你们不知道这奥秘，（恐怕你们自以为聪明）就是以色列人有几分是硬心的，等到外邦人的数目添满了。"（《罗马书》11：30及以下，25）这样，你们所指责的我的黑性就在我这边，因为我的不相信和不顺服，我受到了阳光的斜视。但是，当我正直地站立在神的面前并与神形影不离时，当我只走大道（原文作王道），不偏左右，我的双脚只走正直的路，行走在正义的阳光下遵行主的一切诫命礼仪时，没有可指摘的，这样，自有永有的神就会注视我，就会与我形影不离，神也就不会有任何理由只是斜视我了。这样，我的光辉和我的华丽将得以恢复，而你们现在指摘我的黑性也将被彻底地从我这里驱逐出去，我也将被称为世界之光。①

然后，在远处，可见的太阳变暗并燃烧它顶峰范围内的物体，而保持在它的光范围中的，它并不会燃烧远离它的所有物体，当它在那个位置的时候，就会离它更远。但是，形成鲜明对比的是，我们得知，精神的太阳（the spiritual sun）即治愈翅膀的正义之光用所有光明照亮那些围绕在神身边，在内心找到的正直的并紧紧站立在神的辉煌之巅的那些人，但神一定只会斜视那些与他背道而驰的人，不会带着恩宠俯视他们，这正是他们自己的浮躁和反复无常带来的。

---

① 参见《马太福音》5：14。

那些被抛弃的人怎么能接收到正直的东西呢？这就好像你把一根直尺放在曲线上一样，事情的歪曲性确实会被直尺明显地表现出来，但并不是直尺把线弄弯曲的。因此，这就要求我们必须走直路，必须站在美德的道路上，以免当正义之光直面我们的时候，发现我们是弯曲的并抛弃我们，神就会斜视我们，我们就会变成黑色。

事实上，就在我们无法接受神的光的时候，到目前为止，我们也将为自己的黑暗和黑性留出空间。因为正是神的光"是真光，照亮一切生在世上的人。他在世界，世界也是借着他造的"（《约翰福音》1：9及以下）。因为世界不是由我们可见的光构成的，光自身就是世界的一部分。我们知道，世界是由真光构成的，如果我们向相反的方向走，真光就会斜视我们。

当我们向相反的方向走的时候，一定程度上，真光也会朝我们相反的方向走，正如《利未记》中所诅咒的那样，"你们行事若与我反对，"上面写道，"不肯听从我，我就要按你们的罪加七倍降灾于你们"。神还进一步说，"你们因这些事若仍不改正归我，行事与我反对，我就要行事与你们反对"，或者正如我们在某些抄本中所看到的那样，"如果你们行事与我反对，我也会行事反对你们"。神还做了进一步说明，他总结道："因为他们在我眼前行我反对的事，我也会愤怒地行他们反对的事。"[1] 我们引用了这些段落来说明在怎样的意义上太阳是斜视的，也就是说，怎样是弯曲的注视。很明显，神是斜视并反对那些与他相背的人的。但是，不要让我们不再讨论这里提出的观点，也就是说，太阳被视为具有双重力量：一方面它会发出光；另一方面，它会烤焦。但是，根据物体及其周围物质的性质，它要么是用光照亮事物，要么是用热量烧黑和烧硬它。

在对《雅歌》的释读中，奥利金再次强调了神的太阳俯视着

---

[1] 参见《利未记》26：23及以下，40及以下。

埃塞俄比亚女子使她因神的热量而变黑，因此，"我虽然黑，却是秀美"。奥利金写道："耶路撒冷的众女子阿，我虽然黑，却是秀美，如同基达的帐棚，好像所罗门的幔子。"（《雅歌》1：5）这些名字很符合新娘的优雅。希伯来人说"基达"就是黑暗这个词——因此，"我虽然如同基达的帐棚一样黑"，就如同埃塞俄比亚人一样黑，如同埃塞俄比亚帐棚一样黑，却"美如所罗门的幔子"，在他以极大关怀和辛劳建造圣殿时这幔子被用作约柜的装饰。事实上，所罗门很富有，没有人的智慧能望其项背。"耶路撒冷的众女子阿，我虽然黑，却是秀美，如同基达的帐棚，好像所罗门的幔子。别看我，因为我被变黑了。"她为她的黑性而道歉，并通过忏悔转向了更好的事物，她告诉耶路撒冷的众女子，她是真正的黑人，但由于我们上述的原因，她是美丽的，因此她说"别看我，因为我被变黑了"。她说："不要奇怪，我有一种令人厌恶的色彩，（神的）太阳已经俯视着我。他用全部的光芒照亮了我，我因神的热量而变黑。我并没有真的接受他的光，因为这是我应该做的，因为这是神的光的尊严所要求的。"这里，虽然有神的太阳俯视着"我"，且神用他全部的光芒照亮了"我"，但是，我并没有真正接受神的光，所以"我"会因为神的热量而变黑，因此，"我"的黑性这种"令人厌恶的色彩"是"我"没有接受神的光芒而导致的，不接受神的光就会变黑是"我"的报应，是神的光的尊严的要求。

在奥利金看来，埃塞俄比亚女子的黑皮肤是自然原因形成的，它是不可能改变的，而且它也只是表面现象。重要的是，如果一个人的灵魂是黑暗的，那才是最可怕的。从神学的角度看，人的黑性不在于自然原因，而在于神的"正义之光"是否俯视，如果得到神的"正义之光"的俯视，表面的肤色黑性并不重要，相反，灵魂的黑性则是由于受到了"正义之光"的斜视，是被神抛弃的，是弯曲的。只要皈依神，就可以受到神的正义之光的俯视，就可以成为正直的，成为光明的。

三 奥利金对典型的埃塞俄比亚人的皈依与黑性的神学解释

如前所述，教父作家把埃塞俄比亚人看作皈依基督教的典范，并进一步阐述黑人的黑性、黑白关系，从而达到阐释基督教神学教义的目标。这样的讨论很多，其中最典型的是奥利金对《雅歌》的评注与布道。① 在对《雅歌》的评注与布道中，奥利金以很长的篇幅专门探讨埃塞俄比亚人（外邦人）皈依基督教及关于黑性的神学隐喻，并以此展开对神学意义上的黑白关系的论述。

（一）摩西娶埃塞俄比亚女子为妻

摩西娶埃塞俄比亚女子为妻的故事主要记载在《民数记》（12：1—16）中，以此为例，奥利金重点结合《雅歌》1：5 的记载展开讨论："耶路撒冷的众女子阿，我虽然黑，却是秀美，如同基达的帐棚，好像所罗门的幔子。"

奥利金认为，这里新娘被作为说话者加以介绍，现在她不是对不习惯跟她在一起的那些少女们说话，而是对耶路撒冷的女儿们说话。这些少女曾轻蔑地说她丑陋，她现在回答她们，说："噢，耶路撒冷的女儿们啊，就我皮肤而言，我是很黑（dark or black），但是，如果有人仔细审视我的内心，那么，我是漂亮的。"她说："因为基达的帐棚是一个伟大的国家，它也是黑色的，基达的名字本身就是黑色（blackness）或黑暗（darkness）的意思，但是，对于一个伟大的国王来说，在他所有的荣耀中，他的幔子的黑性并不会被认为是不合适的。噢，耶路撒冷的女儿们啊，鉴于我身体既不缺乏自然美，也不缺少通过道德实践所获得的美，请不要对我的肤色进行指责。"

奥利金认为，虽然这个故事在这里得到了充分的理解，但它只

---

① Origen, *The Song of Songs Commentary and Homilies*, 2, in Johannes Quasten, Joseph C. Plumpe, edited, *Ancient Christian Writers*, No. 26, Westminster, Maryland: The Newman Press, 1957, pp. 91 – 113, 276 – 279. 以下关于奥利金的讨论内容均来自这里，不再一一注明。

是阐述了故事的表面含义，我们还有必要回到神秘的阐述中来。他认为，这位说话的新娘代表外邦人聚集的教会，但是她对她自己所说的耶路撒冷的女儿们是各种灵魂（souls），被描述为："就着福音说，他们为你们的缘故是仇敌。就着拣选说，他们为列祖的缘故是蒙爱的。"（《罗马书》11：28）因此，这些尘世中的耶路撒冷的女儿们，因为外邦人的教会而鄙视和诋毁她卑贱的出身，因为她在她们眼中是天生的，因为她不被承认具有亚伯拉罕、以撒和雅各的高贵的血统，因为她忘记了她本人和她父亲的家系并来到基督面前。

新娘知道此前人们的女儿把这一点归咎于她，正是由于这样。她们把她称作黑人（black），正如把她称作没有被宗主教的教义启发的人一样。她是这样回敬她们的：

> 噢，耶路撒冷的女儿们啊，我是很黑，因为我不能宣称自己是名人之后，也没有受到《摩西律法》（Moses' Law）的启迪教化。但是我有我自己的美，所有人都具有一样的美。因为在我身上也有原初之物，我是本着神的形象被创造，我现在来到神的话语面前，我已经接受了我的美丽。因为我的颜色变黑，你们就把我比作基达的帐棚和所罗门的幔子，但就算是基达，他也是以实玛利的后代，是他的第二个儿子，以实玛利并不是没有分享神圣的祝福。你们甚至把我比作所罗门的幔子，这幔子不是别的，正是神的约柜（tabernacle）的幔子——噢，耶路撒冷的女儿们啊，事实上，我很奇怪你们用我的肤色的黑性来责备我。由于摩西娶了一位埃塞俄比亚黑人为妻，关于玛丽（即米利暗）对摩西的遭遇，你怎么就忘记了你的律法中所写的呢？你怎么就不知道那种情况在我身上的真正实现呢？我就是那埃塞俄比亚人。我是黑色人的真正原因是我出身的低微，但是，通过忏悔和信仰，我美丽了。因为我已经把自己带到了神子面前，我已经接受了神的肉身话语（the Word made

flesh），我已经来到了他面前，他是神的形象，万物的头生子，是荣耀的光辉，是神的本质的表达形象，我得以公平对待。那么，你谴责一位远离罪孽者，谴责神的律法完全禁止的，你这是在做什么呢？你如何在神的律法中获得荣耀？如何能冒犯它？①

在奥利金看来，这位说话的新娘，其实就是"外邦人聚集的教会"，她之所以受到鄙视和诋毁，是由于她"卑贱的出身"，即并非亚伯拉罕的子孙，并非犹太人，也正因为如此，她被称作黑人。但是，基达的帐棚也是黑色的，基达的名字本身就是黑色或黑暗的意思，因此，自己皮肤的黑性并没有什么不妥。换句话说，作为外邦人，对基督教来说没有什么不合适的。更重要的是，在新娘看来，"通过忏悔和信仰"，自己已经被带到了神子耶稣基督面前，接受了神的话语，在神的律法中获得了荣耀，因此，如果仔细审视我内心的特征，"我是漂亮的"，"我美丽了"。换句话说，无论什么人，只要皈依耶稣基督，沐浴着神的光辉，都是一样美丽的。这样，奥利金通过对埃塞俄比亚新娘的隐喻性神学解释，阐释了基督教普世性的真谛。

来自外邦人的教会并称自己是美丽的黑人的埃塞俄比亚新娘，毫无疑问是外邦人皈依基督教的典范，也是基督教普世性的重要表现。

奥利金说，我们发现摩西娶了一位埃塞俄比亚人为妻，也就是说，她是黑色的或黑人，正因为她，米利暗和亚伦就说摩西坏话，说愤怒的话。他们所说的"难道耶和华单与摩西说话，不也与我们说话吗？"他们对埃塞俄比亚女子的愤怒是怎么回事呢？奥利金说，在他看来，他们这样说是因为明白，摩西在神秘性方面做得更多，他们看到摩西——精神律法——现在步入婚姻殿堂

---

① 参考《约翰福音》1：14；《希伯来书》1：3；《罗马书》2：3 等内容。

并与从外邦人那里聚集起来的教会结盟。很明显，这就是为什么米利暗和亚伦说"难道耶和华单与摩西说话，不也与我们说话吗"，米利暗代表被遗忘的犹太会堂，亚伦则根据道成肉身站在祭司的位置上，鉴于他们的王国从他们手中夺走并由此给他们带来一个国家，他们才这样说的。而且，对于摩西本人，不管记录他的信仰与耐心的成就有多么伟大而辉煌，在他娶一位埃塞俄比亚妻子之前，他从来没有像这样受到过神的高度赞扬。由于摩西与埃塞俄比亚妇女结婚，他发现听到的所有事情都是值的。但是，我们在阐述《民数记》时要充分地考虑这些问题，任何认为值得的人都可以去看看。然而，现在只需它从以下情况中得到阐明就足够了，即"黑色而美丽"的妇女通过毫无疑问是神和基督的话语的精神律法，与和摩西结婚的埃塞俄比亚妇女成为同一人，尽管耶路撒冷的女儿们，也就是民众及其祭司因为他要娶她而谴责他，说他坏话。

（二）示巴女王

关于示巴女王的故事主要记载在《列王纪》（10：1—10）中，奥利金同样通过这一典型的外邦人的皈依来阐述黑白关系。奥利金说，我想把这个故事描述得详细一些，并把它插入我的阐述中，因为我们知道，这些事情与从外邦人那里来到基督面前的教徒之间的通信是如此地紧密，以至于主自己都在福音书中提到这位女王说"她从地极而来，要听所罗门的智慧话"（《马太福音》12：42）。神称她是"南方的女王"，是因为埃塞俄比亚位于南部，神说她"从地极而来"，那是因为它位于遥远之地，它确实位于遥远之地。奥利金还引用犹太史学家约瑟夫斯的《犹太古代史》说明埃塞俄比亚的确位于遥远之地，属于典型的外邦人土地。主在福音书中见证了这位埃塞俄比亚女王，而且还加上了一句"在这里有一人比所罗门更大"（《马太福音》12：42），这是在教导我们，神的真理比神的真理的形象更伟大。这位来自外邦的女王以她的类型的实践及来自外邦人的教会前往倾听真正的所罗门的智慧，真正的和平爱好者是我们的主耶稣基督的智慧。她最初也是带着似乎无法解决的迷惑和问题来的，所罗门解决了她所有的困惑，关于真神的知识的困惑，关于世界创造的事物、灵魂不死、未来审判的困惑，以及她和她的导师（至少是外邦人哲学家）都充满疑虑和不确定的所有困惑。

女王来到"平安的异象"（the Vision of Peace）耶路撒冷，带着大量随从，阵容巨大，因为她的到来不是单个的国家，而是整个世界的种族，正如在她面前，犹太会堂只有希伯来人。她为基督奉上了贵重的礼物、极好的香料，这是在告诉我们，美好作品在它们的美味中升华给上帝。出于皈依信仰前在学校学到的常识及形成的训练有素的感知和思想的理性习惯，她带来了黄金。她还带来了宝石，我们可以把它理解为良好行为的装饰。在盛大的仪式中，她来到了和平国王基督面前，毫无疑问，她在对过去罪过的忏悔中向他敞开心扉，"她向神说出了她内心的全部"，因此，使我们和睦的基督回答了所有的问题，没有国王回答不了的，他无所不答。当他激情澎湃的时候，他对她，也就是他拣选的信徒说："你们若遵行我所吩咐的，就是我的朋友了。以后我不再称你们为仆人。因仆人不知道主人所作的事。我乃称你们为朋友，因我从我父所听见的，已经都告诉你们了。"（《约翰福音》15：14—15）这句话表明和平的主没有向示巴女王和外邦人的教会宣布什么。如果你看看教会的组成，再看看她所命令和统治的事务，那么你将会明白为什么女王会对所罗门王的灵明感到惊奇。

接着，奥利金区分了所罗门的"灵明"与"智慧"，他写道，你可能会问，他为什么会说出所罗门的所有灵明，而不是他的所有智慧，那是因为，富有学识的人会使我们懂得与人类事务相关的灵明，而智慧是与神圣事务相关的。也许其原因是，当她还在尘世并生活在人类中时，教会同样一度对基督的灵明感到惊奇，但是，当完美到来时，当她从尘世转向天堂的时候，她就不再是通过镜子（a glass）和黑暗的方式去感知，而是面对面地去关心每一件事情，这样她将会看到神的所有智慧。那么，神的智慧又包括哪些内容呢？奥利金以女王所看到的内容进行了隐喻性类比：（1）神建造的房子——道成肉身的奥秘。她看到了神建造的房子——毫无疑问这是道成肉身的奥秘，因为这是神的智慧为自己建造的居所。（2）所罗门的食物——神的旨意。"她看到了所罗门的食物（meats）"，奥利金认为，它的意思是，这食物是神所说的："耶稣说，我的食物，就是遵行差我来者的旨意，作成他的工。"（《约翰福音》4：34）（3）神的仆人的居所——教会主教和祭司的圣职。她还看到了"神的仆人的居所"，在奥利金看来，它似乎意味着在教会中的主教和祭司职位上获得的圣职。（4）神的牧师的圣职——执事的命令。她还看到了神的牧师的圣职，在奥利金看来，它似乎预示着协助神圣崇拜的执事的命令。（5）神的覆盖物——披戴基督。她还看到了神的覆盖物，奥利金认为那是指"你们受洗归入基督的，都是披戴基督了"（《加拉太书》3：27）。（6）神的倒酒人——导师。奥利金认为神的倒酒人的意思是指把神的话语和教义混合在一起的导师，就像为人们混合酒一样，以便取悦那些听到的人的心。（7）神的燔祭——祷告和祈求的奥秘。她看到神的燔祭，那毫无疑问是指祷告和祈求的奥秘。

当这位黑色而美丽的妇人在和平王也就是基督的住所看到所有这些神的智慧后，"她很惊奇，就对他说：'我在我的国家听到的关于你的话语和你的灵明都是真实的'"。由于她认识到所罗门所说的神的话语是真实的，她就来到这里。因为她听到的其他所有话语以及她在自己的国家里听到的世俗导师和哲学家的一切都不是真实的话语。唯一真实的话语在这里。确实，当这位黑色而美丽的妇人来到神圣的耶路撒冷并进入"平安的异象"时，她会看到比现在告诉她的更多、更辉煌的事情，这毫无疑问意味着她会成为神的话语和神的和平的灵魂。这样，这位黑色的女子的灵魂也就变成了神的光明，也就成为白色的典型了。

(三) 以伯米勒

《耶利米书》记载了埃塞俄比亚人以伯米勒搭救耶利米先知的故事。[①] 奥利金对这段经文进行了解读，他认为，这与《雅歌》的诗句"耶路撒冷的众女子阿，我虽然黑，却是秀美，如同基达的帐棚，好像所罗门的幔子"是一致的。他继续写道，这段的内容是埃塞俄比亚太监以伯米勒听说耶利米被王子们投入了牢房，就把他从牢里提了出来。他不认为用这位外国人代表外邦人是合适的，这位外国人是一个黑暗而卑鄙的种族（a dark and ignoble race）的人，以色列王子们把耶利米投入死牢，以伯米勒把他救了出来；那些以色列王子曾把基督判处死刑，凭着信仰，外邦民族相信基督的死后复活并把他从地狱里带回。但是，他认为，据说同样的埃塞俄比亚人是一位太监，因为他为了天国把自己变成了一位太监，甚至是因为他心里没有了邪恶的种子。[②] 他还是国王的仆人，因为聪明的仆人欺负愚蠢的君主，以伯米勒意味着"国王的仆人"。这就是为什么我们的主在因以色列民族的罪孽而遗弃他们后，向这位埃塞俄比亚人说："我说降祸不降福的话必临到这城，……到那日我必拯救你，你必不至交在你所怕的人手中……因你倚靠我。"他被拯救的原因是他把先知从牢房里拯救了出来，也就是说，通过对基督死后复活的信仰，他把他从牢房里拯救了出来。因此，这个"黑暗而卑鄙的种族"因为皈依基督，灵魂得到了拯救，变成了白色。

---

① 参见《耶利米书》38：10—13；39：15—18。"王就吩咐古实（埃塞俄比亚）人以伯米勒说：'你从这里带领三十人，趁着先知耶利米未死以前，将他从牢狱中提上来。'于是，以伯米勒带领这些人同去，进入王宫，到库房以下，从那里取了些碎布和破烂的衣服，用绳子缒下牢狱去到耶利米那里。古实人以伯米勒对耶利米说：'你用这些碎布和破烂的衣服放在绳子上，垫你的胳肢窝。'耶利米就照样行了。这样，他们用绳子将耶利米从牢狱里拉上来。耶利米仍在护卫兵的院中。……耶利米还因在护卫兵院中的时候，耶和华的话临到他说，你去告诉古实人以伯米勒说，万军之耶和华以色列的神如此说，我说降祸不降福的话必临到这城，到那时必在你面前成就了。耶和华说，到那日我必拯救你，你必不至交在你所怕的人手中。我定要搭救你，你不至倒在刀下，却要以自己的命为掠物，因你倚靠我。这是耶和华说的。"

② 参见《马太福音》19：12。

这样，埃塞俄比亚人以伯米勒在本质上经历了从黑到白的质的蜕变。

（四）"古实人要急忙举手祷告"

《诗篇》（68:31）说："古实人要急忙举手祷告。"奥利金的诠释是，如果你认为拯救是通过以色列的罪孽降临到外邦人身上的，也正是因为以色列的失败而为外邦人打开了通向拯救的道路，那么你就会发现埃塞俄比亚——外邦人——的手在接近神方面是如何超越和先于那些最先得到神谕的人的。你会看到，"埃塞俄比亚将向神伸出她的手"这句话是如何实现的，也会看到"黑色的人"变得美丽，因为耶路撒冷所有的女儿都不愿意她这样，都嫉妒和辱骂她。在奥利金看来，通过拯救，作为外邦人的埃塞俄比亚人，这样的"黑色的人"灵魂得到了拯救，他们变成了美丽的人，变成了白色的人。他进一步阐释道：我们从先知那里引用的陈述，即主也接受了那些"来自埃塞俄比亚的河流之外"并向神献祭的地方，也可以得到类似的解释。在他看来，这似乎是在说，他是被许多巨大的罪恶笼罩的"来自埃塞俄比亚的河流之外"的人，并且由于被邪恶的污水玷污而变成了黑色和黑暗的人。但是，神并没有从自己身边驱赶任何为神献上焦虑的精神和谦卑的心的人，也没有驱赶任何以忏悔和悔悟的口吻向神求助的人。正是在这样的情况下，我们的和平之主说："凡父所赐给我的人，必到我这里来。"然而，那些居住在"埃塞俄比亚的河流之外"的人都带着牺牲来到主的面前，他们也可以被认为是指那些必在外邦丰盛之后归来的人——因为"埃塞俄比亚的河流"是一个人物，这样，所有的以色列人都将得救。在这种情况下，他们的"埃塞俄比亚的河流之外"是指外邦人的拯救洪流将到来的地区之外。

紧接着，奥利金对埃塞俄比亚人的黑性与皈依基督教的关系进行了小结，他说："正如你看到的那样，这里有许多段落见证了这位黑暗/黑色而美丽的人自由地与耶路撒冷的女儿们相处，并自信地宣称：'确实，我作为基达的帐棚是黑暗的，但我作为所罗门的幔子是美丽的。'"

奥利金认为,所罗门的幔子一定与他的荣耀有关,涉及拯救者所说的"所罗门极荣华的时候,他所穿戴的,还不如这花一朵呢"(《马太福音》6:29)。然而,我们确实发现《圣经》不断地提到与"见证的约柜"(tabernacle of witness)相关的"幔子"(curtains),比如《出埃及记》(16:7—13)中详细记录了幔子与约柜的情况。奥利金说,这就是幔子在《雅歌》中被提到并被说成是所罗门的幔子的原因,通过他来理解和平者基督。篷帐是神的,那么,它的附属品也是神的,特别是如果我们把篷帐被称为"真正的篷帐,是主所支的,而不是人所支的"考虑进去,并且再考虑作者说的"因为基督并不是进了人手所造的圣所,乃是进了天堂",那么就更清楚了。因此,如果新娘把她的美丽比作所罗门的幔子,那么,毫无疑问,她的意思是"覆盖在篷帐之上的是主所支的,而不是人所支的,是真正的篷帐"(《希伯来书》8:2;9:24),是真正的幔子的荣耀与美丽。但是,如果把她的黑性(正如我们所看到的那样,耶路撒冷的女儿们为此责备她)比作所罗门的幔子,那么,我们必须把这些幔子当作属于这个被称为"真正的篷帐"的,当作它们本身在事实上就是黑的,因为它们是用山羊毛织成的,尽管它们依然是为上帝的约柜的崇拜和装饰服务的。

尽管前面提到的说话者似乎是一个人,但她把自己的黑性比作"基达的帐棚"和"所罗门的幔子"时用的是复数。因此,我们一定要理解,这里出现的是单个的人,但这里有散布世界各地的无数的教会、大量的集会和众多的民族,这正如天堂的王国,据说只有一个,但提到"我父的家里,有许多住处"(《约翰福音》14:2)。也可以说,每个灵魂在许多罪孽之后转向忏悔,她由于罪孽而成为黑暗者,但她通过忏悔和忏悔的果实而实现了美丽。最后,那个说"我是黑的且是美丽的"她最终并没有停留在她的黑性上,耶路撒冷的女儿们也承认她"变成白色"的。①

（五）"不要因日头把我晒黑了，就轻看我。"

《雅歌》（1：5）说："耶路撒冷的众女子阿，我虽然黑，却是秀美，如同基达的帐棚，好像所罗门的幔子。"紧接着说："不要因日头把我晒黑了，就轻看我。"（《雅歌》1：6）奥利金随即对此进行了阐释。

奥利金写道，如果我们建立了上述解释，即要么关于摩西娶埃塞俄比亚妇女为妻，要么关于前往倾听所罗门智慧的埃塞俄比亚示巴女王的解释，那么这种解释对我们来说是符合事实的，这种黑而美丽的人现在似乎为她的黑性找到了很好的理由，也向那些因此而指责她的人做出了恰当的解释。她告诉他们，不是创造她的自然条件，而是某些东西使她遭受了环境力量的影响。她说："这是因为太阳俯视我。"这样，她就表明，她所说的不是肉体的黑性，因为当太阳俯视她而不是轻看任何人时会把她晒黑。在奥利金看来，在整个埃塞俄比亚种族中，所有人都继承了某种天然的黑性，人们通常会说，太阳照射出强烈的光线到这些人身上，他们的身体曾被烤焦变黑，他们的身体把天生的乌黑传给他们的后代。与之相反的情况是灵魂的黑性，灵魂被烤焦并不是由于被太阳俯视而是由于被轻视。因此，它的黑性不是通过出生而获得的，而是遭到轻视而获得的，它来自懒惰，被勤劳排斥和驱赶。

奥利金总结道："最后，正如我刚才所说的，这个现在被称为'黑人'的人在《雅歌》的末尾提到她是'靠着（她的）良人从旷野上来的，她依靠她的侄子，已经变成了白人'②。这样，由于她的沉沦，她就变成了黑人；但是，一旦她振作起来并依靠她的侄子（Nephew，即神），并坚信他（Him），无论什么也不能使她和

---

① 参见《雅歌》8：6。
② 参见《雅歌》8：5。奥利金的引用与《雅歌》原英文有出入：And lastly, as I said just now, this same person who is now called black, is mentioned towards the end of this Song as *coming up, having been made white, and leaning on her Nephew*.

他（Him）相分离，这样，她就会变成白色/白人（white and fair，双关语）而公平且美丽，当她所有的黑性都被抛弃后，她将被真正的真理之光包围而熠熠生辉。"

奥利金说，尽管我们可能只是很简单地涉及这些事情，但我们评判了这些理所当然不容错过的段落所提供的内容，特别是有种说法说她因为太阳对她的斜视而变成黑色的时候，它们之间拥有某些相似性。我们已经表明，这是发生在此前已经具有的罪孽环境中的，人会在罪孽存在的地方变黑或被烤焦。但是，在没有罪孽的地方，太阳是不会把人燃烧或变黑的，正如《诗篇》所描写的男人："白天太阳不会烧焦你，晚上月亮也不会烧焦你。"[①] 因此，你会看到，太阳从不会灼烧/烧焦那些没有任何罪孽的圣徒，因为正如我们所说的，太阳具有双重力量：一方面启迪正义；但另一方面，对于罪孽的人来说不是启迪而是烧焦，因为他们"凡作恶的便恨光，并不来就光"（《约翰福音》3：20）。

最后，也是由于这样的原因，我们的神被称为"烈火"（《申命记》4：24），但同时也被称为光，在他那里毫无黑暗。毫无疑问，光就是神，烧灭罪孽，他可以毁灭在他们身上发现的一切弱点和腐败。如果你深入调查，你会发现《圣经》中有许多不断提到太阳和火焰的段落，它的意思不是可见的光和火焰，而是看不见的精神的光和火焰。如果你已经忏悔，由于你以前的罪孽，你的灵魂将会真正地变黑，但你的忏悔会给予它一些被奥利金称为埃塞俄比亚美性的东西。

四　其他教父对埃塞俄比亚人黑性的神学解释

除奥利金对埃塞俄比亚人的黑性有长篇的集中讨论外，其他许多教父都或多或少涉及对埃塞俄比亚人的黑性的论述。

希波吕托斯（170—235 年）对于异教星相学说中的某些说法

[①] 《诗篇》121：6。"白日太阳必不伤你，夜间月亮必不害你。"

并不认同，如关于地理环境与人类的关系，即对不同地方出生的人的肤色不一样表示怀疑。他说，由于这些人设计了一套有关黄道带标志（the zodiacal signs）的表达框架，他们说通过这个框架，繁衍的生物被同化了。例如，当一个人出生于利奥，他将会很勇敢，一个出生于维尔哥的人将会有又长又直的头发，皮肤白皙，膝下无子，性格温和。但是，希波吕托斯认为这些说法和其他类似的说法比那些严肃的说法更可笑。因为根据这些说法，很可能就没有埃塞俄比亚人出生于维尔哥，否则，他会认为这样的人是白人，会留着又长又直的头发并具有其他特征，"但是，我是持保留意见的，古人为了更好地了解星星，会把他们所接受的动物的名字强加给某些特定的星星，而不是从这些星星的本质的任何类似性方面去了解它们"。① 在希波吕托斯看来，埃塞俄比亚人就是黑人，他们的肤色不可能变化，而且头发不会又长又直，其实就是说埃塞俄比亚人的头发不长且是卷曲的。希波吕托斯对埃塞俄比亚人的这些看法很明显是继承了希腊罗马的传统认识，即他们是黑皮肤、卷头发。

亚历山大里亚的彼得把拥有埃塞俄比亚人般不变的肤色和豹子斑点的人与那些道德败坏和不思悔改的人并称，认为这些人就如同不结果子的无花果树，无花果树不结果子，树就立刻枯干了；也正如"弯曲的不能变直，缺少的不能足数"（《传道书》1：15），除非弯曲的人首先变得正直，否则它是不可能被装饰的，除非稀缺的首先补足，否则它是不可能被计算的。② 这种"无花果树的诅咒"是针对那些"坚定不移并与他们一起永远地延续内在的和不可磨

---

① Hippolytus, *The Refutation of All Heresies*, IV, VI, in Phillip Schaff, ed., *ANF 05. Fathers of the Third Century: Hippolytus, Cyprian, Caius, Novatian, Appendix*, Grand Rapids, MI: Christian Classics Ethereal Library, 1886, p. 46.

② Peter of Alexandria, *The Canonical Epistle*, Canon IV, in Phillip Schaff, ed., *ANF 06. Fathers of the Third Century: Gregory Thaumaturgus, Dionysius the Great, Julius Africanus, Anatolius, and Minor Writers, Methodius, Arnobius*, Grand Rapids, MI: Christian Classics Ethereal Library, 1886, p. 455.

灭的罪恶的黑性（the inherent and indelible blackness of sin）——正如埃塞俄比亚人的皮肤，或者有豹斑一样皮肤的人"。① 这里的黑性很明确地是指道德败坏和不思悔改的人，即那些不相信基督教道德和不皈依基督教的人。

奥古斯丁在讨论犹大的罪恶时说，在《圣经》中，邪恶行为有时是预言性的，它不是邪恶的，而是很好的。神的旨意贯穿其本质的善，神的善工通过本质的力量而来自人类的邪恶，而不是因为父母的不端行为。这样，在预言性经文中，善行和恶行都被记录，其叙事本身就是预言性的，它甚至通过记录邪恶的事物来预言一些美好的事物，其功劳不是归于坏人，而是归于作者。在圣灵的指引和鼓舞下，先知编纂了行动的记录，以便对他设计的预见做连续的预言。在预言好的方面，典型的行为是好还是坏都无关紧要。如果它是用红墨水写的，埃塞俄比亚人就是黑人，如果它是用黑墨水写的，高卢人就是白人，这种情况并不影响文字传达信息。因此，人类行为在什么时候被表示为范例或表示为警告在很大程度上是取决于它们本身是好还是坏。但是，当人类行为与类型或被作为类型记录的时候，只要在行动和所指的事物之间存在一种真实的典型关系，神的代理人的优缺点就无关紧要了。② 在奥古斯丁看来，从预言的角度，典型的行为是好还是坏都无关紧要，换句话说，无论埃塞俄比亚人是黑人，还是高卢人是白人，都无关紧要，最要紧的是行为本身是好还是坏。好与坏的标准在于神的旨意是否贯穿其本质的善，即是否符合神意。只要符合神意，就是埃塞俄比亚人这样的黑人，他们的灵魂也是光明的，是白色的，只要不符合神意，就是高卢人这样的白人，其灵魂也是黑暗的，是黑色的。这样，奥古斯丁通过埃塞俄比亚人和高卢人的黑白对比阐明了善恶区分标准，阐

---

① Ibid, p. 456.
② Augustin, *Reply to Faustus the Manichaean*, XXII, 83, in Phillip Schaff, ed., *NPNF Series 1-4 St. Augustine's City of God and Christian Doctrine*, Grand Rapids, MI: Christian Classics Ethereal Library, 1892, p. 523.

明了皈依基督与不皈依基督的身份标志。

在另一处,奥古斯丁对"打破了蛇的头"进行了隐喻性解释,他认为这是罪孽的开端。那头是受诅咒的部分,夏娃的种子要标示出蛇的头(《创世记》3:15)。因为教会告诫人们不要犯罪,这就像蛇的头一样是罪孽的开端,所有罪恶的开端都是骄傲。因此蛇的头被打破了,被打破了骄傲的妖魔。接着,奥古斯丁写道:

> "你将他赐给埃塞俄比亚人民"这是什么意思?我该如何理解这里的埃塞俄比亚人民?但是这些民族怎么会这样呢?可能是出于黑人,因为埃塞俄比亚人是黑人。他们自称为黑人,事实上确实也是如此,以至于有言道:"你们从前是黑性的,但现在在主里是光明的。"①……这也是人们崇拜的小牛,不相信神,背叛神,寻求埃及人的神,放弃了将他们从埃及人的奴役中解救出来的人,从那里颁布了伟大的圣礼。……这样,魔鬼就随着他的成员的失去而被消耗掉了。这也在摩西的蛇身上找到了。因为魔术师通过铸造展示他们的蛇的杖,也是这样做的。但是,摩西的蛇吞没了那些魔术师的杖。所以现在就让我们感知魔鬼的身体:这就是即将到来的,他被信仰他的外邦人吞噬了,他成为埃塞俄比亚人的肉。这可以再次被感受到"你把他赐给埃塞俄比亚人吃",现在所有的男人该如何撕咬(bite)他。什么是撕咬他呢?那就是通过责备、指责和谴责。正如所说的那样,确实是通过禁止的方式。若相咬相吞,只怕彼此消灭了。② 什么是相咬相吞呢?你们彼此行律法,彼此贬损,相互辱骂。③

---

① 《以弗所书》(5:8):"从前你们是暗昧的,但如今在主里面是光明的,行事为人就当像光明的子女。"
② 《加拉太书》(5:15):"你们要谨慎。若相咬相吞,只怕要彼此消灭了。"
③ Augustin, *Expositions on the Book of Psalms*, Psalm *LXXIV*, 13, in Phillip Schaff, ed., *NPNF Series 1-4 St. Augustine's City of God and Christian Doctrine*, Grand Rapids, MI: Christian Classics Ethereal Library, 1892, p.691.

奥古斯丁强调的埃塞俄比亚人的黑性，指的是皈依基督之前的外邦人，他们从前是黑性的，但现在"在主里是光明的"。这里的"黑性"对应的是主的"光明"。

尼撒的格列高利在批驳阿里乌斯派极端领袖优诺米乌斯时，对耶稣基督进行了讨论，他写道："他（神子耶稣）既不是父亲的父亲，也不是儿子的儿子——父亲未必总是像父亲，儿子也未必总是像儿子，因为在埃塞俄比亚人中只有一位父亲，在斯基泰人中有另一位父亲，他们各自有一位儿子，埃塞俄比亚人是黑皮肤，而斯基泰人则是白皮肤，头发呈金色，除此之外没有更多差别，因为每个父亲都一样，斯基泰人不可能因为埃塞俄比亚人而变成黑皮肤，而埃塞俄比亚人也不可能因为斯基泰人而变成白皮肤。"[1] 格列高利在这里仅仅是说明埃塞俄比亚人与斯基泰人肤色的黑白对比，"除此之外没有更多差别"。这种对比并没有什么种族或文化的褒贬色彩。

杰罗姆在给欧多钦的信中讨论到摩西娶埃塞俄比亚女子为妻的时候写道：

"因此，人要离开父母，与妻子连合，二人成为一体。"（《创世记》2：24）二人不是成为"一个肉体"，[2] 而是成为"一个精神"。你的新郎不是傲慢或轻蔑的，当你倾慕真正的所罗门的智慧并来到他（神）面前时，他（神）已经"与埃塞俄比亚妇女结婚"（《民数记》12：1），他将把所有的知识都告诉你，他会用他高贵的手把你领进他的内室，[3] 他会神奇

---

[1] Gregory of Nyssa, *Against Eunomius*, II, in Phillip Schaff, ed., *NPNF Series 2-5 Gregory of Nyssa: Dogmatic Treatises, Etc.*, Grand Rapids, MI: Christian Classics Ethereal Library, 1892, p. 239.

[2] 《以弗所书》（5：31，32）："为这个缘故，人要离开父母，与妻子连合，二人成为一体。"

[3] 参见《雅歌》（1：4）："愿你吸引我，我们就快跑跟随你。王带我进了内室，我们必因你欢喜快乐。我们要称赞你的爱情，胜似称赞美酒。他们爱你是理所当然的。"

地改变你的肤色,以便对你说:"是谁让你起来,把肤色变白的呢?"①

这里,杰罗姆其实借用了两个关于埃塞俄比亚妇女皈依基督的故事,一是埃塞俄比亚女王示巴因所罗门智慧而皈依基督教,二是摩西娶了埃塞俄比亚女子为妻。杰罗姆把二者一起讨论,认为无论是示巴女王,还是摩西的埃塞俄比亚妻子,她们都因为皈依基督教而"肤色""变白",这里的"肤色"明显不是指皮肤本身的颜色,而是指灵魂的颜色。在信中,杰罗姆还提到自己在沙漠苦修时的艰辛:

> 当我居住在沙漠时,在孤独的幽寂中,有多少人给隐修者提供的是野蛮的住处,那里被灼热的太阳炙烤,我是多么地喜欢在罗马的欢乐之中!我过去时常独自坐着,因为我的内心充满了悲苦。麻布使我畸形的四肢变形了,由于长期的疏忽,我的皮肤已经变得和埃塞俄比亚人一样黑。眼泪和呻吟每天都成为我的重要内容,如果睡意恰好克服了我对它的挣扎,那么我那几乎没有在一起的骨头就会撞在地上。②

这里所说的皮肤变得跟埃塞俄比亚人一样黑是用以形容自己遭受的苦难使皮肤受损,也就是皮肤变黑。

在给保利努斯的信中,杰罗姆列举了耶稣基督的各种奇迹:

---

① Jerome, *Letter XXII. To Eustochium*, 1, in Phillip Schaff, ed., *NPNF Series 2-6 Jerome: The Principal Works of St. Jerome*, Grand Rapids, MI: Christian Classics Ethereal Library, 1892, p. 101.

② Jerome, *Letter XXII. To Eustochium*, 7, in Phillip Schaff, ed., *NPNF Series 2-6 Jerome: The Principal Works of St. Jerome*, Grand Rapids, MI: Christian Classics Ethereal Library, 1892, p. 105.

彼得立即教诲犹太人悔改他们的错误（《使徒行传》2：38）。锡安未曾经历分娩的阵痛就有儿女，这样，一个民族立即得以诞生（《以赛亚书》66：7—8）。教会的迫害者保罗把狼从便雅悯带走（《创世记》49：27），他向基督的一只羊亚拿尼亚低头，当他施洗后，他的视力才恢复了正常（《使徒行传》9：17—18）。通过阅读先知的书，埃塞俄比亚女王干大基的太监为基督的洗礼做好了准备（《使徒行传》8：27—38）。尽管有悖自然（规律），但埃塞俄比亚人确实改变了他们的肤色，豹也确实改变了它的斑点（《耶利米书》13：23）。那些只接受约翰洗礼却不知道圣灵知识的人又重新被洗礼，以免有人认为，那些不圣洁的水足以拯救犹太人或外邦人（《使徒行传》19：1—7）。①

杰罗姆认为，尽管有悖自然规律，但埃塞俄比亚人确实改变了他们的肤色，这里的改变肤色并不是指自然身体的皮肤颜色，而是指皈依基督教后的埃塞俄比亚人改变了他们的灵魂的颜色。

尼撒的格列高利在其著作中提到埃塞俄比亚女王干大基时说："我是腓利，你要成为干大基的太监吗？（《使徒行传》8：36）你还说：'看，这里是水，是什么阻止我受洗的呢？'抓住机会，你们要因祝福大大欢喜，说了这话，就要受洗，受洗后就会得救，哪怕你是埃塞俄比亚人的身体，你的灵魂也会变成白色的。"② 在格列高利看来，只要通过洗礼，皈依基督，人就会得救，这样，就算是黑皮肤，其灵魂也会变成白色，这样就实现了从皮肤的黑到灵魂的白的转变。

---

① Jerome, *Letter LIII. To Paulinus*, 6, in Phillip Schaff, ed., *NPNF Series 2-6 Jerome: The Principal Works of St. Jerome*, Grand Rapids, MI: Christian Classics Ethereal Library, 1892, pp. 361-362.

② Saint Gregory of Nazianzen, *Oration XL The Oration on Holy Baptism*, XXVI, in Phillip Schaff, ed., *NPNF Series 2-7 Cyril of Jerusalem, Gregory Nazianzen*, Grand Rapids, MI: Christian Classics Ethereal Library, 1892, p. 735.

大巴西尔（约330—379年）在批判了阿里乌斯派后写道："事实上，我对他的疏远态度更加坚定了。我认为埃塞俄比亚人是永远不会改变其肤色的，豹子永远也不会改变其斑点，在刚愎乖张的教义中成长起来的人，永远都不能擦掉他的异端污点。"[①] 大巴西尔把阿里乌斯派比喻为埃塞俄比亚人的黑性皮肤、豹子的斑点，认为他们的教义"刚愎乖张"，是"异端污点"。这里的埃塞俄比亚人的肤色从外在有形的比喻看，是它的自然黑色，从隐喻的角度看，是指偏离基督教正统教义的歪理邪说。

安布罗斯（339—397年）为了证明意志、召唤和诫命是一体的，举了以伯米勒搭救耶利米先知的例子，他写道："不要像犹太人那样鄙视先知们曾预言的圣子，因为那样你也鄙视圣灵，鄙视以赛亚先知，鄙视耶利米先知。上帝拣选出来的耶利米先知得以通过破布和绳子从那犹太人的土坑里被挖出来（《耶利米书》38：11）。因为鄙视先知话语的犹太人把他扔进了坑里，也没有发现任何犹太人去把先知拉出来，正如经文所见证的那样，倒是有一个名叫以伯米勒的埃塞俄比亚人把他拉了出来。"[②] 埃塞俄比亚人以伯米勒虽然是外邦人，但是他被神拣选，遵从了神的旨意，倾听了神的召唤，遵守了神的诫命，因此，他的灵魂也得救了。不仅如此，安布罗斯还进一步对这位埃塞俄比亚人的黑白关系进行了深入分析。他写道：

> 这些叙述才是非常漂亮的重点。也就是说，我们这些外邦的罪人提前通过我们的罪过变黑了，我们从深处提出了先知的

[①] Basil the Great, *Letter CXXX*, *To Theodotus bishop of Nicopolis*, in Phillip Schaff, ed., *NPNF Series 2-7 Basil*: *Letters and Select Works*, Grand Rapids, MI: Christian Classics Ethereal Library, 1892, p. 574.

[②] Ambrose, *On the Holy Spirit*, *To the Emperor Gratian*, II, X, 111, in Phillip Schaff, ed., *NPNF Series 2-10 Ambrose*: *Selected Works and Letters*, Grand Rapids, MI: Christian Classics Ethereal Library, 1892, p. 315.

话语，这些话语正如所发生的那样，被犹太人压制到他们心灵和肉体的泥潭之中。因此，经上说："埃塞俄比亚将要把她的手伸向上帝。"（《诗篇》68：31）这正是象征着神圣教会的出现，正如《雅歌》所说："耶路撒冷的众女子阿，我虽然黑，却是秀美。"（《雅歌》1：5）黑色通过罪恶，秀美通过优雅，黑色是自然情形，秀美通过救赎，当然，可以这样说，被她辛勤劳动的尘土染成黑色。因此，当她戴上胜利的装饰品时，她是黑色而战斗的，是黑色而秀美的。①

安布罗斯认为，外邦人的罪过是黑色的，埃塞俄比亚人是外邦人，当然其自然肤色也是黑色的，但是当神圣的教会出现时，作为"自然情形"的黑色、"被她辛勤劳动的尘土染成"的黑色等这些罪恶，在通过神圣教会的优雅和救赎，"戴上胜利的装饰品时"，这些罪恶就得到了拯救，从而变成秀美。

大格列高利（540—604 年）在写给多米提安②的信中说："尽管我为波斯人的皇帝没有皈依基督教而感到难过，但我还是为你向他传播基督教信仰而欢喜，因为，尽管他还没有被认为是值得光明正大的，但你的圣洁会得到你传道的报答。因为埃塞俄比亚人也在浴缸里变黑了，但浴室的管理员仍然收到了他的薪水。"③ 格列高利在这里借用虽然经过努力也没有皈依基督教的波斯皇帝来类比在浴缸里变黑的埃塞俄比亚人，很明显，这里变黑的埃塞俄比亚人就

---

① Ambrose, *On the Holy Spirit*, *To the Emperor Gratian*, II, X, 112, in Phillip Schaff, ed., *NPNF Series 2 - 10 Ambrose：Selected Works and Letters*, Grand Rapids, MI：Christian Classics Ethereal Library, 1892, p. 316.

② 多米提安是罗马帝国治下的亚美尼亚的梅利泰内主教，也是罗马皇帝莫里斯的亲戚。他在当时受命与波斯国王科斯洛埃斯二世（公元 590—628 年在位）进行谈判。

③ Gregory the Great, *Epistle LXVII to Domitian*, *Metropolitan*, in Phillip Schaff, ed., *NPNF Series 2 - 12 Leo the Great*, *Gregory the Great*, MI：Christian Classics Ethereal Library, 1892, p. 901.

是指皈依前的外邦人，这些人是黑色的，"没有被认为是值得光明正大的"。尽管埃塞俄比亚人在浴缸里变黑了，但是这并不影响浴室管理员的薪水，即并不影响基督教的光明正大，也不影响"你"传道的圣洁。

《关于信仰的七首赞美诗》在描绘埃塞俄比亚人的"黑"与上帝之光的"白"时写道：

> 正如经上所说，埃塞俄比亚的珍珠闪闪发光，他把你交给了黑人的埃塞俄比亚[土地]（《约伯记》28：19）。他把光交给了外邦人，无论埃塞俄比亚人还是印度人那里，他（神）的明亮的光都得以到达。在自己马车上的埃塞俄比亚太监看到了腓利，光明的羔羊在水里遇到了黑暗的人。当他在阅读《圣经》的时候，这位埃塞俄比亚人就受洗了，满脸欢喜，并继续前行！他使人做了门徒，又教导人，又使人从黑人变成白人，黑色的埃塞俄比亚女人们变成了圣子的珍珠，他（圣子）又把她们献给圣父，作为埃塞俄比亚人闪闪发光的王冠。示巴女王是一只代替狼的羔羊，所罗门王给予她真理的羔羊，当他跌倒时，他与她结婚。她得到了光明启发并离开了，但他们的举止是很黑暗的。随着那个有福的女王而来的明亮的火花在黑暗中闪闪发光，直到新春的来临。明亮的火花与这光明相遇，照亮了那地。①

在埃塞俄比亚人皈依基督教之前，无论其自然性皮肤的颜色还是其灵魂的颜色，都是黑的，但是，在成为耶稣的门徒之后，他们就从"黑人"变成了"白人"，变成了"圣子的珍珠"而闪闪发

---

① *The Pearl. Seven hymns on the Faith*, *Hymn III*, 2-3, in Phillip Schaff, ed., *NPNF Series 2-13 Gregory the Great (II)*, *Ephraim Syrus*, *Aphrahat*, New York: Christian Literature Publishing Co., 1892, p.525.

光。这种黑白对比关系十分清晰。

仅从肤色而言，黑皮肤与白皮肤的对比是最为鲜明的，甚至可以说它们是完全相反的两个极端。早期基督教作家在阐述基督教的教义，特别是关于基督教的普世主义时，如何通过教义的解释来协调和统一外在的肤色两极，是摆在他们面前的一大难题。如果回到基督教作家的文本及其阐述的神学语境中考察，就会发现，从整体上看，基督教作家把埃塞俄比亚人作为外邦人的一部分，也是作为最典型的部分，纳入基督教的普世主义。对此，奥古斯丁曾有明确的阐述：

> 他以埃及或埃塞俄比亚的名义，预示了从部分到全部的所有国家的信仰。……因为他借着埃及和埃塞俄比亚，预示了全世界的国家，很快，他使地上的国都归顺于神。……那么，埃塞俄比亚，这个被认为是外邦人的最大限度的国家，在没有法律的情况下，因信仰而被称为正义……
>
> 他借着埃塞俄比亚人，如同借着整体的一部分，指示万国，拣选那在地极的国，特指那国的名。借着"在他面前必跌倒"的意思，必敬拜他。因为在世界上不同的地方会有分裂，他们会嫉妒天主教会在全世界传播开来，同样的分裂又会把自己划分成人的名字，通过爱那些他们曾被撕裂的人，反对遍布全地的基督的荣耀。因此，当他说："埃塞俄比亚人必在他面前仆倒，"他又补充说，"他的仇敌必舔地。"就是说，要爱人，使人嫉妒基督的荣耀。有人对他说："神啊！愿你的荣耀高过诸天，在全地之上。"因为人必听见说："你是地，你要往地上去。"借着舔这地，就是喜悦这些人虚妄的权柄，借着爱他们，借着把他们当作人中最喜悦的，他们就否认神的话，据此，天主教会被预言，这不是关于世界上任何特定地区的预言，也不是对某些分裂教会的预言，而是对甚至延伸到可以结果实的埃塞俄比亚人——整个人类最遥远、最肮脏的地

方——那里的整个宇宙的预言。①

在基督教作家看来，只要信仰上帝，皈依基督教，任何人，不分民族、种族、性别、地位，都可以成为神的子民，都可以分享神的光明。这些人不仅包括欧洲人、亚洲人、非洲人，而且包括上帝所创造的世界上的所有居民；同样，他们不仅包括白种人、黄种人，也包括以世界上皮肤最黑的埃塞俄比亚人为代表的黑人。无论什么人，只要成为基督徒，就是光明的、圣洁的，一言以蔽之，就是白色的。

那么，作为外邦人，特别是作为皮肤漆黑的埃塞俄比亚人，如何才能变成白色的呢？基督教作家在其普世主义的理论框架下，引经据典，冗长拖沓地进行了反复而详细的论述。尽管论证过程极其烦冗，但其根本要义十分简单，那就是信仰上帝，皈依基督教，沐浴着神的光辉，其灵魂就会变白，人就会成圣。上面提到的《关于信仰的七首赞美诗》对这一转变过程做了经典的描述。在埃塞俄比亚人皈依基督教之前，无论其自然性的皮肤的颜色还是灵魂的颜色及其"举止"，都是黑的，但是，在成为耶稣的门徒之后，在沐浴神的"正义之光"之后，他们就从"黑人"变成了"白人"，变成了"圣子的珍珠"而闪闪发光。这样，世界上皮肤最黑的埃塞俄比亚人通过信仰和皈依就变成了白色的，这种黑白对比关系十分清晰明了。

这样，对于基督教的普世主义，基督教作家从理论框架到具体实践都给出了明确的答案，从而解决了最为夸张的人类身体自然特征的极端所带来的意识形态的张力问题。因此，就基督教作家关于埃塞俄比亚人的黑性的整体内容看，其中心和主旨根本不在于对埃

---

① Augustin, *Expositions on the Book of Psalms*, in Phillip Schaff, ed., *NPNF Series 1-8 St. Augustine*: *Exposition on the Book of Psalms*, MI: Christian Classics Ethereal Library, 1892, pp. 535-536, 592-593.

塞俄比亚人黑性的指责，更谈不上具有任何种族主义色彩的歧视和偏见，也不能成为现代种族主义者的理论依据。那种认为犹太人和非白人能够成为基督徒"不是作为上帝家庭的继承人，而是作为奴仆"，因为"他们不是亚伯拉罕的后裔，他们不会分享以色列的遗产"①的观点显然是站不住脚的，至少在基督教作家关于黑人的黑性叙述中是与历史和文本内容不相符的，更与其神学语境的阐释不相符。

不过，从另一方面看，早期基督教作家对埃塞俄比亚人肤色的描写延续了希腊罗马人的认识传统，即认为他们是生活在"日落处"和"日出处"的世界上最遥远的地方的人，由于他们离太阳最近，因此他们的皮肤被太阳晒黑，是世界上最黑的人。不仅如此，基督教作家在阐释或者捍卫基督教教义的时候，时常把皈依基督教之前的埃塞俄比亚人的黑性与异教者、野蛮人、恶人、邪恶等负性称呼相等同，说他们出身低微、卑贱，是黑暗而卑贱的种族等，刻意对他们进行丑化。其中，对埃塞俄比亚人的黑性丑化得淋漓尽致的可能要算前述《新约伪经》的描述，它直接称埃塞俄比亚人像魔鬼，黑得像煤炭，脸像狗脸，脸颊瘦削，头发下垂到脚边，眼睛像火，嘴里冒出火花，鼻孔里冒硫黄一样的烟，翅膀像豪猪的刺，双手被火红的镣铐束缚。这些描写可以说已经把埃塞俄比亚人丑化到了极致。这种为了达到鲜明对比效果而淋漓尽致丑化对立面的极端手法，又使其滑向了另一个极端，从而为批判者落下了口实。正因为如此，有学者指出："基督教普世主义的积极方面并不构成其全部图景。早期基督教普世主义的各种形式虽然不是纯粹的种族主义或原始种族主义（proto-racist），但是它们却适应了古代的歧视逻辑，并可以支持现代种族主义的解释。这种负面遗产可能在作为基督徒协调基督教内部差异的方法时，在突出肤色、面相

---

① Jarah B. Crawford, *Last Battle Cry: Christianity's Final Conflict with Evil*, Middlebury, VT: Jann Publishing, Inc., 1984, p. 67.

与文化差异方面表现得最为明显,这种明显是通过差异的'显著'形式来说明的,特别是犹太性(Jewishess)、黑性(blackness)和埃塞俄比亚性(Ethiopianness)等形式。"[1] 基督教作家的确是为了阐述其普世主义教义,不断地强化、极力地渲染埃塞俄比亚人的"埃塞俄比亚性"(如卷头发、厚嘴唇)、"黑性"等突出特征,从而为其普世主义真理提供理论反面依据,但其带来的必然副产品是对它的非议或争议。正如有学者认为的那样,即使基督教宣称的"黑色坏"(black-bad)、"白色好"(white-good)这种对等用法对肤色没有任何意义,但"在早期基督教著作中,反复地强调身体的黑色与精神的白色之间的区别,也难免给人一种很不舒服的鸡皮疙瘩之感"。[2] 正是这种"不舒服的鸡皮疙瘩之感"为后来的基督教社会乃至近现代西方社会的种族主义思潮提供了理论借口的土壤,并增添了肥料。长期以来,在西方的黑色形象研究中,黑色是与以下特征相联系的——忧郁、悲哀、暗黑、恐惧、死亡、恐怖、惊悚、邪恶、丧事、污秽、覆灭,相反,白色则具有以下特征——胜利、光明、圣洁、高兴、纯洁、再生、幸福、欢乐、和平、温柔、精美等。[3] 在一定程度上讲,早期基督教作家对这种黑白关系的形塑起到了推波助澜的作用,也为后世的种族主义者提供了理论依据,并把反种族主义者置于尴尬难堪的境地。

---

[1] Denise Kimber Buell, "Early Christian Universalism and Modern Forms of Racism", in Miriam Eliav-Feldon, Benjamin Isaac and Joseph Ziegler, eds., *The Origins of Racism in the West*, New York: Cambridge University Press, 2009, p. 111.

[2] B. M. Warmington, "*Blacks in Antiquity*, by F. M. Snowden, Jr. (Review)", *African Historical Studies*, 4, 1971, p. 385.

[3] Kenneth J. Gergen, "The Significance of Skin Color in Human Relations", in *Daedalus*, 96, Spring 1967, p. 397.

第 五 章
希腊罗马传统中的"埃塞俄比亚瘟疫发源地"说

至少从公元前5世纪末以降，在整个地中海世界一直流传着一种说法，即人类的瘟疫都发源于埃塞俄比亚，我们把它称为"埃塞俄比亚瘟疫发源地"说。这种说法在整个地中海世界非常盛行，甚至14世纪欧洲的黑死病还有人认为起源于埃塞俄比亚。该说其实形成于希腊传统中，是前述希腊人对埃塞俄比亚（人）认识的延续，反映出希腊人对埃塞俄比亚人的态度以及罗马人对希腊人认识的继承与变化，在很大程度上，它也能从侧面反映出希腊罗马人（包括基督教传统）对古代黑人的态度，为我们考察古代世界中的黑人问题提供了一个非常重要的视角。不仅如此，该说还反映了希腊罗马传统的继承性以及希腊罗马传统对后世西方社会文化传统的深刻影响。因此，对该说的考察，不仅可以加深我们对希腊罗马人对埃塞俄比亚（人）态度的认识，还原后世西方对它认识的真实面目，还有助于管窥西方传统中与之相关的诸多现象。

修昔底德在《伯罗奔尼撒战争史》中关于公元前430—前426年雅典瘟疫的记载是人类历史上第一次对地中海世界瘟疫的详细记录。此后，到1348年的欧洲黑死病之前，地中海世界多次暴发大规模的瘟疫，其中，影响最大、史料记载最丰富的两次瘟疫可能要算雅典瘟疫和公元541年的查士丁尼瘟疫了。关于这两次瘟疫,文献在说明它们的起源地时都不约而同地认为是埃塞俄比亚。国内外学术界对这两次大瘟疫的研究成果比较丰富,内容涉及瘟疫本身及与其相关的各方面,[①] 其中争论最激烈的问题之一是这两次瘟疫的

[①] 关于雅典瘟疫的研究成果主要包括:D. L. Page, "Thucydides' Description of the Great Plague at Athens", *Classical Quarterly*, Vol. 3, No. 3/4, 1953, pp. 97 – 119; W. P. MacArthur, "Athenian Plague: A Medical Note", *Classical Quarterly*, Vol. 4, No. 3/4, 1954, pp. 171 – 174; R. J. & M. L. Littman, "The Athenian Plague: Smallpox", *Transactions of the American Philological Association* (*TAPA*), Vol. 100, 1969, pp. 261 – 275; J. C. F. Poole and J. Holladay, "Thucydides and the Plague of Athens", *Classical Quarterly*, Vol. 29, No. 2, 1979, pp. 282 – 300; Alexander D. Langmuir et al., "The Thucydides Syndrome: A New Hypothesis for the Cause of the Plague of Athen", *The New England Journal of Medicine*, Vol. 313, No. 16, 1985, pp. 1027 – 1030; David M. Morens and Robert J. Littman, "Epidemiology of the Plague of Athens", *TAPA*, Vol. 122, 1992, pp. 271 – 304; Thomas E. Morgan, "Plague or Poetry? Thucydides on the Epidemic at Athens", *TAPA*, Vol. 124, 1994, pp. 197 – 209; Jane Bellemore, Ian M. Plant and Lynne M. Cunningham, "Plague of Athens—Fungal Poison?", *Journal of the History of Medicine and Allied Sciences*, Vol. 49, No. 4, 1994, pp. 521 – 545; Patrick Olson, "The Thucydides Syndrome: Ebola Déjà vu? (or Ebola Reemergent?)", *Emerging Infectious Diseases*, Vol. 2, No. 2, 1996, pp. 155 – 156; Allison Brugg, "Ancient Ebola Virus?", *Archaeology*, Vol. 49, No. 6, 1996, https://archive.archaeology.org/9611/newsbriefs/ebola.html; Bernard Dixon, "Ebola in Greece?", *British Medical Journal*, Vol. 313, No. 7054, 1996, p. 430; Constance Holden, "Ebola: Ancient History of 'New' Disease?", *Science*, Vol. 272, Iss. 5268, 1996, p. 1591; Christine A. Smith, "Plague in the Ancient World: A Study from Thucydides to Justinian", *The Student Historical Journal*, Vol. 28, Loyola University, New Orleans, 1996 – 1997, pp. 1 – 19; Robin Mitchell-Boyask, *Plague and the Athenian Imagination: Drama, History and the Cult of Asclepius*, Cambridge: Cambridge University Press, 2008; Robin Mitchell-Boyask, "Plague and Theatre in Ancient Athens", *Lancet*, Vol. 373, No. 9661, 2009, pp. 374 – 375; 刘榕榕《试析伯罗奔尼撒战争中的瘟疫问题》,《廊坊师范学院学报》(社会科学版) 2010年第6期;吴春妍《浅析古代欧洲瘟疫的流行及其对社会发展的影响——从雅典瘟疫到查士丁尼瘟疫》,硕士学位论文,东北师范大学,2005年;宋长嬿《论伯罗奔尼撒战争期间的瘟疫对古希腊的影响》,硕士学位论文,辽宁大学,2011年;等等。关于查士丁尼瘟疫的研究成果主要有:John W. Barker, *Justinian and the Later Roman Empire*, Madison: University of Wisconsin Press, 1966; Michael W. Dols, "Plague in Early Islamic History", *Journal of the American Oriental Society*, Vol. 94, No. 3, 1974, pp. 371 – 383; Christine A. Smith, "Plague in the Ancient World: A Study from Thucydidesto Justinian",

起源地到底是不是非洲的埃塞俄比亚。对此，持赞同者大有人在，持怀疑态度者亦不在少数，坚决反对的人也很多。

著名古典史学家伯里在《晚期罗马帝国史》中讨论查士丁尼瘟疫的时候直接采用了基督教作家关于瘟疫起源于埃塞俄比亚的说法。[①] 1976 年，著名历史学家麦克尼尔指出，人类生活区域有三个形成较早的疫源地，即喜马拉雅山麓疫源地、邻近中非的大湖地区

The Student Historical Journal, Vol. 28, Loyola University, New Orleans, 1996 – 1997, pp. 1 – 19; Dionysios Stathakopoulos, "The Justinianic Plague Revisited", *Byzantine and Modern Greek Studies*, Vol. 24, 2000, pp. 256 – 276; Peter Sarris, "The Justinianic Plague: Origins and Effects", *Continuity and Change*, Vol. 17, No. 2, 2002, pp. 169 – 182; Dionysios Stathakopoulos, *Famine and Pestilence in the Late Roman and Early Byzantine Empire: A Systematic Survey of Subsistence Crises and Epidemics*, Burlington: Ashgate Publishing Company, 2004; Peregrine Horden, "Mediterranean Plague in the Age of Justinian", in Michael Maas, edited, *The Cambridge Companion to the Age of Justinian*, Cambridge: Cambridge University Press, 2006, pp. 134 – 160; Lester K. Little, ed., *Plague and the End of Antiquity, The Pandemic of 541 – 750*, Cambridge: Cambridge University Press, 2007; Nancy Benovitz, "The Justinianic Plague: Evidence from the Dated Greek Epitaphs of Byzantine Palestine and Arabia", *Journal of Roman Archaeology*, Vol. 27, 2014, pp. 487 – 498。需特别说明的是，Lester K. Little 编辑的 *Plague and the End of Antiquity, The Pandemic of 541 – 750* 这套论文集收录专门讨论查士丁尼瘟疫（及其复发）的 12 篇论文，内容涉及历史学、考古学、流行病学、分子生物学，包括瘟疫的起源、传播、死亡率及其对经济、社会、政治和宗教的影响等，涉猎面十分广泛；研究地域不仅包括东地中海地区，还包括西班牙、英格兰、爱尔兰等广袤的地中海世界。该论文集在一定程度上代表了关于查士丁尼瘟疫的最新、最具代表性的研究成果。在中国学者方面，陈志强教授及其团队对查士丁尼瘟疫进行过较为系统的研究，并发表了许多高质量的系列论文，主要包括：陈志强《"查士丁尼瘟疫"考辨》（《北大史学》第 11 辑，北京大学出版社 2005 年版）、《"查士丁尼瘟疫"考辨》（《世界历史》2006 年第 1 期）、《研究视角与史料——"查士丁尼瘟疫"研究》（《史学集刊》2006 年第 1 期）、《地中海世界首次鼠疫研究》（《历史研究》2008 年第 1 期）、《"查士丁尼瘟疫"影响初探》（《世界历史》2008 年第 2 期）、《现代拜占廷史学家的"失忆"现象——以"查士丁尼瘟疫"研究为例》（《历史研究》2010 年第 3 期）等。另有崔艳红《查士丁尼大瘟疫述论》（《史学集刊》2003 年第 3 期），刘榕榕、董晓佳《浅议"查士丁尼瘟疫"复发的特征及其影响》（《世界历史》2012 年第 2 期）等。

① J. B. Bury, *History of the Later Roman Empire: From the Death of Theodosius I to the Death of Justinian*, Vol. II, p. 62.

第五章　希腊罗马传统中的"埃塞俄比亚瘟疫发源地"说　333

以及从满洲里到乌克兰的欧亚大草原。①萨里斯以此为依据，认为查士丁尼瘟疫起源于这其中一个疫源区，在否定了喜马拉雅山麓及欧亚大草原来源说后，他认为瘟疫只可能来自中非的大湖地区，因此，查士丁尼瘟疫的起源之谜也就得到了解决。②此后，萨里斯更从地缘政治的角度分析，认为把查士丁尼瘟疫起源地归结于埃塞俄比亚更合适。③霍登在分析查士丁尼瘟疫的起源和传播路线时，理所当然地认为瘟疫是"从中非经过桑给巴尔和阿克苏姆的基督教王国埃塞俄比亚"传播而出。④基斯比较详细地探讨了查士丁尼瘟疫的埃塞俄比亚发源地说后，认为"公元6世纪的流行病（即查士丁尼瘟疫）起源于非洲而非亚洲的证据是很明显的。……当时的主要文献记载者、出生于叙利亚的历史学家埃瓦格里乌斯事实上已经记录了瘟疫来自非洲（埃塞俄比亚）"。⑤他在注释中还特别说明："第一次明确阐明公元6—7世纪瘟疫起源于非洲而非亚洲的是彼得·萨里斯未发表的论文《查士丁尼瘟疫——可能的起源与可能的影响》（The Justinianic Plague—Probable Origins, Possible Effects），该文是为1993年5月在牛津大学举办的研讨班而准备的。"⑥换句话说，作者不仅赞同萨里斯的说法，而且进一步为该

---

① 威廉·H. 麦克尼尔：《瘟疫与人》，余新忠、毕会成译，中国环境科学出版社2010年版，第75页；William H. McNeill, *Plagues and Peoples*, New York: Anchor Press/Doubleday, 1976, p. 120.

② Peter Sarris, "The Justinianic Plague: Origins and Effects", *Continuity and Change*, Vol. 17, No. 2, 2002, pp. 170 – 172.

③ Peter Sarris, "Bubonic Plague in Byzantium: The Evidence of Non-Literary Sources", in Lester K. Little, ed., *Plague and the End of Antiquity, The Pandemic of 541 – 750*, p. 123.

④ Peregrine Horden, "Mediterranean Plague in the Age of Justinian", in Michael Maas, edited, *The Cambridge Companion to the Age of Justinian*, Cambridge: Cambridge University Press, 2006, p. 135.

⑤ David Keys, *An Investigation into the Origins of the Modern World*, New York: The Ballantine Publishing Group, 1999, p. 32.

⑥ David Keys, *An Investigation into the Origins of the Modern World*, p. 290, note 9.

说法提供了证明。

在分析雅典瘟疫的时候，萨拉里斯对"埃塞俄比亚瘟疫发源地说"表示怀疑，但认为它一定与埃及和波斯有关系。"修昔底德并没有对（瘟疫起源于埃塞俄比亚）这一说法有后续说明，即使对后来的历史学家把修昔底德作为写作的模仿对象并把瘟疫的起源地定位于'埃塞俄比亚'表示怀疑可能是正确的，但我们没有理由对修昔底德的叙述表示怀疑。瘟疫起源于埃塞俄比亚的信息只是道听途说。雅典人很可能关于埃塞俄比亚发生了什么的可靠信息都很少，甚至根本没有。但是……没有理由不相信埃及和波斯帝国的大部分地区会受到流行病（瘟疫）的影响。"[①] 作者尽管对修昔底德记载的埃塞俄比亚瘟疫发源地说表示怀疑，但认为发生在邻近埃塞俄比亚的埃及是完全可能的，而且认为雅典瘟疫本身也是毋庸置疑的。史密斯对查士丁尼瘟疫的埃塞俄比亚发源地说也持怀疑态度，认为古代作家关于瘟疫起源于埃塞俄比亚的记载带有古代人对埃塞俄比亚的偏见，"埃瓦格里乌斯说瘟疫开始于阿克苏姆（今天的埃塞俄比亚和东苏丹），他的观点可能根植于当时的疾病来源于热带地区这一传统偏见"。[②] 埃瓦格里乌斯作品的权威研究者阿伦在对埃瓦格里乌斯作品进行注释时也认为，他的"埃塞俄比亚瘟疫起源说"很可能是继承了古代历史学家对埃塞俄比亚地区的偏见。[③] 津瑟也说："通常认为的埃塞俄比亚起源是很模糊的，有一种古老而传统的怀疑论认为，疾病通常来源于埃塞俄比亚。"[④] 这

[①] Robert Sallares, *The Ecology of the Ancient Greek World*, Ithaca, New York: Cornell University Press, 1991, pp. 253 – 254.

[②] Christine A. Smith, "Plague in the Ancient World: A Study from Thucydides to Justinian", *The Student Historical Journal*, Vol. 28, Loyola University, New Orleans, 1996 – 1997, p. 5.

[③] Pauline Allen, *Evagrius Scholasticus, the Church Historian*, Lovain: Spicilegium sacrum lovaniense, 1981, p. 190.

[④] Hans Zinsser, *Rats, Lice and History*, New Brunswick, New Jersey: Transaction Publishers, 2008, p. 145.

些看法都表明，不少学者对于两次瘟疫的埃塞俄比亚起源说持怀疑态度。

当然，对于查士丁尼瘟疫的埃塞俄比亚起源说持否定态度的也大有人在。法国学者迪蓬就对那些接受瘟疫的埃塞俄比亚起源说的历史学家表示不屑，认为那些关于瘟疫起源于炎热的南部地区的解释仅仅是一种先验性的假设，而这种假设是基于有利于特定疾病（如鼠疫、天花）的气候条件和地理环境类型的希腊观念的。[1] 菲利普森则以查士丁尼瘟疫时期埃塞俄比亚的历史与考古材料为依据，证明在同时期的埃塞俄比亚找不到发生瘟疫的任何文献及考古证明。"并没有任何来自阿克苏姆地方的关于瘟疫本身的关键考古证据。这里没有关于突然的、大规模的死亡的迹象，比如大规模的墓葬地或者随意的埋葬之类的。……很明显，在阿克苏姆没有这种瘟疫与经济后果之间的联系。"[2]

关于两次瘟疫起源地的争论对于深入认识古代地中海世界的瘟疫固然具有重要的学术价值，但是，学者们在讨论瘟疫起源地的时候，都忽略了一个非常重要且非常奇怪的现象，那就是，对记载最为详细的雅典瘟疫和查士丁尼瘟疫，不管修昔底德还是后来的基督教作家，他们在说明瘟疫的起源地时都不约而同地认为是埃塞俄比亚，换句话说，埃塞俄比亚是人类瘟疫的发源地。从未有证据表明修昔底德本人到过埃塞俄比亚，事实上公元前5世纪的希腊人对埃塞俄比亚的了解非常有限，而且他在描述雅典瘟疫的起源时用的是"据说"（λέγεται）起源于埃塞俄比亚，即他本人并没有确切的把握可以肯定瘟疫起源于埃塞俄比亚。埃瓦格里乌斯描述瘟疫起源于埃塞俄比亚时，用的也是"据说"（λέγεται），倒是"当时我正好在那里（拜占庭）"的普洛科皮乌斯直接说"它（瘟疫）是从居

---

[1] F. Dupont, "Pestes d'hier, pestes d'aujourd'hui", *Histoire*, *Économie et Société*, Vol. 3, No. 4, 1984, pp. 511-524.

[2] David W. Phillipson, *Foundations of an African Civilisation*, *Aksum & The Northern Horn 1000BC – AD1300*, Woodbridge: Boydell & Brewer, 2012, pp. 206-207.

住在佩路西乌姆的埃及人那里发生的"。① 至于普洛科皮乌斯这样说的依据和材料来源是什么，他并没有交代，并且他的说法也并没改变后来基督教作家关于这次瘟疫起源于埃塞俄比亚的记载。由此可见，从希腊到晚期古代，关于这两次大瘟疫起源地的记录者都不是埃塞俄比亚瘟疫起源地的真正见证者。但时间相隔1000多年的史家们在这一点的认识上却完全雷同，这显然不是巧合。如果我们撇开前述学者关于埃塞俄比亚瘟疫发源地说的是与非的争论，换个视角考察埃塞俄比亚瘟疫发源地说是如何形成及流传下来的，可能更有利于我们对"埃塞俄比亚瘟疫发源地说"的理解，而且对于理解与西方古代文化传统相关的其他问题也更有裨益。

第一节　"埃塞俄比亚瘟疫发源地"说的流传

公元前430年，雅典暴发了地中海世界有文献记载的第一次大瘟疫，而记载这次瘟疫的主要文献是修昔底德的《伯罗奔尼撒战争史》。② 虽然修昔底德说"这种瘟疫过去曾在雷姆诺斯附近许多地区和其他地方流行过"，但并无文献对此前的这些流行病有记载，故其具体情况并不清楚。修昔底德记载："据说，这种（雅典）瘟疫起源于上埃及的爱西屋比亚（埃塞俄比亚），由那里传布到埃及本土和利比亚，以及波斯国王的大部分领土内。它在雅典突然出现，首先得这种病的是庇里犹斯的居民。"③ 在这里，修昔底德只是说"据说"（λέγεται）瘟疫起源于埃塞俄比亚，但到底是根据谁所说，他并没有进一步说明。公元前396

---

① 普洛科皮乌斯：《战争史》，王以铸译，商务印书馆2010年版，第181页。
② 修昔底德：《伯罗奔尼撒战争史》，第137—142页。
③ 修昔底德：《伯罗奔尼撒战争史》，第137—138页。

年，迦太基人围攻叙拉古，据狄奥多罗斯记载，一场瘟疫袭击了迦太基军队，对迦太基人造成了毁灭性的打击，以至于叙拉古的狄奥尼修斯能轻松地对虚弱的迦太基军队发动进攻并打败他们。① 狄奥多罗斯的叙述是现存的描述这场瘟疫的唯一记载，对于这次瘟疫的起源地并无明确的信息，但他说："此前雅典人曾占领过此地，很多人由于瘟疫而丧生。"② 有学者认为，根据流行病的正常周期一般为30年或者40年的规律，以及狄奥多罗斯的记载，这场瘟疫与雅典瘟疫是同一种疾病（天花），而且就是公元前430年雅典瘟疫的复发。③ 如果说迦太基瘟疫真是雅典瘟疫的复发或延续，那么，根据修昔底德的说法，这次瘟疫的最初起源地也就是埃塞俄比亚。

公元542—543年发生在君士坦丁堡的大瘟疫是一场史无前例的大灾难，由于它发生在拜占庭帝国查士丁尼皇帝统治时期（公元527—565年在位），史称"查士丁尼瘟疫"。这次瘟疫所造成的灾难远远超过了公元前430年的雅典大瘟疫，死亡人数之多，只有14世纪席卷欧洲的黑死病可与之相比。关于这次大瘟疫的记录是欧洲历史上对鼠疫病例最早的明确记载。④ 古代作家对这次瘟疫的记载是历次古代地中海世界瘟疫记载中最为详细、资料最多的，有学者统计至少有10种拜占庭原始文献对它有所涉及。⑤ 其中，记录最详细，同时也记载了这次瘟疫发源地的是基督教史家普洛科皮

---

① Diodorus Siculus, *The Persian Wars to the Fall of Athens*, translated by Peter Green, Austin: University of Texas Press, 2010, 14, 70, 4.

② Diodorus Siculus, *The Persian Wars to the Fall of Athens*, 14, 70, 5.

③ R. J. Littman, "The Plague at Syracuse: 396 B. C.", *Mnemosyne*, Fourth Series, Vol. 37, Fasc. 1/2, 1984, pp. 110 – 116.

④ Ghristine A. Smith, "Plague in the Ancient World: A Study from Thucydides to Justinian", p. 4.

⑤ 关于这些文献的详细讨论，见陈志强《地中海世界首次鼠疫研究》，《历史研究》2008年第1期；另可参见崔艳红《查士丁尼大瘟疫述论》，《史学集刊》2003年第3期。

乌斯的《战争史》和埃瓦格里乌斯的《教会史》。普洛科皮乌斯在描述瘟疫的起源和路线时写道："它是从居住在佩路西乌姆的埃及人那里发生的。"[1] 埃瓦格里乌斯则说："据说这场瘟疫来自埃塞俄比亚。"[2] 埃瓦格里乌斯对于查士丁尼瘟疫的埃塞俄比亚发源地记载似乎成为定论，成为后世关注这次瘟疫发源地的重点。此后，众多的基督教作家都沿用查士丁尼瘟疫发源于埃塞俄比亚的说法。如公元6世纪末的基督教作家埃德萨的雅各说大瘟疫于希腊年853年（公元541—542年）产生于古实（即埃塞俄比亚），并于希腊年854年（公元542—543年）传播到整个东部。叙利亚的迈克说瘟疫在南方大地上到处蔓延。他引用了以弗所的约翰的话，[3] 说瘟疫是从印度东南部国家的内陆（或遥远的）居民那里开始的，也就是从埃及边境的库什、希姆娅尔（即亚曼）及其他地方开始的。米提林尼的撒迦利亚也认为瘟疫的发源地在埃及边境的埃塞俄比亚。[4] 由此可见，认为查士丁尼瘟疫起源于埃塞俄比亚的基督教作家不仅是埃瓦格里乌斯，众多的基督教史家都持该说。

　　查士丁尼瘟疫不仅流行于君士坦丁堡，此后近半个世纪里，先后四次复发，范围几乎包括整个地中海世界的主要城市和地区。这四次复发分别是：公元558年春主要在君士坦丁堡的首次复发，公元571—573年在君士坦丁堡、意大利和高卢等地的第二次复发，公元590—592年在罗马、拉文那及伊斯特里亚等地

---

[1] 普洛科皮乌斯：《战争史》，第181页。

[2] Evagrius, *A History of the Church in Six Books*, *from A. D. 431 to A. D. 594*, a new translation from the Greek, with an account of the author and his writings, London: Samuel Bagster and Sons, 1846, IV, 29.

[3] (John of Ephesus) Amir Harrak, *The Chronicle of Zuqnīn*, Part III, Toronto: Pontifical Institute of Mediaeval Studies, 1999, III, 543 – 544.

[4] Michael G. Morony, " 'For Whom Does the Writer Write?': The First Bubonic Plague Pandemic According to Syriac Sources", in Lester K. Little, ed., *Plague and the End of Antiquity*, pp. 62 – 63.

区的第三次复发，公元597年在萨洛尼卡地区及君士坦丁堡的第四次复发。这些复发给拜占庭帝国及地中海世界带来了巨大的灾难。关于这四次瘟疫复发的文献材料，主要来源仍然是包括前述史家在内的基督教作家。① 由于这些瘟疫都是查士丁尼瘟疫的复发，因此，它们的发源地毫无疑问也就是查士丁尼瘟疫的起源地，换句话说，这些瘟疫的发源地都是埃塞俄比亚。事实上，这四次复发不只是在罗马-拜占庭境内发生，在公元6世纪后期，沙特阿拉伯还有一次后来被称为"象战瘟疫"("Elephant War epidemic")（569—571）的天花瘟疫。"该瘟疫发生于公元570年，它迫使埃塞俄比亚军队迅速从麦加撤退，从而结束了埃塞俄比亚在阿拉伯的统治。……这场瘟疫打击并几乎彻底毁灭了埃塞俄比亚军队。……埃塞俄比亚军营中几乎没有士兵可以逃离感染，阿布拉哈本人逃往萨那城，在那里死于瘟疫。"② 得名于阿布拉哈骑着神圣的白象进入麦加的"象战瘟疫"后来被编进伊斯兰教《古兰经》第105章进行隐喻化描述。《古兰经》引用真主的神圣干预说，衔着石头的鸟被派去从军队上空进行攻击。③ 根据基督教史家的记载，这场天花瘟疫的发源地同样没有任何悬念地落在了埃塞俄比亚，据说，疾病暴发于埃塞俄比亚，经亚历山大里亚到达西方。④ 今天有学者也理所当然地认为"瘟疫爆发的这个日期和发源地是完全可能的，因为瘟疫被认为最初来源于埃塞俄比亚，并由

---

① 中国学者曾对这四次复发进行了比较系统的研究，参见刘榕榕、董晓佳《浅议"查士丁尼瘟疫"复发的特征及其影响》，《世界历史》2012年第2期。关于这四次复发的主要参考文献亦可参见此文。

② George Childs Kohn, ed., *Encyclopedia of Plague and Pestilence: From Ancient Times to the Present*, Third edition, New York: Facts On File, Inc., 2008, p. 343.

③ "难道你不知道你的主怎样处治象的主人们吗？难道他没有使他们的计谋，变成无益的吗？他曾派遣成群的鸟去伤他们，以粘土石射击他们，使他们变成吃剩的干草一样。"（《古兰经》105：1—5）

④ Amir Harrak, *The Chronicle of Zuqnīn*, III, 543-544.

埃塞俄比亚军队带到了阿拉伯"。①

由此看来，无论是希腊古典作家还是后来的基督教作家，他们都对瘟疫起源于埃塞俄比亚的说法深信不疑。甚至到了公元12世纪，拜占庭编年史家和神学家佐纳拉斯在描述公元250年代的（西普利安）瘟疫时也说："瘟疫也降临大地，这场瘟疫起源于埃塞俄比亚，几乎向东方和西方的每个地方传播，它持续了15年之久，剥夺了许多城市居民的生命。"② 佐纳拉斯生活的时代距离西普利安瘟疫已近1000年，关于这次瘟疫的发源地在此前的文献中都没有出现过，佐纳拉斯本人也没有说明他认为瘟疫发源于埃塞俄比亚的资料来源。

不仅如此，早期的伊斯兰教医学著作在谈到公元六七世纪的瘟疫时，也认为它们都起源于埃塞俄比亚。"塔巴里的阿里·伊本·拉巴安的早期医学摘要［公元235年（伊斯兰教历850年）］认为瘟疫的发源地在苏丹。到14世纪，在关于瘟疫的讨论中，阿拉伯作家伊本·阿比·哈加纳引用了13世纪著名的埃及医生伊本·纳菲斯的说法，伊本·纳菲斯在他关于伊本·西拿（即阿维森纳）的医学著作《医典》（al-Qānūn fit-tibb）的颇具影响的注疏中，证实了腹股沟腺炎就是瘟疫感染所致。在该注疏中，伊本·纳菲斯提到，他经常听说瘟疫通常发生在埃塞俄比亚，那里被称为贾哈拉，而据说伊本·纳菲斯的说法来自生活在埃塞俄比亚的撒穆斯·丁·马鲁夫。因此，在中世纪，瘟疫似乎都发源于埃塞俄比亚，埃塞俄比亚最初可能通过贸易充当了从非洲其他地区到地中海沿岸的传播

---

① Michael W. Dols, "Plague in Early Islamic History", *Journal of the American Oriental Society*, Vol. 94, No. 3, 1974, p. 375. 注释42："W. 蒙哥马利在《穆罕默德在麦加》（牛津，1939）第14页中写道：'无论如何，当阿比西尼亚（埃塞俄比亚）军队很明显被瘟疫毁掉时，其远征也就化为泡影了。'"在1953年出版的《穆罕默德在麦加》中，蒙哥马利删除了该内容。

② Zonaras, *The History: From Alexander Severus to the Death of Theodosius the Great*, trans. by Thomas M. Banchich and Eugene N. Lane, London and New York: Routhledge, 2009, Ⅻ, 21.

中心。安达卢西亚作家伊本·卡哈蒂玛是关于重要瘟疫黑死病论文的作者,他说他也曾听说黑死病起源于埃塞俄比亚和克里米亚。"[1] 由此看来,可以这样说,"整个中世纪时期,现存的阿拉伯文献都认为埃塞俄比亚和苏丹是瘟疫之源"。[2] 18世纪著名罗马史学家吉本则明确指出:"不论哪个时代,全都指责埃及和埃塞俄比亚是瘟疫的渊薮和温床。在潮湿、炎热和停滞的空气里面,阿非利加热病从腐烂的动物尸体中产生,特别是遮天掩日的蝗虫,死后与生前一样危害人类。"[3] 查士丁尼瘟疫的埃塞俄比亚发源说得到了众多研究者的认同。[4] 对于希腊罗马人、东地中海世界乃至整个阿拉伯世界而言,不仅古代的瘟疫"经常"发源于埃塞俄比亚,甚至到了14世纪,连欧洲的黑死病都发源于埃塞俄比亚,而且近现代研究者中对之深信不疑者甚多。

从古代作家关于众多瘟疫发源于埃塞俄比亚的叙述中可以看出,埃塞俄比亚瘟疫地发源说从古希腊(至少从修昔底德)时代起就有了,而且这种说法经过拜占庭帝国的作家、基督教作家乃至阿拉伯医学家的记载,直到中世纪很晚的时代,在地中海世界都广泛流传,至少在自修昔底德之后的1000多年时间里人们深信不疑。如前所述,今天的研究者虽然对瘟疫发源于埃塞俄比亚的说法是否真实有很多种观点,产生了激烈的争论,但这些争论始终忽略了一个非常重要的问题:不管埃塞俄比亚是不是瘟疫的真正发源地,埃塞俄比亚瘟疫地发源说到底是如何形成的?要搞清楚这个问题,我们有必要回到希腊传统中,从希腊人关于埃塞俄比亚(人)的认

---

[1] Michael W. Dols, "Plague in Early Islamic History", pp. 372–373.

[2] Peter Sarris, "Bubonic Plague in Byzantium: The Evidence of Non-Literary Sources", p. 123.

[3] 爱德华·吉本:《罗马帝国衰亡史》(修订版),席代岳译,吉林出版集团有限责任公司2014年版,第1845页。

[4] Ghristine A. Smith, "Plague in the Ancient World: A Study from Thucydides to Justinian", pp. 1–19.

识及其与瘟疫的关系中去寻找答案,并在此基础之上,观察它的影响及与之相关的古代西方文化现象。

第二节　希腊宗教传统:埃塞俄比亚是瘟疫的发源地

古希腊人对埃塞俄比亚(人)的最早记载可以追溯到荷马时代。在《伊利亚特》中,明确提到埃塞俄比亚人的地方总共有两处:一是忒提斯对阿基琉斯说,昨天宙斯去"长河边埃塞俄比亚人那里"参加宴会,众神全都跟着他去了;[1] 二是伊里斯谢绝众风神邀请时说他必须赶回"埃塞俄比亚人的土地",要在那里分享对神明祭祀的宴礼。[2]

在《奥德赛》中,明确提到埃塞俄比亚人的地方有三处,其中有两处提到希腊神祇在埃塞俄比亚人那里,[3] 另一处则是奥德修斯的儿子特勒马科斯远行访询斯巴达国王墨涅拉奥斯时,国王向他炫耀自己到过很多地方,见过很多离希腊十分遥远的人,其中包括埃塞俄比亚人。荷马史诗对埃塞俄比亚(人)的描述有以下两个显著特点:第一,埃塞俄比亚是希腊诸神的乐园。《伊利亚特》两次提到埃塞俄比亚都明确说那里在举行诸神的宴会;《奥德赛》中三次提到埃塞俄比亚,其中两次也明确地提到那里的宴会。第二,埃塞俄比亚(人)非常遥远,位于希腊人所知世界的两极,对于这样遥远的地方,普通的人类是完全不可能到达的。荷马史诗对埃塞俄比亚(人)的描述几乎完全只限于"童话"范围,诸神光顾这里,在这里举行宴会享受。荷马关于埃塞俄比亚

---

[1] 荷马:《伊利亚特》,第18页。
[2] 荷马:《伊利亚特》,陈中梅译注,第623页。
[3] 荷马:《奥德赛》,第2、56页。

（人）的表述成为后来希腊罗马作家对埃塞俄比亚（人）的认识的典范，这种认识传统，我们可以把它称为"荷马式童话"。[1] 对于荷马笔下的埃塞俄比亚的位置，现代学者有不同的看法，[2] 但基本范围与后来罗马及拜占庭人所了解的埃塞俄比亚的大致范围是相符合的，而且在荷马笔下，有一点是可以肯定的，那就是他认为埃塞俄比亚是希腊诸神的乐园，诸神经常光顾这里，在这里举行宴会。

赫西俄德提到过埃塞俄比亚人："（黎明女神）厄俄斯给提托诺斯生下埃塞俄比亚人的国王，头戴铜盔的门农和发号施令的厄玛提翁。"[3] 但他对埃塞俄比亚（人）的看法仍然是对荷马式童话的延续，这从后来罗马博物志学家斯特拉波引用的赫西俄德的说法中也可以得到印证，[4] 因为赫西俄德的信息来源正是荷马。公元前6—前5世纪的著名悲剧家埃斯库罗斯在《祈援女》中虽然没有对埃塞俄比亚人进行具体的描述，但从阿耳戈斯国王说话的口气中可以看出，埃塞俄比亚人是很遥远的，对希腊人来说也是很神秘的。[5] 在《被缚的普罗米修斯》中，埃斯库罗斯借普罗米修斯的预言，也有过对埃塞俄比亚（河）的描述。[6] 埃斯库罗斯本人从未到达过埃塞俄比亚，而且他的所有描述，无论内容还是叙述

---

[1] 冯定雄：《古希腊作家笔下的埃塞俄比亚人》，《世界民族》2019年第1期。

[2] Frank M. Snowden, Jr., *Blacks in Antiquity*: *Ethiopians in the Greco-Roman Experience*, pp. 102 – 103.

[3] 赫西俄德：《工作与时日 神谱》，第55页。

[4] 斯特拉波：《地理学》（上），第416页。

[5] Aeschylus, *The Suppliant Maidens*, David Grene and Richmond Lattimore, eds., Complete Greek Tragedies: *Aeschylus*, Chicago: The University of Chicago Press, 1956, 278 – 287（埃斯库罗斯：《祈援女》，《埃斯库罗斯悲剧集》，陈中梅译，辽宁教育出版社1999年版，第21—22页）。

[6] Aeschylus, *Prometheus Bound*, David Grene and Richmond Lattimore, eds., Complete Greek Tragedies: *Aeschylus*, Chicago: The University of Chicago Press, 1942, 803 – 816.《罗念生全集·埃斯库罗斯悲剧三种 索福克勒斯悲剧四种》，第118页。这里的译文与罗先生的译文略有出入。

风格，在一定程度上都是荷马式童话的翻版，从根本上讲并无实质性变化。

到希腊古典时代，据说著名的哲学家毕达哥拉斯和德谟克利特两人都曾到访过埃塞俄比亚。[1] 希罗多德曾遍游东地中海地区，他曾详细地描述过自己在埃及考察时所了解到的埃塞俄比亚人，[2] 但希罗多德并没有真正到达埃塞俄比亚，他关于埃塞俄比亚（人）的叙述虽然很详细，但都是"听"来的，并非自己亲眼所见。希罗多德对埃塞俄比亚人的记载仍然没有摆脱荷马认识模式，仍然是对这种模式的延续。修昔底德虽然说雅典瘟疫起源于埃塞俄比亚，但他并没有明确指出其具体位置。事实上，从荷马时代开始，直到古典时代，希腊人对于埃塞俄比亚及其居民的认识都只是荷马式童话的想象。在这种想象中，埃塞俄比亚是希腊人理想中的福地，是诸神的乐园，是普通人类不可奢望之地。希腊人对埃塞俄比亚人的这种观念不仅在古典时代得以传承，而且到希腊化时代也在延续。比如亚历山大征服印度后以为自己发现了尼罗河的河源，但他很快认识到自己的错误。[3] 亚历山大对埃塞俄比亚的认识仍然是想象的，延续的是荷马传统，从实地考察的情况看，亚历山大对埃塞俄比亚（人）的了解甚至还不如希罗多德丰富和准确。事实上，据科斯马斯的记载，荷马式童话直到公元6世纪都还统治着欧洲人对埃塞俄比亚（人）的看法。[4]

由上可以看出，整个希腊时代，希腊人对埃塞俄比亚的认识都比较模糊，都在延续荷马式童话：埃塞俄比亚远离希腊，是诸神的乐园，是希腊人不可到达的地方，当然，也是掌管和控制人类生产

---

[1] Pliny, *Natural History*, XXV. 13.
[2] 希罗多德：《历史》，第121—122、179—180、201—205、495—496 页。
[3] 阿里安：《亚历山大远征记》，第192—193 页。
[4] Cosmas, *The Christian Topography of Cosmas, an Egyptian Monk*, translated from the Greek, and edited with notes and introduction by J. W. McCrindle, New York: Cambridge University Press, 2010, p. 20.

生活的神意起源地之一。在疾病与医学方面，根据希腊神话传说，人类的瘟疫来自潘多拉魔盒。对于早期的希腊人来说，"人们起初认为所有的神都有治病和使人生病的力量，后来认为只有其中某些神才有特殊的能力"。① 荷马史诗中曾提到众多医药神："这些人是由阿斯克勒皮奥斯的两个儿子、高明的医师波达勒里奥斯和马卡昂率领。"② 马卡昂在被帕里斯击伤后，"伊多墨纽斯立即对神样的涅斯托尔说：'涅琉斯之子涅斯托尔，……把马卡昂扶上，/赶快驱策单蹄马奋力奔向空心船。/须知一个高明的医生能抵许多人，/他既会拔出箭矢，又会把创伤医治。'"③ 医药神阿波罗、阿斯克勒皮奥斯、波达勒里奥斯、马卡昂等不仅在埃塞俄比亚生活过，而且阿波罗神本身就是瘟疫的主宰者和传播者："是哪位天神使他们两人争吵起来？/是勒托和宙斯的儿子，他对国王生气，/使军中发生凶恶的瘟疫，将士死亡。"④ 勒托和宙斯的儿子就是阿波罗，他的祭司克律塞斯即特洛伊地区克律塞城的阿波罗祭司。因此，从希腊文化传统来说，作为瘟疫之神住所的埃塞俄比亚成为瘟疫之神降下瘟疫之地也就很容易理解了。当修昔底德"听说"雅典瘟疫起源于埃塞俄比亚时，可能他听到的并非真正知道瘟疫发源地的人所说，而是希腊社会依据其神话传统延续下来的传说。

从希腊人对埃塞俄比亚（人）的认识传统中得出的这种传说及对阿波罗等医药神的崇拜，在希腊人对待瘟疫的行动中也得到了印证。公元前426年，当雅典瘟疫复发的时候，官方采纳了神谕意见，移走了提洛岛上的所有死尸并禁止以后在岛上举行葬礼，恢复了废弃已久的阿波罗和阿尔忒弥斯节日，从而使提洛岛洁净。⑤

---

① 卡斯蒂廖尼：《医学史》上册，程之范主译，广西师范大学出版社2003年版，第83页。
② 荷马：《伊利亚特》，第52页。
③ 荷马：《伊利亚特》，第255页。
④ 荷马：《伊利亚特》，第1页。
⑤ 修昔底德：《伯罗奔尼撒战争史》，第252页。

"依照某种神谕，他们洁净了提洛岛，这对阿波罗来说是神圣的。"[1] 公元前425年，由昂纳塔斯建造了费加利亚人的阿波罗神庙的铜像，"该铜像的形象部分来自画中或者他发现的古代木制塑像的样品，但（人们都这样说）更多是来自他梦中的幻象"。[2] 不管阿波罗铜像是来自木制塑像还是幻象，对于希腊人来说，解铃还须系铃人，瘟疫被遏止和消灭只能依赖瘟疫的制造者，即在埃塞俄比亚居住过的医药神阿波罗及其他神祇（如宙斯、赫拉克勒斯、阿尔忒弥斯等）。来自多多纳的神谕说："向辟邪者献祭一头公牛，向健康的保护神宙斯献祭一头白色的公牛。"[3] 这也是鲍桑尼亚斯把阿波罗称为"辟邪者"的重要原因，"他们说阿波罗神获得辟邪者称号是因为来自德尔菲的神谕说他阻止了伯罗奔尼撒战争期间折磨雅典人的瘟疫"。[4] 在阿提卡，范围更广的健康神祇吸引了广大的朝拜者。公元前348年，来自德尔菲的神谕要求雅典人为了他们的健康向诸神献祭："为了健康而献祭，向最高神宙斯，向保护神赫拉克勒斯、阿波罗献祭祈祷。"[5] 在布劳伦，女孩子和年轻妇女都为她们的健康向阿波罗的姐姐阿尔忒弥斯起誓，而被称为治疗者英雄的模糊形象在雅典城、阿提卡以及马拉松、拉姆诺斯和埃琉西斯各地都获得了崇拜。[6] 大约在同时，瘟疫前几个世纪就被送到雅典的利奥斯女儿们的神龛，在人们多年的忽视后似乎已经得到翻新了。在城外，人们在墨利忒的城区为辟邪神赫拉克勒斯立了一座神龛。

---

[1] Diodorus Siculus, *The Persian Wars to the Fall of Athens*, 12, 58, 6.

[2] Pausanias, *Description of Greece*, with an English translation by W. H. S. Jones, Litt. D., and H. A. Ormerod, M. A., in 4 Volumes, Cambridge, MA: Harvard University Press, 1918, 8, 42, 7-9.

[3] Demosthenes, *Speeches*, trans. by Edward M. Harris, Austin: University of Texas Press, 2008, 21, 53.

[4] Pausanias, *Description of Greece*, 1, 3, 4.

[5] Demosthenes, *Speeches*, 21, 52.

[6] Emily Kearns, *Heroes of Attica*, London: University of London Institute of Classical Studies, 1989, p. 171.

大约在10年之内，一个全新的健康之神阿斯克勒皮奥斯被引进了雅典。阿斯克勒皮奥斯仪式的产生在希腊医学发展史上占有重要地位，在希波克拉底誓言中，起誓对象的第二位就是阿斯克勒皮奥斯（第一位是阿波罗）。阿斯克勒皮奥斯被看作最好的健康之神，他的仪式有利于各种治疗方法，主要是疾病的潜伏期（在神庙里睡觉时寻找幻象），这些方法通常被看作古代希腊罗马社会的所有宗教治疗。① 从希腊人对待瘟疫的态度和依靠神祇医治瘟疫的传统中可以看出，就希腊人而言，瘟疫起源于埃塞俄比亚是完全可能的，只是在瘟疫期间，人们更关注的不是瘟疫起源于哪里，而是如何通过对相关神祇的献祭和祈祷而尽快消灭瘟疫。

罗马人直接继承了希腊人的宗教神话体系，对疾病和瘟疫的观念也同样沿袭希腊人，只是更强调他们的主神朱诺对瘟疫的主宰。维吉尔在《农事诗集》中写道："朱诺也用同样的灾祸，通过瘟疫来发泄她的愤怒。"②

在瘟疫的起源上，罗马人同样认为它来自诸神。如对公元164—180年安东尼瘟疫的原因分析，罗马人认为："由于一个士兵偶然砍破了阿波罗神庙中的一个金匣子，里面的瘟疫散发出来并传遍帕提亚和整个世界。"③ 对于瘟疫的消除，罗马人也把对神祇的希望放在首位。事实上，最早提及罗马与希腊世界的健康与治疗的任何关系都与世俗的治疗没有联系，而是与瘟疫期间保护罗马国家的新神祇的输入密切关联。公元前433年，在罗马遭受瘟疫之后，"为了人民的健康，阿波罗神庙得以建立"。④ 但是，同希腊人一

---

① Vivian Nutton, *Ancient Medicine*, London: Routledge, 2004, p. 103.
② Virgil, *Georgics*, III, trans. by James Rhoades (HTML at Internet Classics), http://classics.mit.edu/Virgil/georgics.3.iii.html, 2016年1月26日。
③ *Lucius Verus*, VII, 1-3, in *Scriptores Historiae Augustae* (*SHA*), translated by David Magie, Cambridge, MA: Harvard University Press, 1991.
④ Livy, *From the Founding of the City*, translated by B. O. Foster, Cambridge, MA: Harvard University Press, 1967, 4, 25.

样，罗马人最为推崇的同样是医药神阿斯克勒皮奥斯。公元前293年，在连续三年的流行病之后，罗马祭司向《西比林神谕》（Sibylline books）咨询意见得知，只有把厄匹道鲁斯神庙的阿斯克勒皮奥斯神召唤到罗马，流行病才会停止。第二年，由罗马元老院派遣的以昆图斯·奥古尔尼乌斯为首的正式使团前往厄匹道鲁斯神庙，在征得神本身的同意后，使团以蛇的形式把它送往罗马。不用说，瘟疫以"惊人的速度"停止了。① 罗马有非常古老的祭神大典，在一些公共场所的宴会长榻上放着诸神的雕像，桌上供奉着祭品。根据罗马传统，这种仪式是为了阻止瘟疫的入侵，该仪式最初于公元前399年举行。据李维记载，"由于无法知道是什么造成了瘟热病无法治愈的破坏，也不知道什么才能结束这种破坏，元老院决定向《西比林神谕》请教。掌管神圣仪式的两位长官在罗马第一次举行了诸神安抚仪式（lectisternium），连续八天向阿波罗、拉托那、狄安娜、赫拉克勒斯、墨丘利和涅普顿献祭，用了三条长凳为他们供奉所能得到的最华丽的仪式"。② 在安东尼瘟疫期间，安东尼召集了所有的祭司，在罗马举行了七天祭神大典，还举行外邦宗教仪式，用各种方式净化城市。③

根据普鲁塔克的说法，连埃及的伊西斯女神也成为罗马人的医疗之神，在伊西斯女神教给人类的许多文明技能中就有如何治疗疾病。④ 狄奥多罗斯也认为："至于诸神，生活在麦罗埃之上的埃塞俄比亚人有两种说法：他们认为他们之中的一些人与太阳、月亮和宇宙是一个整体，具有永恒和不朽的本性，但他们之中的另一

---

① Ovid, *The Metamorphoses*, translated by Horace Gregory, New York: The Viking Press, 1958, XV.

② Livy, *The History of Rome*, translated by Benjamin Oliver Foster, Cambridge, MA: Harvard University Press, 1924, V, 5 – 6.

③ *Marcus Aurelius Antoninus*, XIII, 4 – 5, in *Scriptores Historiae Augustae (SHA)*.

④ Peter Sarris, "The Justinianic Plague: Origins and Effects", *Continuity and Change*, p. 169; F. Guirand, *New Larousse Encyclopedia of Mythology*, trans. R. Aldington and D. Ames, New York: Crown Publishers, Inc., 1987, p. 18.

些人则由于他们赐予全人类的品德和善行而具有凡人的本性并获得了不朽的荣誉,比如,他们敬畏伊西斯和潘神,以及赫拉克勒斯和宙斯,认为这些神祇尤其有恩于人类。"① 罗马人在瘟疫的起源及防治等认识上,毫无疑问地继承了希腊人的宗教神话传统,这种传统成为希腊罗马传统的重要组成部分,在此后的罗马帝国乃至整个晚期古代都一直延续——尽管可能会在形式上发生某些变化。

第三节 希腊世俗传统:埃塞俄比亚是瘟疫发源的温床

尽管早期希腊人认为,瘟疫起源于诸神(特别是阿波罗),消弭瘟疫的办法也主要是向诸神(特别是各位医药神)祈祷和献祭,但是,希腊人对瘟疫的世俗医学认识也在不断探索之中。希腊人的医学探索与其哲学探索密不可分。希腊哲学鼻祖泰勒斯认为:"'水为万物之原'(为此故,他宣称大地是安置在水上的),大概他从这些事实得其命意:如一切种籽皆滋生于润湿,一切事物皆营养于润湿,而水实为润湿之源。他也可以从这样的事实得其命意:如由湿生热,更由湿来保持热度的现象。"② 按照泰勒斯的说法,水是宇宙万物和宇宙本身的原始元素,万物都来自水,或者来自水的一种变形物:种子的发育、植物的生命、动物和人的生命等,莫不来源于水。一切生命都终结于水,因为万物腐化或死去时都将变成液体,也就是变成水。③ 阿那克西美尼则认为世界万物的本原是空气而不是水,由于空气的浓缩或稀薄形成了最重要的生命现象,

---

① Diodorus Siculus, *The Persian Wars to the Fall of Athens*, 9.1–2.
② 亚里士多德:《形而上学》,吴寿彭译,商务印书馆1959年版,第7页。
③ 卡斯蒂廖尼:《医学史》上册,第93页。

"使物体凝聚和浓缩的是冷,使它稀薄和松弛的是热。我们的灵魂是气,这气使我们结成整体,整个世界也是一样,由气息和气包围着"。[①] 西方医学之父希波克拉底则明确提出,人的身体由气(风)、土(地)、水、火四种元素结合起来组成机体的各部分,每种元素都有自己的特质,即冷、热、干、湿,机体的每部分也各有其主要性质。"当一种元素离开其他元素而孤立时,不仅仅是它原来的地方要闹病,就是它所停留的地方也要闹病;因为过多了,就造成痛苦和疾病。"[②] 体液的支配力依照季节及其支配力而作用于某些疾病的起源,"其次,应当考虑热风和冷风,特别是普遍都有,或某一地区所特有;此外,还必须考虑水的性质,因为水的味道和重量不同,因此各种水的性质彼此很不相同……假如医生很了解这些事情,……就不至于对当地的疾病无所知晓,或不懂得那些普通流行病的性质"。[③] 柏拉图继承了希波克拉底的医学理论:"疾病的原因大家都清楚。身体有四种元素,土、火、水、气。要是它们违反自然而过多或不足;或者从它们所适应的地方迁移到陌生之处;或者由于各种元素自身也是多种多样的,因而摄取了不适当者;以及诸如此类的原因,错乱和疾病就会产生。"[④] 根据希腊人,特别是希波克拉底理论,遥远而陌生、气候恶劣的埃塞俄比亚是最不利于健康,最容易产生瘟疫的地方了,因为那里是"太阳升起"和"太阳落下"的地方,是世界上离太阳最近的地方,埃

---

① 北京大学哲学系外国哲学史教研室编译:《西方哲学原著选读》上卷,商务印书馆1981年版,第18页。

② Hippocrates, "Nature of Man", in *Hippocrates*, Vol. IV, translated by W. H. S. Jones, Litt. D., Cambridge, MA: Harvard University Press, 1931, IV;《希波克拉底文集》,赵洪钧、武鹏译,中国中医药出版社2007年版,第210页。

③ Hippocrates, "Airs, Waters, Places", in *Hippocrates*, Vol. I, translated by W. H. S. Jones, Cambridge, MA: Harvard University Press, 1923, I;《希波克拉底文集》,第15页。

④ 柏拉图:《蒂迈欧篇》,谢文郁译,上海世纪出版集团、上海人民出版社2003年版,第58页。

塞俄比亚人的皮肤就是因为他们离太阳太近而被烤焦的。不仅如此，根据希腊传说，埃塞俄比亚还盛产一种具有剧毒的草。据老普林尼记载，"有一种虎尾兰草生长在埃烈旁提涅，埃烈旁提涅也属于埃塞俄比亚。这种草颜色乌青，看上去令人反胃，如果吃下它，会产生一种致命的可怕幻觉，以至于担心他们会自杀，因此，那些犯亵渎神灵罪的人会被强迫喝下它。它的解药是棕榈酒"。① 因此，虽然希腊人没有明确地从世俗医学的角度考察埃塞俄比亚就是人类瘟疫的发源地（一定程度上说，那不是人类所及的范围，是神的范围），但埃塞俄比亚瘟疫发源地的认识传统根深蒂固。

罗马人关于疾病与健康的观念同样沿袭了希腊人的理论。罗马最著名的医生加伦就是希波克拉底医学的传承人，对希波克拉底推崇备至，他关于疾病的认识完全承袭了这位希腊前辈。② 瓦罗在讨论农舍位置的选择时说："你还要注意到使它面迎这一地区的最有益于健康的风。对着昼夜一部分的东方的农舍地势最好，因为它夏天有阴凉，冬天得阳光。如果你不得不把你的农舍建筑在河流附近，你就必须注意不要把它建筑得面对着河，因为这样一来，冬天它就会特别冷，而夏天也不适于健康，要注意那里有没有沼泽地，这除了上述的一些理由之外，还因为有一些眼睛看不见的小虫子在那里孳生，它们随风飘过来，就从嘴和鼻子钻进人的体内，从而引起很难治好的疾病。"③ 这些关于季节、气候、风向、沼泽地、空气的描述，其实就是对希腊哲学和医学理论的具体化。就罗马人对埃塞俄比亚的认识而言，尽管他们还没有真正到达过埃塞俄比亚，④ 但斯特拉波在描述埃塞俄比亚部落时说："一般来说，有人

---

① Pliny, *Natural History*, XXIV. 163.
② George Sarton, *Galen of Pergamon*, Lawrence, Kansas: The University of Kansas Press, 1954, 52.
③ M. T. 瓦罗：《论农业》，王家绶译，商务印书馆1981年版，第41页。
④ 罗马人第一次到达埃塞俄比亚并与埃塞俄比亚人接触是在尼禄时代。

居住世界的边远地区，是一些由于炎热或寒冷而气候不适合居住或者无人居住的地界，对于那些气候温和的地区而言，它们必定是气候不好或者恶劣的地区。"① 埃塞俄比亚人正是生活在不适合居住的"炎热"地区的人，"在那些居住在热带地区的人之中，有些人被认为是无神论者，原因据说是他们仇恨太阳，每当他们看见太阳升起，烤焦了他们，敌视他们，逼得他们只好逃进沼泽地区躲避太阳，他们就会诅咒太阳"。② 狄奥多罗斯对此做了几乎同样的描写："在太阳升起来的时候，他们（少数埃塞俄比亚人）会认为太阳最敌视他们而对它进行咒骂，并逃到沼泽地带去。"③ 在对雅典瘟疫原因的分析中能明显地体现出他对希腊医学认识的继承："由于历史急于要求找到这种疾病的恶劣影响的原因，我们需要把这件事全部说出来。去年冬天之前的暴雨已经使地面严重积水，许多低洼地区吸收了如此多的雨水，以至于形成了许多沼泽地，低洼之地的滞水就像沼泽地的水一样。到了夏天，当这些沼泽地变暖时，它们就变得有毒，散发出浓浓的恶臭，冒出烟雾，污染周围的空气——与发生在湿地或沼泽地的情况是一样的，这自然会产生有毒的空气。导致这场疾病的另一个因素是食物正在腐烂，那一年的收成不好，食物的自然本质在腐败。疾病的第三个原因被证明是没有季节性的风吹，因为在正常情况下它们会把最坏的夏季炎热吹凉。因此，当炎热加剧，空气变得像火炉一样时，如果没有什么东西去冷却它，人的身体就会生病，所有的季节性疾病就会由于飙升的气温而使人得热病。正是由于这一原因，大多数病人会把自己置于水池或泉水之中，不顾一切地想要冷却自己。但是，由于这种疾病的严重性，雅典人把他们的不幸归结为神的不悦。"④ 这种原因分析其实就是对希波克拉底关于瘟疫起源理

---

① 斯特拉博：《地理学》（下），第1179页。
② 斯特拉博：《地理学》（下），第1180页。
③ Diodorus Siculus, *The Persian Wars to the Fall of Athens*, 3.9.2.
④ Diodorus Siculus, *The Persian Wars to the Fall of Athens*, 12, 58, 3-6.

论的直接叙述，希波克拉底在《流行病（一）》中强调流行病期间的天气状况，可能是狄奥多罗斯对待沼泽地的态度的来源。①

正是由于希腊罗马人在医学上的这些认识，他们在分析疾病（包括瘟疫）的原因时也会照搬这些理论。如修昔底德虽然明确说，"至于这种病症最初是怎样产生的，为什么这种病症对于身体有这样剧烈的影响等问题，我将留给那些有医学经验或没有医学经验的人去考虑"，但在描述雅典人把乡村居民迁移到城里而使这些人遭受更严重的灾难时，他还是无意中重复了希腊传统认识："事实上他们在炎热的季节里，住在空气不流通的茅舍中，他们象苍蝇一样地死亡着。"②

希腊哲学离不开希腊宗教神话，从希腊哲学到医学理论都会深刻地打上宗教神话的烙印，无论前苏格拉底哲学还是后苏格拉底哲学，都不可能摆脱希腊人的文化传统和模式。在瘟疫起源的认识上，他们同样深受宗教神话的影响，只是在面对世俗的过程中，找到了宗教神话现实中的对应物，而这个对应物最合适的选择就是埃塞俄比亚。这一传统不仅在古代地中海世界得到普遍接受，近代以来的诸多学者亦表认同，甚至到了20世纪后期，还有学者深信不疑："作为该地区人口比较稠密、环境湿热更有利于疾病产生和流行的埃及，特别是沿尼罗河的上埃及地区从古至今就是地中海各类疫病发源地。而欧洲和地中海北部沿海地区的生态环境'普遍寒冷、潮湿、土壤多呈酸性'，既不利农耕，也不易成为瘟疫发源地。"③ 这样，在希腊罗马传统中，关于埃塞俄比亚是瘟疫的发源地的理论从宗教和世

---

① Hippocrates, "Epidemics I", in *Hippocrates*, Vol. I, II - III;《希波克拉底文集》，第 31—32 页。

② 修昔底德：《伯罗奔尼撒战争史》，第 140 页。

③ Robert. S. Gottfried, *The Black Death: Natural and Human Disaster in Medieval Europe*, New York: Free Press, 1985, p. 2; 陈志强：《"查士丁尼瘟疫"考辨》，《世界历史》2006 年第 1 期。

俗两方面都得到完善，从而成为希腊罗马文化传统的重要组成部分，希腊罗马人及之后受其影响者都对此深信不疑，这种传统一直在希腊罗马世界乃至整个地中海世界流布。正如 13 世纪的伊本·纳菲斯所说的那样，他听说瘟疫通常发生在埃塞俄比亚，到 14 世纪人们对欧洲黑死病发源于埃塞俄比亚还深信不疑，其流布程度可见一斑。

第四节　上帝代替诸神与世俗传统 对希腊罗马的继承

到罗马帝国后期，基督教取得与其他宗教并存的合法地位后迅速发展，逐渐成为晚期罗马帝国的主流意识形态。在基督教看来，世界的一切均是由上帝安排的，人类的一切社会生活都是在上帝的指引下进行的。遵守上帝戒命的选民会受到上帝的赐福，违背上帝旨意的人则会遭到惩罚。上帝惩罚人类的方式多种多样，如战争、刀剑、饥荒、洪水、地震等，其中重要方式之一就是瘟疫，这在《圣经》中几乎无处不有所体现。[①] 这样，在基督教作家笔下，希腊罗马作家笔下主宰瘟疫的诸神变成了基督教的上帝，瘟疫起源的宗教原因也从希腊诸神的旨意变成

---

① 合和本《圣经》有 60 多处提到上帝对人类的瘟疫惩罚，兹列举如下：《出埃及记》5：3；9：3；9：15。《利未记》26：25。《民数记》14：12；14：37；16：46；16：47；6：48；16：49；16：50；25：8；25：9；25：18；26：1；31：16。《申命记》28：21。《约书亚》22：17。《撒母耳下》24：13；24：15；24：1；24：25。《列王纪上》8：37。《历代志上》21：12；21：13；21：17；21：2；21：14；21：17；21：22。《历代志下》6：28；7：13；20：9。《诗篇》78：50；91：3；91：6；106：29；106：30。《耶利米书》21：7；21：9；24：10；27：8；27：13；28：8；29：17；29：18；32：24；32：36；34：17；38：2；42：17；42：22；44：13。《以西结书》5：12；5：17；6：11；6：12；7：15（两次）；12：16；14：19；14：21；28：23；33：27；38：22。《阿摩司书》4：10。《哈巴谷书》3：5。《路加福音》21：11。

了上帝的愤怒。

普洛科皮乌斯在分析查士丁尼瘟疫的宗教原因时说："至于这场灾难，确实除了把它归之于上帝之外，人们根本无法用言语表达出或用思想设想出任何解释。""我无法说清病状的这种不同的原因是在于体质的不同，还是由于如下的事实，即它遵从的是把病带到世界来的他老人家（上帝）的意愿。"[1] 埃瓦格里乌斯在描写瘟疫时说："（瘟疫的）结局无法肯定，因为它的行动方向是由上帝的喜悦引导的，只有上帝知道事情的起因及趋势。"[2] 对于瘟疫的延续，他表现出无奈的心情："接下来会发生什么并不清楚，因为它会按照上帝的安排前进，只有上帝既知道它们产生的原因，也知道会把它们带向何方。"[3] 阿加塞阿斯在分析瘟疫的原因时多次强调这是上帝对人类的惩罚："他们完全没有认识到导致灾难（即瘟疫）的真正原因，事实上，这是他们藐视上帝和人类法律的无情的邪恶的必然后果。""另外一些人则认为，这次毁灭是因为（上帝）神圣的愤怒，完全是对人类犯罪的报复和惩罚，是要毁灭整个人类。"[4] 约翰·马拉拉斯则称："我主上帝眼见人类的罪恶越来越严重，便向地上的人类施行惩罚，摧毁了所有的城市和土地。……上帝的怜悯[5]之情在拜占庭延续了两个月。"[6] 在描述查士丁尼瘟疫的第一次复发时，马拉拉斯说："来自上帝的可怕威胁持续了6个月之久。"[7]

---

[1] 普洛科皮乌斯：《战争史》，第180、182—183页。

[2] Evagrius, *A History of the Church in Six Books*, *from A. D. 431 to A. D. 594*, IV, 29.

[3] Evagrius, *A History of the Church in Six Books*, *from A. D. 431 to A. D. 594*, IV, 29.

[4] Agathias, *The Histories*, translated with an introduction and short explanatory notes by Joseph D. Frendo, Berlin: Walter de Gruyter & Co., 1975, II, 3, 4 – 5; V, 10.6 – 7.

[5] 基督教作家在讨论上帝给基督徒选民带来的死亡时，说它不是惩罚，而是上帝的怜悯（或仁慈），带给异教徒的死亡才是惩罚。

[6] John Malalas, *The Chronicle of John Malalas*, translated by Elizabeth Jeffreys, Michael Jeffreys and Roger Scott, Sydney: University of Sydney, 1986, XVIII, 92.

[7] John Malalas, *The Chronicle of John Malalas*, XVIII, 127.

公元 7 世纪末，尼基乌主教约翰在分析查士丁尼瘟疫的原因时更是绘声绘色，他认为人类违背了上帝的意志，"因而上帝正义的审判就要落在他们身上，将许多瘟疫播撒在人间和畜群"。"查士丁尼皇帝全心全意地热爱上帝。现在有一个名叫马西德斯的巫师，……这个巫师命令魔鬼在人类中降下瘟疫。"① 《复活节编年史》中说："这一年（542 年），由于上帝的仁慈，这里（君士坦丁堡）（由于瘟疫）发生了大死亡。"②

公元 597 年，"查士丁尼瘟疫"在萨洛尼卡地区第四次复发，并在两年之后传播到君士坦丁堡。塞奥非拉克特·西蒙卡塔在分析这次瘟疫的原因时说，从圣父那里获得力量的耶稣基督不允许不被察罕汗见证，才遭到了瘟疫的严厉惩罚。③ 塞奥法尼斯也认为这是上帝对察罕汗的惩罚："出于对亚历山大殉道者的报复，上帝向蛮族人施行了致命的瘟疫。"④《西叙利亚编年史中的 7 世纪》在分析公元 6 世纪末的大灾难的原因时说："所有这些事情（瘟疫和地震）都是伴随上帝公正、神妙而惊人的审判发生的。……这一切都是上帝为人类的旨意而命定的。"⑤

查士丁尼瘟疫在高卢复发期间（547—575），主教高尔"夜以继日地求告上帝，请求在他有生之日不要见到他的群众罹此灾难"。主教萨尔维乌斯则"劝勉那些剩下的人要真诚地（向上帝）祈祷，不间断地坚持守夜，在思想和行为方面都要追求善

---

① R. H. Charles, translated, *Chronicle of John, Bishop of Nikiu*, London: Williams & Norgate, 1919, CXX, 31; XC, 54.

② Michael Whitby and Mary Whitby translated, *Chronicon Paschale, 284 - 628 A. D.*, Liverpool: Liverpool University Press, 1989, 529.

③ Theophylact Simocatta, *The History of Theophylactus Simocatta*, translated by Michael and Mary Whitby, Oxford: Oxford University Press, 1986, VII, 15.1 - 3.

④ Michael Whitby and Mary Whitby, eds., *The Chronicle of Theophanes Confessor, Byzantine and Near Eastern History, A. D. 284 - 813*, translated by Cyril Mango and Roger Scott, Oxford: Clarendon Press, 1997, p. 280.

⑤ Andrew Palmer and Sebastian Brock translated, *The Seventh Century in the West Syrian Chronicles*, Liverpool: Livepool University Press, 1993, p. 46.

良"。马赛瘟疫期间，主教"在那里自始至终专诚祈祷和守夜，乞求上帝垂悯，以期这场毁灭告终，使人民得享和平与安宁"。在"瘟疫还蹂躏着那个城市"时，格雷戈里主教不断地用"上帝降下来"的瘟疫惩罚劝谕人们忏悔。在都尔和南特瘟疫期间，"每个患者得病之后接着就感觉有点头疼，不多久就死了。但是人们举行了祈祷，严格实行斋戒，还对贫苦待赈之人进行施舍，因而避开了强烈的天怒，人们因而得救"。[①] 在基督教徒看来，主宰瘟疫的是上帝，要想消除人间瘟疫，最主要的途径也只有向上帝祈祷，祈求上帝的宽恕，这与希腊罗马人对待诸神本质上是一样的，唯一的区别只是用基督教的上帝代替了希腊诸神。

到公元6—7世纪，基督教已经成为东地中海世界大部分地区的主流意识形态，对于基督教作家而言，用基督教神学解释世界一切现象是很自然的，特别在涉及事物的宗教解释时，上帝是万能的，对瘟疫的解释也不例外。与希腊罗马传统相比，基督教作家对瘟疫的解释在本质上其实是一样的，只是他们把希腊罗马诸神悄悄地变成了基督教的上帝，把希腊罗马诸神对人类的惩罚变成了基督教上帝的旨意。

尽管在瘟疫的宗教解释方面，基督教作家用基督教取代了希腊罗马宗教神话，但在瘟疫的世俗原因方面，基督教作家仍然沿袭了希腊罗马的世俗医学理论，几乎全盘认同和接受了希腊罗马人的观点，特别是希波克拉底的医学理论。在写作方式上，他们也同样模仿希腊罗马作家，或者说他们继承了古典作家的描写手法。

基督教作家对查士丁尼瘟疫的世俗原因的描写几乎一个模式，很明显都是直接继承了希腊古典医学理论，特别是希波克拉底关于瘟疫起源的说法以及古典作家的描述。普洛科皮乌斯在分析人类灾

[①] 都尔教会主教格雷戈里：《法兰克人史》，寿纪瑜、戚国淦译，商务印书馆1981年版，第145、341、462、498—499、547页。

难的时候说:"就上天所降下的所有其他灾祸而言,胆子大的人们可以就其原因作出某种解释,诸如精于此道的那些人提出的许多理论,因为他们喜欢编排人们绝对不能理解的种种原因并且制造有关自然哲学的奇怪理论,尽管他们知道得很清楚,他们没有讲出任何有根有据的东西,而认为只要他们用自己的论据完全骗过他们遇到的某些人并且说服对方相信他们的看法,这对他们来说就足够了。"[1] 普洛科皮乌斯这里所说的"许多理论""自然哲学的奇怪理论"其实就是指希腊罗马传统中关于疾病、瘟疫起源的理论,虽然他从基督教神学的认识角度出发,认为那些理论都是骗人的,但可以明显看出,希腊罗马理论在当时仍然很盛行。另一方面,普洛科皮乌斯在接下来的叙述中,也承认希腊罗马传统中关于疾病和瘟疫起源的看法:"它不是出现于世界的一个部分,也不是降临于某些人,也并不限于一年之中的某个季节以便从这些情况人们可以对一种原因作出巧妙的解释。"[2] 这里从"一年之中的某个季节"去解释瘟疫的原因,很明显就是希腊人的传统。埃瓦格里乌斯在描述查士丁尼瘟疫时说:"它既不会根据任何固定的时期开始,也没有统一的停止时间,但有些地方会在冬季开始的时候流行,而另一些地方则在春季,还有一些地方是在夏季,有时候也会在秋季来临之时。"[3] 埃瓦格里乌斯对瘟疫的这种不按规矩"出牌"的现象甚是不解,而这种不解的思考起点正是希腊医学理论,特别是希波克拉底关于疾病产生的季节性理论。事实上,由于鼠疫在温暖和潮湿的季节里特别活跃,因此,在地中海世界,它在夏季表现得最为致命。[4] 在埃瓦格里乌斯的潜意识中,瘟疫"出牌"的真正逻辑是希腊医学理论。阿加塞阿斯在分析查士丁尼瘟疫的原因时则说:"有

---

[1] 普洛科皮乌斯:《战争史》,第 180 页。
[2] 普洛科皮乌斯:《战争史》,第 180 页。
[3] Evagrius, *A History of the Church in Six Books*, *from A. D. 431 to A. D. 594*, IV, 29.
[4] Robert Sallares, *The Ecology of the Ancient Greek World*, p. 270.

人宣称那里的空气受到了污染,并认为它应为疾病负责。"① 这里把瘟疫产生的原因归结为空气的污染,很明显是希腊传统医学理论中的"空气"理论。

尽管瘟疫的世俗起源原因不可能成为基督教作家的关注点,但从他们"无意识"的、零星的简单提及中还是可以明显看出,至少在当时的世俗认识和解释中,人们对于瘟疫起源的看法在很大程度上仍然是沿袭了希腊罗马传统。

在写作方式和手法方面,罗马作家、基督教作家都同样模仿希腊古典传统。就雅典瘟疫而言,罗马哲学家卢克莱修在其《物性论》中也有记载,但它基本上是逐字地翻译了修昔底德对雅典瘟疫的描写。② 罗马著名的医生加伦在其医学著作中也曾引用修昔底德关于瘟疫的论述。③ 狄奥多罗斯在描写公元前396年的叙拉古瘟疫时,就对修昔底德关于公元前430年雅典瘟疫的描写多有模仿,这不仅是由于狄奥多罗斯把修昔底德的著作作为自己的主要资料来源,更是由于"修昔底德的声望及影响",因此,"很可能修昔底德的叙述影响了狄奥多罗斯的措辞甚至是对症状的描写"。④

就基督教作家而言,对查士丁尼瘟疫记载最为详细的普洛科皮乌斯在《战争史》的开篇,无论是语言、语气还是描写手法,都明显地模仿了希罗多德,甚至可以说与希罗多德《历史》的开篇

---

① Agathias, *The Histories*, II, 3, 4-5.
② 卢克莱修在其《物性论》中描写过"雅典的瘟疫"(第1136—1284页),中译者在注释中说:"在这里,卢克莱修描写了公元前430年雅典那次著名的瘟疫,他的描写很接近修昔特底斯(古希腊历史家)所描写的。在许多地方显然他是把后者逐字译成拉丁文。"(卢克莱修:《物性论》,方书春译,商务印书馆1981年版,第418页)这可能也是在后世关于雅典瘟疫的研究中,学者们从不采用卢克莱修记载的重要原因。
③ Vivian Nutton, "Galen's Library", in Christopher Gill, Tim Whitmarsh, John Wilkins, eds., *Galen and the World of Knowledge*, Cambridge: Cambridge University Press, 2009, pp. 25-26.
④ R. J. Littman, "The Plague at Syracuse: 396 B. C.", p. 114.

几乎是完全一样的。① 与古代世界的其他作家一样，修昔底德在普洛科皮乌斯那里被有意识地模仿。正因为如此，有人批评普洛科皮乌斯是在抄袭修昔底德的著作，认为"他甚至不能放过利用瘟疫来模仿古典作家描述雅典大瘟疫的机会，以便与古人的范本相媲美"。② 普洛科皮乌斯的这种模仿完全是可以理解的，也是很正常的，因为普洛科皮乌斯的"《战争史》是一部宏大的历史，其核心深受希罗多德和修昔底德的影响，在这样的著作中，以虔诚的基督徒语气进行描写会很不合时宜。在普洛科皮乌斯时代，政治史不仅是世俗性的，甚至是古典性的，它不能偏离最初希腊史家们所奠定的传统形式"。③ 公元 4 世纪初，基督教在取得合法地位后，基督教作家信心大增，掀起了历史创作高潮，教会大事记和烈士圣徒事迹的收录蔚为潮流，希腊传统史学多少受到抑制。但半个世纪之后，基督徒的历史创作暴露出诸多严重缺陷，连他们自己也不得不承认在世俗历史撰述方面的无能，因此，到公元 4 世纪末，形势逆转，基督徒的史学创作退潮，希腊传统史学再度兴盛，其势头完全压倒了基督教史学。这样，无论在史学观念与视角，还是内容与手法方面，尤其是在涉及世俗政治军事史的时候，他们与希腊传统史

---

① 可对比普洛科皮乌斯《战争史》（第 1 页）和希罗多德《历史》（第 1 页）。希罗多德《历史》开篇写道："在这里发表出来的，乃是哈里卡尔纳索斯人希罗多德的研究成果，他所以要把这些研究成果发表出来，是为了保存人类的功业，使之不致由于年深日久而被人们遗忘，为了使希腊人和异邦人的那些值得赞叹的丰功伟绩不致失去它们的光彩，特别是为了把他们发生纷争的原因给记载下来。"普洛科皮乌斯《战争史》开篇写道："这部战争史是凯撒里亚的普洛柯比所撰，记载了罗马皇帝查士丁尼在位期间与东西方蛮族人之间的战争，以及一系列相关史实。倘若史家不将他们记入史册，那么这么些重大的事件就会因为时光流逝而湮没于历史长河之中，普洛柯比认为，记载这些事件会是一件伟大的事情，它既能帮助同时代的人也能为后世子孙提供借鉴，说不定后人也会面临同样的困境。"

② John W. Barker, *Justinian and the Later Roman Empire*, Madison: University of Wisconsin Press, 1966, pp. 191 – 192, 160 – 161.

③ Averil M. Cameron, "The 'Scepticism' of Procopius", *Historia*, Vol. 15, 1966, p. 470.

学方面的差距暴露无遗，模仿甚至"照抄"希腊传统史学也就完全可以理解了。① 同样地，埃瓦格里乌斯对查士丁尼瘟疫起源地的描写可能也是模仿修昔底德。② 因此，如果简单地认为普洛科皮乌斯、埃瓦格里乌斯等基督教作家是对修昔底德的抄袭，并对此加以指责，显然有失公允。③

就埃塞俄比亚瘟疫发源地说而言，基督教作家在瘟疫起源和产生的原因方面，完全继承了希腊医学关于瘟疫的世俗理论，这既是那个时代人们对希腊医学科学的继承，也是对希腊罗马文化的吸收与传承。他们在历史写作方面，同样吸收和模仿了希腊传统。这也是基督教作家留下的关于瘟疫描写的著作，在今天看来既神秘又似曾相识的重要原因。

第五节 希腊传统的变化

在希腊罗马社会，人类的生存环境都由神掌控（不管是希腊罗马诸神，还是基督教的上帝），人类的衣食住行在理论上也都要接受神的旨意。但在现实生产生活中，人与自然的关系还得依靠人

---

① Arnaldo. Momigliano, *The Conflict Between Paganism and Christianity in the Fourth Century*, Oxford: Clarendon Press, 1963, pp. 79-99；刘衍钢：《历史叙述之争与西方史学发展的波动：论尤里安之死》，《历史研究》2017年第5期。

② Michael W. Dols, "Plague in Early Islamic History", p. 372.

③ 中国学者陈志强教授对普洛科皮乌斯的"抄袭说"进行了严厉的批评："普洛柯皮乌斯没有抄袭造假的三条理由：其一，他是查士丁尼的同时代人，曾受到重用，且仕途顺达，不仅参与帝国军政要务，深谙诸多重大事件内幕，而且君士坦丁堡爆发瘟疫时，他即亲身经历，亲眼目睹；其二，作为颇有名气的'修辞学家'（即作家），他虽然非常崇尚古典作家，但在当时古风盛行的环境中，完全没有必要抄袭一部脍炙人口的作品而惹来他人的指责；其三，此次鼠疫与修昔底德记载的军营伤寒有很大区别，无论在记述的目的、对病源地的推测，还是对瘟疫发作、症状、后果和影响等方面的分析，都存在诸多不同，难以抄袭。"（陈志强、武鹏：《现代拜占廷史学家的"失忆"现象——以"查士丁尼瘟疫"研究为例》，《历史研究》2010年第3期）

类自身探索，这也是为什么希腊的早期哲学形态会是自然哲学。就直接威胁人类生死存亡的瘟疫而言，希腊罗马人一方面要虔诚地向神献祭和祈祷，另一方面不得不自己寻求瘟疫产生的现实原因，寻求消灭瘟疫的办法，探索人类自身与生存环境的关系。正如有学者所指出的那样，在人类与自然环境的关系中，一旦古典历史中的超自然原因（即神）被清楚地认识，古典学家就可以自由地寻找物质的或自然的原因，而其中最重要的一个原因就是气候。① 正因为这样，早期希腊的自然哲学家把世界的本原归结为对人类生产生活极为关键的水、空气等，认为这些关键因素决定了动植物的特性、人体类型、智力、民族性格、道德标准等。希罗多德说埃及的气候和世界其他各地不同，河流的性质和其他任何河流的性质不同，而且居民的大部分风俗习惯也和所有其他人的风俗习惯恰恰相反。② 他还认为埃塞俄比亚是"世界上最热的地区"，那里"吹出来的都是热风"，"当地的居民是由于太阳的热力而变黑的"，③ 埃塞俄比亚人不仅皮肤是黑色的，而且他们的精子也是黑色的。④ 希波克拉底则在他的医学名著《论空气、水和地方》的末尾讨论了气候对人类的影响。他在对比了亚洲的斯基泰人和欧洲人后说："关于亚洲人缺乏干劲和勇气，主要归因于亚洲人与欧洲人相较更文雅且不好战，这种推论与季节特点相符合。"⑤

此后的历史编纂家则忠实地追随希罗多德并证实他的看法，希波克拉底的看法也被历史化地加以证实。⑥ 亚里士多德宣称，希腊人兼备两类人群最好的品质，因此具有统治全人类的能力，"唯独

---

① James William Johnson, *The Formation of English Neo-Classical Thought*, Princeton, NJ: Princeton University Press, 1967, p. 46.
② 希罗多德：《历史》，第 125 页。
③ 希罗多德：《历史》，第 118 页。
④ 希罗多德：《历史》，第 240 页。
⑤ Hippocrates, "Airs, Waters, Places", in *Hippocrates*, Vol. I, XVI；《希波克拉底文集》，第 25 页。
⑥ James William Johnson, *The Formation of English Neo-Classical Thought*, p. 47.

希腊各种姓，在地理位置上既处于两大陆之间，其秉性也兼有了两者的品质。他们既具热忱，也有理智；精神健旺，所以能永保自由，对于政治也得到高度的发展；倘使各种姓一旦能统一于一个政体之内，他们就能够治理世上所有其它民族了"。[1] 亚里士多德即使不是最早的，也是很早认为希腊人应该统治全世界的人。柏拉图对火、水、气、本土性的认识以及对疾病产生原因的分析，都明显地延续了早期希腊人的传统。

从亚里士多德的前辈苏格拉底开始，希腊传统在自然与人的关系探索上发生了转向，由最初更多地关注自然与人类本身（包括人类疾病）的关系转向更多地关注人与人的关系，开启了"人的觉醒"。前苏格拉底哲学在对自然环境与人类社会、国家制度等层面的关系的关注上不如苏格拉底及之后时代那么明显和突出，这与苏格拉底开启的希腊哲学的转向是相吻合的。这也许能在一定程度上帮助理解为什么在亚里士多德、柏拉图、色诺芬等著名哲学家那里，诸如在埃塞俄比亚这样世界上最遥远、最炎热的瘟疫发源地生活的人与自然主题远不能成为他们讨论的主要的、重大的主题，相比之下，代之而来的更多的则是对地理环境、气候与民族性格、国家社会、政治制度等主题的高度关注。

我们还可以看到这一时期希腊传统的另一重大变化，即将注意力转向以波斯为代表的东方。虽然在荷马史诗记叙的特洛伊战争时期就预示了东西方的分野，体现了希腊文明在对"东方"诸民族与文明的认知中的东方主义特征，但关键的时期则是从公元前5世纪的希波战争开始，希腊人逐渐把以波斯为代表的东方想象成典型的"蛮族"，并以波斯为原型塑造了一个抽象的"蛮族"形象，形成关于西方文明的"他者"话语体系，并形成西方的东方观。[2] 希波战争中，希腊人对波斯人有了更多的直接正面接触，对他们可以

---

[1] 亚里士多德：《政治学》，吴寿彭译，商务印书馆1965年版，第361页。
[2] 黄洋：《古代希腊罗马文明的"东方"想像》，《历史研究》2006年第1期。

有更多的理解和形塑，与遥远陌生的埃塞俄比亚（人）形成了对比，希腊人对后者的认识仍然停留在荷马式童话阶段，关于埃塞俄比亚瘟疫发源地说也仅仅保留在其传说记忆之中。希腊传统中的东方观在希波战争后得以延续，而东方主义的话语一旦形成，就成为"西方"主宰"东方"的一种方式，并为其提供合理性解释。这种主宰首先是观念上的，通过对"他者"的表述，希腊人获得了一种文化上的优越感：他们是自由的、优美的、勇敢的、胜利的，"东方人"则是奴性的、丑陋的、懦弱的、失败的。① 事实上，希腊罗马传统还有很多对后世产生深远影响的类似观念，如地理环境影响论、获得性特征的遗传（the inheritance of acquired characteristics）、政府的组成与形式、本土性与纯血统（autochthony and pure lineage）、帝国主义、奴隶制度等。这些观念与东方观一样，一旦形成，同样成为"西方"主宰"东方"的话语优势，同样成为它们的文化优越，并演变成近现代种族主义者的理论渊源，正因为如此，有学者把这些（用今天的判断来看的）负性的希腊传统观念称为原始种族主义（proto-racism）理论。②

罗马时代，希腊的这些传统得以继承和延续。著名建筑学家维特鲁威在讨论"动物的身体和土地的健康性"时，关于寒暑、热气、季节、风向、干湿的分析，基本上都是对希波克拉底的重复。③ 斯特拉波在分析了各地的地理与气候后，认为意大利的地理和气候是最好的，这注定了它充当统治者的角色，"由于气候与温度的不同，给它（意大利）造成了许多巨大的差异，这种巨大的差异对于动物、植物而言，不管是好是坏，总之是有利于维持生命。它的长度从北方延伸到南方……现在，气候的温和或者恶劣都是靠热、冷和中间的感觉来确定的；由此就不可避免地会认为意大

---

① 黄洋：《古代希腊罗马文明的"东方"想像》，《历史研究》2006 年第 1 期。
② Benjamin Isaac, "Proto-Racism in Graeco-Roman Antiquity", *World Archaeology*, Vol. 38, No. 1, 2006, pp. 32–47.
③ 维特鲁威：《建筑十书》，高履泰译，知识产权出版社 2001 年版，第 16—20 页。

利位于两个极端气候之间,并且延伸到很长的地区,大部分地区都属于温带气候,具有这个气候带大部分特色"。"由于这个国家(意大利)一方面位于那些最大的民族之间,另一方面又位于希腊和利比亚最好的地区之间,由于它在自己的勇气和面积上都超过了周边的国家,由于它的地理位置靠近这些地区,可以顺利地获得它们的贡赋,它天生就注定了充当统治者的角色。"[①] 不同的地理环境和气候产生不同类型的人群,同样的人群到了地理环境和气候不同的地区,其特征也会随之发生改变。根据斯特拉波的同时代人李维的叙述,公元前189年,罗马面对的敌人是由欧洲来到小亚细亚的凯尔特人的后裔组成的混合军队,罗马指挥官曼利乌斯在对军队发表演讲时说:"这些人(凯尔特军队)现在已经堕落了,血统已经混合了,变成了他们自己所说的高卢希腊人(Gallogrecian)了。这正如庄稼和动物一样,种子在保存它们的自然品质方面不如它们所生长的土地和气候在保存它们的特征时那样,这些种子已经具备了改变特征的力量。"[②]

到罗马帝国时代的基督教文化那里,自然环境与人类关系的一切问题都变得简单了,即整个自然世界和人类世界都是上帝创造和安排的。自然世界是神创造的,动植物均是神安排的,自然世界的一切只需要用神意加以解释即可,而且放之四海皆准。这种解释自然而然地代替了希腊传统中自然环境决定人类及其相关现象(如民族性格、国家社会、政治制度)的解释。人也是神在伊甸园中创造的,只是因为人在伊甸园中触犯了神的戒命被放逐到了地球上,也正因为如此,此后人与自然世界、人与人的关系都以此为基本前提展开,且都是神已经安排好的。因此,在基督教文化里,我们看到它对自然环境与民族性格、国家社会、政治制度的解释完全不同,难寻它对希腊罗马传统的沿袭。尽管神意可以解释一切,但

---

① 斯特拉博:《地理学》,第393—394页。
② Livy, *History of Rome*, XXXVIII, XVII, 9-10.

在世俗生产生活实践中，与人类直接关联的内容（如瘟疫与医药等）还得依赖人的实践来解决，这也是为什么我们看到那么多的基督教作家在解释瘟疫起源的原因时都不约而同地沿袭希腊传统中的"埃塞俄比亚瘟疫发源"认识。正如前文所述，基督教在对瘟疫的解释中，一方面用自己的神代替希腊诸神，另一方面要延续希腊传统的世俗理论，即季节、气候、土地、水等与瘟疫的关系。至于埃塞俄比亚是不是真正的瘟疫发源地已经无关痛痒，因为这种观点已经成为希腊罗马传统中理所当然的一部分了。这种传统对西方近代以来的地理环境决定论产生过重要的影响。

埃塞俄比亚瘟疫发源地说流行的真正原因在于早期希腊人对埃塞俄比亚（人）的观念以及希腊人对于医学的宗教及世俗认识等文化传统。希腊罗马人关于埃塞俄比亚瘟疫发源地的观念在宗教与世俗两方面都根深蒂固，基督教作家对瘟疫的认识沿袭了希腊罗马传统，只是在宗教方面把希腊罗马的诸神变成了基督教的上帝。基于这样的认识，关于地中海世界瘟疫的诸多问题就可以得到很好的理解。首先，无论是雅典瘟疫还是查士丁尼瘟疫，说它们起源于埃塞俄比亚都是没有确切证据能证明的。无论是修昔底德的"据说"还是基督教作家的"据说"，都不能作为瘟疫起源于埃塞俄比亚的准确证据。其次，无论是雅典瘟疫还是查士丁尼瘟疫，不管它们是天花还是鼠疫，其作为瘟疫的真实性都不容怀疑，修昔底德和基督教作家记载的瘟疫是不容置疑的。事实上，学术界颇受争议的查士丁尼瘟疫，在考古学中已经被证实了真实性。贝诺维茨通过对拜占庭的巴勒斯坦、阿拉伯亚等行省的希腊铭文的考察，不但证实这场瘟疫的真实性，而且发现这场瘟疫非常致命，但关于这场瘟疫复发情况的信息很少。[①] 陈志强教授对西方学术界在查士丁尼瘟疫问题

---

① Nancy Benovitz, "The Justinianic Plague: Evidence from the Dated Greek Epitaphs of Byzantine Palestine and Arabia", *Journal of Roman Archaeology*, Vol. 27, 2014, pp. 487 – 498.

上的沉默态度进行了批评，对于怀疑甚至否定普洛科皮乌斯记载的意见进行了尖锐的批评。"显然，如此重要的历史事件没有引起这些著名学者的重视。正是由于他们在这一问题上的沉默，使某些作者对该事件的真实性产生某种程度的怀疑，……虽然大多数学者对其记载的可靠性没有产生怀疑，但是，对于否定普洛科皮乌斯记载真实性的意见，他们也未进行有力的批驳。"[①] 事实上，首先，查士丁尼瘟疫暴发时，普洛科皮乌斯说"当时我正好在那里（拜占庭）"，这不可能是"据说"的信息，更不可能是道听途说的谣言。其次，对于目的"在于不使时间的长河由于缺乏一个记录而淹没了那些格外重要的事业，不使它把这些事业引入忘却之乡，从而使它们泯灭得无影无踪"[②] 的普洛科皮乌斯来说，造假也是不可能的。最后，基督教作家无论在瘟疫爆发原因的描述上还是在文体甚至文字上与修昔底德著作的相似甚至雷同，并不是他们的造假，而是希腊罗马传统在基督教传统中的内化和继承，体现了两种不同文化传统之间的延续与内在联系。

就转向后的希腊传统而言，欧洲在进入中世纪以后，基督教意识形态逐渐形成垄断，希腊罗马传统几乎完全被基督教文化遮蔽，希腊传统中"西方"主宰"东方"的话语优势和文化优越也不再被经常提起。直到文艺复兴时期，"人"才得以从神的纱幕笼罩之中解放出来，放之四海而皆准的神意对人与世界的解释才逐渐褪去光芒，淡出世俗探索，代之而起的是希腊罗马传统的"复兴"。人文主义者复兴的不仅是被后人津津乐道的希腊罗马传统中的"人文主义"，那些希腊罗马的负性观念同样被人文主义者不加区分地复兴，如前所述的地理环境对人类的影响、获得性特征的遗传、政府的组成与形式、本土性与纯血统、帝国主义、

---

① 陈志强、武鹏：《现代拜占廷史学家的"失忆"现象——以"查士丁尼瘟疫"研究为例》，《历史研究》2010年第3期。

② 普洛科皮乌斯：《战争史》，第1页。

奴隶制度等。博丹在讨论种族与共和国的种类时，对东南西北各方民族的本性和自然倾向进行分析后，认为北方地区民族的"力气与精力使这些山区人热爱公众自由，对于独裁毫无耐心"，"温和地带的民族比其他民族更适合于共和国的管理，因为他们在本质上具有谨慎的美德，而谨慎是人类行为的尺度，是人类区分好与坏、正义与伤害、诚实行动与不诚实行动的标准。……南方种族，由于较少适应政治活动，他们满足于对自然科学和神学的沉思"。① 博丹的证据几乎全部来自包括前面提到的希腊罗马作家的论述，其结论也几乎与希腊罗马观念完全一致，细读其内容，甚至感觉它就是对希腊罗马作家的照搬照抄。1784 年，孟德斯鸠在《论法的精神》中用五章篇幅集中阐述了地理环境（尤其是气候和土壤）对人类社会的影响，特别是自然条件与人的生理特征的关系，与人的心理素质、情感的关系，与地方法律及国家政体的关系。② 从孟德斯鸠的论述中可以明显看出对希腊罗马传统的继承，当然，也是对博丹叙述的延续。此后，西方学术界普遍重视社会历史发展过程中的地理作用，强调地理环境对人类文明类型和文化模式的重要影响。③ 黑格尔、拉采尔、辛普尔、哈兴额、麦金德、泰勒等著名学者不断地重复并夸大地理环境对人类社会的影响，甚至强调地理环境对人类社会的决定作用，从而证明西方的优越和白人至上，最终演变为近代种族主义理论的重要依据。

　　回到前文提到的希腊罗马人对埃塞俄比亚（人）的认识和态度上，我们可以明显看出，无论该说在希腊传统中是如何形成的，也不管它在罗马传统和基督教传统中是如何继承和变化的，我们始

---

　　① Jean Bodin, *Six Books of the Commonwealth*, Tooley, M. J., trans., Oxford: Blackwell, 1955, V, 1.
　　② 孟德斯鸠：《论法的精神》上册，张雁深译，商务印书馆 1961 年版，第 227—303 页。
　　③ 宋正海：《地理环境决定论的发生发展及其在近现代引起的误解》，《自然辩证法研究》1991 年第 9 期。

终看不到希腊罗马世界对埃塞俄比亚人"黑性"的贬损,更无从寻找偏见和歧视了。这从该说的希腊罗马传统的宗教解释和世俗解释中都可以明显看出。在基督教传统那里,它对该说的宗教解释,除了把希腊罗马的异教神祇换成基督教的上帝之外,并无任何实质性变化,它对该说的世俗解释与希腊罗马传统的世俗解释一模一样,根本看不出它与埃塞俄比亚人的"黑性"有什么关系,遑论偏见与歧视了。因此,埃塞俄比亚瘟疫发源地说看似仅仅是希腊罗马传统对埃塞俄比亚(人)的认识(很大程度上可能是误读),但它能为我们观察希腊罗马人对黑人及其黑性问题提供另一反观视角,而这一反观视角看似不能从正面提供证明,却刚好为我们观察希腊传统对待黑人及其黑性提供了更有力的视角和说服力。

尽管现代种族主义理论在追溯种族主义渊源时都会从古代希腊罗马寻找依据,但令人遗憾的是,如果我们认真、客观地分析,会发现这种依据不但会落空,还会得出相反的结论。

毫无疑问,古希腊罗马传统确实深刻地影响着现代西方文化传统的形成,它的某些认识或理论与现代种族主义也并非毫无干系,如地理环境决定论在希腊罗马传统中就有明确的表述,但是,正如前面所分析的那样,这一认识是经过文艺复兴时期的人文主义者对希腊罗马传统的照搬并加以发挥,加上后来的不断演绎而成为现代种族主义理论的组成部分的,就它本身而言,回到它的真正历史语境中分析,它与现代种族主义理论根本毫无关系。如果一定要把它与现代种族主义理论相联系,恐怕多有"拉祖配"之嫌。

结　语

　　希腊罗马世界中的黑人是指希腊罗马地理范围及其认识地理范围内的黑人，他们既包括生活在希腊罗马社会中的黑人，也包括希腊罗马传统中提及的黑人。希腊语和拉丁语中与"黑人"相关的术语很多，这些术语有些是直接指黑皮肤的人种，有些则是与黑皮肤相关的其他类型的人种，其中最为引人注目也是希腊罗马文献记录最多的是被称为"埃塞俄比亚人"的黑人。对于不同类型的"黑人"，其身体自然特征也有所差异，毫无疑问的是，即使他们的肤色的黑性程度有所差别，但他们都是"黑人"。希腊罗马材料中，除特别提到其他黑色人种或者泛称黑人外，通常都是以"埃塞俄比亚人"指代"黑人"。

　　希腊文献中，最早提及埃塞俄比亚（人）的是荷马史诗，《伊利亚特》明确提到过两次，《奥德赛》明确提到过三次。在史诗中，埃塞俄比亚非常遥远，位于世界的两极，即"日落处"和"日出地"，是希腊诸神的乐园，凡人不可企及，埃塞俄比亚人是世界上最虔诚信仰希腊诸神的民族，是值得希腊人称赞的民族，荷马称他们是"高贵刚勇的埃塞俄比亚人"。荷马关于埃塞俄比亚（人）的表述成为后来希腊罗马作家对埃塞俄比亚（人）的经典认识，即"荷马式童话"。此后，无论赫西俄德的神话体系还是埃斯库罗斯的剧作，都延续着"荷马式童话"传统。希罗多德对埃塞俄比亚人做了有史以来最为详细的记载，他明确指出埃塞俄比亚人的身体特征：头发是卷曲的，皮肤是黑色的。但是，古典时代的希腊人对于埃塞俄比亚及其居民的认识仍然完全是"荷马式童话"想象。希腊人对埃塞俄比亚人的这种童话式观念到希腊化时代仍在延续，亚历山大到达印度后误认为自己在那里发现了尼罗河的河源就是典型证明。至少从荷马时代开始，希腊人对埃塞俄比亚人的认识是非常正面积极的，尽管有不少地方提到埃塞俄比亚人的身体特征，如卷头发、黑皮肤等，但只是客观的描述，从没有表现出任何负性的思想。

希腊艺术品，特别是雕刻与绘画作品，是能最直接反映希腊人对黑人态度的材料。希腊艺术中最早涉及黑人形象的作品来自特洛伊时代，描绘的是特洛伊时期宫廷女士穿戴风格的黑人女性。特洛伊时代、古风时代的希腊艺术中关于黑人的描绘题材主要来自战争，特洛伊战争人物往往成为艺术品的描述主题。希腊神话与传说的宗教功能在希腊人的社会生活中占据重要地位，这种重要性在艺术中同样得到了反映。门农、赫拉克勒斯等著名神话人物所表现的内容深刻地体现了希腊艺术与希腊宗教的密切关系，而这些希腊神话人物作为神与人的后代，往往都具有高贵的血统，通常都是王公贵族，因此一般属于希腊社会上层，这也说明，黑人在早期希腊社会中的地位并不低。到古典时代，著名神话人物继续成为希腊艺术的描绘主题，如赫拉克勒斯、埃及国王布西里斯、黑人胜利女神尼姬等，这充分反映出古典时代对早期希腊风格的继承，很大程度上可以说古典时期的黑人艺术仍然是"荷马式童话"传统的继续。与早期希腊相比，古典时期的艺术品还描绘了诸多普通职业者的形象，典型的如黑人武士，还包括希腊社会生活中更多的普通职业者，如擦鞋匠、舞者等。黑人在希腊罗马世界的生活、家庭活动、日常职业等在希腊化时期的艺术作品中得到了充分的反映。此前希腊艺术品所反映的主题经常是重复人类与神祇之间的故事，在希腊化时代，反映人类社会环境和自然环境的新主题大量涌现。这一时期涉及表现黑人形象和场景的作品很多，其中众多的内容被认为与埃塞俄比亚人直接相关。黑人小孩（特别是男孩）形象的表达是这一时期黑人艺术的重要题材。描绘的黑人小孩的姿态很多，惟妙惟肖，如有站立的小铜像，身体微向前弯，双手半收，头发呈螺旋状紧绺在头上，鼻子很宽阔，嘴唇很厚；有小男孩半身小铜像，其螺旋状小绺头发不规则地排列，鼻子宽阔，嘴唇厚但不明显；还有年轻小女孩的半身铜像，卷曲的头发梳理得十分整齐，但鼻子和嘴唇的"黑性"不如前述的明显。来自普里埃内的大约公元前2世纪的无釉赤陶的造型是一个男孩正在拔脚上的刺；形象更逼真的是对黑人男孩睡觉姿势的描绘；等等。希腊化时期黑人艺术品的另一重要特点是描绘各种黑人职业者，包括歌手、舞者、演讲者、拳击手、浴室侍者、赛马师甚至乞丐等。黑人艺术虽然在文化观念和文化意识中仍然延续着"荷马式童话"传统，但在实际表现过程中则不断地与希腊社会现实生活接近，不断把想象中的童话变成现实中的真实，而黑人在艺术的主题上也经历了从"神"到"人"的转变。如果把这种转变与种族偏见、种族主义联系在一起，明显是很牵强的，是没有任何根据的。

　　罗马人与埃塞俄比亚人的直接接触是在帝国时代。从奥古斯都时代直到帝国晚期，罗马人一直与包括埃塞俄比亚在内的埃及南部诸民族有军事的和外交的联系。但是，罗马人对黑人的描写中最生动也最能反映他们对黑人的态度的则是罗马文学和艺术。罗马共和国时代，罗马人与黑人的接触远不如帝国时代密切，罗马文献中反映的他们关系也简单得多，如公元前3世纪诗人普劳图斯除了说埃塞俄比亚人很黑这一身体特征外，并没有更多其他信息。帝国时代对埃塞俄比亚人肤色描写最多的是维吉尔、佩特罗尼乌斯、尤维纳尔等著名诗人。如在被认为是维吉尔的作品《色拉》中，诗人描述了一位黑人妇女的外表："她拥有非洲人血统，她的所有身体特征都证明了她的出生地：很卷的头发、肿胀的嘴唇、黝黑的皮肤、宽大的胸脯、下垂的乳房、短小的腹部、细瘦的双腿、宽阔肥大的双脚。"整个语气和使用的修饰语多少带有一定的贬损性。类似的描述还可以在佩特罗尼乌斯那里看到，如在《萨蒂利孔》中，他描述黑人"膨胀""可怕"的嘴唇，"前额突出"的疤痕，"弯曲着腿走路"，"脚踝弯曲到地面"等。在尤维纳尔那里，虽然没有专门就黑人的面相进行描写，但黑人的参照对象都是负面性的，如白痴、跛子等，这些参照对象颇耐人寻味。甚至有人把黑人的皮肤形容成"乌鸦""黑炭""煤球""搭错色"，把他们称为"乌合之众""可怕的幽灵""奇怪的生物"，他们是与死亡相联系的，是冥府世界的守护者。但是，在罗马文献作品中，并不是所有涉及黑人的内容都是负面性的。罗马文献中对黑人的赞美也不在少数，对黑人面相的崇拜也同样引人注目。维吉尔描写的牧人柯瑞东热恋着他漂亮的主人阿荔吉，但阿荔吉却并不喜欢他，而是喜欢黑人梅那伽；在《牧歌》中，维吉尔一再强调，阿敏塔虽然是黑人，但她作为自己最心爱的人，她的肤色对他们的爱情没有丝毫影响。奥维德把自己爱慕的黑人西帕西斯与诸女神相比，毫不掩饰自己与她的爱情。马尔提亚毫不犹豫地写道他喜欢黑人姑娘而不喜欢白人姑娘。公元6世纪，生活在汪达尔王国的卢克索里斯在颂扬当时迦太基竞技场的黑人英雄奥林庇乌斯的黑皮肤时，说它是"珍贵的乌黑"，具有"宝石之光"。罗马作家对黑人的记载既有大量贬损性描述，也有大量褒扬性描述。从数量上看，有学者经过统计认为："从总体上说，古典文献中表达对黑性的喜爱与表达对白性的喜爱的数量几乎是等同的。"对于贬损性描述，罗马人是站在自己的立场，以自己熟悉和习惯的肤色或身体标准对黑人（包括其他人种）进行判断，发现对方与自己的不同，从而产生陌生感或异样感，而并不是要从种族的角度对整个黑种人（包括其他种族）进行彻底否定。对于褒扬性表达，罗马人同样也是站在自己的立场，对白人占统治地位的罗马人所陌生的黑人表达自己的喜爱之情，这些喜爱包括的内容多种多样：肤色、体格、爱情等。无论贬损还是褒扬，罗马人都是以自己熟悉和习惯的标准在衡量，谈不上对整个黑人种族的完全否定或肯定。事实上，罗马作家在描写各种族的身体自然特征时，远远不止针对黑人，对于其他各人种、种族都有描述，而且既有积极性的描写，也有消极性的描写。白人在整个罗马社会占据绝对统治地位，他们习惯自己的肤色和身体形象，因此他们在看待包括黑人在内的外族人时，会以自己习惯的肤色和身体特征为中心，对他人做出贬损性或褒扬性的价值判断。这种价值判断以罗马国家的制度、法律、道德、文化、生产生活模式、习俗等为中心，形成了所谓的文明人与野蛮人的划分。罗马人的这些标准即罗马中心主义，在此标准下，无论罗马人对黑人的观察具有贬损性还是褒扬性，它所反映的最重要的本质是，罗马（人）是中心主题，而对其他民族和地区的贬损与褒扬相对来说都不重要。罗马中心主义与现代种族主义没有任何关系。

古罗马艺术在很大程度上是罗马人生活与现实的反映。古罗马表现黑人的艺术品不仅数量众多，主题也非常丰富。共和国时期的艺术在很大程度上继承了希腊化时期的艺术形式和风格。从描绘主题看，黑人艺术品基本上集中于现实世俗世界，与早期希腊、古典时期的希腊的描述主题大异其趣，与希腊化时期的描述主题却是一脉相承，如对普通民众（甚至低贱阶层）的关注、描述对象的多样化等。在风格上也是对希腊化风格的延续，如面具、雕像等，无论是制作尺寸还是制作手法都与希腊化风格极为相似。在具体内容方面，这一时期的黑人艺术品也与希腊化时代如出一辙，它特别强调对现实生活中的人物形象的关注，如两件极为相似的倒立于鳄鱼身上的杂技演员，位于基座上的小男孩青铜雕像等，都是罗马现实生活中的人物形象。这些风格在帝国时代得以延续，只是到帝国中后期，其主题范围更加广泛。特别是基督教在罗马社会日益流行后，基督教艺术占据了罗马社会和民众生活的主流地位，其主题和风格都与此前的希腊罗马宗教艺术有较大变化，作为基督教艺术重要组成部分的黑人主题艺术也逐渐走上了为基督教艺术和宗教服务的道路，体现出罗马艺术的转型。整个罗马时代，有关黑人的艺术品在反映罗马现实社会生活方面数量在不断地增加，这不仅体现在它们绝对数量的增加上,还体现在主题的更加多样化上,如反映罗马使臣、高级官吏等上层贵族的外交活动、生活等,当然,更包括帝国日常生活中的各类职业者,如持灯笼者、潜水者、歌手(演员)、武士、驾车者、象夫、战俘等。这些内容广泛的艺术品,一方面反映出艺术对罗马社会生活的丰富写照,展示出罗马社会生活的多面性,另一方面反映出黑人在整个罗马社会生活中的广泛分布,从而体现出他们这样一个在罗马社会不占主流和主导地位的人群(族群)已成为整个罗马社会的重要组成部分。在这些作品中,我们既可以看到与罗马诸神相共生的黑人,也可以看到作为罗马高官的贵族或富有黑人,还有各行各业的从业者,当然也包括奴隶和战俘。从这些黑人的地位看,我们并不能得出在黑人不占主流和主导地位的罗马社会中,他们作为少数民族(亚民族)在整个罗马社会受到歧视或偏见的结论。尽管有学者在评论许多古典资料对埃塞俄比亚人有不利的特征描述时说,"古典作家身上散发出两种信息,不利的(即负面的)特征描述对我们这个时代的黑人形象和看法产生了最大的影响",[①] 但回到希腊罗马的古典资料中,在当时的历史背景和历史语境中还原其真相,可能这些"最大的影响"并不是希腊罗马人的真实"信息",至于这些"信息"在后来是如何被演绎成"最大的影响"的,那已经不是希腊罗马人的态度能左右的了。

就基督教与黑人的关系而言,无论是《旧约》还是《新约》,也无论是希腊教父还是拉丁教父,都没有专门针对黑人人种或种族的描述。但是,不管是《圣经》还是教父论述,都或特定或顺带涉及与黑人有关的内容,这些内容在一定程度上也体现了基督教文化对黑人的态度。在《旧约》中关于埃塞俄比亚(人)的描写有30多处,但是都没有提到他们的肤色。《耶利米书》中提到"古实

[①] Joseph E. Harris, *Africa and Africans as seen by Classical Writers: The William Leo Hansberry*, New York: Oxford University Press, 1996, p. xx.

人（埃塞俄比亚人）岂能改变皮肤呢？豹岂能改变斑点呢？"（《耶利米书》13：23），这很可能暗示埃塞俄比亚人的肤色与其他民族或人种完全不一样，是不可能改变的，也很可能暗示这种肤色与以色列民族的肤色形成了鲜明的对照（比如黑色），但它确实没有明确说明埃塞俄比亚人的肤色就是黑色。《旧约》的记载至少可以说明，在希伯来传统中，没有人会在意不同人种的肤色问题，更不会有肤色歧视与偏见。在《新约》中，提到埃塞俄比亚人的地方只有一处，即使徒腓利与埃塞俄比亚太监相遇并使其受洗（《使徒行传》8：26—40），没有提及该太监的肤色和种族。这说明在基督教教义中，所谓的种族偏见或歧视之类的现象是根本不存在的。

早期基督教作家在阐述基督教的教义时，从整体上看，把埃塞俄比亚人作为外邦人的一部分，也是最典型的部分，纳入基督教的普世主义中。在他们看来，只要信仰上帝，皈依基督，任何人，不分民族、种族、性别、地位，都可以成为神的子民，都可以分享到神的光明。这些人不仅包括白种人、黄种人，同样也包括世界上皮肤最黑的埃塞俄比亚人。无论什么人，只要成为基督徒，就是光明的、圣洁的，一言以蔽之，就是白色的。作为外邦人，特别是作为皮肤漆黑的埃塞俄比亚人，如何才能变成白色的呢？基督教作家在其普世主义的理论框架下，引经据典，冗长拖沓地进行了反复而详细的论述。尽管论证过程极其烦冗，但其根本要义却十分简单，那就是信仰上帝，皈依基督，沐浴着神的光辉，其灵魂就会变白，人就会成圣。《关于信仰的七首赞美诗》对这一转变过程的描述非常经典："正如经上所说，他（神）把光交给了外邦人，无论埃塞俄比亚人还是印度人那里，他的明亮的光都得以到达。……他使人做了门徒，又教导人，又使人从黑人变成白色/白人，黑色的埃塞俄比亚女人们变成了圣子的珍珠，他（圣子）又把她们献给圣父，作为埃塞俄比亚人闪闪发光的王冠。"基督教作家从理论框架到具体实践对基督教的普世主义给出了明确的答案，从而解决了最为夸张的人类身体自然特征的极端所带来的意识形态张力问题。作为解决这一张力问题的手段,基督教作家一方面借用古典作家对黑人的认识基础,另一方面在写作手法上极尽积极和消极鲜明对比的修辞效果之能事,尽管如此,"我认为,谩骂式(消极的)和理想化的(积极的)表达功能作为民族政治修辞,是用来规定早期基督教社区的边界和自我定义的"。① 因此,就基督教作家关于埃塞俄比亚人的黑性的整体内容看,其中心和主旨根本不在于对埃塞俄比亚人黑性的指责,更谈不上具有任何种族主义色彩的歧视和偏见,也不能成为现代种族主义者的理论依据。

不过,另一方面,基督教作家们在阐释或者捍卫基督教教义的时候,时常把皈依基督之前的埃塞俄比亚人的黑性与异教者、野蛮人、恶人、邪恶等负性称呼等同,说他们出身低微、卑贱,是黑暗而卑贱的种族等,刻意对他们进行丑化。尽管这些丑化只是基督教作家为达成其宗教目标的方式或手段,并非其最终意图,但这种极端负性的描写一方面不可避免地会给人"不舒服的鸡皮疙瘩之感",另一方面也很容易成为近现代西方种族主义思潮的"理论渊源"。

---

① Gay L. Byron, *Symbolic Blackness and Ethnic Difference in Early Christian Literature*, p. 6.

附 录 一
原始种族主义：古代的发明还是现代的想象*

正如前文反复讨论的那样，近代以来，在关于希腊罗马世界中的黑人的研究过程中，始终有一个绕不开的问题，即希腊罗马社会是否存在针对包括埃塞俄比亚人在内的黑人的现代种族主义意义上的偏见与歧视。本书前面的讨论已经对这一问题进行了回答，且答案非常明确。然而，令人遗憾的是，关于西方古代社会的所谓"种族主义"问题的讨论似乎远未结束，各种相关理论与认识仍然不断地涌现。接下来关于原始种族主义理论的讨论虽然看似与希腊罗马社会对黑人的态度并无明显的直接关联，但该理论对古代希腊罗马世界中的黑人问题的有意或无意忽视却颇耐人寻味，值得反思。

原始种族主义（Proto-racism）是本世纪初著名古典学者本杰明·艾萨克在研究古代希腊罗马人对待其他民族的态度的过程中系统化、理论化阐述的一个新概念。该概念在他的《古典时代种族主义的发明》中得到了最全面、深入的探讨。[1] 此后，他又以专题

---

* 本文曾以《原种族主义：古代的发明还是现代的想象——兼对西方种族主义根源的批判》（与高凯合著）为题发表于《世界民族》2020年第5期。

[1] Benjamin Isaac, *The Invention of Racism in Classical Antiquity*, New Jersey: Princeton University Press, 2004.

论文《古代希腊罗马的原始种族主义》对前述著作进行要点化概括。[1] 艾萨克的论著发表后，迅速引起了学术界（特别是西方古代史学术界）的广泛关注，从而成为"学术热点"。[2] 不过，学术界对该观点的评价褒贬不一。这里试图对该理论进行简要的介绍和分析，并尝试探究它的实质。

一 原始种族主义的提出

种族主义（Racism）术语出现的时间很晚，到1910年出版的《牛津英语词典》（*Oxford English Dictionary*）中都还没有出现。根据美国学者弗雷德里克森在《种族主义简史》中的说法，种族主义术语直到20世纪才出现。但弗雷德里克森并没指出其出现的确切时间，而且在介绍它出现的时间时出现了表述上的矛盾，如第5页说该术语是在20世纪30年代用于描述纳粹迫害犹太人时才第一次出现，而在第12页中又说该术语第一次使用是在20世纪20年代。[3] 根据笔者的调查，Racism这一术语最早使用的时间是1902年，[4] 当然，这并不是说种族主义出现的时间是1902年。种族主义术语出现很晚是可以肯定的。不过，最先使用"原始种族主义"（proto-racisme）这一概念的是法国著名学者让·约约泰（Jean Yoyotte），他在讨论埃及民族与种族问题时使用了该概念，与希腊罗马社会的民族与种族没有任何关系。[5] 弗雷德里克森也曾使用这

---

[1] Benjamin Isaac, "Proto-Racism in Graeco-Roman Antiquity", *World Archaeology*, Vol. 38, No. 1, Race, Racism and Archaeology, Mar., 2006, pp. 32 – 47.

[2] Naoise Mac Sweeney, "The Origins of Racism in the West", *Bryn Mawr Classical Review*, http://bmcr.brynmawr.edu/2010/2010 – 01 – 39.html, 最后访问时间：2015年12月8日。

[3] George M. Fredrickson, *Racism: A Short History*, New Jersey: Princeton University Press, 2002, pp. 1 – 48.

[4] Isabel C. Barrows, *Proceedings of the Twentieth Annual Meeting of the Lake Mohonk Conference of Friends of the Indian 1902*, Published by The Lake Mohonk Conference, 1903, p. 134.

[5] Léon. Poliakov, *Ni Juif ni Grec: Entretiens sur le racism*, Paris: The Hague, 1978, preface, p. 8.

一概念："至少作为原初形式（a prototypical form）的种族主义产生于14—15世纪而不是（像有时强调的）18—19世纪，而且最初在宗教习语中的表达要比在自然科学中的表达多得多。"① 显然，弗雷德里克森的"原初形式的种族主义"并没有明确的、具体的内容，它只是指中世纪后期出现的现代种族主义的萌芽。而且，弗雷德里克森认为："研究古代世界差异概念的学者的主流观点认为，在希腊人、罗马人和早期基督徒中，检测不到真正与'种族'含义相对应的概念。"② 因此，弗雷德里克森认为古代世界没有现代种族主义意义上的"种族"，更谈不上种族主义了，但是，他并没有对古代世界为什么不存在种族主义进行深入探讨。

事实上，关于古代希腊罗马社会是否存在现代意义上的种族主义一直是学术界的争论焦点之一。艾萨克本人似乎并不愿意卷入无休止的争论中，而是有意避开各种争论，仅就自己研究的对象进行讨论。如他在提到弗雷德里克森的著作时特别强调："这里，我需要补充说明的是，我是在提交我自己著作（即《古典时代种族主义的发明》）的最后版本的前几天才收到这本书（指弗雷德里克森的《种族主义简史》），因此，我不可能去考虑该书对我的影响。"③ 换句话说，他的著作并不是针对弗雷德里克森的著作，完全是自己的独立研究。

在介绍自己写作《古典时代种族主义的发明》的背景时，艾萨克认为，种族偏见和憎恶都是对陌生人和外国人的敌对形式，它发生在每个社会，只是程度、社会背景和道德环境各不相同而已。当代西方社会也有大量表现，只是没有公开的或者官方的支持而已；古代希腊罗马文化中同样存在种族歧视甚至种族主义。但是，迄今为止，追溯希腊罗马社会对移民和外国人以及其他民

---

① George M. Fredrickson, *Racism: A Short History*, Introduction, p. 6.
② George M. Fredrickson, *Racism: A Short History*, p. 17.
③ Benjamin Isaac, *The Invention of Racism in Classical Antiquity*, Introduction, p. 1.

族的普遍消极态度的整体性研究仍然缺乏,而这一主题又十分重要,因此有必要进行深入研究。希腊罗马人对他人的看法和态度不仅在希腊罗马社会显得很重要,而且现代种族主义理论,如18世纪的布丰、孟德斯鸠、休谟、康德等人的种族主义理论"原型"(prototypes)都直接来自希腊罗马人的文献。

但是,由于对各种形式的歧视的敏感性,涉及种族主义的内容都是非常敏感的话题,任何对古代偏见的思考都可能是对现代情感的伤害,因此,学者们都小心翼翼地避开它,甚至对它讳莫如深;另一方面,希腊罗马传统一直被认为是现代自由精神和宪政的源泉,因此,系统地研究古代种族偏见的各种形式也不为学者关注。[1]

正是在这种背景下,艾萨克对古代种族主义理论的"发明"(invention)进行了系统化、理论化的探讨,并用原始种族主义概念来概括这种"发明"。

艾萨克的论著发表后,迅速成为西方学术界的"学术热点"。2005年12月在特拉维夫大学召开了"公元1700年前西方文明中的种族主义"国际学术讨论会。这次会议在很大程度上是针对艾萨克《古典时代种族主义的发明》所讨论的古代种族主义,特别是原始种族主义问题而展开的。会议的部分论文于2009年整理成《西方种族主义的起源》论文集出版。[2] 在由艾萨克等人共同撰写的论文集前言中,作者介绍了原始种族主义研究主题的三个基本前提,这些基本前提也是该主题研究的背景和原因。

首先,种族主义历史是否值得研究。艾萨克的《古典时代种族主义的发明》出版后,引起了古典学者的热烈讨论,其中不乏对它的质疑声。著名古典学者弗格森·米勒说:"正如经济帝国主

---

[1] Benjamin Isaac, *The Invention of Racism in Classical Antiquity*, Introduction, pp. 3–4.
[2] Miriam Eliav-Feldon, Benjamin Isaac, and Joseph Ziegler, eds., *The Origins of Racism in the West*, Cambridge: Cambridge University Press, 2009.

义或者（某些招牌各异的）宗教幻想等其他问题遭到反对一样，种族主义就真是当代世界最紧迫的道德与社会议题吗？"[1] 盖革也认为，完全没有理由对种族主义进行研究，因为古代社会还有各种非种族主义形式的偏见和迫害。[2] 对此，艾萨克等人认为，作为历史学家，我们研究社会史中的重要现象，并不是由于要宣称它是当代世界中"最紧迫的"议题才进行的；而且，研究种族主义的同类著作也没有宣称为其研究问题的相关性进行辩护。"同样的道理，也可以认为，由于人们是死于糖尿病和心血管疾病，因此没有必要去研究肺癌。"[3] 显然不能这样认为。再说，种族主义在我们的时代被认为是非法的，但它绝没有消失。它以不同的名义和不同的伪装出现，这种变化性在所有时代中都是种族主义现象的特征之一，而目前的工作正是要在这一点上通过其长时期发展的视角来阐明它。[4] 正因为如此，种族主义历史是否值得研究，答案就很显然了。

其次，把种族主义作为各种观念的历史中的主题研究更具理智合理性和道德合法性，换句话说，就是要研究种族主义观念在不同时期的发展，而不是基于某些种族主义现象的实际运用或社会关系。种族主义到底是观念问题还是态度问题？很显然，它是可以导致态度问题的观念问题。我们通常熟悉的是历代的社会和经济偏见、暴力迫害以及奴隶制度，但在社会实践中还有大量的偏见及群体仇恨，偏见、各种灭绝和奴隶制度绝不仅仅是种族主

---

[1] Fergus Millar, "Review Article: The Invention of Racism in Classical Antiquity", *The International History Review* 27 (2005), p. 86.

[2] 转引自 Miriam Eliav-Feldon, Benjamin Isaac, and Joseph Ziegler, eds., *The Origins of Racism in the West*, p. 3。

[3] Miriam Eliav-Feldon, Benjamin Isaac, and Joseph Ziegler, eds., *The Origins of Racism in the West*, p. 3.

[4] Miriam Eliav-Feldon, Benjamin Isaac, and Joseph Ziegler, eds., *The Origins of Racism in the West*, pp. 3–4.

义者的专属特权。① 因此，种族主义不是一种或多种态度，它是一种观念，这种观念包含各种各样的组成部分。这样，把种族主义作为各种观念的历史进行研究更具理智合理性和道德合法性。

最后，在本质上，种族主义是一种非理性化的理性化和系统化形式，它试图通过对假定的经验事实的明确化理性分析来证明偏见与歧视的合理性。一般说来，在每个地方的所有时代及所有民族中，群体偏见都很普遍，但试图通过理性化与系统化的分析来使之合法化的做法则并不多见，但这些做法在欧洲和美洲却得以发展，甚至得到了传播，使其他地区也得以继承，从而成为它的牺牲品。两种相互矛盾的观念总是不断地呈现：一方面，有人认为群体偏见总是在每个地方以类似于在19世纪所获得的形式被理性化；另一方面，有人认为种族主义是过去几个世纪与殖民主义相联系的一种现象。在艾萨克等人看来，这两种观念都是不能接受的。即使欧洲人把它运用到所有地方，即使近年来它被非欧洲人吸收，但正如书中标题所表明的那样，作为受制于系统化思考的理性化群体偏见的种族主义的起源在西方仍然能寻找到。② 人们常常有一种错误的认识，即种族主义在本质上等同于种族偏见和种族歧视，只不过是以一种更加邪恶和严重的形式呈现而已。但事实上并非如此，历史上，种族主义已经导致了偏见与迫害最广泛的体系，如果我们还是认为种族主义通常只是偏见的一种更有害的形式，或者认为对于受害者而言，它只不过是较其他偏见形式更糟糕的一种形式的话，这将无助于我们对该主题更清晰的理解。因此，作者研究的前提是，种族主义与集体歧视的其他形式有概念上的区别。这样，宗教迫害就不必与种族仇恨的任何形式相联系，更不用说与非种族群体冲突的其他明显形式的联

---

① Miriam Eliav-Feldon, Benjamin Isaac, and Joseph Ziegler, eds., *The Origins of Racism in the West*, p. 4.

② Miriam Eliav-Feldon, Benjamin Isaac, and Joseph Ziegler, eds., *The Origins of Racism in the West*, pp. 4–5.

系了。如希腊化时期犹太人与塞琉古王朝之间的宗教斗争以及 16—17 世纪新教徒与天主教徒之间的斗争就与种族仇恨没有关系。种族敌视可能很剧烈,但如果我们宣称种族群体之间的种族仇恨和种族冲突是同一回事的话,是无助于我们理解的。斯巴达人把他们的邻居美塞尼亚人(Mesenian)置于永久性的集体臣服地位,并把他们归为"自由人和奴隶之间"的人;希洛人(Helots)受到了臭名昭著的残忍对待,而他们对斯巴达人的仇恨也是同样的,但是,并没有人认为希洛人不是希腊人,也没有证据表明他们由于自然原因低人一等。种族主义的任何研究必须有明确的观念:哪些是种族主义,哪些不是种族主义,哪些是区分于不平等、歧视的其他形式的东西。①

正是基于以上种种理由,艾萨克认为对希腊罗马社会的原始种族主义理论进行系统性、理论化的探讨是必要且必需的。

二 原始种族主义的主要内容

无论是法国学者让·约约泰的原始种族主义,还是美国学者弗雷德里克森的"原初形式的种族主义",他们都没有对其概念进行学理化界定,也没有对它们的具体内容进行深入分析,更没有系统化、理论化的概括。完成对原始种族主义概念系统化理论分析的是艾萨克,他在其专著《古典时代种族主义的发明》中对此进行了最全面、深入的探讨,此后他又以专题论文《古代希腊罗马的原始种族主义》对前述著作进行要点化的概括。

《古典时代种族主义的发明》包括正文和结论两部分,共计 13 章。第一部分"原型与原始种族主义:区分的标准"(第 1—3 章),主要是从理论和概念上对全书的研究进行框架性建构。第一章是关于古代的环境理论,包括环境理论与价值判断的联系、人种

---

① Miriam Eliav-Feldon, Benjamin Isaac, and Joseph Ziegler, eds., *The Origins of Racism in the West*, pp. 5–6.

混合与纯洁血统的关系、从身体特征考察人格特征的古代科学（特别是相面术）。第二章分析希腊罗马社会对待外来民族及帝国主义/扩张意识的内部关系，特别是被称为"原始种族主义的最终形式"的古代奴隶制度。第三章描述希腊罗马社会因大量被征服民族的涌入而导致的道德污染与恐惧，以及希腊罗马人为此而采取的驱逐或严厉限制措施。第二部分"希腊罗马对特定群体的态度：希腊罗马帝国主义"（第4—13章），是把第一部分讨论的相关思想、理论、概念和方法具体地运用到特定群体中进行讨论，包括希腊罗马人与东方的关系，与腓尼基人、迦太基人、叙利亚人、埃及人的关系，以及罗马人与帕提亚/波斯、希腊人、山地民族与平原民族、高卢人、日耳曼人、犹太人等的关系。结论部分"古代的种族偏见、原始种族主义及帝国主义"是对全书内容的总结，作者认为，古代希腊罗马社会观念中存在大量的、各种形式的种族偏见，它与原始种族主义、帝国主义相互关联，密不可分。此后的专题论文则是对上述著作的条理化概括。艾萨克认为，在古希腊罗马时代，种族主义并不是以现代的生物决定论的形式存在的，那时也没有对任何种族（ethnic）的或者假定的种族群体（presumed racial group）的系统性迫害，更不会有20世纪大规模的国家强制性的种族主义信条，但种族主义的早期形式即"原始种族主义"却在古代社会广泛传播。这些原始种族主义观念主要包括以下五个方面及与它们密切相关的帝国主义和奴隶制度观念。[①]

第一，环境决定论（environmental determinism）。自公元前5世纪以来的希腊罗马文献几乎都普遍接受环境决定论。最初对该理论进行清晰而全面阐述的是公元前5世纪后半期的医学论文《论空气、水和地方》（*Airs, Waters, Places*），此后，希腊罗马社会普

---

① 以下五个方面的内容及与之相关的帝国主义和奴隶制度观念的内容均引自 Benjamin Isaac, "Proto-Racism in Graeco-Roman Antiquity", *World Archaeology*, Vol. 38, No. 1, Race, Racism and Archaeology, Mar., 2006, pp. 32–47。

遍接受这一观点。该论文认为,一个民族群体性的集体特征永久性地取决于气候和地理。身体和思想的本质特征来源于外部而不是基因进化、社会环境或意识选择的结果,这样,个性和个人改变就完全可以忽略甚至被排除。根据艾萨克对种族主义的定义,这完全是与种族主义态度相关的观念。整个民族都被认为具有完全由他们身外的因素决定的共同特征,而且这些特征具有稳定性和不可改变性。其实,这些假定的特征是隶属于以下价值判断的:外国人通常被作为低等者而被观察者拒绝,或者在某些方面没有受到玷污和优越而被接受。当然,这些描述都不是基于对现实的客观观察,它们只是族类模型(ethnic stereotypes)和原始种族主义(proto-racism)的各种表达。环境决定论经过亚里士多德、色诺芬(Xenophon)以及斯特拉波等重要人物的发扬光大,在希腊罗马社会广泛流行。后被启蒙主义者和现代种族主义者广泛接受并直接加以利用。[1]

第二,获得性特征的遗传(the inheritance of acquired characteristics)。这一理论最初也来自《论空气、水和地方》,其中最有名的例子是一个民族会人为地拉长他们孩子的颅骨,这是经过几代人遗传的特征。此后,这一理论又在斯特拉波、老普林尼等人那里得到重复。如斯特拉波在讨论埃塞俄比亚人的肤色及其头发结构形成的原因时,把它归结为太阳的灼烤;但他在描绘印度人的时候说他们"没有卷曲的头发,他们的肤色也不很黑","母腹之中的胎儿是由精子造成的,他们在肤色上类似自己的父母;先天性疾病和其他类似之处也可以这样解释"。[2] 老普林尼在《自然史》中说埃塞俄比亚人"被他们邻近的太阳的热量烤焦,生来就带有被烤焦的、卷曲的胡须和头发"。[3] 他对这种特征传递的观察颇有兴趣,他写道:"众所周知,健全的父母可能会生出畸形的孩子,畸形的父母也可

---

[1] Benjamin Isaac, "Proto-Racism in Graeco-Roman Antiquity", p. 35.
[2] 斯特拉博:《地理学》,第 1024 页。
[3] Pliny, *Natural History*, II, LXXX, 189.

能会生出健全的孩子或者拥有同样畸形的孩子……一些标记、痣斑甚至伤疤都会出现在后代身上，有时，手臂上的胎记会出现在第十二代人身上。"① 这些都只是随便举的例子，要想找出更多的例子是很容易的事。这些获得性遗传特征在拉马克那里得到继承和发扬光大："拉马克真正所做的事情是接受了获得性特征是可以遗传的这种假说，该假说的观念在超过 2000 年的历史中几乎得到广泛认同，他的同时代人把它当作理所当然的现象加以接受，并认为这种遗传结果会代代累加，从而产生新的物种。"②

第三，环境决定论与获得性特征的遗传的结合。环境决定论与获得性特征的遗传相结合从而运用到人类群体的观念在希腊罗马社会也很盛行。这种观念认为，通过外在影响，获得性特征在一定程度上就会传递给下一代，并形成相同而永恒的特性。例如，根据李维的叙述，公元前 189 年，罗马面对的敌人是从欧洲来到小亚细亚的凯尔特人的后裔组成的混合军队，罗马指挥官曼利乌斯在对军队发表演说时说："这些人（凯尔特军队）现在已经堕落了，血统已经混合了，变成了他们自己所说的高卢希腊人（Gallogrecian）了。这正如庄稼和动物一样，种子在保存它们的自然品质方面不如它们所生长的土地和气候保存它们的特征时那样，这些种子已经具备了改变特征的力量。"③ 气候和地理对特定地区出生的所有民族确实有影响，由于这些影响在一两代人之内就会遗传，因此它就演变成了永久性特征。环境决定论与获得性特征的遗传的结合证实了外在影响（环境影响）能够固定而产生永久性的特征（如肤色），这样，它就成为古代偏见态度的强力助推器，成为原始种族主义的一种形式。这种形式的原始种族主义不断地被近代种族主义者吸收和

---

① Pliny, *Natural History*, VII, XI, 50.
② C. Zirkle, "The Early History of the Idea of the Inheritance of Acquired Characters and of Pangenesis", *Transactions of the American Philosophical Society*, 1946, ns 35, p.91.
③ Livy, *History of Rome*, with an English translation by Evan T. Sage, Cambridge, MA: Harvard University Press, 1919, XXXVIII. XVII. 9 – 10.

继承，如孟德斯鸠、拉采尔、森普尔、泰勒等的种族主义理论就是典型的表现。

第四，政府的组成与形式（the constitution and form of government）。在不少的古典作家笔下，良好的政府形式是形成民族性格的重要因素，在坏的统治者和政府的统治之下，人民不能很好地发挥其功能。最明显的例子就是公元前4世纪，伊索克拉底坚信，波斯人一定是一个软弱的民族，因为其统治者是一位强有力的国王。① 如果这种状况是可以改变的话，那么，它肯定不是种族主义或原始种族主义，但如果它成为一种社会常态，其情形则完全不同了。色诺芬在《居鲁士的教育》最后一章中宣称，当波斯只有一个好的国王时，它就很强大，但当它拥有很多国王时，它的统治就恶化了。② 这种看法在本质上是一种社会政治观点，它与环境决定论是紧密相连的，因为环境决定人类的基本品质，而政府组织形式只有当基本的人类品质存在时，它才存在。

第五，本土性与纯血统（autochthony and pure lineage）。雅典人拥有重要的神话性质：雅典人自古以来就生活在自己的土地上且从未离弃过；他们是一个从未进行血统混合的民族。他们认为自己来自大地，大地是他们的集体母亲。这种神话具有多方面的现实意义：（1）作为雅典人且只有雅典人才能合法地拥有自己土地的依据；（2）他们认为自己是没有受到外来混合因素污染的民族，因此他们是优越的民族。自公元前5世纪以来的许多雅典作家都认为，自己出身的独特性是理所当然的。伯里克利改革中，只把雅典公民权授予雅典公民（父母双方均为雅典公民的后裔），以保证雅典人血统的纯洁性。公元前4世纪以来所有提到这一主题的作家都坚信纯正血统的价值，都认为雅典人在出生上具有独特的纯洁性，

---

① Isocrates, *Panegyricus*, with an English translation by George Norlin, in George Norlin, ed., *Isocrates*, Vol. I, London: William Heinemann LTD, 1928, 151.
② 参见色诺芬《居鲁士的教育》，沈默译笺，华夏出版社2007年版，第480—487页。

要比世界上所有的其他民族都优越。其他的希腊城邦也有类似的神话，但雅典表现得最为突出。雅典的本土性与纯血统观念对其他希腊罗马作家产生了重要的影响，当然，主要是负面影响。他们认为，异族通婚和血统混合是很坏的事情，会导致民族的变质退化。本土性与纯血统观念虽然也遭到了诸如卢奇安和阿普列乌斯等人的反对，但它仍然被近代的种族主义者作为传统依据之一。塔西佗描述日耳曼人时说："他们应该是一种土著，从来不曾和外来的或亲善的异族混杂过。"① 这也成为近代日耳曼民族优越论者如获至宝的重要依据。

除了以上五个方面外，在希腊罗马社会中与原始种族主义密切相关的观念还包括帝国主义和奴隶制度。古代帝国主义观念最初同样出现在公元前 5 世纪的《论空气、水和地方》中，它强调，亚洲的居民由于良好的气候和资源而性格温和，他们在性格上与更具勇气且好战的欧洲人相比显得更温和，不那么好战。亚里士多德宣称，希腊人兼备两类人群最好的品质，因此具有统治全人类的能力。② 亚里士多德即使不是最早的，也是很早认为希腊人应该统治全世界的人。这一观念被罗马人（如威特鲁斯、老普林尼等）充分吸收，认为意大利位于世界的中心，但现在的中心是在东方与西方之间，而不是亚洲与欧洲之间。与希腊罗马帝国主义观念紧密相关的还包括衰落（decline）与退化（degeneration）。与良

---

① 塔西佗：《日耳曼尼亚志》，第 55 页。
② "唯独希腊各种姓，在地理位置上既处于两大陆之间，其秉性也兼有了两者的品质。他们既具热忱，也有理智；精神健旺，所以能永保自由，对于政治也得到高度的发展；倘使各种姓一旦能统一于一个政体之内，他们就能够治理世上所有其它民族了。"［亚里士多德：《政治学》，第 361 页。中译本译者注：这里，亚氏对全希腊统一为一个政体或联结为一个大邦，未做详明的规划。揣彼所拟，当不出两途：其一，有如马其顿王腓力所主持的"科林斯会盟"（公元前 337 年），各邦公认马其顿为领袖，结成对抗波斯的政治军事同盟，设置"同盟会议"。另一为各个城邦的自由联合，不先确认谁为盟主。纽曼（《校本》III，336）认为亚氏的本意当从希腊的素习，倾向于自由联合。但嗣后亚历山大和安第帕得继承腓力所开创的权威，实际上把希腊各邦统一于马其顿势力之下了］

好的或理想的环境有利于帝国权力的产生一样,坏的环境会导致衰落和退化。强壮的民族在温和的环境中会变得柔弱,但是反过来则不行。这种观念被希腊罗马人继承,如希罗多德、李维等都有明确的论述。近代种族主义者同样对此进行吸收,如森普尔明确写道:"我们对北半球各民族运动的历史研究表明,从寒冷地区向热带或亚热带地区的稳定迁移总是伴随衰落与国家效率的损耗,这部分是由于新的栖息地使人虚弱的热度,部分是由于更轻松的生活条件。"①

奴隶制度在古代社会不会像在今天一样成为一个令人尴尬的道德难题,它也不会成为古代社会的重要讨论主题,但会成为特定个体的讨论对象,尤其是关于自由人与奴隶在本质区别上的对立,而这对于奴隶制度的合法性而言是一个重要的议题。奴隶制度与正义(justice)和人的本性(nature)是否矛盾?亚里士多德的回答是,奴隶制度既是正义的,也是符合人的本性的,因为有些人是通过缺乏完整人类(fully fledged men)的重要品质的本性进行塑造的,②因此,他们只适合充当具有完整人类品质的人的工具。如果把这一观念运用到社会地位低下的民族的特定群体中,那么这些因为种种原因而社会地位低下的群体在主人/奴隶关系中就应该臣服于智力与道德优越者,换句话说,特定的非希腊民族被描绘成集体性地具有希腊奴隶所应有的各种品质。由于这些群体不如希腊人或者低于人类,因此他们最好生活在与人类主人的共生关系中。亚里士多德关于个体的奴隶与主人关系的讨论被其他作家轻而易举地、不断地运用到整个群体和民族。

艾萨克强调自己并不认为偏见和固执是西方的发明,但他认

---

① E. C. Semple, *Influence of Geographic Environment*, New York: Henry Holt, 1911, p. 627.

② 亚里士多德《政治学》中对奴隶制度的讨论,参见 P. Garnsey, *Ideas of Slavery from Aristotle to Augustine*, Cambridge: Cambridge University Press, 1996, p. 13。

为，对这些偏见进行理性化和试图以它们为基础的系统化的具体形式、抽象思想都在古代得到发展，并为近代早期的欧洲所继承。希腊人不但贡献了最早的系统化思考，如政治制度，而且也是最早为自己的优越性和他者（others）的低等性而努力寻找理性基础和系统性基础的人。对外人的敌视发生在每个社会，但其程度、社会背景和道德环境大不相同。这种敌视的基本要素呈普遍化和简单化趋势，以至于整个民族都被看作只有单一人格的单一个体。他强调，研究古代群体偏见的困难之一在于希腊语和拉丁语中缺乏"种族主义"（racism）、"偏见"（prejudice）或"歧视"（discrimination）之类的术语。这些术语的缺失源于不存在知识的、道德的或者情感的对普遍化的反对情形。我们必须在文献中追溯这些不存在于术语中的观念和态度。因此，他只考察希腊罗马的特定观念的历史，而不是整个古代希腊罗马的历史或者希腊罗马的偏见与迫害的实践情况。尽管他并不低估如正义（justification）这样的主题在希腊罗马文献中的重要性，但这些主题已经被无数的学者进行了详尽的研究，而对于文献中那些反映原始种族主义之类的负面内容则一直缺乏系统化的尤其是理论化的探讨。

三　对原始种族主义理论的反思

尽管艾萨克的"原始种族主义"学说提出后一度受到学术界的关注，甚至还曾被称为"学术热点"，但就其论著和观点本身有诸多问题值得再思考。

1. 原始种族主义是否是最急需研究的领域，甚至可以说，它是否真是古希腊罗马社会的存在。在《古典时代种族主义的发明》中，作者阐述了对该主题进行系统研究的原因。作者认为："由于目前对各种形式的歧视的敏感性，这是一个非常微妙的话题：任何对古代的偏见的思考都可能是对现代情感的伤害；而且，长期以来认为，希腊罗马（特别是希腊）是自由精神和宪政的源泉。因此，系统考察我们所认为的古代的各种偏见形式可能不会吸引学者们。"[1] 有学者对此提出了质疑，对作者的研究原因表示"极度困惑，甚至愤怒"："正如经济帝国主义或者（某些招牌各异的）宗教幻想等其他问题遭到反对一样，种族主义就真是当代世界最紧迫的道德与社会议题吗？"[2] 对此，作者在论文集《西方种族主义的起源》的前言中予以回击，"作为历史学家，我们在研究社会史中的重要现象的历史时，是不需要宣称它是当今世界最紧迫的社会议题的"，"种族主义在我们的时代可能被认为是非法的，但它绝对没有消失"。[3] 如果以批评者的逻辑进行类推，"也可以认为，由于人们死于糖尿病和心血管疾病，因此没有必要去研究肺癌了"。[4] 作者的回答固然没错，但正如批评者指出的那样："如果种族主义观点及其流毒在欧洲及世界历史中本就具有固有的历史重要性的话，那么，该著作会是第一部探讨古代希腊罗马种族和种族主义的严肃的学术著作，就是很奇怪的事了。"[5] 换句话说，正是由于原始种族主义本身在希腊罗马社会并不存在，或者并不是如艾萨克论著所认为的那种理论存在，学术界才没有出现相应的研究。而与古希腊罗马的种族或种族主义相关的论著，艾萨克似乎又有意地忽略了。[6] 作为古典学的研究主题，如果因为研究重心有所不同而忽视班图（Michael Banton）及前述的弗雷德里克森等人对种族及种族主义研究的重要贡献还情有可原的话，那么，对于相关

---

[1] Benjamin Isaac, *The Invention of Racism in Classical Antiquity*, Introduction, pp. 3–4.

[2] Fergus Millar, "Review Article: The Invention of Racism in Classical Antiquity", *The International History Review*, Vol. 27, No. 1, Mar., 2005, p. 86.

[3] Miriam Eliav-Feldon, Benjamin Isaac, and Joseph Ziegler, eds., *The Origins of Racism in the West*, p. 4.

[4] Miriam Eliav-Feldon, Benjamin Isaac, and Joseph Ziegler, eds., *The Origins of Racism in the West*, p. 3.

[5] Brent D. Shaw, "Review Article: The Invention of Racism in Classical Antiquity by Benjamin Isaac", *Journal of World History*, Vol. 16, No. 2, Jun., 2005, p. 227.

[6] 如 Nicholas Sherwin-White, *Racial Prejudice in Imperial Rome*, Cambridge: Cambridge University Press, 1967 等。

甚至相同领域重要著作的忽略却是值得深思的。

2. 原始种族主义理论中的相关概念值得推敲。如果原始种族主义理论认为古代希腊罗马的种族和种族主义研究是必要甚至是必需的，那么首先应对其研究对象进行界定。正如艾萨克所说，英文中的"race"术语在希腊语和拉丁语中没有完全对应的词语，而且它的最早出现是在1500—1520年的一首诗中，其含义是"一群人或一个阶层的人"（a set or class of persons）；在法语中，该词的现代用法最早出现于1684年。① 关于种族主义（Racism）术语出现的时间，基本可以肯定不会晚于20世纪。换句话说，无论是race还是racism都是近代以来才有的术语。有学者认为，种族的近代模糊起源及关于它的各种概念都不能令人满意，也没有意义。② 艾萨克认为，许多研究种族主义的学者通常都会根据他们所认识的内容对种族主义进行界定，但对种族的准确定义却很少，而且，种族术语所指的内容随着时代的变化而不断变化，这正如它在古代所发生的情况一样。因此，他在书中竭力避免单纯地将种族等同于"民族"（people）或者"部落"（tribe）。他最关心的种族概念是根据人类亚种所呈现的生理特征而提出的后达尔文概念（a post-Darwinian conception）。因此，"事实上根本没有种族存在"，"即使能表明有能在某些地区或某些民族中找到的共同的生物学特征，也不能拯救种族概念，因为这些特征和其他生物学特征或文化、语言及社会氛围中的其他特征没有联系，更不用说道德品质了"。如果一定认为有种族存在，它也仅仅是"种族主义者希望它所意味的"那种"纯粹的理论化"概念而已，它只是一种被发明出来建立人类群体等级制度和描述群体之间的区别的准生物结构。种族主义只是"一种对人类个体和群体的态度，该态度设定人类身体品质与智力品质之间有直接或线性的联系"。他认为种族主义最重要的特

---

① Benjamin Isaac, *The Invention of Racism in Classical Antiquity*, p. 25.
② Ashley Montagu, *The Idea of Race*, Lincoln, Nebraska, 1965, p. 7.

征是把身体的、智力的和/或道德的集体特征归到个体或群体上，并相信这些特征都是不可改变的。因为它们是通过遗传或者环境（气候或地理）或者二者一起决定的，这些特征决定了他们追求血统与本土的纯洁性，从而证明自己对其他群体的假设的优越性；"当希腊拉丁文献把那些由外在因素或遗传性决定的、被认为是不可改变的共同性特征归结到民族的群体时，就可以使用原始种族主义术语"。①

艾萨克对种族、种族主义和原始种族主义的概念使用颇令人困惑。第一，根据他的说法，现代意义上的种族在古代希腊罗马是不存在的，希腊罗马只有"民族""部落""族群""外邦人"之类的群体概念，但希腊罗马社会又确实存在种族主义。如果希腊罗马社会不存在种族，那么原始种族主义中的种族是指什么呢？从《古典时代种族主义的发明》的第二部分来看，显然是指东方人、腓尼基人、迦太基人、叙利亚人、埃及人、帕提亚人/波斯人、（罗马时期的）希腊人、山地民族、平原民族、高卢人、日耳曼人、犹太人等，这种囊括似乎很全面，但问题也很明显：对这些人的划分依据是什么？是按地域归属还是按国别划分？是按民族属性还是按宗教特征？他并没有给出明确的标准。由于没有标准，在分析希腊罗马人对"他者"的态度时就会出现明显的问题，如在分析希腊人对"他者"的态度时，希腊人体现出自己的优越性和"原始种族主义"特征，而在罗马统治下，希腊人又成为罗马人的"他者"，因而体现出低贱性和被"原始种族主义"化特征，那么希腊人到底是"原始种族主义"者还是被"原始种族主义"者？再如，山地民族和平原民族到底是什么民族？诸如此类的问题，由于作者界定标准的缺失，令人产生很多困惑。既然古代没有种族存在，那么要使用现代才具备其内涵的"种族"概念就显得很不合

---

① 以上直接或间接引用的内容，主要参见 Benjamin Isaac, *The Invention of Racism in Classical Antiquity*, pp. 23, 25 – 26, 30, 33, 38, 515。

适，更何况对现代意义上的种族概念也缺乏统一意见。这种使用方法不仅自相矛盾，而且增添了概念上的混乱。如果古代没有种族，又何来种族主义呢？第二，一般说来，现代意义上的种族主义不仅包括对其他民族（或种族）的态度，更包括对其他民族（或种族）的实际行动和表现。《古典时代种族主义的发明》特别强调它所探讨的种族主义是指一种"态度"而非现代意义上的种族主义实践，并且一再强调自己只专注于偏见的"观念"而非"行动"，不关注它在经济、法律和社会现实中的表现。① 既然只关注古希腊罗马人对他者的态度（理论），排除希腊罗马社会中的种族主义实践，那么，借用种族主义这一现代术语就显得名不副实。由于作者认为种族在古代并不存在，而种族主义又仅仅是"理论"上的各种态度而非现代意义上的种族主义，由此归纳出来的所谓"原始种族主义"应该只是指希腊罗马思想文化的一部分，尤其是比较负面的部分，这种揭示如果算是撬开古希腊罗马历史的马桶是比较恰当的，但一定为其套上种族主义之类的理论帽子，可能有故意耸人听闻之嫌。

3. 材料使用方面的遗憾。《古典时代种族主义的发明》在前言中明确说明："对于本研究，由于考虑到每种文献体裁的特殊性，我将使用所有能获得的相关时期的希腊文和拉丁文的文献。毫无疑问，各种图像资料可能对本研究颇有贡献，但是，这种类型的资料是如此不同，以至于最好留给具备必要条件的人去进行单独的研究。我已经收集了一些图像材料，它们可为本研究的基础文献材料提供例子。"② 能流传下来的希腊罗马古典文献并不全面，这给后世研究它们的历史造成了不可避免的困难；另一方面，大量的考古材料、铭文、纸草文献又为古典历史研究提供了极大补充，如果完全忽略"各种图像资料"，可能会造成一定的遗憾，也容易给读者造成作者为了自己的理论研究而多有削足适履之感。就早期的

---

① Benjamin Isaac, *The Invention of Racism in Classical Antiquity*, pp. 2, 6.
② Benjamin Isaac, *The Invention of Racism in Classical Antiquity*, p. 2.

"种族主义"研究主题而言,"书写材料从来就不可能提供允许我们最终决定种族主义起源的证据"。① 在对"具备必要条件的人去进行单独的研究"的进一步说明性注释中,作者列举了"一般了解"和"关于希腊"的代表作。② 颇耐人寻味的是,作者对与自己研究主题关系极为密切甚至相同的著作似乎完全忽略了,尤其是希腊罗马人关于黑人态度的著作和基督教(时代)对"他者"的态度的著作。③

4. 对某些问题的讨论带有双重标准。希腊罗马人对犹太人的态度是该著的重要内容,艾萨克在《古典时代种族主义的发明》中用了一定的篇幅对此进行探讨。就整个社会而言,他根据狄奥多罗斯等古典作家的论述认为,在罗马人看来,犹太人是反社会的,把自己与其他人种分开;就犹太饮食法而言,早在希罗多德时代就曾把饮食习惯作为区分族群的标准,这本无可厚非,但罗马人对犹太人饮食法的批评并不在于犹太人不与非犹太人共餐的问题,而在

---

① Brent D. Shaw, "Review: The Invention of Racism in Classical Antiquity by Benjamin Isaac", *Journal of World History*, Vol. 16, No. 2, Jun., 2005, pp. 227 – 232.

② 一般了解方面,作者列举的是: Z. Amishai-Maisels, "The Demonization of the 'Other' in Visual Arts", in Wistrich, ed., *Demonizing the Other: Antisemitism, Racism and Xenophobia Studies in Antisemitism*, Vol. 4, 1999, pp. 44 – 72。关于希腊方面,作者列举的是: W. Raeck, *Zum Barbarenbild in der Kunst Athens im 6. Und 5. Jahrhundert v. Chr.*, Bonn, 1981; Beth Cohen, ed., *Not the Classical Ideal. Athens and the Construction of the Other in Greek Art*, Leiden: Brill, 2000; Catherine Morgan, "Ethne, Ethnicity, and Early Greek States, ca. 1200 – 480 B. C.: An Archaeological Perspective", in Malkin, ed., *Ancient Perceptions of Greek Ethnicity. Center for Hellenic Studies Colloquia*, 5, Cambridge, MA: Harvard University Press, 2001, pp. 75 – 112。

③ 完全用考古图像资料研究黑人或把考古图像资料作为重要材料研究黑人的著作如: G. H. Beardsley, *The Negro in Greek and Roman Civilization: A Study of the Ethiopian Type*, Baltimore: The Johns Hopkins Press, 1929; Frank M. Snowden, Jr., *Blacks in Antiquity: Ethiopians in the Greco-Roman Experience*, Cambridge, MA: Belknap Press, 1970。利用铭文、纸草文献研究基督教(时代)与异教关系的重要著作如: Robin Lane Fox, *Pagans and Christians*, New York: Alfred A. Knopf, Inc., 1987; Dorothy Thompson, "Hellenistic Hellenes: The Case of Ptolemaic Egypt", in Irad Malkin, ed., *Ancient Perceptions of Greek Ethnicity. Center for Hellenic Studies Colloquia*, 5, pp. 301 – 322。

于犹太人不吃猪肉。如佩特罗尼乌斯认为犹太人不吃猪肉是因为他们把猪作为神加以崇拜，普鲁塔克热切地想知道犹太人不吃猪肉是不是因为他们对猪的崇敬或者反感；就犹太安息日而言，罗马人认为安息日是对时间的浪费，是犹太人懒惰的证据，耶路撒冷之所以被征服就是由于犹太人在安息日不设防，守安息日是犹太人作为野蛮人的习俗之一，等等；就犹太人的割礼而言，作者考察了罗马人对犹太割礼的误读，如斯特拉波认为它是犹太人的糟糕习俗之一，塔西佗认为它是犹太人想把自己与其他民族进行社会分离的证据等；罗马人对犹太人的其他指控还包括被希腊罗马人认为最野蛮的"人祭"以及"血祭诽谤""通奸"等；希腊罗马人（其实主要是罗马人）对犹太宗教存在"否定性原型"（negative stereotypes）的看法，如认为犹太人的宗教是荒谬的，犹太人是易受欺骗的等。罗马人不仅对犹太人充满了敌意，甚至对犹太人实施"种族屠杀"（Genocide）政策。① 但作者得出的结论颇令人意外："（罗马人对犹太人的敌意）是一种种族仇恨，在更广泛的背景下是西方对抗东方的一种表现形式。敌意的更多特殊根源可以在对犹太人的看法和习俗中找到。……罗马对犹太人的敌对不像后来的反犹主义，也与罗马对东方的仇恨并不类似。这在性质上不是种族主义，但它确实聚焦于犹太宗教和习俗的某些因素。"② 希腊罗马人对犹太人及犹太教的误读是客观存在的，③ 但这种误读是否就是种族主义式的态度，值得进一步探讨。这里姑且搁置这些争议，仅就作者的讨论过程和结论来看，也颇令人困惑：罗马社会对犹太人的整体认识、对犹太饮食法的误读、对安息日的不理解、对犹太教的种种指责，根据作者在书中对种族主义的界定来判断，毫无疑问是属于罗马人对犹太人的种族主义式的"态度"，更何况作者还认为罗马人对犹

---

① Benjamin Isaac, *The Invention of Racism in Classical Antiquity*, pp. 450–481.
② Benjamin Isaac, *The Invention of Racism in Classical Antiquity*, p. 481.
③ 宋立宏：《希腊罗马人对犹太教的误读》，《世界历史》2000 年第 3 期。

太人是"仇恨"的,甚至存在"种族屠杀",但他同时又说"这在性质上不是种族主义",不属于作者的原始种族主义范畴,这种前后矛盾的表述的确令人费解。根据作者前面对种族主义术语的定义,犹太人被认为是负面性的特征并不是通过地理环境、获得性特征的遗传、天生的奴隶制度等这些不可改变的因素而产生的。这其实是用希腊罗马人对犹太人的态度削足适履式地解释其定义,"盲目地坚持他对种族主义的定义并生硬地把它运用到更广泛的文本范围,其结果是艾萨克所得出的似是而非的区分"。① 这种"似是而非的区分"其实是在分析希腊罗马人对犹太人的态度与对其他民族的态度时采用了双重标准。不仅如此,作者曾多次表示自己只在理论层面讨论希腊罗马人对其他民族的态度,而不会涉及"原始种族主义"在实践中的表现,但在讨论罗马人对犹太人的态度时,却认真分析了罗马人对犹太人的"种族屠杀"政策。不管罗马社会是否真的存在针对(或只是针对)犹太人的种族屠杀政策,仅就罗马人对犹太人的"种族主义"实践来看,也偏离了作者一再声明的不涉及古代种族主义实践的讨论标准。

5. 在阅读《古典时代种族主义的发明》的过程中,有时会发现书中对某些陈旧甚至错误观点的借用。如作者在讨论古代帝国主义的时候认为:"对其他民族的否定性态度的理解将会部分地弄清古代帝国主义的基础性假设和态度。……而且,可以想象,如果我们理解对混合民族(incorporated peoples)的各种态度的话,我们就可能会更好地理解古代帝国的功能或瓦解。"② 这种表述与吉本的观点极为相似。吉本在描述罗马帝国衰亡的原因时,多次提到蛮族混合到罗马人之后对罗马人的变质蜕化及罗马帝国的崩溃的影响。如吉本说:"组成罗马人民的三十五个部族,融合成为人类的共同集团,混

---

① M. Lambert, "The Invention of Racism in Classical Antiquity by B. Isaac", *The Classical Review*, Vol. 55, No. 2, Oct., 2005, pp. 658–662.

② Benjamin Isaac, *The Invention of Racism in Classical Antiquity*, p. 7.

杂数以百万计的奴隶和省民,他们有罗马人的名字却没有罗马人的精神。一支佣兵征自边疆的居民和蛮族,系唯一保持独立和滥用独立的人。""地球上的野蛮民族是文明社会的共同敌人,……须知不同民族的外敌在过去一再破坏罗马的军备和制度。"① 对照阅读二者,很明显地"感觉他是对吉本的假设不加辨别的接受,是对吉本所认为的不同民族混合到罗马帝国最终要为罗马帝国的分裂负责的不加辨别的接受"。② 但事实上,吉本的蛮族混合到罗马人中是导致罗马帝国灭亡的原因之一的观点是值得进一步探讨的。

在讨论希腊罗马人对犹太人的态度时,作者在开头就引用了著名罗马史家蒙森在其著作《罗马史》中的论述:"这一时期,我们还与西方人对这个纯粹的东方种族(犹太人)及其外来信仰和习俗的奇异憎恶不期而遇。"③ 并在开篇写道:"蒙森常常会结合许多主题,以确定和聚焦对后面话题的看法。他毫无疑问地认为,罗马人的敌视在本质上与19世纪的现象④是一样的。这是一种可以在西方和东方相互敌对的更广阔的背景下加以理解的仇恨。更明确的敌视根源可以在犹太人的信仰和习俗中找到。随着出版物的不断增加,所有这些主张都已经以单独的或相互结合的方式被讨论。"⑤ 在这部分内容的结论部分,作者总结道:"那么,我们在哪里能同

---

① 爱德华·吉本:《罗马帝国衰亡史》(修订版),第192、1560页。
② Shelley P. Haley, "The Invention of Racism in Classical Antiquity by Benjamin Isaac", *The American Journal of Philology*, Vol. 126, No. 3, Autumn, 2005, pp. 451 – 454.
③ Theodor Mommsen, *The History of Rome*, Vol. V, translated by William Purdie Dickson, D. D., LL. D., London: Routledge, 1996, p. 418. 这里需要注意的是,伊著在引用这句话时,并没有采用通行的英译本译句,而是在翻译措辞上略有区别,这种区别尤其令人玩味。Dickson 通行英译本原文:"At this period too we encounter the *peculiar antipathy* of the Occidentals towards this so thoroughly Oriental race and their *foreign* opinions and customs." 伊著译文是:"Also in this period we encounter the *characteristic hostility* of the Westerner to this so thoroughly Oriental race and its *strange* opinions and customs."(两段文字中的斜体均为笔者所加。)
④ 这里是指19世纪末德国盛行的反犹主义。
⑤ Benjamin Isaac, *The Invention of Racism in Classical Antiquity*, p. 440.

意开头引用的蒙森的观点呢？蒙森说，罗马的敌视在本质上与19世纪的现象是一样的。这是社会仇恨的一种形式和更广泛背景下的西方对东方的仇恨。更明确的敌视根源可以在犹太人的信仰和习俗中找到。鉴于前面的讨论，只有最后一部分是令人信服的。罗马对犹太人的敌意既不类似于后来的反犹主义，也与东方的罗马仇恨不属同类。这在性质上不是种族主义，但它的确聚焦于犹太宗教和习俗的某些因素。"[①] 蒙森在其《罗马史》中确实"聚焦"过"犹太宗教和习俗的某些因素"："在当时盛行的民族混合的画面中，毫无令人愉悦之处，犹太教虽然不具有最令人愉悦的特征，但它却是在事物的自然发展过程中发展自身的一个历史性因素，政治家既不能置之不理，又不能加以反抗，相反，恺撒则与他的前辈亚历山大大帝一样，正确地认识这种事情，尽其可能，为之扶助。……当然，这两位伟人并不是想把犹太的民族性放在希腊的或意大利和希腊的（Italo-Hellenic）民族性的同一平面上。但是犹太人不像西方人一样，能够接受有潘多拉的政治组织的赐予，他们实质上还是处于对国家漠然无感的一种状态中。同时，他们也不愿意把民族特性的精义抛弃，虽然他们已准备在乐意的时候，便改变为任何别的民族性，并在某种程度上接受外人的习惯，但他们仍不愿抛弃原有的民族特性——犹太人正是由于这个原因，才像是已经建成了国家一样，而这个国家是建立于一百个存在的政治组织的废墟之上的，而且被赋予某种抽象的并且在开始时便是低调的民族性。即使在古代世界中，犹太教也是世界主义和民族分解的有效酵母（an effective leaven of cosmopolitanism and of national decomposition），而在恺撒的国家中，它在一定程度上又享有特殊权利。严格说来，犹太人的政治组织除了世界公民外，什么都不是；从根本上说，犹太人的民族

[①] Benjamin Isaac, *The Invention of Racism in Classical Antiquity*, pp. 481 – 482.

性除了人性外，别无他物。"① 正是这段对犹太人及犹太教的描述被希特勒在《我的奋斗》中多次引用，也被戈培尔、罗森贝格等纳粹头目作为反犹主义的依据大肆渲染。当时的蒙森是一位自由主义者，他不仅从未鼓吹过反犹主义，甚至对它强烈反对。但正是他的上述描写，被著名历史学家特赖奇克断章取义地歪曲利用，因此人们把他作为鼓吹反犹主义者的主要证人。特赖奇克在给一家报纸的信中"挖掘"出了蒙森的某些句子并肆意发挥，如他故意在文中断章取义地引用蒙森"民族分解的酵母"，把它等同于"腐败、道德败坏"，并以此指控犹太民族的不可靠性和对德意志占统治地位的文化的破坏性，从而使犹太人的"民族分解的酵母"成为反犹主义的重要组成部分，几乎所有的反犹主义鼓吹者都把它作为宣传口号。希特勒、戈培尔、罗森贝格等反犹主义头目更是津津乐道，如获至宝。②《古典时代种族主义的发明》在这里也借用了蒙森《罗马史》中的相同内容，只不过并不是把它作为反犹主义的证据在利用，而是作为罗马帝国时代罗马人对犹太人的"种族仇恨"的证据在使用。但事实上，在《罗马史》中，我们根本看不到罗马人对犹太人的种族仇恨，也看不出蒙森本人对这种种族仇恨的强调或暗示。蒙森真正想强调的是，犹太人及犹太教保持了犹太民族的精神和特性，尽管这种特性不一定为所有其他民族喜欢，但它不会使犹太民族分解，自然也不利于古代世界主义的实现。然而，《古典时代种族主义的发明》在借用蒙森的观点时，却把它变成了"种族仇恨"的证据，这与特赖奇克当年把蒙森观点作为反犹主义证据而歪曲利用的做法颇有相似之处。

熟知种族主义的人必然不会对反黑人种族主义感到陌生，按理

---

① Theodor Mommsen, *The History of Rome*, Vol. V, translated by William Purdie Dickson, D. D., LL. D., pp. 418 – 419.

② Christhard Hoffmann, "Ancient Jewry—Modern Questions: German Historians of Antiquity on the Jewish Diaspora", *Illinois Classical Studies*, Vol. 20, 1995, pp. 191 – 207.

说，对古代希腊罗马的黑人的考察必然也是《古典时代种族主义的发明》的重要内容，但它却十分令人意外地被有意"遗漏"了。对于这一遗漏，作者特别说明了原因："会让许多读者感到奇怪的遗漏是对黑色非洲人的系统讨论。古代对非洲人的观念非常有趣，讨论它的著述已经很多了，还会有很多关于古代世界的黑人的著述问世，但这里的研究并不适合它，因为他们在希腊罗马世界并没有太多的真实呈现。黑人被认为特别引人注目，但他们几乎没有生活在希腊罗马人中，而且没有任何黑人居住的国家曾经成为希腊和罗马帝国的一部分。埃塞俄比亚人在某些文献中被公正地不断提及，但他们通常都是被当作生活在世界边沿地带的民族的代表而提及。他们出现在公元前5世纪的雅典，但他们只是作为提高主人地位的稀有而昂贵的奴隶。仅这一点就可以肯定他们对公元前5世纪雅典人的社会意识的影响是极其有限的。因此，我把埃塞俄比亚人从我的系统考察中排除了，这是因为，对于某些作家来说，他们很明显只是神话性质的，而这里的考察只涉及希腊人和罗马人真正交往过的那些民族。古代对埃塞俄比亚人（也就是黑人）的观念和态度在对希腊罗马人看待不同民族的身体差异产生原因的方式具有启发性意义的时候，将会不断地提及和讨论。"[1] 对于作者的这个"遗漏"，已经有很多学者提出了批评，这里不再一一重复。[2] 不过，作者这里的说法颇为矛盾。一方面，作者说关于古代非洲

---

[1] Benjamin Isaac, *The Invention of Racism in Classical Antiquity*, pp. 49 – 50.

[2] 参见 Brent D. Shaw, "Review: The Invention of Racism in Classical Antiquity by Benjamin Isaac", *Journal of World History*, Vol. 16, No. 2, Jun., 2005, pp. 227 – 232; Shelley P. Haley, "The Invention of Racism in Classical Antiquity by Benjamin Isaac", *The American Journal of Philology*, Vol. 126, No. 3, Autumn, 2005, pp. 451 – 454; M. Lambert, "The Invention of Racism in Classical Antiquity by B. Isaac", *The Classical Review*, Vol. 55, No. 2, Oct., 2005, pp. 658 – 662; Daniel Richter, "Review: The Invention of Racism in Classical Antiquity by Benjamin Isaac", *Classical Philology*, Vol. 101, No. 3, July, 2006, pp. 287 – 290; John G. Nordling, "The Invention of Racism in Classical Antiquity by Benjamin Isaac", *Journal of the American Academy of Religion*, Vol. 74, No. 3, Sep., 2006, pp. 806 – 808.

人的研究已经很多，这里不适合再研究它，另一方面又说几乎没有生活在希腊罗马人中的黑人。既然没有，那么"已经很多"的研究的对象是谁？既然没有，那么作者紧接着举例的公元前5世纪雅典的黑人又是从何而来？更重要的是，作者一边声称自己不会讨论古代对黑人的态度，一边又不断地展示希腊罗马人对黑人的"原始种族主义"态度。比如，虽然"这里的研究并不适合"黑人问题，但该著作的防尘封面和插图1中使用的却是赫拉克勒斯正在杀死布西里斯及其祭司的花瓶画。再如，作者说："肤色也是一个因素：由于埃及人和埃塞俄比亚人的黑皮肤，据说他们是无关痛痒的、和平的、胆小的、狡诈的。"[①] 作者在这里"没有任何系统性的或者批评性的讨论，这种陈述的结论似乎与种族主义无异，尽管可能不是有意的"。[②] 又如，作者说："他们（黑人）出现在公元前5世纪的雅典，但他们只是作为提高主人地位的稀有而昂贵的奴隶。"这种说法几乎就是照搬比尔兹利的说法。[③] 比尔兹利关于希腊罗马世界中的黑人艺术研究的种族主义观点，早已被学术界否定和摒弃。但令人不解的是，《古典时代种族主义的发明》中总是如影随形地借用比尔兹利的观点，而对其他关于希腊罗马世界中的黑人研究的更权威著作的观点只字不提，特别是斯诺登的著作。"由于弗兰克·斯诺登的杰作的出版，古代世界没有种族偏见的观点已经成为

---

① Benjamin Isaac, *The Invention of Racism in Classical Antiquity*, p. 158.
② Shelley P. Haley, "The Invention of Racism in Classical Antiquity by Benjamin Isaac", *The American Journal of Philology*, Vol. 126, No. 3, Autumn, 2005, pp. 451–454.
③ 如比尔兹利说："由于埃塞俄比亚人在希腊的卑贱地位，也鉴于现实主义通常会局限在很小的主题上这一事实，伟大的雕刻家没有把埃塞俄比亚人作为一个足够高贵或足够重要的主题，因为与真人一样大小的头像和雕像几乎是没有的。"(G. H. Beardsley, *The Negro in Greek and Roman Civilization: A Study of the Ethiopian Type*, Baltimore, The Johns Hopkins Press; London, Humphrey Milford, 1929, Preface, p. ix)

最终真理。"① 但艾萨克本人似乎刻意回避了"最终真理",而有意识地选取了有利于自己"原始种族主义"论述的70多年前的观点作为证据。②

的确,正如艾萨克所说,读者会对黑色非洲人的系统讨论的遗漏感到奇怪。笔者也对此感到奇怪。这里感到奇怪的不是《古典时代种族主义的发明》中所罗列的"遗漏"原因,而是前述对黑色非洲人的实际考察结果与原始种族主义理论大相径庭,这是不是艾萨克刻意回避的真实原因呢?

事实上,从前文关于希腊罗马世界中埃塞俄比亚人(黑人)的讨论可以看出,希腊罗马人对埃塞俄比亚人(黑人)并没有任何偏见,也没有任何偏见理论体系,更谈不上种族主义歧视。

---

① Daniel Richter, "Review: The Invention of Racism in Classical Antiquity by Benjamin Isaac", *Classical Philology*, Vol. 101, No. 3, July 2006, pp. 287 - 290. 这里的"杰作"是指斯诺登的《肤色偏见之前:古代的黑人观点》(Frank M. Snowden, Jr., *Before Color Prejudice: The Ancient View of Blacks*, Cambridge, MA: Harvard University Press, 1983)。其实,关于希腊罗马社会没有对黑人肤色偏见的著述还有很多,如 P. A. Brunt, "Reflections on British and Roman Imperialism", *CSSH*, 7 (1965), p. 286; A. N. Sherwin-White, *Racial Prejudice in Imperial Rome*, Cambridge: Cambridge University Press, 1967, p. 1; T. J. Haarhoff, *The Stranger at the Gate: Aspects of Exclusiveness and Cooperation in Ancient Greece and Rome, with Some Reference to Modern Times*, London: Greenwood Press, 1938, p. 299; Lloyd A. Thompson, *Romans and Blacks*, London: Routledge, 1989。其中成就最突出、影响最大的是斯诺登,其主要著述包括:Frank M. Snowden, Jr., *Blacks in Antiquity: Ethiopians in the Greco-Roman Experience*, Cambridge, Massachusetts: Belknap Press, 1970; Frank M. Snowden, Jr., "Iconographical Evidence on the Black Populations in Greco-Roman Antiquity", in Jean Vercoutter, Ladislas Bugner, Jean Devisse, eds., *The Image of the Black in Western Art*, I: *From the Pharaohs to the Fall of the Roman Empire*, pp. 141 - 250; 以及上述斯诺登的"杰作"。

② 在选取有利于自己观念的相关著述时,还有一个典型表现就是在《古代希腊罗马的原始种族主义》一文中,在讨论"环境决定论"与"获得性特征的继承"二者的结合时,作者所引用的材料基本上都是19世纪末至20世纪上半叶的著述(如 Friedrich Ratzel, E. C. Semple, W. D. Matthew, T. G. Taylor, Sir A. Keith),而这一时期正好是西方种族主义甚嚣尘上的时代,这些著述大多也是为现代种族主义进行辩护的。20世纪下半叶以来的、与其观点相反的著述(如 Thompson, Snowden)则全都回避了(Benjamin Isaac, "Proto-Racism in Graeco-Roman Antiquity", pp. 38 - 39)。

这个结果与原始种族主义理论大相径庭，完全相反。艾萨克对黑色非洲人的系统讨论的"遗漏"是有意回避，而不是如他所说的黑人"在希腊罗马世界并没有太多的真实呈现"，"他们几乎没有生活在希腊罗马人中"，这样说的真实目的是为自己的原始种族主义理论辩护，因而有选择性地回避了不利于自己观点的内容。

四 原始种族主义：古代的发明还是现代的想象

最先提出原始种族主义概念的不是艾萨克，其内容所指也与艾萨克的原始种族主义大相径庭。正是艾萨克对这个概念进行了全面、系统化的界定，并在其界定的框架范围内详细地考察了希腊罗马时期（大多内容主要集中在罗马）文献材料中对其他族群的描写，从而归纳出希腊罗马社会和希腊罗马人对其他族群的态度。这些态度包括环境决定论、获得性特征的遗传、环境决定论与获得性特征的遗传的结合、政府的组成与形式对民族性格形成的影响、本土性与纯血统对于民族性格的决定性作用，同时还包括帝国主义与奴隶制度观念对希腊罗马对待其他族群的态度的影响。原始种族主义研究在内容上非常丰富，甚至庞杂，无论哪部分内容都是很大的研究课题，而且，这些内容具有很强的理论性，颇为抽象，要想用简要的叙述彻底表达清楚是非常困难的。另一方面，这里涉及的其他族群非常多（东方人、腓尼基人、迦太基人、叙利亚人、埃及人、帕提亚人/波斯人、山地民族、平原民族、高卢人、日耳曼人、犹太人等，偏偏没有埃塞俄比亚人），范围非常广泛，要想把希腊罗马人在长达8个世纪（作者声明时间范围主要集中在公元前5世纪到公元3世纪）中对如此之多的"外族"的态度考察清楚，也绝非易事。但作为当代杰出的古典学家，艾萨克无论对语言的把握，还是对材料的运用，都是毋庸置疑的。对于这一点，他的自信绝非妄言："我在特拉维夫大学30年的教学经历使我可能完成本书的写作。"① 众多的评论者也都给予此以高度评价。②

但是，如果我们细读《古典时代种族主义的发明》，会发现其研究从理论的探讨到具体探讨，很多内容都极具争议。如对于种族概念的界定，作者认为古代希腊罗马社会"根本没有种族存在"，如果一定认为有种族存在的话，也仅仅是"种族主义者希望它所意味的"那种"纯粹的理论化"概念而已。希腊罗马社会是否存在种族本身就是颇具争议的。如果真没有种族，那么作者讨论中所涉及的"种族"都是虚构的，甚至令人怀疑其研究对象都是模糊甚至虚无缥缈的。其实，作者这里特别强调古代没有种族存在，很大程度上是为了种族主义概念界定而设置的前提。正是在这样的前提下，作者才认为，希腊罗马社会没有种族，但希腊罗马人有对"人类个体和群体的态度"，这种态度就是种族主义态度。很明显，这种种族主义与现代种族主义相去甚远，故不能径直用种族主义术语来概括，那么，把它称为原始种族主义就很恰当了。作者的逻辑看似清晰严密，实则令人疑窦丛生。古代社会没有种族，种族主义仅仅是对"人类个体和群体的态度"等理论，不管正确与否，或者在多大程度上具有合理性，其进一步深入研究的空间都很大。

由于作者认为希腊罗马社会没有种族，只有希腊、拉丁文献中提到的各种"个体和群体"，因此在具体的探讨中只涉及各种具体的人群，如东方人、腓尼基人等。对于这些人群，明显缺乏划分的统一标准（如肤色、人种、语言、地域等）。对于同样的人群，希腊罗马人在不同的时期完全可能有不同的态度。如早期罗马共和国称高卢人是野蛮人，罗马作家对他们的描述多有贬损，说他们是

---

① Benjamin Isaac, *The Invention of Racism in Classical Antiquity*, p. 51.
② David Noy, "The Invention of Racism in Classical Antiquity by Benjamin Isaac", *Phoenix*, Vol. 59, No. 3/4, Fall-Winter, 2005, p. 405; Jeremy McInerney, "The Invention of Racism in Classical Antiquity by Benjamin Isaac", *Social History*, Vol. 31, No. 1, Feb., 2006, p. 86.

"最凶悍的""离开行省的文明和教化最远"的阴谋夺取王位者等,① 李维不但称高卢人是"野蛮人",而且说他们是"野兽"。② 撒路斯提乌斯也认为:"所有其他一切都是容易对付的,只有对高卢人(是最难对付的)。"③ 但是,当恺撒征服高卢,并最终把高卢变为罗马的行省后,"恺撒率领高卢人凯旋,使他们进入元老院;高卢人脱掉马裤,换上元老的宽衫",④ 高卢人不再是罗马人眼中的野蛮人,罗马人对他们的看法完全发生了变化,高卢人屡次被元老院称为"兄弟""亲人"。⑤ 西塞罗在给阿提库斯的信中也说高卢人是"我们的兄弟",那里是"我们的行省"。⑥ 此时的高卢人变成了"文明人","高卢人学会了更文明的生活方式,他们放弃或减轻了此前的野蛮性,通过他们(指马赛人),他们学会了耕种自己的土地,用围墙围绕自己的城镇。他们还学会了按照法律而不是依照暴力生活,学会了修剪葡萄树和种植橄榄树,这样的光芒普照在高卢的人和物上,以至于看上去不是希腊移植到了高卢,倒像是高卢移植到了希腊"。⑦ 更有甚者,连高卢的祖先也变得与罗马人同宗了。阿米亚努斯在总结高卢人的起源时,列举了很多种说法,但其中最主要的还是强调他们是赫拉克勒斯的后代,是特洛伊人的后代。"他们是更古老的赫拉克勒斯的后代。""这些地区的本土居民却坚信更肯定的事实,安菲特律翁的儿子赫拉克勒斯……他娶了这些地区一些出身高贵的妇女为妻,成为很多孩子的父亲,他

---

① 凯撒:《高卢战记》,第 6—7 页。
② Livy, *The History of Rome from Its Foundation*, translated by Betty Radice, London: Penguin Books, 1982, VII. 24.
③ 撒路斯提乌斯:《喀提林阴谋 朱古达战争》,第 330 页。
④ 苏维托尼乌斯:《罗马十二帝王传》,第 40 页。
⑤ 凯撒:《高卢战记》,第 27 页。
⑥ Cicero, *Letters to Atticus*, with an English translation by E. O. Winstedt, London: William Heinemann, 1919, I. 19. 2.
⑦ Marcus Junianus Justinus, *Epitome of the Philippic History of Pompeius Trogus*, translated by Rev. John Selby Watson, London: Henry G. Bohn, 1853, 43. 4.

的儿子们成为国王后就以自己的名字为这些地区命名。""还有人强调,特洛伊被毁后,少数的特洛伊人从希腊人手中逃离,他们分散到世界各地,占领了当时根本没有人居住的这些地区。"① 这种为曾经的野蛮人找寻罗马神的祖先及将其与希腊文化相联系的做法,与维吉尔通过埃涅阿斯为罗马人找寻自己正宗祖先的做法颇有异曲同工之妙。如果说罗马人这样对待高卢人的态度是原始种族主义态度,无论如何是让人难以信服的。对于一个群体的态度尚且如此复杂,更何况对于不同地域、不同肤色、不同语言的群体,其复杂程度和考察难度更是难以想象。如果所有的态度仅用原始种族主义来概括,可能很难体现出它们的准确性。

  无论前半部分对理论的探讨,还是后半部分的具体分析,艾萨克都强调只涉及希腊罗马文献中对外族人的态度,只考察希腊罗马人的态度,不会涉及原始种族主义的实践和现实。换句话说,作者的目的是把种族主义和原始种族主义讨论局限于学术讨论范畴。希腊罗马文献,特别是探询"真相"的历史文献,它们本身就是现实的记录,就是对自己实践的保存,如果撇开这些文献记录的背景、现实状况,单纯讨论其所谓的理论态度,可能会有失偏颇。尽管研究的主题颇具敏感性,但他向读者保证,自己是种族主义议题的中立者,在研究的过程中会保持"客观中立"的态度。另一方面,作者又坦承,由于自己是经历过 20 世纪的犹太人,在理智和情感方面不可避免地会带有现代作者的"有色眼镜"。② 研究者的个人经历会对研究产生影响是完全可能的,但在学术探讨中,如何尽量避免甚至消除个人情感对客观研究对象的影响同样也很重要。作者在探讨希腊罗马人对犹太人的态度时,可能走得太远了,他不仅考察了罗马人对犹太人"种族屠杀"这样的现实问题,而且还

---

  ① Ammianus Marcellinus, *The Later Roman Empire (A. D. 354 – 378)*, translated by Walter Hamilton, London: Penguin Books, 1986, 18.9.2 – 7.
  ② Benjamin Isaac, *The Invention of Racism in Classical Antiquity*, pp. 51, 382, 440.

得出了远离"原始种族主义"理论的结论，认为希腊罗马人对犹太人的态度不是原始种族主义，而是种族仇恨。这样的结论不仅无助于原始种族主义理论的分析，反而会使人产生该理论是否真的就是希腊罗马人的理论之类的疑问。

如果不能证明古代希腊罗马社会有原始种族主义理论，当然也就不能说原始种族主义是古代的发明。既然原始种族主义不是古代的发明，艾萨克提出的原始种族主义就只能是现代人的想象。

在艾萨克看来，18世纪以来的种族主义直接来源于古代希腊罗马。正如有评论者指出的那样，艾萨克的研究其实依赖了大量的假设。[1] 比如，他认为希腊罗马文献在18世纪被布丰、孟德斯鸠、休谟、康德及其他人作为种族主义理论的"原型"而得以发展，反过来，这些人又成为现代种族主义观念（特别是纳粹统治时期）的前辈。[2] 古典学对后世种族主义意识形态的影响通常只局限于证明某些理论的知识分子和精英的著作中，而不能说它对现代科学种族主义的野蛮实践（如纳粹德国和南非种族隔离）有影响。事实上，近代以来西方学者对希腊罗马文献理论的吸收，并不是从18世纪开始的，而且布丰也不是第一位吸收地理环境决定论等理论的近代学者。如果我们看看16世纪法国学者博丹的《论共和国六书》的相关内容，就会发现，其中关于环境决定论的叙述基本上就是对《论空气、水和地方》以及其他古典作家著作的照抄（只不过那时没有版权责任之说）。[3] 艾萨克为了论证自己的原始种族主义观点，直接越过中世纪和近代早期，把古典时代与18世纪及

---

[1] M. Lambert, "The Invention of Racism in Classical Antiquity by B. Isaac", *The Classical Review*, Vol. 55, No. 2, Oct., 2005, pp. 658–662.

[2] Benjamin Isaac, *The Invention of Racism in Classical Antiquity*, pp. 1, 50, 238.

[3] Bodin, *Six Books of the Commonwealth*, translated by M. J. Tooley, Oxford: Blackwell, 1955, V.

之后的时代相衔接，而且也没有对这样做的原因进行交代。[①] 在整本书中，作者在理论分析上回避了对肤色种族主义的探讨，在具体探讨中回避了对埃塞俄比亚人问题的讨论，而在考察18世纪及之后的思想家们对希腊罗马文献中的种族主义理论"原型"的吸收过程中，却几乎全在讨论关于黑人肤色的种族主义问题，这颇令人感到奇怪。纵观全书，给读者留下的印象是，书中的内容是要证明希腊罗马思想直接影响了18世纪及之后种族主义理论，而不是近代早期如博丹之类的思想家影响了此后的种族主义理论。这可能只是一种削足适履式的想象。

同时，在艾萨克的预设前提中，希腊罗马社会的所有人都是文化人。艾萨克认为如果种族原型在诸如讽刺诗和演说中被利用的话，那么这些做法会影响他们的受众，因为它们反映了普遍持有的意见、价值和偏见或读者的"流行观点"。[②] 比如，他认为，尤维纳尔的讽刺诗夸大了由东方人给罗马人造成的腐败，就是夸大了罗马民众"感情的广泛存在"。古罗马作家的作品是写给上层社会精英的，往往忽略下层民众，难怪李维要为在作品中把笔墨过多地浪费在下层民众身上而向观众道歉。[③] 古罗马作家笔下，下层民众大多没有受过教育，往往是文盲和无知的代名词。由于下层民众的"无知"，作为高贵文化载体的书籍自然很难进入普通民众的生活。

[①] 2005年12月在特拉维夫大学召开了"公元1700年前西方文明中的种族主义"国际学术讨论会。这次会议其实就是针对艾萨克的《古典时代种族主义的发明》所讨论的古代种族主义问题。会后出版了包括 Isaac 等人合写的前言及14篇专题论文在内的论文集（Miriam Eliav-Feldon, Benjamin Isaac, and Joseph Ziegler, eds., *The Origins of Racism in the West*, Cambridge: Cambridge University Press, 2009），其中前4篇是关于古代的（包括一篇讨论早期基督教的普世主义与近代种族主义形式关系的论文），其余10篇均是讨论中世纪至1700年前的种族与种族主义。这次会议主题的时间范围划到1700年前，到底是巧合还是有其他原因，论文集中并没有明确说明。

[②] Benjamin Isaac, *The Invention of Racism in Classical Antiquity*, pp. 42, 55, 225, 231–235.

[③] 宋立宏：《安东尼·伯利：〈哈德良：疆动不安的皇帝〉》，《中国学术》2003年第4期。

贺拉斯说:"我不希望拙著放在书店或广告牌柱上,以便俗人的手把它们弄得汗津津的。"① 塞涅卡不无讽刺地说:"我们要注意不要送给别人多余的东西,例如,送妇女老人打猎用的武器,送文盲书本,送猎网给专注于学问的人。"② 如果说占人口比例很小的社会精英能反映广大民众的普遍流行观点或意见,夸大"感情的广泛存在",这是很难合情理的。把民众的普遍阅读作为文本观点的普遍盛行的依据,明显是对文盲程度很高的古代社会读者文化普及的想象。事实上,在希腊罗马社会,人们的识字率并不高。有学者估计,即使在古典时代,整个阿提卡地区男性居民的识字率可能也就在 5%—10%,而且还没有把识字率更低的女性算进去。③ 认为社会精英的著述能"流行"于整个希腊罗马社会的所有人之间,可能与历史事实是很不相符的。

《古典时代种族主义的发明》对原始种族主义从理论分析到具体探讨都很难令人信服,而且通过对书中有意无意忽略的希腊罗马人对埃塞俄比亚人(黑人)的态度的考察发现,他们根本就不存在所谓的原始种族主义看法和态度,更不存在原始种族主义理论。事实上,书中的很多讨论前提都只是想象,难以经得起推敲。这可能也是该书在 2004 年出版后立即被认为是"学术热点",④ 但接踵而至的却是几乎一致的批评,此后十余年间关于原始种族主义理论的讨论几乎销声匿迹的原因之一。

艾萨克是国际著名的古典学家,他的《帝国的极限:东部的罗马军队》给他带来了很高的学术声望。但是,令人遗憾的是,

---

① Horace, *Staires*, with an English translation by H. Rushton Fairclough, Cambridge, MA: Harvard University Press, 1926, I, 4, 71 – 72.

② 《强者的温柔——塞涅卡伦理文选》,第 210 页。

③ William V. Harris, *Ancient Literacy*, Cambridge, MA: Harvard University Press, 1989, p. 114.

④ Naoise Mac Sweeney, "The Origins of Racism in the West", *Bryn Mawr Classical Review*, http: //bmcr. brynmawr. edu/2010/2010 – 01 – 39. html,最后访问时间:2015 年 12 月 8 日。

气势恢宏、篇幅达 500 多页的《古典时代种族主义的发明》却遭到了最严厉的批评:"就所有有用的小结、释意和有意义的结论而言,艾萨克的著作从没有真正提出过超越基本常识(和平淡无奇)的东西。有人可能会在学术氛围中发现令人振奋的东西,那就是模糊而不是清晰已经变成礼节上的需要了。"[1] 究其根源,可能还在于所谓的原始种族主义本身就不是古代的发明,而只是现代学者的想象。这正如艾萨克本人在《帝国的极限:东部的罗马军队》中批评美国战略学家爱德华·勒特韦克的罗马帝国"大战略"理论[2]那样,说它只是历史学家和考古学家硬塞给罗马的一个无法运用到古代边疆的现代发明。他对"大战略"理论的批评也完全可以用于对他本人的原始种族主义理论的批评:"我可以钦佩他对材料的清晰分析,接受他的许多洞见,并欣赏他的系统分析方法,但是,我们还是必须追问他所分析的体系在事实上是否真正存在……他的中心假说,即罗马存在一种把目标集中于防御和增强帝国安全的战略体系,只不过是基于现代军事组织的类比。……这种检验的结果是,它不能得出已有假说的有效性。""历史学家和考古学家在对罗马边疆的解释中,追求的不仅是一种幻想,更是一种乌托邦理想。"[3] 同样,艾萨克无论在材料的分析、洞察力的敏锐还是方法的运用方面都令人钦佩,但他的原始种族主义理论可能也只是一种类比,检验它的结果也同样不能得出已有假说的有效性,他对原始种族主义理论的解释追求的也不仅是一种幻想,更是一种乌托邦

---

[1] M. Lambert, "The Invention of Racism in Classical Antiquity by B. Isaac", *The Classical Review*, Vol. 55, No. 2, Oct., 2005, p. 661.

[2] Edward N. Luttwak, *The Grand Strategy of the Roman Empire: From the First Century A. D. to the Third*, Baltimore: Johns Hopkins University Press, 1976 (中译本见爱德华·勒特韦克《罗马帝国的大战略:从公元一世纪到公元三世纪》,时殷弘、惠黎文译,商务印书馆 2008 年版。相关评论见冯定雄、徐进伟《西方古典学术界对罗马帝国"大战略"理论的争论》,《古代文明》2016 年第 3 期)。

[3] Benjamin Isaac, *The Limits of Empire: The Roman Army in the East*, Oxford: Clarendon Press, 1990, p. 377.

理想。

前面关于埃塞俄比亚瘟疫发源地的讨论可以说为希腊罗马社会存在对埃塞俄比亚人（黑人）的偏见与歧视提供了有力的反面证据，换句话说，至少它证明了希腊罗马社会根本不存在对黑人的偏见与歧视。从上面关于原始种族主义理论的分析中也可以看出，该理论对希腊罗马世界中的黑人问题的有意或无意"遗漏"，正好为所谓的原始种族主义理论提供了反面证据。

在解释原始种族主义理论对希腊罗马世界中的黑人问题的"遗漏"时，从表述上看，作者多闪烁其词。如他说"讨论它（黑人）的著述已经很多了"，既然很多，为什么没有具体列举出来？虽然作者没有说出来，其实一个非常可能的重要原因就在于众多著述的结论与作者所需要的结论不相符甚至完全相反。从内容上看，作者多有矛盾，如作者说"这里的研究并不适合它，因为他们在希腊罗马世界并没有太多的真实呈现"，"只是神话性质的"，的确，在古代文献中，黑人并不是古典作家及基督教作家关注的重点，而且希腊罗马世界对埃塞俄比亚人的认识也都一直延续着"荷马式童话"的认识传统，少有"真实呈现"，但作者忽略了一项重要材料，那就是考古材料。在考古材料中，反映希腊罗马社会中的黑人的"真实呈现"的内容是不少的，而且它们所反映的内容也不全是神话性质的。再如，作者说在雅典，埃塞俄比亚人"只是作为提高主人地位的稀有而昂贵的奴隶"，"据说他们（埃塞俄比亚人）是无关痛痒的、和平的、胆小的、狡诈的"，这些观点明显深受19世纪末以来西方盛行的种族主义理论关于古代黑人地位的偏见的影响，而对与此观点极度反向且已经成为"最终真理"的斯诺登的观点则完全没有提及。无论这是作者的有意避开还是无意提及，都在很大程度上说明它本身就为希腊罗马社会不存在对黑人的种族偏见与歧视提供了反面证据。从形式上看，该著作的某些做法颇具讽刺意味。如作者一方面说"这里的研究并不适合"黑人问题，另一方面，该著作的防尘封面和插图1中使用的却是赫拉克勒斯正在杀死布西里斯及其祭司的花瓶画。

　　原始种族主义理论试图从古希腊罗马社会中寻求现代种族主义理论的"原型",姑且不论该理论本身的问题,就它有意或看似无意避开希腊罗马社会中的黑人问题来看,在很大程度上就可以说明希腊罗马社会根本不存在对黑人的种族主义偏见或歧视,因为它根本就找不到。可以说,该理论为希腊罗马社会的所谓种族偏见或歧视提供了又一有力的反面证据。

附 录 二
非洲中心主义与非洲历史哲学的重塑

  19世纪，现代种族主义理论在欧洲大行其道时，涉及希腊罗马世界中的黑人的众多研究往往是力图从古典学中寻找到现代种族主义理论的渊源，为种族主义理论进行辩护。作为欧洲中心主义的重要组成部分，现代种族主义理论也为欧洲中心主义起到了推波助澜的作用。不管是康特·沃尔内等黑人学者的民族正名研究，还是黑伦等学者的严肃研究，他们的成果都没有在学界得到积极的回应，更没有产生影响。到19世纪中后期，勒文赫茨、施奈德等人的工作是在美国内战之前废除黑人奴隶运动如火如荼展开的时期兴起的，这种背景有颇多耐人寻味之处。19世纪末，在雷纳克、韦斯、塞尔特曼等人的"非专业性"研究的推动下，得出黑人在古希腊罗马社会中地位低下的结论，从而为当时盛行的种族主义思潮摇旗呐喊。20世纪初，尽管布赖斯、巴林、赛克斯、齐默恩、哈尔霍夫、克卢克霍恩、鲍德里等人对古希腊罗马黑人艺术有比较客观公正的评价，但比尔兹利的《希腊罗马文明中的黑人》把种族主义呐喊推向了高潮。其实，对希腊罗马社会黑人的这种微观研究出现这种非科学现象，在很大程度上是因为它们深受黑格尔关于非洲历史认识的影响，这些研究只是对黑格尔关于非洲没有历史，"非洲不属于世界历史的部分"理论的注脚而已。

到20世纪中后期，随着战后民族解放运动的蓬勃发展，众多的亚非拉国家纷纷取得民族独立地位，特别是1960年有17个非洲国家获得独立，这一年被称为"非洲独立年"。这也为反思欧洲文化霸权及相关理论奠定了基础。20世纪70年代以来兴起的后殖民主义理论把批判西方文化霸权作为其主要目标，这种批判至今仍在延续和深入。事实上，如果对后殖民主义理论溯本求源，这场论战实际上是20世纪50年代中期开始的相关论题争议的延续，主要代表就是塞内加尔学者谢克·安塔·迪奥普所阐述的非洲中心主义。[1]

作为哲学概念的非洲中心主义是在二战后非洲许多国家取得民族独立的背景下，非洲研究学者（主要是黑人学者）在复兴非洲学术过程中，针对欧洲中心论提炼出的关于研究话语权的一个术语。它包括的学科范围极其广泛，大凡与非洲及黑人相关的学术研究都可以看到它的身影和烙印。但另一方面，非洲中心主义的概念界定和内涵凝练却又显得有些模糊，往往令人不可捉摸，借用洛威尔对文化概念的描述来形容它可能再恰当不过：我们想用文字来定义它，这就像要把空气抓在手里，除不在手里，它无处不在。非洲中心主义的兴起与非洲史学研究关系密切。非洲史学研究是在反殖民主义史学的过程中兴起和发展起来的，它一方面积极争取自己的民族主义史学话语权，另一方面成为非洲中心主义的重要内容和有力支撑，并在其影响下继续深入发展，重塑非洲历史哲学。非洲历史哲学在非洲史学反抗殖民主义史学的过程中逐步凝练出自己的研究客体论和史学方法论，但它与非洲中心主义一样，面临哲学体系中的困境。分析非洲中心主义与非洲史学研究，不仅对理解非洲中心主义大有裨益，而且对于考察非洲史学研究及其历史哲学的重塑与困境不无帮助。

---

[1] 张宏明：《非洲中心主义——谢克·安塔·迪奥普的历史哲学》，《西亚非洲》2002年第5期。

一 非洲中心主义的兴起

关于非洲中心主义理论形成的标志，西方学者往往采取回避态度，或者表述谨慎甚至模糊。有学者认为："在 20 世纪 60 年代早期，在非洲学者的著作中，这种方法（即非洲中心主义方法）就在不断地增加，他们有意识地把他们的研究建立在非洲方法论的基础上（从非洲视角的学术史传统开始可以追溯到肯尼思·戴克的《1830—1885 年尼日尔河三角洲的贸易与政治》[1]）。但是，作为一种理论和哲学的非洲中心主义方法却是 80 年代大量非洲著作传播的产物。非洲中心主义方法的理论化、概念化，是诸如莫莱菲·凯特·阿桑特、采罗恩·凯托、莫拉纳·卡伦加及其他一些美国学者的产物。"[2] 卡伦加本人则认为阿桑特是非洲中心主义的代表。中国学者在涉及此问题时表述不一，有人直接称阿桑特是"非洲中心主义论的创始人"；[3] 也有人认为是迪奥普"首次系统阐述了非洲中心主义思想"。[4]

"非洲中心"（Afro-centric）这一术语最先是杜波依斯于 20 世纪 60 年代早期在描述《非洲百科全书》（*Encyclopedia Africana*）编纂工作主题时提出的，60 年代后期的黑人激进主义者在对黑人及非洲研究中得到了广泛运用，他们呼吁把非洲中心主义方法运用到相关研究之中。如 1969 年，作为黑人组织的非洲遗产研究协会

---

[1] Kenneth Dike, *Trade and Politics in the Niger, 1830–1885*, New York: Oxford University Press, 1956.

[2] Bayo Oyebade, "African Studies and the Afrocentric Paradigm: A Critique", *Journal of Black Studies*, Vol. 21, No. 2, Afrocentricity, Dec., 1990, pp. 233–238.

[3] 袁霁：《非洲中心主义文学批评理论》，《吉林大学社会科学学报》2000 年第 5 期。

[4] 张宏明：《非洲中心主义——谢克·安塔·迪奥普的历史哲学》，《西亚非洲》2002 年第 5 期。后来，该作者又借用西方学者的说法是"布莱登不仅率先将非洲黑人的种族特性抽象地概括为'非洲个性'，同时也是第一位全面、系统阐释'非洲主义哲学'、'非洲中心主义'或'非洲复兴'等新思想观点的黑人知识分子"（张宏明：《布莱登论非洲对人类文明的贡献》，《西亚非洲》2006 年第 3 期）。

(African Heritage Studies Association) 的建立者在对白人占统治地位的非洲研究协会（African Studies Association）的质疑中就使用了这一术语，前者呼吁"沿着非洲中心主义路线重建非洲历史与文化研究"。[1] 但非洲中心主义的当代意义直到 1980 年阿桑特的著作《非洲中心论：社会变迁的理论》出版才得以界定，该著作为非洲中心主义的奠基性文献而被非洲中心主义思想家广泛加以引用，[2] 可能正因为如此，才有学者认为它是非洲中心主义理论形成的标志。

由于黑人与美国的特殊历史关系，非洲中心义者呼吁美国黑人采纳一种植根于非洲观念和非洲价值的非洲中心意识（Africa-centered consciousness），以便重构黑人文化价值体系。从本质上讲，作为黑人研究和黑人生活的哲学体系，非洲中心主义观念是 20 世纪 70 年代黑人权力文化运动的产物，尤其是黑人艺术运动和黑人权力运动中弥漫的黑人文化民族主义意识形态的产物。这些运动的文化民族主义与当时受到黑豹党（Black Panther）人支持的革命民族主义在主张黑人权力的方式方法上截然相反。黑人文化民族主义的前提是黑人要形成自己的黑人文化家园，其目标是要对当时流行的种族与社会观念进行重构，以更积极也更适合黑人利益和需要的观念来取代美国（很大程度上也是整个西方）社会中的西欧中心论和种族主义。在占统治地位的西方思想中，欧洲中心论体现出意识形态和话语权的霸权主义普遍性特征，它完全把自己置于社会结构的中心来界定思想文化中的意识形态和话语权标准，如文

---

[1] Mia Bay, "The Historical Origins of Afrocentrism", *American Studies*, Vol. 45, No. 4, Time and the African-American Experience, 2000, pp. 501 – 512.

[2] Molefi Kete Asante, *Afrocentricity: The Theory of Social Change*, Trenton: African World Press, 1988; Maulana Karenga, *Introduction to Black Studies*, Los Angeles: University of Sankore Press, 1993, p. 34; James B. Stewart, "Reaching for Higher Ground: Toward an Understanding of Black/Africana Studies", in James L. Conyers, Jr., ed., *Africana Studies: A Disciplinary Quest for Both Theory and Method*, Jefferson: MacFarland and Company, 1997, pp. 108 – 129.

明、国家、制度、法律、社会等级等，并以自己的标准去参照或评判其他任何文化，再给这些文化贴上诸如进步或落后、文明或野蛮等标签。

正是基于非洲研究中的欧洲中心论影响和歪曲，非洲研究者提出了非洲中心主义研究范式，强调非洲研究要把关于非洲（包括美裔非洲人）的任何分析都置于中心位置。对埃及和其他非洲早期文明的研究，早就有学者在进行，包括法国、德国等早期殖民者的考古研究，如早在19世纪末就有学者强调："当其他民族还是野蛮人的时候，他们（埃及人）已经发现了艺术与科学的原理……他们建立在对自然法的研究基础上而确立了至今仍然统治宇宙的文明与宗教诸体系。"[1] 与此前研究不同的是，非洲中心主义者在研究非洲文化时，是有意识地强调埃及作为人类文明的起点。正如凯托所说："历史的非洲中心视角是仰赖于以下前提：在非洲后裔的民族研究中，把非洲认定为地理与文化的起始基座是有效的。"[2] 非洲中心主义有足够的底气强调以非洲为中心研究其历史与文化，是基于其研究客体的客观性存在。从人类的诞生角度说，非洲是最早脱离动物界诞生人类的地方；从人类制度与文明的产生和发展来说，领先于世界的艺术、科学、文明、宗教等的确是其足以自恃的资本。随着对非洲历史与文化客观研究的深化，从迪奥普到贝尔纳都有力地证明了埃及文明的非洲起源，这愈发增强了学者们对"非洲中心"的自信。正由于有这种普遍性客体存在，与之相关的特殊性客体研究才有其可能性，如关于非洲研究的人类学、文化学、生物学、历史学等。

当然，非洲中心主义的目标并不是要取代欧洲中心论并把自己作为具有普遍性的哲学。在特定的研究中，如对于亚洲、美洲以及

---

[1] C. F. Volney, *The Ruins or Meditations of Empires, and the Law of Nature*, pp. 28 – 29.

[2] Tsheloane Keto, *The Africa-centered Perspective of History*, New Jersey: K. A. Publications, 1989, p. 1.

欧洲的研究，亚洲中心视角、美洲中心视角、欧洲中心视角可能更具有效性，因此，只要这些所谓的"中心"视角不歪曲其他"非中心"研究事实，不把自己强加于其他客体研究之上，非洲中心主义并不否认它们在各自特定研究中的主导地位。相反，如果要更好地观察和理解世界的多样化、文化的纷呈性，从不同的"中心"而非单一的视角出发的这种"全方位视角"（a pluriversal perspective）可能更有必要。①

漫长的欧洲中心论已经牢固地统治了主流学术界的思想，如何突破这一牢笼，真正实现非洲中心主义目标，这是非洲中心主义者在方法论上面临的一大难题。对此，非洲中心论的代表人物阿桑特在他关于非裔美洲的研究中提出了"诺莫"（nommo, the spoken word）概念，即话语权概念。在他看来，非裔美洲人在从非洲来到美洲后，他们完全置身于陌生的环境和外人（others/outsiders）的话语体系之中，只有他们所带去的鼓声、故事、颂歌、神话、传说、史诗、诗歌、寓言等才是他们真正存在的标志，如果要保存自身的文化和争取自身文化的主动权，就必须通过这些口述表达的力量来进行宣誓。② 这种口述表达的话语权（诺莫），也正是被奴役的非洲人民反抗殖民统治的有力武器，民权运动的先驱者也正是通过布道、演讲、音乐、诗歌等进行斗争的。因此，"诺莫"是非洲中心主义的重要表达途径和主张方法之一，如果忽视这种方法，与非洲的联系就失去了其本质，也失去了最具特征的途径。不仅如此，诺莫本身也是除古代埃及外的另一"非洲起点"，故该方法对于非洲研究的重要性也就不言而喻了。

除了对"诺莫"的强调，马克思主义理论的研究方法也对非洲中心主义产生了一定的影响。在如何对待马克思主义理论研究方

---

① Bayo Oyebade, "African Studies and the Afrocentric Paradigm: A Critique", pp. 233 - 238.

② Asante, *The Afrocentric Idea*, Philadelphia: Temple University Press, 1987, pp. 83 - 95.

法时，非洲中心主义者产生了分歧，如以阿桑特为代表的非洲中心主义者就持反对态度，他认为，"马克思主义在非洲中心主义概念与方法的发展中并没有什么帮助，因为它是排除了非洲历史与文化视角的欧洲中心论意识"。① 以凯托为代表的学者则持相反观点，认为非洲中心视角与马克思主义理论有相互排斥的部分，但更有"相互共生"的部分。② 尽管有对待马克思主义理论方法的分歧，但从非洲研究实践看，马克思主义理论研究方法还是得到了广泛的运用，特别是在讨论资本主义统治下的非洲政治经济、奴隶制度、殖民主义、社会阶级结构、经济结构等时，马克思主义的理论分析方法仍然扮演着重要角色。

非洲中心主义理论通常与相关的学科理论相联系，如心理学、人类学、生物学、教育学、历史学等。如科林斯借用弗朗茨·法农对美裔非洲人的心理学研究，认为美裔非洲人已经被"受压迫者心理学"（psychology of oppression）伤害，在他们准备参与自由斗争前，他们需要重新找回自己的黑性，即对黑人历史与文化的认同，并建立自己的精神家园，在灵魂观念中要寻求黑人意识表达的认识论体系。③ 诺贝尔斯则认为，美裔非洲人心理学是通过持久深入新大陆的非洲哲学体系形成的。④ 韦尔辛的"肤色对抗"（color-confronted）理论认为人类本来起源于非洲，但部分人因为皮肤的突变症而白化病，由于白化病怕炎热和阳光，因此他们逃离非洲向北迁徙到了欧洲而成为现代白种人的祖先，这批白化病突变者的后

---

① Asante, *The Afrocentric Idea*, p. 8.
② Keto, *The Africa-centered Perspective of History*, p. 21.
③ Patricai Hill Collins, *Fighting Words: Black Women and the Search for Justice*, Minneapolis: University of Minnesota Press, 1998, p. 160.
④ Wade W. Nobles, "African Philosophy: Foundation for Black Psychology", in Reginald L. Jones, ed., *Black Psychology*, New York: Harper & Row, 1980, pp. 23 – 26; *Africanicity and the Black Family: The Development of a Theoretical Model*, Oakland: Black Family Institute Publications, 1985; *African Psychology: Towards a Reclamation, Reascension, and Revitalization*, Oakland, CA: Black Family Institute Publications, 1986.

裔在欧洲建立了白种人优越论普世体系和普世统治；由于担心自身基因的灭绝，他们对黑人和其他有色人种充满了敌意，从而形成了种族主义。因此，非洲才是人类的诞生地，非洲人（黑人）才是行走在人类进程中的最前列者。[1] 沃菲尔德－科波克则通过对皮肤黑色素在人类文化和行为中的作用构建人类差别，他认为黑人黑色素中的高等级成分使美裔黑人孩子发展得更早，并赋予他们更好的运动技能、上等的文化记忆力、更健康的神经系统及其他好处。[2] 非洲中心主义者呼吁在美国课堂中开设更多的非洲中心主义课程，特别是大学的历史专业应加强对非洲本土历史课程的设置和本土学者的培养，在中小学课程设置中加强非洲本土历史课程和教材建设。[3]

尽管非洲中心主义与众多的学科都有密切的关系，或者是对众多学科的哲学概括，但无论是它的形成还是概念界定的出现，都与非洲历史与文化的研究密不可分，这从戴克到杜波依斯以及从迪奥普和阿桑特都可以清晰地看出。在历史与文化领域，非洲中心主义者强调摆脱殖民主义史学的非洲本土历史与传统，强调非洲本土文明在人类历史中的地位，特别是古代埃及文明（黑人文明）对非洲文明的作用，正如希腊文明对于欧洲文明一样，非洲文明在人类历史中的地位应该摒弃欧洲中心主义者的漠视而给予充分强调。不仅如此，以埃及为代表的古代非洲历史与文化应该成为今天非洲重塑黑人文化与民族认同的基石。因此，非洲史学研究对于非洲中心主义概念和内涵的形成具有重要意义。

---

[1] Frances Cress Welshing, *The Isis Papers: The Key to the Colors*, Chicago: Third World Press, 1991, pp. 23, 284.

[2] Nsenga Warfield-Coppock, *Afrocentric Theory and Applications*, Vol. 1: *Adolescent Rites of Passage*, Washington, DC: Baobab Associates, 1990, pp. 30 – 35.

[3] Mwalimu J. Shujaa, *Too Much Schooling, Too Little Education: A Paradox of Black Life in White Societies*, Trenton, NJ: Africa World Press, 1994; William Oliver, "Black Males and Social Problems: Prevention through Afrocentric Socialization", *Journal of Black Studies* 20.1, September 1989, pp. 15 – 39.

二 非洲中心主义与非洲史学研究

正如后殖民理论一样,"就某些概念而言,直接、确切地为之下定义有时很难做到,后殖民主义因其在理论和实践上的多重性,使人们面临这样的困境"。"许多后殖民批评采取的完全是一种自我定义法,即研究者划定一个学术的、地域的或政治意义的圈子,然后围绕各自要展开的主题确定其范围。"[1] 非洲中心主义同样面临如此困境,从"非洲中心"这一术语的最先出现到阿桑特对"非洲中心论/性"(Afrocentricity)的界定,它几乎始终与任何学科都显得若即若离却又如影随形,任何学科也都可以扛着它的大旗划定自己的"学术、地域、政治"圈子,从而广泛使用;反过来,为了能概括在它的理论指导下的非洲研究"圈子"(如前面提到的心理学、人类学、生物学、教育学等),彰显"主义",似乎又可以把自己的学科笼统地称为"非洲中心主义"(Afrocentricism)研究。

非洲中心主义与历史学"圈子"的结合,同样面临上述尴尬,也同样为了彰显"主义"和理论旗帜,它们的结合可以称为"非洲中心主义史学"(Africa-centered history)。但事实上,无论黑人学者还是非黑人学者,他们都小心翼翼地避开这一提法。如果仅从概念入手讨论非洲中心主义与非洲史学研究的关系,很容易进入从概念到概念的循环,导致"先有鸡还是先有蛋"式的尴尬。与其如此,我们不如仔细考察和梳理非洲史学研究及其为它争取建立自身体系和话语权的历程,进而观察它与非洲中心主义相关的特点和理论。

一定程度上说,近代非洲史学研究(或者说对非洲中心主义产生重要影响的非洲史学研究)是在反殖民主义史学的斗争中发展起来的,因此,对殖民主义史学的批判就理所当然地成为其首要

---

[1] 张旭鹏:《后殖民主义与历史研究》,《世界历史》2006年第4期。

的研究主题之一。长期以来,黑人及非洲历史都受到西方各种理论特别是殖民主义理论和种族主义理论的否认或漠视。"这种态度主要产生于文艺复兴、启蒙运动和日益增长的科学革命这三种思潮的综合影响。其结果是,欧洲知识分子,依靠他们认为的唯一的希腊罗马遗产,使他们自己相信,欧洲社会的目的、知识、力量和财富是如此优越强大,以致必须胜过所有其它地区,因此,欧洲历史是理解一切的关键,而所有其他社会的历史都是无关紧要的。"[1] 欧洲知识分子在强调欧洲历史是理解一切的关键的同时,也要阐明非欧洲历史对于人类历史的无关痛痒性,对于非洲而言,于是就有了 19 世纪关于种族的伪科学理论,即用所谓的"遗传缺陷"来解释非洲表面上的落后,声称黑人不具备建立文明社会所必需的智力条件。而种族主义的假说又强化了本来就存在的文化沙文主义,后者判定撒哈拉以南非洲没有产生过任何杰出的文明,任何值得称道的东西都是外来的。黑格尔关于非洲历史与文化的论述最为"经典",他认为,"自有历史以来,阿非利加洲本部,对于世界各部,始终没有任何联系,始终是在闭关之中"。"它不属于世界历史的部分;它没有动作或者发展可以表现。"[2] 黑格尔不仅断然将撒哈拉以南的非洲排斥在世界历史之外,还断言非洲本土不存在任何文明,对世界文明没有任何贡献。黑格尔的结论,在长达一个世纪里被西方学者视为圭臬。继黑格尔之后,许多西方历史学家和人类学家都认为,非洲各族人民从来没有自己的历史,也没有他们独具的任何发展;一切具有文化成就性质的东西统统是亚洲移民从外部带给他们的,这就是被广泛运用到非洲历史与文化研究中以拉策尔为代表的所谓"含米特理论"(或"含米特假设")。20 世纪上半叶,含米特理论已成为欧洲学者研究撒哈拉以南的非洲历史、文化的传

---

[1] J. 基-泽博编辑:《非洲通史》第 1 卷,中国对外翻译出版公司 1984 年版,总论,第 22—23 页。

[2] 黑格尔:《历史哲学》,第 94、101 页。

统观点，他们关于非洲历史的著述大都自觉或不自觉地囿于含米特理论的窠臼之中。关于非洲是历史和文明的荒漠的种族主义观点贯穿于 19 世纪并在 20 世纪初达到了登峰造极的地步，直至 20 世纪中叶，这种烙印的残渣仍不时泛起。①

一方面由于殖民主义者书写的非洲历史本身对非洲历史的歪曲，另一方面，由于民族主义、自由主义等思潮的不断推动，它们在寻求帮助非洲人获得政治独立的同时，极力恢复和主张非洲自己的历史，以便把殖民主义关于非洲的历史与非洲民族自己的历史相区别，寻求从非洲人的视角书写历史，实现非洲历史哲学的重塑。早在 19 世纪末 20 世纪初，"泛非主义之父"布莱登就对非洲历史进行过系统、全面的阐述，他的历史哲学思想包括："其一，非洲是人类文明的摇篮，曾以古老的埃塞俄比亚人和灿烂的古埃及文明彪炳于世界历史；其二，非洲参与了人类精神的发展，虽然基督教和伊斯兰教起源于亚洲，但'北非是抚育了这些无助婴儿的摇篮'；其三，非洲不仅参与了'新大陆'的开发，也为'旧大陆'的工业发展提供了不可或缺的资源；其四，非洲有辉煌的历史，且有光明的未来。"正是由于他最早坚定地认为非洲有确凿历史和灿烂文化，并最先在学术上系统地揭示和论证非洲人对世界历史和人类做出过突出贡献，他本人也因此被非洲学界视为"非洲中心论"的鼻祖。②

---

① 张宏明：《非洲中心主义——谢克·安塔·迪奥普的历史哲学》，《西亚非洲》2002 年第 5 期。甚至到了 20 世纪 70 年代，还有学者重复强调黑格尔关于非洲历史的认识："在我们心中，出现在非洲观念中的这种分析（指黑格尔的非洲历史观）的非洲历史的主要特征如下：(a) 非洲历史的主要目的不是出于对被动的、理性的客观性的追求，而是有意识地在情感上与其所讲述的事件密切联系；(b) 它的重要性（关联性）被限制在相对狭窄的部落历史之中；(c) 它是以一种诗意性、宗教性的方式进行表达，而不是以一种科学的方式（象征主义）；(d) 然而它却是具体而真实的。在非洲历史中是没有有意识的理论化思考的。"(E. A. Ruch, "Philosophy of African History", *Africana Studies*, Vol. 32, No. 2, 1973, p.120)

② 张宏明：《布莱登论非洲对人类文明的贡献》，《西亚非洲》2006 年第 3 期。

著名的黑人活动家杜波伊斯不仅对反种族主义做出了重要贡献，而且发起了泛非运动，他在非洲历史哲学的发展过程中也做出过重要贡献。1915 年，杜波伊斯出版了《黑人》，对所谓的非洲人的低贱进行了批驳，[①] 该作也被视为 20 世纪非洲中心主义史学的基础。在其他著作（1939 年的《黑人的过去和现在》，1947 年的《非洲与世界》等）中，他不断地对殖民主义史学对非洲及黑人的贬损与漠视进行抗争，强调非洲历史的光辉灿烂，谴责欧洲对非洲的灾难，恢复非洲在世界历史中的地位。[②] 更重要的是，到 50 年代，他在接受加纳总统恩克鲁玛邀请编写《非洲百科全书》时，首次提出了非洲中心主义概念。这一概念意味着非洲史学要以非洲及非洲人的历史为中心和出发点，对非洲历史哲学的发展产生了深远的影响。受杜波伊斯《黑人》的直接影响，自学成才的休斯敦于 1926 年出版了《古代古实帝国精彩的埃塞俄比亚人》，对古实和埃塞俄比亚的历史起源的资料进行了汇编，并研究了它们对希腊文明的影响。在她看来，尽管古实文明不如埃及文明古老，也并非所有文化的起源地，但它是人类人文的发源地。[③] 该著作虽然影响不大，但被后人称为是"具有开拓性而长期被淹没的非洲中心主义历史著作"。[④] 1944 年，汉斯贝里主张非洲及与之相关的世界的"古老而被广泛接受的概念有必要得以彻底改变"，要求对殖民主义关于非洲的史学研究进行重新界定。[⑤]

深受杜波伊斯影响，对后来非洲历史哲学思想产生重大影响的是迪奥普，迪奥普在关于非洲历史的系列著作（特别是《文明的

[①] W. E. B. Du Bois, *The Negro*, New York：Holt, 1915.
[②] 吴秉真：《杜波依斯和他的非洲史学著作》，《西亚非洲》1985 年第 3 期。
[③] Drusilla Dunjee Houston, *Wonderful Ethiopians of the Ancient Cushite Empire*, Hogarth Blake Ltd, 1926. （Charleston：BiblioBazaar, 2007 年重印）
[④] Drusilla Dunjee Houston, *Wonderful Ethiopians of the Ancient Cushite Empire*, p. 3.
[⑤] William Leo Hansberry, "African Studies", *Phylon*, 5 (1944), p. 62. 转引自 Maghan Keita, *Race and the Writing of History：Riddling the Sphinx*, New York：Oxford University Press, 2000, p. 95。

非洲起源：神话还是现实》）中，反复地强调古代埃及文明的重要性，强调古代埃及文明是黑人创造的黑色文明，非洲历史与文明在整个人类历史进程中占有重要地位，而且希腊哲学也源于黑人－埃及文明。[1] 迪奥普的贡献在于，他不仅证实了古埃及文明的黑色性质和非洲历史在人类历史上的重要地位，而且对自拿破仑以来占据统治地位的欧洲埃及学和非洲学的认识论提出了颠覆性的质疑，从根本上推翻了西方埃及学的统一性。[2] 迪奥普关于非洲的历史哲学也成为与黑格尔针锋相对的另一历史哲学体系。[3] 威廉姆斯则通过非洲文明的本土性来强调非洲历史，从而摆脱所谓的欧洲影响或阿拉伯影响对非洲历史的误导，他以"纯粹的生活的原则、价值体系与非洲本身的哲学"为出发点考察非洲历史。其基本前提是：如果黑人就是文明的最初建立者，他们也生活在最初文明的诞生地，那么从什么时候起他们变成了西方社会所说的"黑人一直在社会的最底层"的呢？在他看来，导致黑人文明被破坏的因素有很多，如自然、帝国主义、被盗遗产等。黑人文明的破坏具有启发性和革命性，因为它通过从阿拉伯人和欧洲人的非洲历史到非洲人自己的历史这种转换，为非洲史的研究、教学和学习提供了新的方法，从而提供一部"黑人的历史就是黑人的历史"。只有通过历史，黑人才能找到自己的力量所在，找到自己的软弱和易受到攻击的那些内容，这样，黑人的历史立即就能成为他们现在应当准备的共同努力的基础和探照灯。[4]

从布莱登到威廉姆斯对非洲史学的研究可以看出，它们有一个

---

[1] 对迪奥普历史哲学的系统介绍，参见张宏明《非洲中心主义——谢克·安塔·迪奥普的历史哲学》，《西亚非洲》2002 年第 5 期。

[2] Victor Oguejiofor Okafor, "Diop and the African Origin of Civilization: An Afrocentric Analysis", *Journal of Black Studies*, Vol. 22, No. 2, Dec., 1991, pp. 252 – 268.

[3] L. Keita, "Two Philosophies of African History: Hegel and Diop", *Présence Africaine*, Nouvelle série, No. 91 (3e TRIMESTRE 1974), pp. 41 – 49.

[4] Chancellor Williams, *The Destruction of Black Civilization: Great Issues of a Race from 4500B. C. to 2000A. D.*, Chicago: Third World Press, 1987, p. 19.

共同的特点，即特别强调非洲文明的悠久性和原生性，即非洲辉煌灿烂的悠久文明的创造者是黑人而非白人或者其他外人，因此，非洲并非没有自己的历史，黑人也并不是欧洲种族主义者所贬损的那种低贱形象。从非洲史学研究的脉络中可以看出，由于它一方面特别强调非洲自身的历史和非洲历史在世界历史中的重要地位，如果仅就非洲历史研究而言，确实能凸显出其"非洲中心"特征，因此，后来人们不断地冠以它"非洲中心主义"史学的称号也就不足为奇了；另一方面，由于这一时期非洲史学研究的大背景，也是它的重要任务就是反击西方殖民主义史学和种族主义，它又明显地带有一种强烈的反殖民主义、反种族主义色彩，故它又可称为反殖民主义史学。

　　进入 90 年代后，带有强烈反种族主义特征的非洲史学逐渐地转向多元文化主义（multiculturalism）特征。有学者把非洲中心主义描述成多元文化主义的一种形式，认为加强对非洲内容的教育和研究是必要的，也是必需的，但不宜过分强调非洲中心主义的作用，不能把一切成就都归结于它，更不能有非洲优越性主张。① 因此，当代非洲中心主义可以看作文化多元主义，而不是种族中心主义。非洲中心主义主张的新变化在非洲历史研究中的表现，则是认为非洲中心主义视角为多元文化背景下理解非洲本土文化提供了很好的方法，它是整个学术研究的必需方法，没有它，整个学术研究就是不完整的、不准确的，也是不客观的，"非洲中心主义不是一种补充方法，而是一种可供选择的范式和对人文与世界理解的一种本体论。因此，这里我想要做的是寻求一种正确的研究方法，该方法可以成为真正掌握非洲本土知识的基石。这倒并不是说它可以解决非洲本土文化中任何与研究相关的问题的终极含义，而是说它是一种有意义的方向，该方向可以提供更好的理解，也因此能更多地

---

　　① Nathan Glazer, *We Are All Multiculturalists Now*, Cambridge, MA: Harvard University Press, 1997.

对目前研究者在研究非洲本土文化中所面临的问题提供更有意义的空间"。① 这种多元文化主义与非洲中心主义所提倡的从不同"中心"而非单一的视角出发对非洲文化进行观察和理解的"全方位视角"主张在本质上是一致的。

自20世纪以来，非洲史学主要在非洲本土和美国黑人史学家的努力下，经过一代代非洲史学家的探索，取得了一定的成就，甚至可以说它已经实现了挣脱殖民主义和种族主义史学束缚、书写自己历史和表达自己话语权的目标。正如有人指出的那样："事实上，我们可以正确地宣称，在20世纪末，我们已经实现了1954年谢克·安塔·迪奥普提出的目标，即整个非洲大陆的'基本历史'（foundational history）的确立，这正如联合国教科文组织编写的《非洲通史》和《剑桥非洲史》得出的结论所证实的那样。"② 无论以后学界如何评价这一时期的非洲史学研究，它所取得的成就都令人瞩目，也正是在这个意义上，我们可以毫无疑问地说20世纪以来的非洲史学得以复兴。③

非洲史学在其复兴过程中，与非洲的政治、经济、文化的发展密不可分，也与其他学科的发展紧密联系。无论在非洲史学发展的哪个阶段，其最核心的主张就是非洲历史必须以非洲及非洲人的发展为中心，还原真实的非洲历史，这也为非洲中心主义概念的提出提供了支撑。虽然更多的非洲历史研究者在他们的著作中似乎有意地回避"非洲中心主义（论）"这样的概念表述，不把自己的研究称为"非洲中心主义史学"，但后来的研究者似乎非常乐意把这一头衔加在他们头上。不管我们把非洲史学称为"非洲中心主义史

---

① Queeneth Mkabela, "Using the Afrocentric Method in Researching Indigenous African Culture", *The Qualitative Report*, Vol. 10, No. 1, March 2005, pp. 178 – 189.

② E. S. Atieno-Odhiambo, "From African Historiographies to an African Philosophy of History", in Toyin Falola & Christian Jennings, eds., *Africanizing Knowledge: African Studies across the Disciplines*, New Brunswick, NJ: Transaction Publishers, 2002, pp. 13 – 63.

③ 张忠祥：《20世纪非洲史学的复兴》，《史学理论研究》2012年第4期。

学"是否完全合适,但从 20 世纪以来的非洲史学研究不仅在实践上,而且在理论上都在不断地探索前进,不断地总结和概括其历史哲学,在一定程度上实现了非洲历史哲学的重塑。

三 非洲历史哲学的重塑

作为非洲中心主义重要组成部分和支撑的、以非洲历史与文化为中心的非洲史学与非洲中心主义一样,对于非洲历史研究的客体论与方法论进行了艰苦而有效的探索,努力实现非洲历史哲学的重塑。

在客体论方面,对西方殖民主义及殖民史学的批判是其重要内容之一。近代以来的非洲史学主要掌握在西方殖民主义者手中,非洲历史被"外人"书写,这些外人对非洲历史理解的文化背景是西方文化而非非洲本土文化。随着西方文化霸权的确立,这些外人书写的非洲历史也逐渐成为世界认识非洲历史的圭臬。这就是所谓的殖民主义非洲史学。殖民主义非洲史学对非洲历史多有歪曲,如认为非洲是没有历史的,其代表就是著名的黑格尔在《历史哲学》中关于非洲"不属于世界历史的部分"的论述;再如非洲历史的被想象,这种被想象是 15 世纪以来的欧洲殖民者基于欧洲优越性及其文明化本质为前提的,他们对非洲大陆的"发现"、开发与征服是以欧洲人作为社会转型的主角加以描绘的,把自己视为对"低等民族"进行文明化的使者,历史在非洲充当了欧洲意识形态的合法产物,到 20 世纪早期还大行其道的"含米特理论"更能清晰地反映出这种历史想象。无论是以黑格尔为代表的非洲历史虚无主义的非洲历史哲学,还是以"含米特理论"为代表的非洲历史被想象的非洲历史哲学,都是西方殖民者这些"外人"对非洲历史的歪曲书写。

20 世纪以来的反殖民主义浪潮,为非洲历史与文化的复兴创造了历史性契机,反击殖民主义史学理论,特别是反击"非洲无历史",重塑非洲历史客体的史学浪潮在美国黑人学者和非洲本土学者中蓬勃开展。非洲史学者"带有一种清算性的民族情绪"对殖民主义史学这一"混蛋历史学"（bastard historiography）[①] 从理论到实践进行了猛烈的批判，这种批判构成了非洲历史哲学的重要客体性对象之一。在理论批判方面，从布莱登到20世纪末的非洲史家都在进行，如迪奥普认为人类历史与文明起源于非洲而非欧洲，古代埃及人的主体是黑种人，古埃及文明是黑人创造的，其使整个世界得到了文明，从而对殖民主义史学当头棒喝。他明确地向殖民主义史学和世人宣称要给予古代埃及与黑人非洲以合法地位，构建非洲人文主义和非洲人文科学。[②] 在著名的联合国教科文组织编写的8卷本《非洲通史》中，第1卷（《编史方法及非洲史前史》）的开篇就讨论关于该通史的编纂理论及方法，它不仅阐明了关于非洲历史研究与编纂的理论、原则、方法、目标等，更严厉地批判了殖民主义史学。在实践方面，被后来学者总结的"反抗与压迫二元一体论"研究主题在非洲独立之初备受青睐，[③] 如关于19世纪后期萨摩里·杜尔领导的几内亚反法斗争，20世纪初坦噶尼喀南部爆发的反德国殖民统治的起义，罗德西亚第一次解放战争，纳米比亚的纳马族起义等这些对殖民主义的反抗斗争。"非洲人民的反抗"成为这一时期非洲史学的重要口号。这种"二元一体论"非洲史学实践直到20世纪80年代都还有影响。从60年代开始，以兰吉尔为主要代表的达累斯萨拉姆学派强调"非洲主动性"的恢复，力图从学科的角度阐明非洲历史的分析性价值，从而寻求构建坦桑尼亚民族主义史学并积极参与坦桑尼亚乌贾马社会主义讨论。[④] 无论"二

[①] A. E. Afigbo, "Colonial Historiography", in Toyin Falola, ed., *African Historiography*, Harlow: Longman, 1993, p. 46.

[②] Cheikh Anta Diop, *The African Origin of Civilization: Myth or Reality*, edited and translated by Mercer Cook, New York: Lawrence Hill and Company, 1974, p. xiv.

[③] Frederick Cooper, "Conflict and Connection: Rethinking Colonial African History", *The American Historical Review*, Vol. 99, No. 5, Dec., 1994, pp. 1516 – 1545.

[④] 关于该学派的介绍，参见张忠祥《20世纪非洲史学的复兴》，《史学理论研究》2012年第4期。

元一体论"还是"非洲主动性",都是对殖民主义史学的批判,也都属于非洲历史哲学的客体性范畴。非洲历史哲学的这一客体性范畴是近代非洲历史及其书写的客观反映,相对于一般历史哲学的客体论范畴而言,它具有明显的独特性。

非洲中心主义史学的目的绝不仅仅是批判殖民主义史学,"我们的目的并不是要写一部单纯与殖民主义历史算旧帐的历史,使殖民主义历史作者的用意适得其反,而是要改变人们的看法并恢复那些已被忘却或丧失的情形"。[1] 黑人面临的任务是"不惜一切代价向白人世界证明黑人文明的存在"。[2] 真正恢复"被忘却"或"丧失"的非洲历史,向白人世界证明黑人历史与文明的存在才是非洲史学的真实目的。换句话说,非洲史学研究的重要目标之一是证明"非洲是有历史的"。在前殖民主义时代,由于世界各地区、各文明的相对分散、闭塞,其历史发展与历史书写也呈现出各地区、各文明区域的自身特点,如非洲各地的神话、传说、史诗、诗歌、寓言、故事等口头历史就构成了非洲历史的重要内容;伊斯兰教征服北非后,大量的穆斯林文献成为非洲历史的又一重要来源;欧洲殖民势力入侵非洲后,非洲历史逐渐为殖民者"外人"书写,对非洲历史多有歪曲,但真实的非洲历史是一直存在的。那么,非洲的历史在哪里?大体说来,非洲的历史包括书面历史、考古历史和口头历史等。书面历史包括各种文字记录的历史,如档案、笔记、手稿、纸草文献等;考古历史是更可靠的无声物证所展示的历史,它包括各种考古成果;口头历史则是保存和传播非洲人民积累的没有文字记载的社会和文化创造品的历史,它包括非洲各地没有被文字记录下来的口口相传的内容。[3] 面对如此浩瀚复杂的历史遗产,非洲史学研究者如何着手和书写,非洲中心主义者已经从理论上进

---

[1] J. 基-泽博编辑:《非洲通史》第 1 卷,总论,第 1 页。

[2] 张宏明:《非洲中心主义——谢克·安塔·迪奥普的历史哲学》,《西亚非洲》2002 年第 5 期。

[3] J. 基-泽博编辑:《非洲通史》第 1 卷,总论,第 1—4 页。

行了一般性的概述和原则性的指导，但在把这些"主义"与具体的非洲历史研究"圈子"相结合，体现出来的非洲史学特征却是不同研究主题的回应。

20世纪后期以来，黑人史学家（特别是非洲本土史学家）对非洲史的研究越来越深入，研究领域也不断地拓展，研究主题缤纷呈现，并取得了令人瞩目的成就。60年代末以来，学者们对大西洋奴隶贸易研究取得了比较深入的进展，如奴隶贸易的数量，大西洋奴隶贸易前后非洲本土奴隶的本质，大西洋奴隶贸易对非洲经济学、人口统计学及非洲发展的影响，东非沿海的奴隶制度与新大陆的奴隶制度的比较，20世纪非洲奴隶制度的衰落，整个大西洋奴隶制度对大西洋商业的根本性影响等。对非洲宗教的研究也吸引了众多学者的注意力，如基督教传教史、独立后的非洲基督教以及非洲传统宗教等。基督教史的研究也逐渐从传教学（missiology）转向非洲人的基督教社会研究，考察基督教社会的非洲人是如何从社会的边缘走向社会的中心，从而走向更深入。对非洲环境史的研究则历史地考察了欧洲殖民者是如何破坏非洲环境的，以及殖民者的轮番破坏给非洲带来的不可逆转的损害；当然，殖民者在对非洲环境造成破坏的同时，也客观上给非洲带来了一些先进的因素。[1] 对非洲农业（特别是农民）及经济史的研究则侧重于马克思主义理论指导，运用定性和定量的分析方法考察非洲农业发展状况。对非洲妇女史的研究则是较后出现的却能持续的热点领域，研究重心最初是妇女的经济生产活动，把妇女置于社会发展中进行研究，特别是妇女在农业变迁、土地占有、城市化以及经济中的角色，到后来主要集中于殖民时期的内容，如殖民时期的家庭生活、习惯法、母亲身份、生殖、性、身体等，再到后来范围更加广泛，涵盖妇女与男性、社会与制度认同、代际矛盾、同性恋斗争等。总之，到20

---

[1] 关于非洲环境史的介绍，参见包茂宏《非洲史研究的新视野——环境史》，《史学理论研究》2002年第1期。

世纪末，非洲史学研究已经从制度史转向经济史，再转向社会史，现在则有一种转向文化史的趋势。[1] 但不管研究主题如何变化和深入，非洲历史研究的总体框架却一直得以维持，即以非洲为出发点和研究中心，换句话说，非洲历史研究客体并不会变。从这个角度看，20世纪以来的非洲史学的客体是一脉相承的。

这样，我们可以归纳出非洲历史哲学的客体论主要体现在两方面，即对殖民主义史学的批判以及以非洲史为出发点和研究中心。这种客体论既体现出一般历史哲学的普遍性，同时由于此前的非洲历史书写及非洲历史本身的特殊性，又反映出非洲历史哲学的独特性。

非洲中心主义影响下的非洲史学研究方法论显得多样化，但它们有一个共同的特点，即以非洲为中心。这些多样化特点散见在具体的、不同的研究者及其著作中。比较有代表性的是，在联合国教科文组织编写的《非洲通史》中，第1卷编辑基-泽博在阐述该通史的研究原则时提出了四点：（1）跨学科原则；（2）必须从内部角度看待非洲史；（3）整个非洲大陆各民族的历史；（4）必须避免叙述过繁。[2] 这在一定程度上概括了20世纪中后期以来非洲史学的原则，也可以作为以非洲为中心的历史研究的重要方法。如何从纷繁复杂的非洲史研究中概括出"以非洲历史为中心"的方法论，乌亚提出的非洲中心历史视角（方法）的三条标准颇具代表性：（1）应当反映社会语言和文化的稳固知识；（2）对文化的移情（empathy）而非同情（sympathy）；（3）认识非洲社会必须"从内到外"（inside-out）而非"从外到内"（outside-in）。[3] 这三条标准中，

---

[1] E. S. Atieno-Odhiambo, "From African Historiographies to an African Philosophy of History", pp. 13 – 63.

[2] J. 基-泽博编辑：《非洲通史》第1卷，总论，第12—16页。

[3] Okon Edet Uya, *Africa History: Some Problems in Methodology and Perspectives*, (Monograph Series No. 2), Ithaca, NY: Cornell University, African Studies and Research Center, 1974, pp. 1 – 6.

第一条实际上属于历史研究的客体论,第二条属于历史研究的认识论,第三条才属于历史研究的方法论。在乌亚看来,非洲历史研究最重要的方法论转换是"从内到外"而非"从外到内",即此前的非洲史学(特别是殖民主义史学)对非洲历史的书写都是外人(主要是欧美殖民主义史学家)站在非非洲的立场进行的,书写的内容也只是他们想象中的非洲历史而非真实的非洲历史;现在需要视角转换,非洲的历史应该由非洲人(当然也包括非非洲黑人及其他学者)站在非洲的立场客观真实地书写。乌亚的方法论其实与布莱登、迪奥普、威廉姆斯等人的主张是完全一致的。在强调以非洲为中心的历史书写者那里,非洲史仍然是外人在书写,非洲史要构建自己的含义、指导原则、研究视角,历史意识不能是移植,它依靠的是历史初始地的灵魂(souls)。他们强调,历史是一个民族的灵魂。人们总是被从其内部所知的历史引导,或者被那些被迫模仿和跟风而起的外部历史引导。这种"被迫模仿和跟风"的后果是:"如果一个民族不能确信自己应该忠诚于谁,不能确定自己的使命是什么,那么他们在其社会主流文化中就是祸根。"[1] 清除这种祸根的根本方法就在于对非洲历史的"从内到外"书写。作为具有特殊性的非洲历史研究方法论为后来概括其一般性的哲学概括所吸收并成为其重要组成部分,这种一般性的哲学概括经过阿桑特等人的提炼而被称为非洲中心主义,[2] 这些方法论也为后来联合国教科文组织的《非洲通史》编写所吸收,这从前面基-泽博阐述的《非洲通史》研究原则中可以明显看出。

---

[1] John Henrik Clarke, "African Resistance and Colonial Dimination: The African in the Americas", in *New Dimension in African History*, Trenton, NJ: African World Press, 1991, p. 25.

[2] Ayele Bekerie, "The Ancient African Past and the Field of Africana Studies", *Journal of Black Studies*, Vol. 37, No. 3, Sustaining Black Studies, Jan., 2007, pp. 445 – 460.

"从内到外"的方法论是非洲历史哲学方法论的理论概括，要想在实践中得到体现，还必须把它与具体内容相结合。古老的非洲历史的叙述多仰赖于考古学、人类学、古生物学、语言学、地质学等研究资料，因此，古代非洲历史的建构必须采取跨学科方法。如对于人类的非洲最早起源及演进研究，对于最古老的非洲文明的研究，对于非洲最早的人类文化分析等，都不仅仅是依靠单一的学科技术就能得出令人满意结果的。因此，跨学科研究方法在非洲历史哲学中显得非常重要。

相对来说，非洲很多地区的文字资料并不丰富，口头传说在其历史与文化的传承中占有突出的地位，因此，对口头传说进行挖掘在非洲历史研究中占有特别的地位。[①] 这种方法从早期的戴克到卡格瓦和约翰逊以及范西纳和奥戈特等那里得到了很好的利用和传承。这种方法还在培养历史专业的本科生和研究生教学中得到广泛使用，如非洲各大学曾资助学生进行口头传说的调查和整理长达20年，取得过6000多篇相关调查报告。难怪有学者称，作为重新获取非洲声音的口头传说方法是非洲史学主动精神复苏的最大突破。[②] 因此，充分利用口头传说对于非洲历史哲学而言显得尤其独特。

此外，马克思主义研究方法也在非洲史家中得到一定的回应。如前所述，虽然在如何对待马克思主义分析方法时，非洲中心主义者有意见分歧，但它在非洲史学研究中得到了较为广泛的认可。如有学者试图在全球和地区研究中运用马克思主义的阶级分析方法阐明殖民主义对非洲的压迫及非洲人民的反抗，并把非洲的贫穷置于全球资本主义背景下予以分析。罗德尼根据马克思主义分析方法认为，欧洲的发达是建立在非洲不发达

[①] 关于口述传统与非洲史学研究，参见张忠祥《口头传说在非洲史研究中的地位和作用》，《史学理论研究》2015年第2期。

[②] E. S. Atieno-Odhiambo, "From African Historiographies to an African Philosophy of History", pp. 13–63.

的基础之上的,也是非洲不发达的根源所在:"首先,非洲劳动力及非洲资源创造的财富被欧洲资本主义国家攫取;其次,欧洲把各种限制条款强加于非洲,以便最大限度地利用其经济潜力。"① 马克思主义分析方法在讨论资本主义统治下的非洲政治、经济、奴隶制度、殖民主义、社会阶级结构、经济结构等方面成为重要方法之一。

"从内到外"的研究方法、对口头传说的充分利用以及马克思主义研究方法等构成了非洲历史哲学的重要方法论。与非洲历史哲学的客体论一样,这些方法论既体现出一般历史哲学的普遍性特征,同时充分体现出非洲历史书写的特殊性。

20世纪以来的非洲史学在反殖民主义史学的过程中,一方面为非洲历史抗争、正名,另一方面,在不断地强化非洲历史自身的过程中,逐步地确立非洲史学研究客体,并不断地探索非洲史学的相关方法,从而在长期的过程中凝练出较为独特的、在学术界占有一定地位的非洲历史哲学体系,在一定程度上实现了非洲历史哲学的重塑。

四 非洲历史哲学的困境

19世纪末20世纪初至今,经过100余年的努力,非洲史学取得了较大的成就,正如前述,有学者乐观地声称它已经实现了1954年迪奥普提出的目标。非洲历史哲学也基本确立了自己的框架和体系,实现了非洲历史哲学的重塑。无论我们是否冠以非洲历史哲学为"非洲中心主义史学"之类的称谓,无须质疑的是,非洲历史哲学与非洲中心主义有着千丝万缕的联系,它也与非洲中心主义一样面临困境。

非洲中心主义强调在对非洲的任何研究中,都必须以非洲为出

---

① Walter Rodney, *How Europe Underdeveloped Africa*, Dar es Salaam: Tanzania Publishing House, 1974, p. 34.

发点和归宿点,强调非洲在人类发展中的重要地位。非洲中心主义本身的问题在于,是不是任何历史时代的任何内容,非洲都在整个人类社会占有足够的地位甚至主导地位?虽然非洲中心主义者自己也宣称,非洲中心主义并不是像欧洲中心论那样要把自己的特殊理论作为普遍法则强加于别人,而是把自己的声音作为建立更加健全的社会和更加人道的世界模式的一种方式,[1] 但如何界定其理论内涵,使自己成为百花开放之"花",而不是成为新的文化霸权之"霸",这是它必须面对的一大困境。早就有学者指出,说得温和点,非洲中心主义仅仅是关于非洲土著民族的文化遗产的研究和被欧洲白人学者忽视和扭曲的信仰研究的一种温和形式而已;说得尖锐点,非洲中心主义只是一种武断而非理性的意识形态。它通过对历史的神话式想象和对种族的一系列伪科学理论而伤害了黑人;非洲中心主义是对西方学术过时的所谓"中心"特征的复制,试图用新的一套同样不准确的理论去取代维多利亚式神话和历史幻想。[2] 如果不能正确处理非洲中心主义与其他"主义"的关系,甚至无限夸大其功能和作用,那么非洲中心主义就有走向另一极端的可能危险。作为非洲中心主义重要支撑的非洲历史哲学,也同样面临这样的尴尬:以非洲历史为中心或者以非洲历史视角为中心到底是不是非洲史学的最佳路径甚至唯一途径?如何处理非洲历史哲学与其他历史哲学的关系?这些问题需要非洲历史哲学从理论上进行探索和完善。这也是诸如休斯敦、斯诺登、贝尔纳等众多的非洲史学研究者从不在自己的著述中提及非洲中心主义这一概念,却被后人冠以非洲中心主义史学代表的重要原因。因此,如何在理论上完善自己,在理论与实践上更加完美结合,而不是可能产生误会甚至相互抵牾,形成同向合力而非可能的反向张力,这是非洲历史哲学

---

[1] Molefi Kete Asante, *Afrocentricity: The Theory of Social Change*, p. 28.
[2] Stephen Howe, "Afrocentrism: Mythical Pasts and Imagined Homes (Review)", *The Journal of Blacks in Higher Education*, No. 21, Autumn, 1998, p. 127.

面临的困境之一。

非洲历史哲学追求的是一种超越非洲各地区、各民族的"整个非洲大陆各民族的历史",①这种抽象超越性的突出契合点是黑人主体性的自觉,它可以作为一种价值追求,体现出它的"一致性";但非洲无国家社会范围广、历时长,部落是非洲社会的重要细胞,这又使得非洲史学具有"破碎性",虽然二者都显示出巨大的活力和强大的生命力,但非洲"民族国家"层面上的研究如同被挂在了空挡上。②重要的是,非洲历史哲学在理论上追求"一致性",但在实践中,由于非洲历史的多样性、复杂性,在对它们进行实体研究时往往不得不显示出非洲各民族、各地区历史的"破碎性",这二者可能形成的矛盾性必然会给非洲史学研究带来裂隙和尴尬,因此,非洲历史哲学也不得不面对另一棘手的尴尬:如何实现其矛盾的普遍性(一致性)与特殊性(破碎性)的统一。

近代非洲史学是在反殖民主义史学的斗争中诞生和发展起来的,虽然它与如影随形的非洲中心主义影响下的非洲史学发展在内涵上多有一致性,但学术界更乐意把它概括为非洲民族主义史学。但是,"从全球史学发展的背景来看,非洲史学从批评欧洲中心论转变为以非洲为中心的民族主义史学,这既是一种反殖民主义的史学观,但也是欧美史学'民族主义范式'严重影响的结果,其本质还是一种依附于欧美史观的历史"。③换句话说,非洲民族主义史学为了摆脱西方殖民主义史学进行了艰难的探索,但它最终还是没能摆脱西方殖民主义史学及史观的窠臼。比如,非洲中心主义及其紧密相连的非洲史学特别强调自己的史学话语权,但颇具讽刺意义的是,"长期以来,欧洲中心论作者一直使用贬损的语言来描述

---

① J.基-泽博编辑:《非洲通史》第 1 卷,总论,第 15 页。
② 张永宏、王涛:《非洲历史的整合与分割——非洲史研究的当代走向》,《世界历史》2013 年第 4 期。
③ 张永宏、王涛:《非洲历史的整合与分割——非洲史研究的当代走向》,《世界历史》2013 年第 4 期。

非洲和非洲人。不幸的是，甚至非洲学者也有助于这种历史编纂学方法的延续，比如，当他们在讨论非洲时，他们还在使用诸如'部落''第三世界'之类的术语，而这些术语是外人用来否认非洲文明而做出的界定术语"。① 非洲历史哲学在强调自己的史学话语权、重塑自己历史哲学体系的过程中，远远没有摆脱殖民主义史学窠臼的束缚而建立真正的非洲民族主义史学范式。

非洲中心主义影响下的非洲历史哲学在强化自己的"黑性"的过程中，必然会有意识、无意识地把自己与白人、"白性"进行种族上的划分。这些划分对于研究者本人而言，可能并非出于其初衷，但在实际中，他们却无可抗拒地或自觉不自觉地涉及这种划分立场。正因为如此，我们才会毫不奇怪地看到，那些一再声称自己没有种族偏见的著名黑人学者，如伍德森、杜波依斯、汉斯贝里、斯诺登、贝尔纳等，却始终逃脱不了人们对他们的种族划分的质疑，② 而这种种族划分，又为他们树立了新的假想对立面。这种跷跷板式的不平衡连黑人学者自己也承认："作为当代黑人民族主义的一种类型的非洲中心主义既是大胆的，也是误导的，试图在想象的敌对的白人社会中界定非洲认同。说它是大胆的，那是因为它把黑人的行为及其遭遇而不是白人的焦虑和恐惧置于讨论的中心；说它是误导的，是因为它反映了'文化杂交的恐惧'，以及'黑人妇女、同性恋者的退步观点，且不愿意把种族与通常的善良相联系'。……对阶级争论的沉默……强化了对种族狭隘的讨论。"③ 非洲历史哲学在其重塑过程中也同样面临着如何使非洲史学与殖民主义史学划清界限而又不陷入新的种族主义史学窠臼的

---

① Bayo Oyebade, "African Studies and the Afrocentric Paradigm: A Critique", pp. 233 – 238.

② Maghan Keita, *Race and the Writing of History: Riddling the Sphinx*, New York: Oxford University Press, 2000.

③ F. C. G., "Afrocentrism", *American Journal of Economics and Sociology*, Vol. 52, No. 2, Apr., 1993, p. 192.

困境。

　　非洲史学在其独立发展的过程中进行了艰难的探索，它的思想、观点、方法等在漫长的凝练过程中为非洲中心主义思想的形成和界定提供了宝贵的资源；同时，非洲中心主义又深刻影响着非洲史学的发展，为非洲历史哲学的重塑提供指导，二者相辅相成，携手前行。但二者都面临着诸多困境，有待进一步完善。不过，无论怎样，非洲历史已经被全世界开始重新认识和书写，非洲史学也发出了自己的声音。回顾非洲历史哲学的重塑，既有筚路蓝缕的艰辛，更有光明未来的欣慰。

参考文献

一　文献资料（集）、考古报告（集）

阿波罗多洛斯：《希腊神话》，周作人译，《周作人译文全集》第3卷，上海人民出版社2012年版。

阿里安：《亚历山大远征记》，李活译，商务印书馆1985年版。

《埃斯库罗斯悲剧集》，陈中梅译，辽宁教育出版社1999年版。

奥古斯丁：《上帝之城》，王晓朝译，人民出版社2006年版。

柏拉图：《蒂迈欧篇》，谢文郁译，上海世纪出版集团、上海人民出版社2003年版。

《柏拉图全集》，王晓朝译，人民出版社2003年版。

北京大学哲学系外国哲学史教研室编译：《西方哲学原著选读》上卷，商务印书馆1981年版。

波里比阿：《罗马帝国的崛起》，翁嘉声译，社会科学文献出版社2013年版。

格雷戈里：《法兰克人史》，寿纪瑜、戚国淦译，商务印书馆1981年版。

《古兰经》，马坚译，中国社会科学出版社1981年版。

《古罗马戏剧全集·普劳图斯》，王焕生译，吉林出版集团有限责任公司 2015 年版。

《古希腊悲剧喜剧全集》，王焕生译，凤凰出版传媒集团、译林出版社 2007 年版。

荷马：《奥德赛》，陈中梅译注，译林出版社 2003 年版。

荷马：《奥德赛》，王焕生译，人民文学出版社 1997 年版。

荷马：《伊利亚特》，陈中梅译注，译林出版社 2012 年版。

荷马：《伊利亚特》，罗念生、王焕生译，人民文学出版社 1994 年版。

赫西俄德：《工作与时日　神谱》，张竹明、蒋平译，商务印书馆 1991 年版。

凯撒：《高卢战记》，任炳湘译，商务印书馆 1979 年版。

卢克莱修：《物性论》，方书春译，商务印书馆 1981 年版。

《路吉阿诺斯对话集》，周作人译，中国对外翻译出版公司 2003 年版。

《罗念生全集·埃斯库罗斯悲剧三种　索福克勒斯悲剧四种》，世纪出版集团、上海人民出版社 2004 年版。

M. T. 瓦罗：《论农业》，王家绶译，商务印书馆 1981 年版。

苗力田主编：《亚里士多德全集》，中国人民大学出版社 1991 年版。

庞纬：《〈厄立特里亚海周航志〉译注》，硕士学位论文，东北师范大学，2019。

普罗柯比：《战史》，崔艳红译，大象出版社 2010 年版。

普洛科皮乌斯：《战争史》，王以铸、崔妙因译，商务印书馆 2010 年版。

《强者的温柔——塞涅卡伦理文选》，包利民等译，中国社会科学出版社 2005 年版。

撒路斯提乌斯：《喀提林阴谋　朱古达战争》，王以铸、崔妙因译，商务印书馆 1995 年版。

色诺芬：《居鲁士的教育》，沈默译笺，华夏出版社 2007 年版。

斯特拉博：《地理学》，李铁匠译，上海三联书店2015年版。

苏维托尼乌斯：《罗马十二帝王传》，张竹明等译，商务印书馆1995年版。

塔西佗：《日耳曼尼亚志》，马雍、傅正元译，商务印书馆1959年版。

维吉尔：《埃涅阿斯纪》，杨周翰译，人民文学出版社1984年版。

维吉尔：《牧歌》，杨宪益译，人民文学出版社1957年版。

维特鲁威：《建筑十书》，高履泰译，知识产权出版社2001年版。

西奥多·H. 加斯特：《死海古卷》，王神荫译，商务印书馆1999年版。

《希波克拉底文集》，赵洪钧、武鹏译，中国中医药出版社2007年版。

希罗多德：《历史》，王以铸译，商务印书馆1959年版。

修昔底德：《伯罗奔尼撒战争史》，谢德风译，商务印书馆1960年版。

亚里士多德：《形而上学》，吴寿彭译，商务印书馆1959年版。

亚里士多德：《政治学》，吴寿彭译，商务印书馆1965年版。

优西比乌：《教会史》，瞿旭彤译，三联书店2009年版。

尤西比乌斯：《君士坦丁传》，林中泽译，商务印书馆2018年版。

张楠、张强：《〈奥古斯都功德碑〉译注》，《古代文明》2007年第3期。

Aeschylus, *Complete Greek Tragedies*: *Aeschylus*, David Grene and Richmond Lattimore, eds., Chicago: The University of Chicago Press, 1942.

Agatharchides, *De Mari Erythraeo 16*, in Karl Müller, ed., *Geographi Graeci Minores* (*GGM*), I, Parisiis: Editore Ambrosio Firmin Didot, Instituti Franciae Typographi, 1883.

Agathias, *The Histories*, translated by Joseph D. Frendo, Berlin: Walter de Gruyter & Co., 1975.

Apollodorus, *The Library*, with an English translation by sir James George Frazer, London: William Heinemann, 1921.

Apollonius Rhodes, *The Argonautica*, with and English translation by R. C. Seaton, M. A., London: William Heinemann, 1990.

Athenaeus, *The Deipnosophists*, translated by C. D. Yonge (1854), 4.167 d, http://www.attalus.org/old/athenaeus4.html.

Bodin, *Six Books of the Commonwealth*, translated by M. J. Tooley, Oxford: Blackwell, 1955.

Bruce, James, *Travels to Discover the Source of the Nile, in the Years 1768, 1769, 1770, 1771, 1772, and 1773*, Edinburgh: J. Ruthven, 1790.

Budge, E. A. W., *The Book of the Saints of the Ethiopian Church. A Translation of the Ethiopic Synaxarium Made from the Manuscripts Oriental 660 and 661 in the British Museum*, I–IV, Cambridge: Cambridge University Press, 1928.

Cicero, *Letters to Atticus*, with an English translation by E. O. Winstedt, London: William Heinemann, 1919.

Claudian, *On Stilicho's Consulship*, with an English translation by Maurice Platnauer, Cambridge, MA: Harvard University Press, 1922.

Claudian, *The War Against Gildo*, with an English translation by Maurice Platnauer, Cambridge, MA: Harvard University Press, 1922.

Cosmas Indicopleustes, *The Christian Topography of Cosmas, an Egyptian Monk*, translated from the Greek, and edited with notes and introduction by J. W. McCrindle, Cambridge, MA: Cambridge University Press, 2010.

Demosthenes, *Speeches*, translated by Edward M. Harris, Austin: University of Texas Press, 2008.

Dessau, H., *Inscriptiones Latinae Selectae*, Berlin, 1916.

Diodorus of Sicily, *Library of History*, with an English translation by C. H. Oldfather, Cambridge, MA: Harvard University Press, 1935.

Diodorus Siculus, *The Persian Wars to the Fall of Athens*, translated by Peter Green, Austin: University of Texas Press, 2010.

Diogenes Laertius, *Lives of Eminent Philosophers*, Vol. 1, with an English translation by R. D. Hicks, Cambridge, MA: Harvard University Press, 1959.

Ehrenberg, Victor and Jones, A. H. M., *Documents Illustrating the Reigns of Augustus and Tiberius*, Oxford: Clarendon Press, 1955.

Empiricus, Sextus, *Against the Ethicists*, with an English translation by R. G. Bury, London: Heinemann, 1933.

Empiricus, Sextus, *Outlines of Pyrrhonism*, with an English translation by R. G. Bury, London: Heinemann, 1933.

Eusebius, *Life of Constantine*, tranlated with introduction and commentary by Averil Cameron and Stuart G. Hall, Oxford: Clarendon Press, 1999.

Evagrius, *A History of the Church in Six Books, from A. D. 431 to A. D. 594*, a new translation from the Greek: with an account of the author and his writings, London: Samuel Bagster and Sons, 1846.

Evagrius, *The Ecclesiastical History of Evagrius*, London: Samuel Bagster and Sons, 1846.

Galen, *Galen of Pergamon*, George Sarton, ed., Lawrence, Kansas: The University of Kansas Press, 1954.

Garstang, J., Sayce, A. H., and Griffith, F. Ll., *Meroë, The City of the Ethiopians: Being an Account of a First Season's Excavations on the Site, 1909 – 1910*, London: Forgotten Bookks, 2017.

Harrak, Amir, (John of Ephesus) *The Chronicle of Zuqnīn*, Toronto: Pontifical Institute of Mediaeval Studies, 1999.

Harrison, E. B., *The Athenian Agora*, *Results of Excavations Conducted by the American School of Classical Studies at Athens*, Vol. I: *Portrait Sculpture*, Princeton: The American School of Classical Studies at Athens, 1953.

Heliodorus, *Aethiopica*, http://www.elfinspell.com/HeliodorusBk9.html.

Hippocrates, *Hippocrates*, Vol. I – IV, translated by W. H. S. Jones, Litt. D., Cambridge, MA: Harvard University Press, 1923 – 1931.

Horace, *Epistles*, in H. Rushton Fairclough, ed., *Satires*, *Epistle and*, *Ars Poetica*, Cambridge, MA: Havard University Press, 1942.

Horace, *Staires*, with an English translation by H. Rushton Fairclough, Cambridge, MA: Harvard University Press, 1926.

Isidore, *The Etymologies of Isidore of Seville*, translated by Stephen A. Barney, W. J. Lewis, J. A. Beach, Oliver Berghof, Cambridge: Cambridge University Press, 2006.

Isocrates, *Isocrates*, George Norlin, ed., London: William Heinemann LTD, 1928.

John, Bishop of Nikiu, *Chronicle of John*, *Bishop of Nikiu*, R. H. Charles, translated, London: Williams & Norgate, 1919.

Josephus, Flavius, *Antiquities of the Jews*, translated by William Whiston, Teddington: Echo Publisher, 2006.

Juvenal, *The Satires*, translated by Niall Rudd, Oxford: Clarendon Press, 1991.

Kebra Nagast [*The Glory of Kings*], compiled, edithed and translated by Miguel F. Brooks, Jamaica: LMH Publishing Limited, 1995.

Livy, *From the Founding of the City*, translated by B. O. Foster, Cambridge, MA: Harvard University Press, 1967.

Luxorius, *A Latin Poet among the Vandals*, with a text of the poems and an English translation by Morris Rosenblum, New York: Columbia University Press, 1961.

Malalas, John, *The Chronicle of John Malalas*, translated by Elizabeth Jeffreys, Michael Jeffreys and Roger Scott, Sydney: University of Sydney, 1986.

Manilius, *Astronomica*, with an English translation by G. P. Goold, Cambridge, MA: Harvard University Press, 1977.

Marcellinus, Ammianus, *The Later Roman Empire (A. D. 354 – 378)*, translated by Walter Hamilton, London: Penguin Books, 1986.

Marcus Junianus Justinus, *Epitome of the Philippic History of Pompeius Trogus*, translated by Rev. John Selby Watson, London: Henry G. Bohn, 1853.

Martial, *Epigrams*, edited and translated by D. R. Shackleton Bailey, Cambridge, MA: Harvard University Press, 1993.

Menander, *Menander: The Principal Fragments*, with an English translation by Francis G. Allinson, London: William Heinemann, 1928.

Müller, Karl, ed., *Geographi Graeci Minores (GGM)*, I, Parisiis: Editore Ambrosio Firmin Didot, Instituti Franciae Typographi, 1883.

Muhammad ibn Jarir al-Tabari, *The History of al-Tabarī*, Volume II, *Prophets and Patriarchs*, translated by William M. Brinner, New York: State University of New York Press, 1987.

New Testament Apocrypha, 2 Vols., revised edition, edited by Wilhelm Schneemelcher, English translation edited by R. McL. Wilson, Cambridge: James Clarke & Co. Ltd, 1992.

Ovid, *Amore*, with an English translation by Grant Showerman, London: William Heinemann, 1914.

Ovid, *Heroides*, with and English translation by Grant Showerman, London: William Heinemann, 1914.

Ovid, *The Metamorphoses*, translated by Horace Gregory, New York: The Viking Press, 1958.

Palmer, Andrew, and Brock, Sebastian, translated, *The Seventh Century in the West Syrian Chronicles*, Livepool: Livepool University Press, 1993.

Palmer, Andrew and Sebastian Brock, translated, *The Seventh Century in the West Syrian Chronicles*, Liverpool: Livepool University Press, 1993.

Pausanias, *Description of Greece*, with an English translation by W. H. S. Jones, M. A., London: William Heinemann, 1918.

Persius, *The Satires*, with an English translation by G. G. Ramsay, LL. D., Litt. D., London: William Heinemann, 1913.

Petronius, *Satyricon*, with and English translation by Michael Heseltine, London: William Heinemann Ltd., 1913.

Philostratus, *Lives of the Sophists*, http://thriceholy.net/Texts/Lives.html.

Philostratus the Elder, *Imagines*, with an English translation by Arthur Fairbanks, London: William Heinemann Ltd., 1931.

Philostratus, *The Life of Apollonius of Tyana, the Epistles of Apollonius and the Treatise of Eusebius*, with an English translation by F. C. Conybeare, Cambridge, MA: Harvard University Press, 1989.

Plato, *Laws*, Cambridge, MA: Harvard University Press, 1961.

Plautus, *Poenulus*, Paul Nixon, English trans., Cambridge, MA: Harvard University Press, 1932.

Pliny, *Natural History*, Cambridge, MA: Harvard University Press, 1942.

Plutach, *Moralia*, with an English translation by Harold Cherniss, London: Heinemann, 1957.

Ptolemy, Claudius, *Ptolemy's Tetrabiblos*, trans. J. M. Ashmand, Seattle: Pacific Publishing Studio, 2011.

Ptolemy, *Ptolemy's Geography*, an annotated translation of the theoretical chapters, by J. Lennart Berggren and Alexander Jones, Princeton and Oxford: Princeton University Press, 2000.

Ptolemy, *The Geography*, translated and edited by Edward Luther Stevenson, New York: Dover Publicatios, INC, 1991.

Quasten, Johannes, Plumpe, Joseph C. , edited, *Ancient Christian Writers*, No. 26, Westminster, Maryland: The Newman Press, 1957.

Robinson, David M. , *Excavations at Olynthus*, Part I – XIV, Baltimore: Johns Hopkins Press, 1933 – 1952.

Scriptores Historiae Augustae (*SHA*), translated by David Magie, Cambridge, MA: Harvard University Press, 1998.

Seneca, *Natural Questions*, Chicago: The University of Chicago Press, 2010.

Seneca, *On Anger*, trans. by Robert A. Kaster and Martha C. Nussbaum, Chicago: The University of Chicago Press, 2010.

Silius Italicus, *Punica*, Cambridge, MA: Harvard University Press, 1961.

Simocatta, Theophylact, *The History of Theophylactus Simocatta*, translated by Michael and Whitby, Mary, Oxford: Oxford University Press, 1986.

Strabo, *Geography*, Horace Leonard Jones, trans. , Cambridge, MA: Harvard University Press, 1967.

The Kebra Nagast, translated by Sir E. A. Wallis Budge, New York: Cosimo Inc. , 2004.

The Periplus Maris Erythraei, text with introduction, translation, and commentary by Lionel Casson, Princeton: Princeton University Press, 1989.

The Queen of Sheba and Her Only Son Menyelek, translated by Sir E. A. Wallis Budge, London: The Medici Society, Limited, 1922.

Varro, *On the Latin Language*, Cambridge, MA: Harvard University

Press, 1958.

Virgil, *Georgics*, trans. by James Rhoades (HTML at Internet Classics), http：//classics. mit. edu/Virgil/georgics. 3. iii. html.

Virgil, *Moretum*, in Joseph J. Mooney (tr.), *The Minor Poems of Vergil*: *Comprising the Culex*, *Dirae*, *Lydia*, *Moretum*, *Copa*, *Priapeia*, *and Catalepton*, Birmingham: Cornish Brothers, 1916.

Whitby, Michael, and Whitby, Mary, eds., *The Chronicle of Theophanes Confessor*, *Byzantine and Near Eastern History*, *A. D. 284 – 813*, translated by Cyril Mango and Roger Scott, Oxford: Clarendon Press, 1997.

Whitby, Michael, and Whitby, Mary, eds., *The History of Theophylact Simocatta*, Oxford: Oxford University Press, 1986.

Whitby, Michael, and Whitby, Mary, translated, *Chronicon Paschale*, *284 – 628 A. D.*, Liverpool: Liverpool University Press, 1989.

Wimbush, Vincent L., ed., *Ascetic Behavior in Greco-Roman Antiquity*: *A Sourcebook*, Minneaplolis: Fortress Press, 1990.

Zonaras, *The History*: *From Alexander Severus to the Death of Theodosius the Great*, trans. by Thomas M. Banchich and Eugene N. Lane, London and New York: Routhledge, 2009.

二　著作

G. F. 穆尔：《基督教简史》，郭舜平等译，商务印书馆2003年版。

J. 基－泽博编辑：《非洲通史》，中国对外翻译出版公司1984年版。

R. H. 巴洛：《罗马人》，黄滔译，上海人民出版社2000年版。

阿尔弗雷德·E. 齐默恩：《希腊共和国：公元前5世纪雅典的政治和经济》，格致出版社、上海人民出版社2011年版。

阿纳尔多·莫米利亚诺：《外族的智慧：希腊化的局限》，晏绍祥译，三联书店 2013 年版。

爱德华·吉本：《罗马帝国衰亡史》，黄宜思等译，商务印书馆 1997 年版。

爱德华·吉本：《罗马帝国衰亡史》（修订版），席代岳译，吉林出版集团有限责任公司 2014 年版。

爱德华·勒特韦克：《罗马帝国的大战略：从公元一世纪到公元三世纪》，时殷弘、惠黎文译，商务印书馆 2008 年版。

波德纳尔斯基编：《古代的地理学》，梁昭锡译，商务印书馆 1986 年版。

陈恒：《希腊化研究》，商务印书馆 2006 年版。

范明生：《晚期希腊哲学和基督教神学：东西方文化的汇合》，上海人民出版社 1993 年版。

冯定雄：《罗马道路与罗马社会》，中国社会科学出版社 2012 年版。

黑格尔：《历史哲学》，王造时译，上海书店出版社 2001 年版。

卡斯蒂廖尼：《医学史》，程之范主译，广西师范大学出版社 2003 年版。

梁工、赵复兴：《凤凰的再生——希腊化时期的犹太文学研究》，商务印书馆 2000 年版。

刘文鹏：《古代埃及史》，商务印书馆 2000 年版。

罗宾·奥斯本：《古风与古典时期的希腊艺术》，胡晓岚译，上海人民出版社 2015 年版。

罗斯托夫采夫：《罗马帝国社会经济史》，马雍、厉以宁译，商务印书馆 1985 年版。

马苏第：《黄金草原》，耿昇译，青海人民出版社 1998 年版。

孟德斯鸠：《论法的精神》，张雁深译，商务印书馆 1961 年版。

塞西尔·罗斯：《简明犹太民族史》，黄福武、王丽丽等译，山东大学出版社 1997 年版。

沈汉、黄凤祝编著：《反叛的一代——20世纪60年代西方学生运动》，甘肃人民出版社2002年版。

王晓朝：《基督教与帝国文化》，东方出版社1997年版。

威廉·H. 麦克尼尔：《瘟疫与人》，余新忠、毕会成译，中国环境科学出版社2010年版。

Allen, Pauline, *Evagrius Scholasticus, the Church Historian*, Lovain: Spicilegium sacrum lovaniense, 1981.

Armstrong, David F., *Original Signs: Gesture, Sign, and the Sources of Language*, Washington, D. C.: Gallaudet University Press, 1999.

Asante, Molefi Kete, *Afrocentricity: The Theory of Social Change*, Trenton: African World Press, 1988.

Asante, Molefi Kete, *The Afrocentric Idea*, Philadelphia: Temple University Press, 1987.

Baldry, H. C., *The Unity of Mankind in Greek Thought*, Cambridge: Cambridge University Press, 1965.

Baring, E., *Ancient and Modern Imperialism*, London: J. Murray, 1910.

Barker, John W., *Justinian and the Later Roman Empire*, Madison: University of Wisconsin Press, 1966.

Beardsley, G. H., *The Negro in Greek and Roman Civilization: A Study of the Ethiopian Type*, Baltimore, The Johns Hopkins Press; London, Humphrey Milford, 1929.

Beardsley, G. H., *The Negro in Greek and Roman Civilization: A Study of the Ethiopian Type*, London: Russell & Russell, 1967.

Bieber, M., *The History of the Greek and Roman Theater*, Princeton, 1961.

Bindman, David, Gates, Henry Louis, Jr., eds., *The Image of the Black in Western Art*, I - III, Houston: Menil Foundation, 1976.

Bindman, David, Gates, Henry Louis, Jr., *The Image of the*

Black in Western Art, V: *The Twentieth Century*, Cambridge, MA: Harvard University Press, 2014.

Boardman, John, Hammond, N. G. L. , *The Cambridge Ancient History*, Vol. III, Part 3: *The Expansion of the Greek World, Eighth to Sixth Centuries B. C.* , 2nd edition, Cambridge: Cambridge University Press, 2008.

Breasted, James Henry, ed. , *Ancient Records of Egypt*, Vol. II, Chicago: The University of Chicago Press, 1906.

Bryce, J. , *The Relations of the Advanced and the Backward Race of Mankind*, Oxford: Clarendon Press, 1902.

Budge, E. A. Wallis, *A History of Ethiopia*, Vol. I, London: Methuen, 1922.

Buell, Denise K. , *Why This New Race: Ethnic Reasoning in Early Christianity*, New York: Columbia University Press, 2005.

Bunbury, E. H. , *A History of Ancient Geography Among the Greeks and Romans from the Earliest till of the Roman Empire*, Vol. I, London: John Murray, Albemarle Street, 1879.

Bury, J. B. , *History of the Later Roman Empire: From the Death of Theodosius I to the Death of Justinian*, Vol. II, New York: Dover Publications, Inc. , 1958.

Byron, Gay L. , *Symbolic Blackness and Ethnic Difference in Early Christian Literature*, London and New York: Routledge, 2002.

Casson, Lionel, *Travel in the Ancient World*, Baltimore and London: The Johns Hopkins University Press, 1994.

Cheesman, G. L. , *The Auxilia of the Roman Imperial Army*, Oxford: Kessinger Publishing, 1914.

Clarke, John Henrik, *New Dimension in African History: From the Nile Valley to the New World*, Trenton, NJ: African World Press, 1991.

Cohen, Beth, ed. , *Not the Classical Ideal. Athens and the Cons-*

truction of the Other in Greek Art, Leiden: Brill, 2000.

Conyers, James L., Jr., ed., *Africana Studies: A Disciplinary Quest for Both Theory and Method*, Jefferson: MacFarland and Company, 1997.

Dike, Kenneth, *Trade and Politics in the Niger, 1830 – 1885*, New York: Oxford University Press, 1956.

Diop, Cheikh Anta, *Antériorté Des Civilisations Négres: Mythe ou Vérité Historique?*, Paris: Présence Africaine, 1967.

Diop, Cheikh Anta, *Nations Négres et Culture*, Paris: Présence Africaine, 1955.

Diop, Cheikh Anta, *The African Origin of Civilization: Myth or Reality*, edited and translated by Mercer Cook, New York: Lawrence Hill and Company, 1974.

Du Bois, W. E. B., *The Negro*, New York: Holt, 1915.

Dueck, Daniela, *Geography in Classical Antiquity*, Cambridge: Cambridge University Press, 2012.

Eliav-Feldon, Miriam, Isaac, Benjamin, and Ziegler, Joseph, eds., *The Origins of Racism in the West*, Cambridge, MA: Cambridge University Press, 2009.

Emery, W. B., *Nubian Treasure: An Account of the Discoveries at Ballana and Qustul*, London: Methuen and Co. Ltd., 1948.

Falola, Toyin, ed., *African Historiography*, Harlow: Longman, 1993.

Falola, Toyin & Jennings, Christian, eds., *Africanizing Knowledge: African Studies across the Disciplines*, New Brunswick, NJ: Transaction Publishers, 2002.

Finley, M. I., *Ancient History: Evidence and Models*, New York: Viking, 1985.

Finley, M. I., *The Ancient Economy*, Berkeley: University of California, 1973.

Fox, Robin Lane, *Pagans and Christians*, New York: Alfred A. Knopf, Inc., 1987.

Fredrickson, George M., *Racism: A Short History*, Princeton NJ: Princeton University Press, 2002.

Garnsey, P., *Ideas of Slavery from Aristotle to Augustine*, Cambridge, MA: Cambridge University Press, 1996.

Gates, Henry Louis, Jr., *The Image of the Black in Western Art*, II: *From the Early Christian Era to the "Age of Discovery"*, Cambridge and London: The Belknap Press of Harvard University Press, new edition, 2010.

Glazer, Nathan, *We Are All Multiculturalists Now*, Cambridge, MA: Harvard University Press, 1997.

Grillmeier, Aloys, Sj, Theresia Hainthaler, *Christ in Christian Tradition*, Vol. 2, *From the Council of Chalcedon (451) to Gregory the Great (590 - 604)*, Part 4, *The Church of Alexandria with Nubia and Ethiopia after 451*, Louisville, KY: Westminster John Knox Press, 1996.

Guirand, F., *New Larousse Encyclopedia of Mythology*, trans. R. Aldington and D. Ames, New York: Crown Publishers, Inc., 1987.

Haarhoff, T. J., *The Stranger at the Gate: Aspects of Exclusiveness and Cooperation in Ancient Greece and Rome, with Some Reference to Modern Times*, London: Greenwood Press, 1938.

Hable-Sellassie, Sergew, *Ancient and Medieval Ethiopian History to 1270*, Addis Ababa: United Printers, 1972.

Hall, H. R., *The Cambridge Ancient History*, Vol. III: *The Assyrian Empire*, Cambridge: Cambridge University Press, 1925.

Harris, Joseph E., *Africa and Africans as seen by Classical Writers: The William Leo Hansberry*, New York: Oxford University Press, 1996.

Harris, William V. , *Ancient Literacy*, Cambridge: Harvard University Press, 1989.

Heeren, A. H. L. , *Historical Researches into the Politics, Intercourse and Trade of the Carthaginians, Ethiopians and Egyptians*, University of Michigan Library, 1838.

Hill Collins, Patricai, *Fighting Words: Black Women and the Search for Justice*, Minneapolis: University of Minnesota Press, 1998.

Honour, Hugh, Bugner, Ladislas, Bindman, David, *The Image of the Black in Western Art*, IV: *From the American Revolution to World War I*, Cambridge, MA: Harvard University Press, 1989.

Hood, Robert E. , *Begrimed and Black: Christian Traditions on Blacks and Blackness*, Minneapolis: Fortress, 1994.

Houston, Drusilla Dunjee, *Wonderful Ethiopians of the Ancient Cushite Empire*, London: Hogarth Blake Ltd, 1926. (Charleston: BiblioBazaar, 2007 年重印)

Isaac, Benjamin, *The Invention of Racism in Classical Antiquity*, Princeton N. J. and Oxford: Oxford University Press, 2004.

Isaac, Benjamin, *The Limits of Empire: The Roman Army in the East*, Oxford: Clarendon Press, 1990.

Jacobson, Howard, ed. , *The Exagoge of Ezekiel*, Cambridge MA: Cambridge University Press, 1983.

Johnson, James William, *The Formation of English Neo-Classical Thought*, Princeton, NJ: Princeton University Press, 1967.

Jones, A. H. M. , *The Later Roman Empire 284 – 602: A Social Economic and Administrative Survey*, I, Norman: University of Oklahoma Press, 1964.

Jones, Reginald L. , *Africanicity and the Black Family: The Development of a Theoretical Model*, Oakland CA: Black Family Institute Publications, 1985.

Jones, Reginald L. , *African Psychology*: *Towards a Reclamation, Reascension, and Revitalization*, Oakland, CA: Black Family Institute Publications, 1986.

Karageorghis, Vassos, *Blacks in Ancient Cypriot Art*, Houston: Menil Foundation, 1988.

Karenga, Maulana, *Introduction to Black Studies*, Los Angeles: University of Sankore Press, 1993.

Kearns, Emily, *Heroes of Attica*, London: University of London Institute of Classical Studies, 1989.

Keita, Maghan, *Race and the Writing of History*: *Riddling the Sphinx*, New York: Oxford University Press, 2000.

Keto, Tsheloane, *The Africa-centered Perspective of History*, New Jersey: K. A. Publications, 1989.

Keys, David, *An Investigation into the Origins of the Modern World*, New York: The Ballantine Publishing Group, 1999.

Kluckhohn, C. , *Anthropology and the Classics*, Providence: Brown University Press, 1961.

Kohn, George Childs, ed. , *Encyclopedia of Plague and Pestilence*: *From Ancient Times to the Present*, third edition, NY: Facts On File, Inc. , 2008.

Latourette, K. S. , *A History of the Expansion of Christianity*, I: *The First Five Centuries*, London: Eyre & Spottiswoode, 1938.

Leemans, *Foreign Trade in the Old Babylonian Period*, Leiden: E. J. Brill, 1960.

Lewis, N. , Reinhold, M. , *Roman Civilization*, Selected Readings Edited with an Introduction and Notes, Vol. II: *The Empire*, New York: Columbia University Press, 1955.

Little, Lester K. , ed. , *Plague and the End of Antiquity*, *The Pandemic of 541 – 750*, Cambridge, MA: Cambridge University Press, 2007.

Luttwak, Edward N., *The Grand Strategy of the Roman Empire: From the First Century A. D. to the Third*, Baltimore: Johns Hopkins University Press, 1976.

Maas, Michael, ed., *The Cambridge Companion to the Age of Justinian*, Cambridge, MA: Cambridge University Press, 2006.

Malkin, ed., *Ancient Perceptions of Greek Ethnicity. Center for Hellenic Studies Colloquia*, 5, Cambridge, MA: Harvard University Press, 2001.

McNeill, William H., *Plagues and Peoples*, New York: Anchor Press, 1976.

Mitchell-Boyask, Robin, *Plague and the Athenian Imagination: Drama, History and the Cult of Asclepius*, Cambridge, MA: Cambridge University Press, 2008.

Momigliano, Arnaldo, *The Conflict between Paganism and Christianity in the Fourth Century*, Oxford: Clarendon Press, 1963.

Mommsen, Theodor, *The History of Rome*, translated by William Purdie Dickson, D. D., LL. D., London: Routledge, 1996.

Montagu, Ashley, *The Idea of Race*, Lincoln: University of Nebraska, 1965.

Nutton, Vivian, *Ancient Medicine*, London: Routledge, 2004.

Paul, Andrew, *A History of the Beja Tribes of the Sudan*, Cambridge, MA: Cambridge University Press, 2012.

Phillipson, David W., *Foundations of an African Civilisation, Aksum & the Northern Horn 1000BC – AD1300*, Woodbridge: Boydell & Brewer, 2012.

Poliakov, Léon., *Ni Juif ni Grec: Entretiens sur le racism*, Paris: The Hague, 1978.

Raaflaub, Kurt A., ed., *War and Peace in the Ancient World*, London: Blackwell Publishing, 2007.

Reinach, S., *Répertoire de la statuaire grecque et romaine*, Paris, 1897.

Rey, C. F., *The Romance of the Portuguese in Abyssinia*, London: H. F. & G. Witherby, 1929.

Rodney, Walter, *How Europe Underdeveloped Africa*, Dar es Salaam: Tanzania Publishing House, 1974.

Rose, H. J., *A Commentary on the Surviving Plays of Aeschylus*, I, Amsterdam: Noord-Hollandsche Uitgevers-maatschappij, 1957.

Rostovtzeff, M., *A History of the Ancient World*, Vol. II: *Rome*, Oxford: Clarendon Press, 1927.

Rostovtzeff, M. I., *The Social and Economic History of the Hellenistic World*, Oxford: Clarendon Press, 1941.

Rostovtzeff, M. I., *The Social and Economic History of the Roman Empire*, rev. by P. M. Fraser, Oxford: Clarendon, 1957.

Sallares, Robert, *The Ecology of the Ancient Greek World*, Ithaca, New York: Cornell University Press, 1991.

Seltman, C. T., *Greek Coins: A History of Metallic Currency and Coinage Down to the Fall of the Hellenistic Kingdom*, London: Methuen and Co., Ltd., 1960.

Semple, E. C., *Influence of Geographic Environment*, New York: Henry Holt, 1911.

Sherwin-White, Nicholas, *Racial Prejudice in Imperial Rome*, Cambridge, MA: Cambridge University Press, 1967.

Shujaa, Mwalimu J., *Too Much Schooling, Too Little Education: A Paradox of Black Life in White Societies*, Trenton, NJ: Africa World Press, 1994.

Sikes, E. E., *The Anthropology of the Greeks*, London: D. Nutt, 1914.

Snowden, Frank M., Jr., *Before Color Prejudice: The Ancient View of Blacks*, Cambridge, MA: Harvard University Press, 1983.

Snowden, Frank M., Jr., *Blacks in Antiquity: Ethiopians in the Greco-Roman Experience*, Cambridge, MA: Belknap Press, 1970.

Stathakopoulos, Dionysios Ch., *Famine and Pestilence in the Late Roman and Early Byzantine Empire*, Burlington: Ashgate Publishing Company, 2004.

Thompson, Lloyd A., *Romans and Blacks*, London and Oklahoma: Routledge & Oklahoma University Press, 1989.

Uya, Okon Edet, *Africa History: Some Problems in Methodology and Perspectives*, (Monograph Series No. 2.), Ithaca, NY: Cornell University, African Studies and Research Center, 1974.

Volney, C. F., *The Ruins or Meditations of Empires, and the Law of Nature*, translated by Peter Eckler, New York: Twentieth Century Pub. Co., 1890.

Warfield-Coppock, Nsenga, *Afrocentric Theory and Applications*, Vol. 1: *Adolescent Rites of Passage*, Washington, DC: Baobab Associates, 1990.

Welshing, Frances Cress, *The Isis Papers: The Key to the Colors*, Chicago: Third World Press, 1991.

Whitmarsh, Tim, Wilkins, John, eds., *Galen and the World of Knowledge*, Cambridge, MA: Cambridge University Press, 2009.

Wistrich, Robert S., ed., *Demonizing the Othe: Antisemitism, Racism and Xenophobia*, London: Routledge, 1999.

Yamauchi, Edwin M., ed., *Africa and Africans in Antiquity*, East Lansing: Michigan State University Press, 2001.

Zimmern, A. E., *The Greek Commonwealth, Politics and Economics in Fifth Centtury Athens*, 5th ed., Oxford: Oxford University Press, 1931.

Zinsser, Hans, *Rats, Lice and History*, New Brunswick, New Jersey: Transaction Publishers, 2008.

三 论文

包茂宏：《非洲史研究的新视野——环境史》，《史学理论研究》2002 年第 1 期。

陈淳：《考古学史首先是思想观念的发展史——布鲁斯·特里格〈考古学思想史〉第二版读后感》，《南方文物》2009 年第 1 期。

陈志强：《"查士丁尼瘟疫"考辨》，《北大史学》第 11 辑，北京大学出版社 2005 年版。

陈志强：《"查士丁尼瘟疫"考辨》，《世界历史》2006 年第 1 期。

陈志强：《"查士丁尼瘟疫"影响初探》，《世界历史》2008 年第 2 期。

陈志强：《地中海世界首次鼠疫研究》，《历史研究》2008 年第 1 期。

陈志强、武鹏：《现代拜占廷史学家的"失忆"现象——以"查士丁尼瘟疫"研究为例》，《历史研究》2010 年第 3 期。

陈志强：《研究视角与史料——"查士丁尼瘟疫"研究》，《史学集刊》2006 年第 1 期。

崔艳红：《查士丁尼大瘟疫述论》，《史学集刊》2003 年第 3 期。

冯定雄、高凯：《原种族主义：古代的发明还是现代的想象——兼对西方种族主义根源的批判》，《世界民族》2020 年第 5 期。

冯定雄：《古代地中海世界中的"古实"》，《外国问题研究》2021 年第 2 期。

冯定雄：《古希腊作家笔下的埃塞俄比亚人》，《世界民族》2019 年第 1 期。

冯定雄、李志涛：《古罗马艺术中的黑人形象》，《浙江师范大学学报》（社会科学版）2019 年第 4 期。

冯定雄：《罗马中心主义抑或种族主义——罗马文学中的黑人形象研究》，《外国文学评论》2017 年第 2 期。

冯定雄:《社会思潮与史学研究:近代以来西方学界对希腊罗马世界中的埃塞俄比亚人研究》,《世界历史》2018 年第 5 期。

冯定雄、徐进伟:《西方古典学术界对罗马帝国"大战略"理论的争论》,《古代文明》2016 年第 3 期。

龚缨晏:《从圆盘形世界到圆球状大地》,《地图》2009 年第 6 期。

郭丹彤:《论海上民族对埃及的移民及其对近东世界的影响》,《社会科学战线》2009 年第 8 期。

黄洋:《古代希腊罗马文明的"东方"想像》,《历史研究》2006 年第 1 期。

金寿福:《内生与杂糅视野下的古埃及文明起源》,《中国社会科学》2012 年第 12 期。

康凯:《"476 年西罗马帝国灭亡"观念的形成》,《世界历史》2014 年第 4 期。

李隆国:《从"罗马帝国衰亡"到"罗马世界转型"——晚期罗马史研究范式的转变》,《世界历史》2012 年第 3 期。

刘榕榕、董晓佳:《浅议"查士丁尼瘟疫"复发的特征及其影响》,《世界历史》2012 年第 2 期。

刘榕榕:《试析伯罗奔尼撒战争中的瘟疫问题》,《廊坊师范学院学报》(社会科学版)2010 年第 6 期。

刘衍钢:《历史叙述之争与西方史学发展的波动:论尤里安之死》,《历史研究》2017 年第 5 期。

钱锺书:《欧洲文学里的中国》,《中国学术》2003 年第 1 期。

宋长嬛:《论伯罗奔尼撒战争期间的瘟疫对古希腊的影响》,硕士学位论文,辽宁大学,2011 年。

宋立宏:《安东尼·伯利:〈哈德良:疆动不安的皇帝〉》,《中国学术》2003 年第 4 期。

宋立宏:《希腊罗马人对犹太教的误读》,《世界历史》2000 年第 3 期。

宋正海:《地理环境决定论的发生发展及其在近现代引起的误解》,《自然辩证法研究》1991年第9期。

吴秉真:《杜波依斯和他的非洲史学著作》,《西亚非洲》1985年第3期。

吴春妍:《浅析古代欧洲瘟疫的流行及其对社会发展的影响——从雅典瘟疫到查士丁尼瘟疫》,硕士学位论文,东北师范大学,2005年。

袁霁:《非洲中心主义文学批评理论》,《吉林大学社会科学学报》2000年第5期。

袁指挥:《海上民族大迁徙与地中海文明的重建》,《世界民族》2009年第3期。

岳成:《贺拉斯"希腊文化征服罗马"说考释》,《山东理工大学学报》(社会科学版) 2015年第3期。

张宏明:《布莱登论非洲对人类文明的贡献》,《西亚非洲》2006年第3期。

张宏明:《非洲中心主义——谢克·安塔·迪奥普的历史哲学》,《西亚非洲》2002年第5期。

张旭鹏:《后殖民主义与历史研究》,《世界历史》2006年第4期。

张永宏、王涛:《非洲历史的整合与分割——非洲史研究的当代走向》,《世界历史》2013年第4期。

张忠祥:《口头传说在非洲史研究中的地位和作用》,《史学理论研究》2015年第2期。

张忠祥:《20世纪非洲史学的复兴》,《史学理论研究》2012年第4期。

Astbury, R., "Juvenal 10, 148 – 150", *Mnemosyne*, 28 (1975).

Barr, J., "Juvenal's Other Elephants", *Latomus*, 32 (1973).

Barrows, Isabel C., *Proceedings of the Twentieth Annual Meeting of the Lake Mohonk Conference of Friends of the Indian 1902*, Published by The Lake Mohonk Conference, 1903.

Bates, W. N., "Scene from the Aethiopis on a Blackfigured Amphora", *Transactions of the Department of Archaeology*, University of Pennsylvania Free Museum of Science and Art, I, pts. I and II, 1904.

Bay, Mia, "The Historical Origins of Afrocentrism", *American Studies*, Vol. 45, No. 4, Time and the African-American Experience, 2000.

Beazley, J. D., "Charinos. Attic Vases in the Form of Human Heads", *The Journal of Hellenic Studies*, Vol. 49, Part 1, 1929.

Bekerie, Ayele, "Ethiopica: Some Historical Reflections on the Origin of the Word Ethiopia", *International Journal of Ethiopian Studies*, Vol. 1, No. 2, Winter/Spring 2004.

Bekerie, Ayele, "The Ancient African Past and the Field of Africana Studies", *Journal of Black Studies*, Vol. 37, No. 3, Sustaining Black Studies, Jan., 2007.

Bellemore, Jane, Ian M. Plant and Lynne M. Cunningham, "Plague of Athens—Fungal Poison?" *Journal of the History of Medicine and Allied Sciences*, Vol. 49, No. 4, 1994.

Benovitz, Nancy, "The Justinianic Plague: Evidence from the Dated Greek Epitaphs of Byzantine Palestine and Arabia", *Journal of Roman Archaeology*, Vol. 27, 2014.

Brugg, Allison, "Ancient Ebola Virus?", *Archaeology*, Vol. 49, No. 6, 1996.

Brunt, P. A., "Reflections on British and Roman Imperialism", *CSSH*, 7 (1965).

Budischovsky, M. – C., "Le theme du negre dans l'Adriatique a l'poque romaine", *Hommagesa & Maarten J. Vermaseren I*, Leiden, 1978.

Buttrey, T. V., "Another Roman Coin from Africa", *The Numismatic Chronicle and Journal of the Royal Numismatic Society*, seventh series, Vol. IV, 1964.

Cameron, Averil M., "The 'Scepticism' of Procopius", *Historia*, Vol. 15, 1966.

Charles-Picard, G., "Tunisia s. v. Archaeological News: Classical Lands", *American Journal of Archaeology*, LII (1948).

Charlesworth, M. P., "A Roman Imperial Coin from Nairobi", *The Numismatic Chronicle and Journal of the Royal Numismatic Society*, sixth series, Vol. IX, No. 1/2, 1949.

Christophe, Louis-A., "Sanctuaires nubiens disparus", *Chronique d'Egypte*, XXXVIII (1963).

Cooper, Frederick, "Conflict and Connection: Rethinking Colonial African History", *The American Historical Review*, Vol. 99, No. 5, Dec., 1994.

Desanges, Jehan, "The Iconography of the Black in Ancient North Africa", in David Bindman and Den Boer, W., "Lusius Quietus, and Ethiopian", *Mnemosyne*, fourth series, Vol. 3, Fasc. 3, 1950.

Dixon, Bernard, "Ebola in Greece?", *British Medical Journal*, Vol. 313, No. 7054, 1996.

Dols, Michael W., "Plague in Early Islamic History", *Journal of the American Oriental Society*, Vol. 94, No. 3, 1974.

Dupont, F., "Pestes d'hier, pestes d'aujourd'hui", *Histoire, Économie et Société*, Vol. 3, No. 4, 1984.

Fellman, Jack, "[Review] Kebra Nagast [The Glory of Kings]", *The International Journal of African Historical Studies*, Vol. 32, No. 1, 1999.

Gardner, J. W., "Blameless Ethiopians and Others", *Greece & Rome*, Second Series, Vol. 24, No. 2, Oct., 1977.

Gergen, Kenneth J., "The Significance of Skin Color in Human Relations", *Daedalus*, 96 (Spring 1967).

G., F. C., "Afrocentrism", *American Journal of Economics and*

Sociology, Vol. 52, No. 2, Apr., 1993.

Gowers, W., and Scullard, H. H., "Hannibal's Elephants Again", *The Numismatic Chronicle*, X (1950).

Haley, Shelley P., "The Invention of Racism in Classical Antiquity by Benjamin Isaac", *The American Journal of Philology*, Vol. 126, No. 3, Autumn, 2005.

Halliday, W. R., "The Negro in Greek and Roman Civilization: A Study of the Ethiopian Type", *The Classical Review*, Vol. 43, No. 5, Nov., 1929.

Hansberry, William Leo, "African Studies", *Phylon*, 5 (1944).

Haywood, R. M., "Roman Africa", in *An Economic Survey of Ancient Rome*, IV, Baltimore: The Johns Hopkins Press, 1938.

Hoffmann, Christhard, "Ancient Jewry—Modern Questions: German Historians of Antiquity on the Jewish Diaspora", *Illinois Classical Studies*, Vol. 20, 1995.

Hoffmann, H., "Attic Red-figured Pelike from the Workshop of the Niobid Painter, ca. 460 B. C.", *Bulletin of the Museum of Fine Arts*, Boston LXI, 1963.

Holden, Constance, "Ebola: Ancient History of 'New' Disease?", *Science*, Vol. 272, iss. 5268, 1996.

Hopkins, Dwight, "Begrimed and Black: Christian Traditions on Blacks and Blackness (Review)", *The Journal of Religion*, Vol. 76, No. 4, Oct., 1996.

Howe, Stephen, "Afrocentrism: Mythical Pasts and Imagined Homes (Review)", *The Journal of Blacks in Higher Education*, No. 21, Autumn, 1998.

Isaac, Benjamin, "Proto-Racism in Graeco-Roman Antiquity", *World Archaeology*, Vol. 38, No. 1, Race, Racism and Archaeology, Mar., 2006.

Johnson, Aaron P., "The Blackness of Ethiopians: Classical Ethnography and Eusebius's Commentary on Psalms", *The Harvard Theological Review*, Vol. 99, No. 2, Apr., 2006.

Kaplan, Steven, "Dominance and Diversity: Kingship, Ethnicity, and Christianity in Orthodox Ethiopia", *Church History and Religious Culture*, Vol. 89, No. 1/3, Religious Origins of Nations? The Christian Communities of the Middle East, 2009.

Keita, L., "Two Philosophies of African History: Hegel and Diop", *Présence Africaine*, Nouvelle série, No. 91, 3e TRIMESTRE 1974.

Kirwan, L. P., "Rome Beyond the Southern Egyptian Frontier", *The Geographical Journal*, CXXIII (1957).

Lambert, M., "The Invention of Racism in Classical Antiquity by B. Isaac", *The Classical Review*, Vol. 55, No. 2, Oct., 2005.

Langmuir, Alexander D., et al., "The Thucydides Syndrome: A New Hypothesis for the Cause of the Plague of Athen", *The New England Journal of Medicine*, Vol. 313, No. 16, 1985.

Laughton, Eric, "Juvenal's Other Elephants", *The Classical Review*, Vol. 6, No. 3/4, Dec., 1956.

Littman, R. J. & M. L., "The Athenian Plague: Smallpox", *Transactions of the American Philological Association (TAPA)*, Vol. 100, 1969.

Littman, R. J., "The Plague at Syracuse: 396 B. C.", *Mnemosyne*, Fourth Series, Vol. 37, Fasc. 1/2, 1984.

MacArthur, W. P., "Athenian Plague: A Medical Note", *Classical Quarterly*, Vol. 4, No. 3/4, 1954.

Matthews, J. F., "Olympiodorus of Thebes and the History of the West (A. D. 407 – 425)", *The Journal of Roman Studies*, Vol. 60, 1970.

McInerney, Jeremy, "The Invention of Racism in Classical Antiquity by Benjamin Isaac", *Social History*, Vol. 31, No. 1, Feb., 2006.

Millar, Fergus, "Review Article: The Invention of Racism in Classical Antiquity", *The International History Review*, 27 (2005).

Milne, J., "Aemilianus the 'Tyrant'", *Journal of Egytian Archaeology*, X (1924).

Mitchell-Boyask, Robin, "Plague and Theatre in Ancient Athens", *Lancet*, Vol. 373, No. 9661, 2009.

Mkabela, Queeneth, "Using the Afrocentric Method in Researching Indigenous African Culture", *The Qualitative Report*, Vol. 10, No. 1, March 2005.

Moore, Dale H., "Christianity in Ethiopia", *Church History*, Vol. 5, No. 3, Sep., 1936.

Morens, David M., and Littman, Robert J., "Epidemiology of the Plague of Athens", *TAPA*, Vol. 122, 1992.

Morgan, Thomas E., "Plague or Poetry? Thucydides on the Epidemic at Athens", *TAPA*, Vol. 124, 1994.

Mylonas, G. E., "The Negro in Greek and Roman Civilization, A Study of the Ethiopian Type (Review)", *Classical Philology*, Vol. 24, No. 4, Oct., 1929.

Nadeau, J. Yvan, "Ethiopians Again, and Again", *Mnemosyne*, Fourth Series, Vol. 30, Fasc. 1, 1977.

Nadeau, J. Yvan, "Ethiopians", *Classical Quarterly*, 20 (1970).

Nordling, John G., "The Invention of Racism in Classical Antiquity by Benjamin Isaac", *Journal of the American Academy of Religion*, Vol. 74, No. 3, Sep., 2006.

Noy, David, "The Invention of Racism in Classical Antiquity by Benjamin Isaac", *Phoenix*, Vol. 59, No. 3/4, Fall-Winter, 2005.

Okafor, Victor Oguejiofor, "Diop and the African Origin of Civilization: An Afrocentric Analysis", *Journal of Black Studies*, Vol. 22,

No. 2, Dec., 1991.

Oliver, William, "Black Males and Social Problems: Prevention through Afrocentric Socialization", *Journal of Black Studies*, Vol. 20, No. 1, September 1989.

Olson, Patrick, "The Thucydides Syndrome: Ebola Déjà vu? (or Ebola Reemergent?)", *Emerging Infectious Diseases*, Vol. 2, No. 2, 1996.

Oyebade, Bayo, "African Studies and the Afrocentric Paradigm: A Critique", *Journal of Black Studies*, Vol. 21, No. 2, Afrocentricity, Dec., 1990.

Page, D. L., "Thucydides' Description of the Great Plague at Athens", *Classical Quarterly*, Vol. 3, No. 3/4, 1953.

Petersen, E., "Andromeda", *Journal of Hellenic Studies*, XXIV (1904).

Phillips, K. M., Jr., "Perseus and Andromeda", *American Journal of Archaeology*, LXXII (1968).

Poole, J. C. F., and Holladay, J., "Thucydides and the Plague of Athens", *Classical Quarterly*, Vol. 29, No. 2, 1979.

Richter, Daniel, "The Invention of Racism in Classical Antiquity by Benjamin Isaac (Review)", *Classical Philology*, Vol. 101, No. 3, July 2006.

Ronnick, Michele V., "Juvenal, Sat. 10. 150: atrosque non aliosque (Rursus ad Aethiopum populos aliosque elephantos)", *Mnemosyne*, Fourth Series, Vol. 45, Fasc. 3, 1992.

Ruch, E. A., "Philosophy of African History", *Africana Studies*, Vol. 32, No. 2, 1973.

Sarris, Peter, "The Justinianic Plague: Origins and Effects", *Continuity and Change*, Vol. 17, No. 2, 2002.

Scullard, H. H., "Hannibal's Elephants", *The Numismatic Chronicle* and *Journal of the Royal Numismatic Society*, 6th ser. VII, 1948.

Seland, Eivind Heldaas, "Early Christianity in East Africa and Red Sea/Indian Ocean Commerce", *The African Archaeological Review*, Vol. 31, No. 4, Special Issue: Africa and the Indian Ocean, December 2014.

Seltman, C. T., "Two Heads of Negresses", *American Journal of Archaeology*, XXIV (1920).

Shaw, Brent D., "The Invention of Racism in Classical Antiquity by Benjamin Isaac (Review)", *Journal of World History*, Vol. 16, No. 2, Jun., 2005.

Smith, Ghristine A., "Plague in the Ancient World: A Study from Thucydides to Justinian", *The Student Historical Journal*, Vol. 28, Loyola University, New Orleans, 1996–1997.

Snowden, F. M., Jr., "Aethiopes", in *Lexicon Iconographicum Mythologiae Classicae I*, Zurich: Artemis, 1981.

Snowden, F. M., Jr., "Attitudes towards Blacks in the Greek and Roman World: Misinterpretations of the Evidence", in Edwin M. Yamauchi, ed., *Africa and Africans in Antiquity*, East Lansing: Michigan State University Press, 2001.

Snowden, F. M., Jr., "Bernal's 'Blacks', Herodotus and Other Classical Evidence", *Arethusa* (Special Fall Issue), 1989.

Snowden, F. M., Jr., "Blacks, Early Christianity", in V. Furnish, ed., *The Interpreter's Dictionary of the Bible: Supplementary Volume*, Nashville: Abingdon Press, 1976.

Snowden, F. M., Jr., "*Blacks in Ancient Cypriot Art* by Vasssos Karageorghis (Review)", *American Journal of Archaeology*, Vol. 94, No. 1, Jan., 1990.

Snowden, F. M., Jr., "*Melas-leukos* and *Niger-candidus* Contrasts in Classical Literature", *The Ancient History Bulletin*, 2 (1988).

Snowden, F. M., Jr., "Misconceptions about African Blacks in the Ancient Mediterranean World: Specialists and Afrocentrists", *Arion*, third series, Vol. 4, No. 3, Winter, 1997.

Snowden, F. M., Jr., "Romans and Blacks: A Review Essay", *American Journal of Philology*, Vol. 11, No. 4, 1990.

Snowden, F. M., Jr., "The Negro in Classical Italy", *The American Journal of Philology*, Vol. 68, No. 3, 1947.

Snowden, Frank M., Jr., "A Note on Hannibal's Mahouts", *The Numismatic Chronicle*, XIV (1954).

Snowden, Frank M., Jr., "Iconographical Evidence on the Black Populations in Greco-Roman Antiquity", in Jean Vercoutter, Ladislas Bugner, Jean Devisse, eds., *The Image of the Black in Western Art, I: From the Pharaohs to the Fall of the Roman Empire*, Houston, Texas: Menil Foundation, 1976.

Stathakopoulos, Dionysios, "The Justinianic Plague Revisited", *Byzatine and Modern Greek Studies*, Vol. 24, 2000.

Sweeney, Naoise Mac, "The Origins of Racism in the West", *Bryn Mawr Classical Review*, http://bmcr.brynmawr.edu/2010/2010-01-39.html.

"The Negro in Greek and Roman Civilization by Grace Hadley Beardsley", *The Journal of Negro History*, Vol. 14, No. 4, Oct., 1929.

Thompson, H. A., "The Excavation of the Athenian Agora Twelfth Season: 1947", *Hesperia*, XVII (1948).

Triantaphyllopoulos, J., "Juvenal's Other Elephants Once Again", *Mnemosyne*, 11 (1958).

Turner, E. G., "Papyrus 40 'della Raccolta Milanese'", *Journal of Roman Studies*, XL (1950).

Wace, Alan J. B., "Grotesques and the Evil Eye", *The Annual of the British School at Athens*, Vol. 10, 1903/1904.

Warmington, B. M., "*Blacks in Antiquity*, by F. M. Snowden, Jr. (Review)", *African Historical Studies*, 4 (1971).

Watts, W. J., "Race Prejudice in the Satires of Juvenal", *Acta Classica*, Vol. 19, 1976.

Westermann, W. L., "Slavery and the Elements of Freedom", *Quarterly Bulletin of the Polish Institute of Arts and Sciences*, 1 (1943).

Wiesen, David, "Juvenal and the Blacks", *Classica et Mediaevalia*, 31 (1970).

Williams, Chancellor, *The Destruction of Black Civilization: Great Issues of a Race from 4500B. C. to 2000A. D.*, Chicago: Third World Press, 1987.

Wimbush, Vincent L., "Ascetic Behavior and Colorful Language: Stories about Ethiopian Moses", *Semeia*, 58 (1992).

Zirkle, C., "The Early History of the Idea of the Inheritance of Acquired Characters and of Pangenesis", *Transactions of the American Philosophical Society*, 1946, ns 35.

译名对照表

Abdimelech　以伯米勒
Abijam　亚比央
Abreha　亚伯里哈
Abu Simbel　阿布·西蒙贝尔
Abyssinia　阿比西尼亚
Achilles　阿基琉斯
Adeues　阿杜埃斯
Adulis　阿杜利斯
Aedesius　爱德修斯
Aegyptus　埃古普托斯
Aeschylus　埃斯库罗斯
Agisymba　阿格辛巴
Agrigento　阿格里真托
Ahaz　亚哈斯
Aigon　埃贡
Alef　亚勒夫
Aelius Gallus　埃利乌斯·加卢斯
Aemilianus　艾米利安努斯
Agora　阿哥拉
Ahab　亚哈

Aila　艾拉
Agnu-Ceras　阿格努克拉斯
Akinizaz　阿克尼扎兹
Aksumawi　阿克苏马维
Alan　阿兰人
ʿAlī ibn Rabban at-Ṭabarī
　塔巴里的阿里·伊本·拉巴安
Amanineras　阿马尼勒拉斯
Amasis　阿玛西斯
Amathus　阿玛忒斯
Amazon　阿玛宗人
Amenhotep　阿蒙霍特普
Amhara　阿姆哈拉
Amphitryon　安菲特律翁
Anacharsis　阿拉卡西斯
Ananias　亚拿尼亚
Andromeda　安德洛墨达
Antaiopolis　安泰奥城
Antigonus　安提贡纳斯
Antilochus　安提罗科斯

Antipater 安提帕特	Aspar 阿斯巴尔
Antonius 安托尼乌斯	Astaboras 阿斯塔布拉斯
Antoninus 安托尼努斯	Atbara 阿特巴拉
Aphrodisias 阿芙罗狄西亚	Athanasius 阿塔纳修
Appion 阿庇翁	Atlas 阿特拉斯
Apries 阿普里埃司	Attenia 阿特尼亚
Apulian 阿普利亚	Attica 阿提卡
Arabia 阿拉比亚	Atticotus 阿提科图斯
Arabia Felix 阿拉伯福地	Herodes Atticus
Arabian 阿拉伯人	希罗德·阿提库斯
Arcadian 阿卡狄亚人	Aurelian 奥勒良
Archias 阿奇亚斯	Auxomis 阿克苏姆城
Archilochus 阿基罗库斯	Axomitae 阿克苏姆人
Arete 阿瑞特	Axum 阿克苏姆
Arius 阿里乌斯	Ayia Irini 阿伊亚·依里尼
Arianism 阿里乌斯派	Azariah 亚撒利雅
Ariccia 阿里恰	Azotus 阿佐托司
Arimaspos 阿里马斯波伊人	Azuri 阿祖里
Aristippus 阿里斯提普斯	Bacchus 巴库斯
Ark of the Covenant 神的约柜	Batāwīl 巴塔韦尔
Arkteus 阿尔克透斯	Bartholomew 巴塞洛缪
Armenia 亚美尼亚	Berber 柏柏尔
Arrian 阿里安	Bede 比德
Arsal 阿萨尔	Berenike/ Berenice 拜莱尼克港
Artabanus 阿尔塔巴诺斯	Bernard 伯纳德
Artemisium 阿尔忒弥西姆	Beth-Arsam 贝阿萨
Asa 亚撒	Bibline 比贝利涅
Asbeha 亚斯贝哈	Blemmyes 白来米人
Ashdod 阿什杜德城	Blemys 白来米斯
Ashur 阿舒尔	Bocchis 波克斯

Bodrum　博德鲁姆
Bakht　巴赫特
Bolbitine　博尔比提涅
Briseis　布里塞伊丝
Briton　布立吞人
Busiris　布西里斯
Buticê　布提切
Butus　布图斯
Byblos　毕布罗斯
Cæsarea　凯撒利亚
Cambyses　冈比西斯
Candace　干大基
Candragupta　乾德拉古普塔
Cantabria　坎塔夫里亚
Canusium　卡努西亚
Capitol　卡庇托尔
Carhemish　卡尔赫米什
Carian　卡里亚人
Carnuntum　卡农顿
Carpus　卡尔普斯
Catilina　喀提林
Cedar　基达
Centuripe　琴图里佩
Cepheus　刻甫斯
Chagan　察罕汗
Chalcedon　卡尔西登
Chosroes　科斯洛埃斯
Chrysa　那克律塞
Cimmerian　西玛利人
Cinna　秦纳

Citium　西提乌姆
Claudian　克劳迪安
Clement　克莱门
Clysma　克莱斯马
Constantine　君士坦丁
Constantius　君士坦提乌斯
Copt　科普特人
Coptos　科普托斯
Corinth　科林斯
Cornelius Gallus
　　科内利乌斯·加卢斯
Crophi　克罗披山
Crotus　克罗图斯
Cumae　库麦
Cush/Kush　古实
Cushite　古实人
Cyaxares　西拉克拉里斯
Cypassis　西帕西斯
Cyprian　西普利安
Cyprus　塞浦路斯
Cyrene　昔兰尼
Cyrta　西尔塔
Dama　达马
Danaïdes　达那伊德
Danaus　达那俄斯
Decius　德西乌斯
Demetrius　德米特里厄斯
Democritus　德谟克利特
Denderah　邓德拉
Dilmun　狄勒蒙

Diodorus	狄奥多罗斯
Dionysus	狄奥尼索斯
Dionysius	狄奥尼修斯
Dodekaschoinos	多迪卡斯奇那斯
Domitian	图密善
（罗马帝国皇帝）	
Domitian	多米提安
（亚美尼亚主教）	
Donatus	多纳图斯
Duris	杜里斯
Edessa	埃德萨
Elephantine	艾里芬提尼／埃烈旁提涅
Elia Levita	利亚·莱维塔
Ella Amida	耶拉·亚米达
Elteleh	埃特利
Eos	厄俄斯
Ephesus	以弗所
Ephorus	埃福罗斯
Eratosthenes	埃拉托斯特尼
Eritrea	厄立特里亚
Ergamenes	埃加门涅斯
Esarhaddon	亚述巴尼拔
Etruria	伊达拉里亚
Eumolpus	欧摩尔普斯
Eunomius	优诺米乌斯
Euphemius	优弗米乌斯
Euphemus	欧雯摩斯
Euphrates	幼发拉底河
Euripides	欧里庇得斯

Eurus	欧洛斯人
Eusebius	尤西比乌斯
Eustochium	欧多钦
Ezana	埃扎纳
Ezekiel	伊齐基尔
Falasha	法拉沙人
Felix	菲利克斯
Fezzan	费赞人
Firmus	菲尔姆斯
Flavius Marianus	
弗拉维乌斯·马里安努斯	
Florentius	弗洛伦提乌斯
Florus	弗罗鲁斯
Frank	法兰克人
Frantz Fanon	弗朗茨·法农
Frumentius	弗鲁门修斯
Gadeira	盖德拉
Galactophagi	加拉克托发吉
Garama	加拉曼特城
Garamante	加拉曼特人
Garb	加尔比人
Garima	加里马
Gebelein	格贝莱因
Ge'ez	吉兹语
Gedrosia	格德罗西亚
Gelasius	格拉修斯
Georgius	乔治乌斯
Geon／Gihon	基训
German	日耳曼人
Gildo	基尔多

Giton 吉东
Gomorrah 蛾摩拉
Goth 哥特人
Granville 格兰维尔
Great Enclosure 卫城
Gregory 格雷戈里
Gregory of Nyssa 尼撒的格列高利
Gregory the Great 大格列高利
Guba 库巴
Habesha 哈贝沙
Hadrumetum 哈德鲁米图姆
Halicarnassus 哈里卡尔纳索斯
Hanno 汉诺
Harpocras 哈尔波克拉斯
Havilah 哈腓拉
Hecataeus 赫卡泰乌斯
Heinrich von Treitschke
　海因里希·冯·特赖奇克
Heliodorus 赫利奥多鲁斯
Hephaestus 赫淮斯托斯
Heracles 赫拉克勒斯
Herculaneum 赫库兰尼姆
Hermon 黑门山
Hermupolis 赫尔墨斯城
Herodotus 希罗多德
Heroönpolis 赫诺奥恩波利斯
Hesperian 西方人
Hezekiah 希西家
Hiberian 伊比利亚人
Hilary 希拉里

Himyar 希姆亚尔
Himyarite 希姆亚尔人（语）
Hippolytus 希波吕托斯
Hippemolgi 希波莫尔吉
the Holy of Holies 至圣所
Hydaspes 希达斯皮斯河
Hyperborean 赫伯波勒人
Hyrcania 希尔卡尼亚人
Ibis 伊比斯
Ibn Abī Hajalah 伊本·阿比·哈加纳
Ibn an-Nafīs 伊本·纳菲斯
Ibn Khātimah 伊本·卡哈蒂玛
Ibn Sīnā 伊本·西拿
Inaros 伊纳罗司
Io 伊奥
Ionian 伊奥尼亚人
Irenaeus 爱任纽
Isiacus 伊西斯祭司
Isidore 伊西多尔
Isis 伊西斯
Jacob 雅各
Jafse 雅夫塞
Jaghalah 贾哈拉
Jeho 耶合
Jehoahaz 约哈斯
Jehoiakime 约雅敬
Jezebel 耶洗别
Johann Michaelis 约翰·米凯利斯
John Chrysostom 约翰·克里索斯
　托姆

John Garstang 约翰·加斯唐
Josiah 约西亚
Julius Maternus
　　尤里乌斯·马特努斯
Jupiter 朱庇特
Justin 查士丁
Justinian 查士丁尼
Juvenal 尤维纳尔
Kasa 卡绍
Kharga 卡尔加
Khatti 哈梯
Khremetes 克勒墨特斯
Kollouthos 科路托斯人
Lachish 腊切什
Lactantius 拉克坦修斯
Lake Chad 乍得湖
Lamia 拉弥亚
Lepcis Magna 大列普提斯
Leto 列托
Libonotus 利波罗图斯人
Ligurian 利古里亚人
Liqanos 利加诺斯
Lucian 卢奇安
Luguvalium 卢古瓦利乌姆
　　（卢古斯神之地）
Luxorius 卢克索里斯
Libya 利比亚
Lycaon 利康
Lycon 莱孔
Lycoris 利科里斯

Lygdus 利杜斯
Lyssianassa 吕西亚那撒
Mabbug 马布格
Magan 马干
Maiotis 迈俄提斯湖
Malabar 马拉巴尔
Manlius 曼利乌斯
Marcellus 马尔克卢斯
Marcian 马尔西安
Marinos 马里诺斯
Marinus 马里努斯
Martial 马尔提亚
Marulla 马鲁拉
Massagetae 玛撒该塔伊人
Matallus 马塔路斯
Matthew 马太
Maur 毛里人
Mauretania 毛里塔尼亚
Maurice 莫里斯
Maximin 马克西米
Medes 米底人
Media 米底
Megabari 美加巴里人
Megiddo 米吉多
Melchizedek/ Melchisedec
　　麦基洗德
Melitene 梅利泰内
Meluhha 麦鲁哈
Memnon 门农
Menasseh 玛拿西

Menelaus　墨涅拉奥斯
Menelik　孟尼利克
Meroe　麦罗埃
Meropius　麦罗庇乌斯
Mesenian　美塞尼亚人
Metrodorus　麦特罗多鲁斯
Michael the Syrian　叙利亚的迈克
Midian　米甸
Milesian　米利都人
Milvian　米尔维安
Mimnermus　弥涅摩斯
Miriam　米利暗
Molefi Kete Asante
　莫莱菲·凯特·阿桑特
Momemphis　莫美姆披司
Monophysitism　基督一性论派
Mophi　摩披山
Mualana Karenga
　莫拉纳·卡伦加
Muhammad ibn Jarir al-Tabari　穆罕默德·伊本·贾里尔·塔巴里
Musawwarat-es Sofra　狮子神庙（苏丹）
Myos Hormos　穆奥斯港
Naassenes　纳赛内派
Nabopolassar　那波帕拉萨尔
Najrān　奈季兰
Napata　纳巴塔
Nasamone　纳萨莫勒人
Naucratis　纳乌克拉提斯城

Nebuchadnezzar　尼布甲尼撒
Necho　尼哥
Necos　尼科
Nestorius　聂斯脱里
Nicaea　尼西亚
Nicaeus　尼卡乌斯
Nike　尼姬
Niobe　尼俄伯
Nobatae/Nobadae　纳巴泰人
Nonnus　诺努斯
Nubae　努巴人
Nubian　努比亚人
Nuses　努色斯
Nyctimus　尼克提姆斯
Oibt　奥伊比特
Oasis　绿洲城
Oceanus　奥克阿诺斯（大洋河）
Olympiodorus　奥林匹奥多罗斯
Olympius　奥林庇乌斯
Omboi　奥米波伊城
Ophiusa　虎尾兰草
Oran　奥兰
Oran Sahara　奥兰·撒哈拉
Orontes　奥伦梯河
Panassos　帕那索斯
Pandora　潘多拉
Pannychus　潘尼库斯
Panopolis　帕诺波利斯
Pantaleon　潘塔里翁
Parthian　帕提亚人

Pasicyprus	帕西克皮鲁斯
Paulinus	保利努斯
Pausanias	鲍桑尼亚斯
Pelusium	佩路西乌姆
Pentelic	潘泰列克
Perseus	珀尔修斯
Petronius	佩特罗尼乌斯
Pharnaces	法纳西斯
Pharnouchus	法尔努科斯
Philae	菲莱
Philip	腓利
Philostratus	菲洛斯特拉托斯
Philoxenus	菲洛克斯诺斯
Phineus	菲纽斯
Phoebas	福巴斯
Phrygian	弗里吉亚人
Pillars	皮勒斯
Pison	比逊
Pluto	普卢同河
Pnytagoras	甫琉塔戈拉斯
Poggio Sommavilla	波吉亚·索马维拉
Porus	波拉斯
Prason	布拉森
Premnis	普雷姆尼斯
Priene	普里埃内
Priscus	普里斯库斯
Probus	普罗布斯
Procillus	普罗西路斯
Prometheus	普罗米修斯
Psammetichus	普撒美提科斯
Psammis	普撒米司
Pselchis	帕塞基斯
Psmatik	普桑姆提克
Ptolemais	托勒马伊斯
Ptolemy	托勒密
Pulcheria	普尔喀丽亚
Pygmalion	皮格马利翁
Pygmy	俾格米人
Pythagoras	毕达哥拉斯
Qaran	盖兰
Qarnabīl	盖尔奈比尔
Qulzum	古勒祖姆
Rabshakeh	罗沙基
Rahab	拉哈伯
Rehoboam	罗波安
Retenu	瑞特努
Reuel	流珥
Rib-Hadda	利布哈达
Roman Forum	罗马广场
Rosenmuller	罗森米勒
Roxolani	罗克索兰尼人
Rufinus	鲁菲努斯
Saba	塞巴
Sabacos	撒巴科斯
Sabellius	撒伯流
Saïs	撒伊斯
Saïtic Nome	撒伊提克诺姆
Samaritan	撒玛利亚人
Santra	桑特拉

Saracen   萨拉森人
Samos   萨摩斯
Sandracottus   森德拉科塔斯
Sargon   萨尔贡
Sarmatian   萨尔马提亚人
satyr   萨梯
Satyrides   萨梯里得斯
Scepsis   塞皮西斯
Scetis   塞提斯
Schedia   舍底亚
Scybale   斯库巴拉
Scythian   斯基泰人
Seba   西巴
Sehma   塞哈马
Sennacherib   西拿基立
Septimius Flaccus
　　塞普提米乌斯·弗拉库斯
Septimius Severus
　　塞普提米乌斯·塞维鲁
Serapis   塞拉皮斯
Scete   塞特
Sextus   塞克斯图斯
Shams ad-Dīn al-Marūf
　　撒穆斯·丁·马鲁夫
Sheba   示巴
Sheshonq   舍尚克
Shoa   绍阿
Sibylline books   西比林神谕
Sileni   西勒尼人
Silius Italicus
　　西利乌斯·伊塔利库斯
Simeon   西蒙/西面
Sindis   辛迪斯人
Mt. Siyon/Sion   西云山
Socotra   索科特拉岛
Socrates   苏格拉底斯
Sodom   所多玛
Sophocles   索福克里斯
Sozomen   索佐门
Stadissis   斯塔迪西斯
Sudanes steppe   苏丹草原
Suebian   苏维比人
Syene   叙埃涅
Syracuse   叙拉古
Systis   西斯提斯人
Taharqa   塔哈尔卡
Talmis   塔尔米斯
Tanare   塔纳里
Tantalus   坦塔罗斯
Taprobanians   塔普罗巴尼人
Tarquinia   塔尔奎尼亚
Tarshish   他施
Tentyrus   腾提鲁斯岛
Tentyritae   腾提鲁斯人
Thebes   底比斯
Theodosius   狄奥多西
Theophilus   提奥菲鲁斯
Thomas   托马斯
Thracian   色雷斯人
Thyreatis   泰里亚替斯

译名对照表　483

Tiberius　提比略
Tibur　提布尔
Tiglathpileser　提革拉毗列色
Tigre　提格雷
Tigris　底格里斯河
Tithonus　提托诺斯
the tower of Syene　色弗尼塔
Triakontaschoinos
　　特拉康塔斯科尼诺斯
Trier　特里尔
Troglodyte　穴居人
Tsheloane Keto　采罗恩·凯托
Tyre　推罗
Valens　瓦伦斯
Valentinian　瓦伦提尼安
Vandal　汪达尔人
Varillus　瓦里路斯
Verona　维罗纳
Virgo　维尔哥

Vulcan　伏尔坎
Vulci　瓦尔奇
Wahb ibn Munabbih
　　瓦哈布·伊本·穆纳巴
Xenophanes　色诺芬尼
Yamani　亚马尼
Yekuno Amlak
　　叶库诺·阿姆拉克王
Yemata　耶马塔
Za-Mika'el 'Aragaw
　　扎米卡尔·亚拉加瓦
Zacharias of Mitylene
　　米提林尼的撒迦利亚
Zadok　撒都
Zaghawa　扎加瓦
Zanj　赞尼人
Zenobia　泽诺比娅
Zonaras　佐纳拉斯

后 记

本书是国家社科基金项目"希腊罗马世界中的黑人研究"（项目号：18BSS025）的最终成果。该项目从立项到出版，不到四年时间，看似时间很短，但该书内容的缘起却是十六七年前的事。

我在南京大学读博期间，在学习希腊罗马史的过程中，就注意到古典作家经常提到的 Aἰθίοψ 或 Aethiops，当时就觉得好奇，也曾试图对它进行深入了解，甚至还托人在国外复印过一些资料（当时查找资料远不如现在方便），但一则学习任务繁重，时间不允许，再则当时忙于毕业论文资料的收集，对注意到的这个问题最终还是不了了之。

博士毕业后，一方面专注于博士学位论文的修改，另一方面为工作和生计而奔波，此前注意到的"埃塞俄比亚人"问题早已抛到九霄云外，忘得干干净净。直到2012年，我博士学位论文的出版，算是对我博士学位论文主题学习的一个小结。按理说，我应该继续深入延续前面的学习主题，但始终无法集中精力和时间进一步深入。就这样，在看似忙忙碌碌却又碌碌无为中一晃又是好几年过去了。尽管如此，那个"埃塞俄比亚人"问题却仍然是我心中的一个结，不时也会查找相关资料看看，并形成了一些初步的心得体会。

2017年，我进入新的单位浙江师范大学工作。新单位的学习和研究环境相比之前有了很大的改善，我总算有时间和精力对"埃塞俄比亚人"问题进行集中的、系统的学习了。2018年，我以该问题申报国家社科基金项目，承蒙国内同行和国家社科工作办的厚爱，有幸得以立项，这为本书的完成提供了重要保障。该项目结项后，面临出版问题，正在此时，看到中国历史研究院发布的学术出版资助项目，于是抱着试试的心态，没想到承蒙匿名专家和中国历史研究院的不弃而得到资助出版。

我最初只是对古典作家描写的"埃塞俄比亚人"感兴趣，想弄清楚它到底是怎么回事，结果深入系统地了解后，发现古代作家（包括古典作家和基督教作家）在描写"埃塞俄比亚人"时，并不仅仅是简单的人种志式的介绍，其包含的内容比我想象的要复杂得多。更重要的是，古代作家的"黑人观"在近现代引起了极大的争议，近现代种族主义者在为他们的理论寻找源头的时候，会追溯到希腊罗马社会，认为早在古代希腊社会就存在针对黑人的偏见和歧视；反种族主义者（特别是反针对黑人的种族主义者）则努力澄清希腊罗马古典社会、基督教社会都没有任何针对黑人的种族主义偏见与歧视。当然，折中骑墙的态度也不少。事实上，这个问题在西方学术界长期存在争议，直到今天也没有取得一致意见。正因为这样，在我项目结题鉴定意见和申请中国历史研究院学术出版资助的外审专家意见中，外审专家两次（当然也有可能是同一专家）敏锐地指出"关于黑人在希腊罗马世界历史的地位很可能引起学术争鸣"。笔者对于这样一个具有极度争议性的问题进行探讨，无疑是极其艰难的。一方面，西方学界长期以来都没有取得最终一致结论的课题，对于一个不具备任何西方文化传统和背景的中国学者，要想提出新的观点甚至超越前人的成就，无疑是非常困难的；当然，另一方面是本人的学识能力有限，更增加了研究的难度。不过，或许正因为本人不是在西方文化背景下成长起来的，作为"他者"站在外人的立场上去观察这一问题，或许能够提供另一种观察视角和思维，或许有"横看成岭侧成峰"的收获。

　　经过系统的梳理，至少在作为外人的笔者看来，国外学界对该问题的看法，还是有不少值得商榷的地方，尤其是那种认为希腊罗马社会（包括基督教社会）完全存在或完全不存在针对黑人的种族主义歧视的截然相反的观点可能过于极端。当然，本书也不是"和稀泥"式的简单对它们加以折中。在本书看来，对于希腊罗马世界的黑人问题的评价只能由古代留下的各种材料进行尽可能的客观分析。通过这样的工作，本书发现，在希腊人那里，我们很少看到古典作家有对黑人的负面性评价，相反，对黑人积极性描绘的材料倒是不少；在罗马古典作家那里，至少从文献材料来看，对黑人的积极性描述和负面性描述几乎平分秋色；在基督教作家那里，对黑人的负面性描述随处可见。罗马古典作家和基督教作家对黑人的大量负面性描写，成为后世研究者认为古代社会存在针对黑人的种族主义偏见和歧视的重要依据。但是，如果深入考察罗马古典作家和基督教作家对黑人的负面性描写的具体内容，特别是把这些描写纳入当时的社会文化背景和历史语境中考察，会发现这种"重要依据"其实是没有什么说服力的。正是在这样的梳理过程中，本书提出了一些自己的看法。当然，正如前面所说，也正如前面的外审专家所指出的那样，本书的看法可能会引起学术争鸣。笔者不敢奢望本书的看法能得到学界一致认同，如果能得到学界客观的批评，那么本书能为国内缺乏系统讨论的主题抛砖引玉，笔者就极其欣慰了。笔者也真心期望有更深入、更精辟的著述奉献学界共享。

　　本书能顺利出版，需要感谢的人太多，无法一一列举，只是简要地提及。感谢国内外同行对我的鼎力支持，感谢师友们的耐心指导和帮助，感谢浙江师范大学给我提供的良好的工作和研究环境，感谢国家社科工作办和中国历史研究院为本书提供的重要保障。感谢远在异国求学的儿子（冯）禹杭为我源源不断地提供国内难找的资料。最后，也是最关键的是要感谢社会科学文献出版社历史学分社编辑李期耀先生、李蓉蓉女士，他们的仔细审订和校对纠正了本书不少技术性错误和失误，特此致谢！当然，本书的文责完全由我本人承担。

冯定雄
2021年6月记于浙师大丽泽花园

图书在版编目（CIP）数据

希腊罗马世界中的黑人研究/冯定雄著. -- 北京：社会科学文献出版社，2022.5
中国历史研究院学术出版资助项目
ISBN 978 - 7 - 5201 - 9790 - 8

Ⅰ.①希… Ⅱ.①冯… Ⅲ.①埃塞俄比亚人－研究－西方国家 Ⅳ.①K421.8

中国版本图书馆 CIP 数据核字（2022）第 031541 号

中国历史研究院学术出版资助项目
希腊罗马世界中的黑人研究

著　　者 / 冯定雄

出 版 人 / 王利民
责任编辑 / 李期耀
文稿编辑 / 李蓉蓉
责任印制 / 王京美

出　　版 / 社会科学文献出版社·历史学分社（010）59367256
　　　　　 地址：北京市北三环中路甲29号院华龙大厦　邮编：100029
　　　　　 网址：www.ssap.com.cn
发　　行 / 社会科学文献出版社（010）59367028
印　　装 / 北京盛通印刷股份有限公司

规　　格 / 开 本：787mm × 1092mm　1/16
　　　　　 印 张：31　字 数：430千字
版　　次 / 2022年5月第1版　2022年5月第1次印刷
书　　号 / ISBN 978 - 7 - 5201 - 9790 - 8
定　　价 / 158.00元

读者服务电话：4008918866

版权所有 翻印必究